U0505337

王振忠著作集

王振忠————著

山系人文

民间文献与
历史地理探研

上海人民出版社

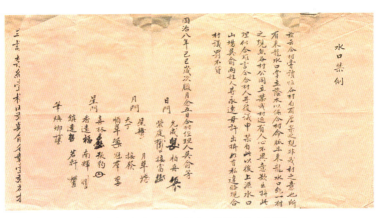

清同治八年（1869年）《水口禁例》（私人收藏）

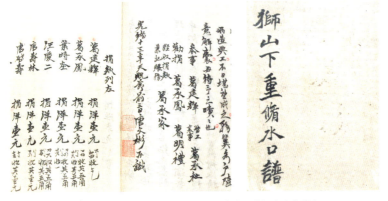

清光绪十二年（1887年）《狮山下重修水口谱》（私人收藏）

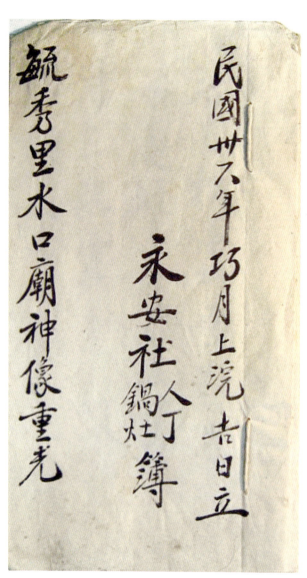

民國卅六年巧月上浣吉日立

永安社鍋灶簿人丁

毓秀里水口廟神像重光

1947年《敏秀里水口庙神像重光永安社人丁锅灶簿》（私人收藏）

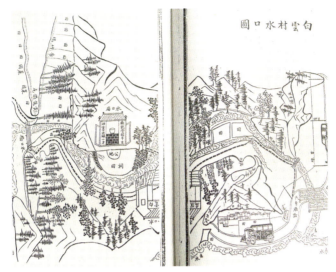

祁门《新田白云李氏宗谱》中的水口图（祁门县李进生先生藏）

晚清《呼龙神》抄本（私人收藏）

招魂

幢旛引魂亡菩薩　摩訶薩

西方引路亡菩薩　摩訶薩

三界大慈尊四生真慈父説法在靈山尋聲来

救苦童子把魂招仙童来引路接引亡魂往上

西方生净土

南無部上啼哩迦哩哆哩怛哆誡哆耶

亡魂不昧　顧降来臨

蓋聞幽關杳〃泉路茫〃悲風凍去冷颼〃陰〃

宗教科仪中的招魂文书（抄本，私人收藏）

清代婺源官桥、寨山诉讼文书（私人收藏）

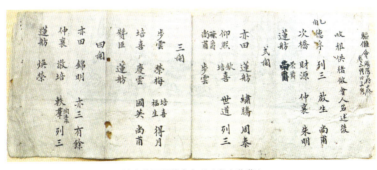

清代婺源驱傩会文书（私人收藏）

2011 年 5 月 30 日，作者赴寨山村实地考察

婺源县寨山村的燕窝形内水口

婺源县寨山村的来龙山（寨山）

寨山村的王大真仙庙

婺源官桥村

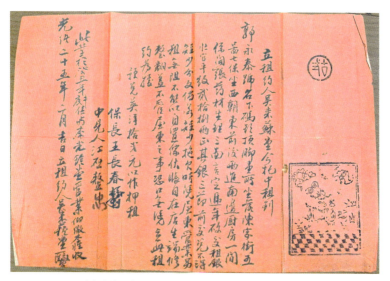

清朝光绪二十五年（1899年）景德镇租约（私人收藏）

1913年的景德镇码头顶脚租约（私人收藏）

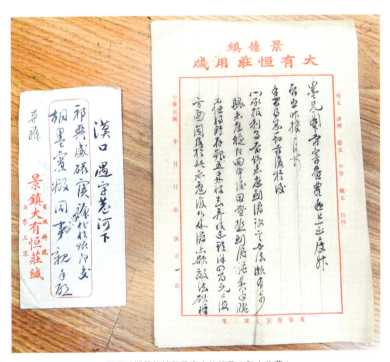

民国时期景德镇黟县商人的信函（私人收藏）

晚清民国黟县程言绘《景德镇河东图》（安徽博物院藏）

五凤阁及石狮——景德镇新安书院二道门建筑遗构

景德镇传统民居

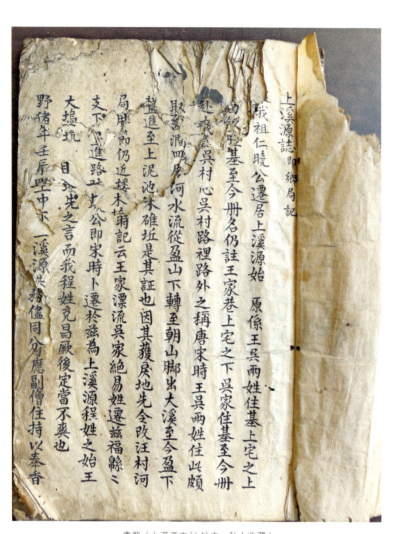

上溪源誌即鄉局記

我祖仁曉公遷居上溪源始　原係王吳兩姓佳基上宅之上
兩姓於基至今冊名仍註王家巷上宅之下吳家佳基至今冊
赴我鑫吳村心吳村路裡路外之稱唐宋時王吳兩姓佳此頗
取盈澗四尾河水流從盈山下轉至朝山腳出大溪至今盈下
鼇進至上泥池宋碓坵是其証也因其獲屋地先令改汪村河
局甲節仍近搽木塔記云王家漂流吳家絕易姓遷兹福縣二
支下工進路如大公即宋時卜遷於藥為上溪源程姓之始王
大塢坑　目今光之言而我程姓克昌厥後定當不爽也
野豬年壬辰墅中下　一溪源世祿儘同分應副僧住持以奉香

康熙《上溪源志》（抄本，私人收藏）

许承尧画像

歙县唐模许承尧故居

2015 年 12 月，作者在歙县岔口村与吴景超后人合影

目　录

前　言

（一）

　　民间文献亦称"民间历史文献"，是指有别于正史、文集等传世典籍的文献，它来源于田野乡间，包括契约文书散件、未刊稿本或抄本，以及少量流传范围有限的刊本。国内目前已知明清以来的民间文献，比较著名的主要有徽州文书、福建闽北契约文书、广东珠江三角洲的土地文书和贵州锦屏等地的苗族山林契约（目前多统称为"清水江文书"）等。近年来，各地的民间文献仍时有发现，有的地区还呈层出叠现之势。如浙江石仓文书、闽东文书和福州永泰文书等，亦日渐受到学界愈来愈多的关注。仍以徽州为例，近20多年来，一些学术机构和个人持续不断地搜藏为数可观的民间文献。据估计，目前各公藏机构和私人收藏的徽州文书已达一百万件（册），这批民间历史文献，具有多方面的学术价值，对于中国历史地理的研究亦极有助益。

徽州是个著名的商贾之乡，"人家十户九为商"①，在徽商极盛时期，经商所得利润源源不断地输回本土，促进了"小徽州"（徽州一府六县）区域社会的发展与繁荣。于是，自明代中叶以来，徽州社会的聚落景观和社会风貌都有了重要的改观，特别是村落社会的发展，尤其引人瞩目。"祠堂社屋旧人家，竹树亭台水口遮，世阀门楣重变改，遥遥华胄每相夸"②，当时的诸多文献（如乡镇志，特别是其中的村志等），都对徽州村落社会作了不少概括性的描述。而民间文献的大批发现，尤其是众多的村落文书（包括相关的水利文书和可以自成一体的村社文书等），对于村落地理的研究，提供了具体而微的绝佳史料。村落社会史是当代中国社会史研究的前沿领域，而村落作为乡土中国的地理景观、广土众民的生活方式，也必将引起历史地理学界更多的关注。在这方面，丰富的徽州文书，可以极大程度上复原历史时期村落的自然景观和人文环境，为村落地理学的发展提供一个区域研究的重要视角。

明清以来，商业之发达与频繁的社会流动，使得徽州人滋生出强烈的契约意识，再加上民间敬惜字纸的传统，使得黄山白岳之间保留下极其丰富的民间文献。从南宋以来一直到 1949 年之后，徽州遗存有国内目前所知为数最多的契约文书，契约散件和

---

① 佚名：《歙西竹枝词》，见《徽学》第 2 卷，安徽大学出版社 2002 年版，第 373 页。

② 〔清〕吴梅颠：《徽城竹枝词》，转引自徽州文献课题组《徽州文献与〈徽人著述叙录〉》，载《徽学》2000 年卷，安徽大学出版社 2001 年版，第 380 页。

簿册文书可谓汗牛充栋。其中，黄册、鱼鳞图册和保簿等各类文书的数量皆相当可观。这些资料，提供了大量徽州各地无微不至的地名史料，透过细致分析，可以在一定程度上复原南宋以来（尤其是明清时代）皖南的土地利用状况，并从地名演化的轨迹探寻区域社会中纷繁复杂的诸多事象之嬗变①。在徽州文书中，都图地名方面的资料相当不少，鉴于地名史料的巨量蕴藏，有关徽州地名学的研究，无疑是尚待发掘的宝库，具有颇为广阔的学术前景。

自明代起，"欲识金银气，多从黄白游"，在当时，"黄白游"成为一种空前的时尚②，由此，黄山白岳之间成了许多文人士大夫竞逐游历的胜地，明代地理学家徐弘祖在其名著《徐霞客游记》中，即留有《游白岳山日记》和两篇《游黄山日记》。在当时及以后，类似于此搜奇访胜的著作颇为不少。与此同时，徽州是社会流动极为频繁的地区，不仅有大批人外出科举仕宦、务工经商，而且，侨寓异地的商人还定期回乡省亲、展墓，他们写下的日记也同样具有一定的地理学研究价值。譬如，歙县岑山渡程氏迁居扬州经营盐业，康熙年间程庭在返乡之后撰有《春帆纪程》，生动描述了他眼中的山乡乐趣、如画风景，对于徽州的村落景观、妇女生活和人文风气等，都作了形象的揭示。道光年间的《新安纪程》抄本，作者由陆路前往徽州，他详细记录了自苏

---

① 关于这方面的研究，参见拙文《历史地名变迁的社会地理背景——以明清以来的皖南低山丘陵为中心》，载郑培凯、陈国成主编《史迹·文献·历史：中外文化与历史记忆》，广西师范大学出版社2008年版。

② 参见拙文《黄白游》，《读书》2012年第11期。

北盐城至歙县西溪南的沿途所见，具有特殊的史料价值。歙县大阜潘氏迁居苏州虽然已历数世，但与祖籍地缘仍然保持着密切的联系，在《大阜潘氏支谱》中保留有多篇晚清时期的展墓日记，对于新安江沿岸的自然和人文景观，都有着精彩的描述①。此外，还有一些在籍乡绅的记录，如康熙年间婺源县庆源村生员詹元相的《畏斋日记》②，亦引起学界的广泛关注。这些日记，对于徽州的自然景观、天气年成、灾害信仰和民情风俗等诸多方面都留下了不少珍贵的描摹，对于历史地理的研究具有多方面的利用价值。

明清徽州是个宗族社会，除了遗存至今的大批各姓家谱外，还有《新安大族志》《新安名族志》和《休宁名族志》等涉及一府一邑的综述性总谱。这些谱牒资料独具特色，是深入研究徽州家族人口和移民以及社会文化地理分异的重要史料。另外，清代学者汪士铎曾认为，徽州的土产是"买卖人"，虽然"徽商"之总称闻名遐迩，但在事实上，徽州一府六县的商人仍是各具特色。大致说来，歙县以盐商最为著名，休宁人专擅典当，婺源人精于木业，而绩溪人则多从事徽馆（徽菜馆和徽面馆）业……有关这几个县域商人的各类文书之发现，对于历史社会地理区域人群的研究，尤其是徽商研究的深入，具有无可替代的学术价值。

---

① 参见拙著《明清以来徽州日记的整理与研究》，安徽大学出版社 2021 年版。
② 载中国社会科学院历史研究所清史研究室编《清史资料》第 4 辑，中华书局 1983 年版。但非完本，其稿本仍藏黄山市博物馆，目前笔者正在整理、校注。

徽州民间文献不仅在本土区域历史地理研究方面极具价值，而且还为长江中下游乃至整个中国历史地理学研究提供了重要的新史料。在"无徽不成镇"的明清时代，徽州人在各地建立会馆，甚至形成徽州社区，如扬州、淮安、汉口以及苏北新安镇等地，皆形成了一定规模的徽人社区。在这方面，不仅有《淮安河下志》《新安镇志》《紫堤小志》那样的村镇志，而且反映当年徽商活动实态的各类征信录仍然保留有不少（如上海《徽宁思恭堂征信录》、杭州《新安惟善堂征信录》《新安太仓怀梓堂征信录》和嘉兴《黟荫堂征信录》等），这些独特的文献，对于研究徽州人在江南各地的迁徙、营生，分析徽州商业地理格局和慈善事业网络之拓展等，都具有重要的史料价值。此外，徽州还保留有大批的民间日用类书，反映了日常生活中约定俗成的诸多民事惯例，倘若将之与苏北海门、浙江绍兴、上海及江南其他地区的日用类书加以比较，更不难看出各地人群的地域特征及其相互差异。尤其值得注意的是，徽州的商书（商人书和商业书）为数可观，此类文献主要包括路程图记、反映经营规范和商业道德的著作，对于各地的物产、交通线路以及风俗文化等诸多方面都有详细的记录。以往，中外学界也有不少人从商业史角度关注类似的商书，但他们所利用的多为散落海外（尤其是日本）的刊本。而在新发现的徽州民间文献中，有多达数十种的商业书和商人书，有的为以往所未见，有的则提供了一种文献的不同版本，这对于廓清传统商书的源流脉络，探讨明清交通地理变迁和商业地理格局，都具有重要的史料价值。

（二）

从内容上看，本书分成两大部分，一是"生态、村落与城镇、商业"，二是"方志及相关史志研究"。

第一部分的首节"'里至源头，外至水口'：明清以来徽州村落空间的建构"，通过爬梳文书、族谱、方志以及其他历史文献，并结合实地田野考察，探讨了"源头""水口"的意义以及围绕着源头、水口之禁忌、仪式等，指出："里至源头，外到水口"是传统时代徽州村落空间范围的一种重要表述。从历史地理的角度来看，源头——水口是一种依山傍水的村落地理空间，这与皖南低山丘陵之地貌颇相吻合。若从社会文化史的视角观察，就世俗生活而言，水口是区隔自我（里）与他者（外）的重要界限；而自神圣空间视之，在民间信仰相关的各类仪式中，此处又是阴、阳之分界，源头与水口分别对应的是"内神"与"外神"。与此同时，水口亦是观察村落、宗族变迁的一个窗口。明代中叶以后，徽商异军突起，并以群体力量登上历史舞台，徽州本土亦逐渐形成为宗族社会。在此背景下，"源头"（山、来龙）、"水口"（水、去脉）亦与宗族血缘、商业兴盛相互关联。特别需要指出的是，徽州是江南堪舆学的中心之一，风水观念对于民众的日常生活与村落空间之建构具有重要的影响。至迟自 16 世纪的明代中后期开始，青山绿水映衬下的粉墙黛瓦之徽派民居，与

"里至源头，外至水口"的村落空间相映成趣，无论是单体建筑还是整体环境都形成了颇为固定的模式，从而塑造了徽州文化中最为重要的两个特征。

在以往的学术研究中，明代以来山区开发与棚民经济、水土流失，是一个重要的学术问题，学界对此的关注由来已久，相关成果亦颇为丰硕。而就皖南的山区开发而言，此前的研究多聚焦于外来棚民与水土流失的相关问题上，而徽州本土民众对邻近深山的开发，实际上是山区开发的另外一种类型，迄今为止的探讨仍然相当有限。"生态与生计：清代深山开发与水土流失引发的纷争"一节，以婺源官桥、寨山诉讼文书为中心，颇为细致地分析了清代深山开发与水土流失引发的纷争，指出：由此一偶发的洪灾引起的纠纷，诉讼一方认定此乃深山开发引发的生态灾难，这在部分程度上应当是事实，但揆情度理，却亦颇有强化灾难因果关系以及人为夸大化的倾向。此类情形，我们在以往所见的棚民垦山案例中也时常可见。例如，在棚民与土著的冲突中，棚民往往更容易成为众矢之的，而土著方之攻讦也更易获得当地政府的共鸣。此一诉讼案例提醒我们，在传统时代的山区开发中，无论开山的主体是谁，其中涉及的生态问题与各色人等之生计利益纠葛，其实是颇值得仔细斟酌的问题。另外，文末所附的调查报告，亦涉及徽州水口建设的相关问题，反映了传统与现实的纠结。

与上述的村落研究主题相关，"清代一个徽州村落的文化与社会变迁：以《重订潭滨杂志》为中心"一节，聚焦于村落相关志书，指出：村镇志及其相关文书是研究传统中国乡村社会的重要史料。历史时期，徽州民间素有自发性编纂村镇志、保存村落文书档案的传统，而且，此种传统迄至今日仍未中断。不过，尽管这些村镇志史料曾部分地为府、县史志所采辑，但遗存迄今并得以刊行的村镇志数量并不可观，这使得我们对于传统时代村镇等基层社会的实态，所知仍然相当有限。因此，广泛收集、发掘徽州村镇志等乡土史料，无疑将有助于区域人文地理及社会文化史的拓展与深入。该节结合在歙西平原的数度考察所见，聚焦于《重订潭滨杂志》一书，较为详细地探讨了清代潭渡村的村落、宗族、会社、民情风俗和自然灾害等诸多方面的变化，分析村落文化及其社会变迁，以期从一些方面反映"小徽州"与"大徽州"（徽人在一府六县之外活动的广大地区）之依存与互动。

明清以来，徽州是个高移民输出的地区，他们在全国各地开廛设市，许多人贸迁既久，留下了一些对侨寓地的深度描摹，这些文献记录，成了观察"大徽州"各地人文与自然地理变迁的珍贵史料。明代万历年间徽商方承训之《复初集》和清乾隆时代的《新安镇志》等，就是这方面的重要文献。由此，我们可以研究移民、市镇发展和环境变迁的相关问题。从中可见，15世纪晚期黄河河势加快南趋，因其全流夺淮入海，下游三角洲环境发生了巨大的变化。一些城镇受到洪水威胁，河水挟带的大量泥沙掩埋了道路。与此同时，也引发了此一区域湖泊环境的变化。明代中叶以后，苏北硕项湖之水域面积大为扩展，鱼类资源愈益丰富，这吸引了大批徽州人前往该处从事渔业贸易，他们在当地陆续购置田产，直接促成了早期聚落（鱼场口）的发展以及其后新安镇之形成。此后，随着河湖环境的变迁，徽州移民除了从事渔业经营之外，也在当地努力改善自然条件，仿照江南的圩田之制，筑堤从事农业生产。及至清初，随着硕项湖之淤垫成陆，当地粮食作物的种植也发生了变化，最主要的就是番薯之引进。与此同时，硕项湖周遭的城乡景观、民间信仰等也因此呈现出新的面貌。

与方志、文集一样，会馆保留下来的文献亦值得特别关注。在传统时代，徽州人呼朋引类外出务工经商。早在明代，无论是繁华都会还是山陬海隅、孤村僻壤，处处都留下徽商的足迹。在景德镇，整个城区范围内都有大批徽州人活跃其间，徽州会馆的相关产业也遍布于城市的各个街区。十多年前发现的《景德镇新安书院契录》一书，从徽州会馆管理的角度，较为系统地反映了20世纪中叶徽帮产业在景德镇的空间分布，展示了极为生动的移民、定居以及产业变动不居的画面。此一文献，对于历史地理、城市史和社会史等领域的研究，皆具有重要的学术价值。利用这批契约文书，我对景德镇新安书院（徽州会馆）、关帝庙等重要建筑之形成与发展作了一些新的考证。从中可见，前来景德镇谋生的人群来自各个阶层，会、社组织纷繁复杂，其组合方式亦各具特色。除了覆盖一府六县人群的同乡及慈善组织之外，还有一些县份单独兴建了会馆，并有名目繁多的会、社等组织活跃其间，藉以照顾到不同类型、不同层次人群的利益诉求。而且，随着时代的发展，不少会、社组织的活动，对于徽州会馆之依附性显得愈来愈强。此种内附趋势，应当与景德镇徽、都、杂三帮之间激烈的竞争乃至冲突密切相关。

（三）

全书的第二部分，是对方志及相关史志的研究。

在明清方志中，万历《歙志》是极为重要的一部文献，自从明末清初以来，就一直受到包括思想家顾炎武在内的诸多学者之关注，其主要原因就在于——以万历《歙志》为切入点，可以较为准确地把握明代中叶以还徽州乃至整个中国社会的脉动。本书第二部分的首篇，就结合其他明人文集、族谱等资料，较为系统地研究《歙志》所见的明代商人、商业与徽州社会。从中可见，就 15—16 世纪的徽州社会而言，徽州与徽商各侨寓地的互动尤其值得关注。从万历《歙志》的记载来看，总体而言，明代中后期的徽州，是个在各个方面皆努力向着江南核心地带靠拢的地区。

除了府县方志之外，徽州也是村落志编纂最多的一个地区。除了此前已收录在"乡镇志集成"中的几部村镇志之外，在民间尚有不少尚待发掘的村落志，其中，康熙《上溪源志》就是一部颇为重要的文献。根据我的研究，《上溪源志》抄本是与现存的两种《新安上溪源程氏乡局记》相关的珍稀文献，从内容上看，《新安上溪源程氏乡局记》相当于是《上溪源志》的资料长编，而后者则以编年体的方式，辑录了上溪源一带的历史文献。此书虽题作"上溪源志"，但同时也标注为"即《乡局记》"，可见它显然脱胎于《新安上溪源程氏乡局记》。虽然编者可能最后是希望将之编纂而为该处村落的志书，但从现有的体例来看，它仍然与《新安上溪源程氏乡局记》并没有多少差别，也仍旧是杂抄或史料长编的性质，离村落志成书还有相当长的距离。不过，也正因为它的原始性，提供了有明一代及清朝前期的生动资料，更成为我们了解明清时代婺东北区域基层社会历史的珍贵史料。

与康熙《上溪源志》相同，《绩溪地理图说》也是近年来新发掘出的民间历史文献。该书系清朝光绪三十年（1904年）为编绘绩溪县全图所撰的文字说明，亦作《绩溪全图表说》，是迄今所见有关绩溪地理状况最为详尽的调查资料，其中对县以下村都之描述相当细致，是我们了解绩溪一域自然地理和基层社会人文状况的重要史料。该书虽然未经刊刻，但对于民国时期的一些相关著述仍有一定影响。尤其是书中有关都界之明确记录，对于未来编绘徽州历史地图，特别是厘清传统时代绩溪县以下的都图区划，具有难以取代的学术价值。

除了方志本身之外，在最近一些年的田野调查中，还发现了少量当年修志的珍贵档案。本书中的"从《歙县修志私议》到民国《歙县志》：有关徽州方志史家许承尧的新史料之研究"一节，即聚焦于新见的《歙县修志私议》，以此考察方志史家许承尧的方志编纂理论及其相关实践。

民国《歙县志》之编修，与许承尧长期的资料准备与通盘思考密切相关。与此类似，《皖歙岔口村风土志略》一文之形成，亦与吴景超早年的经历有关。该文属"风土志"的范畴，其写法叮以追溯到久远的《禹贡》《职方》。及至民国时期，"风土志"

之撰写，逐渐由传统方志学的描述转向具有一定近代社会调查意义的资料，其部分撰写者也由传统士绅转向受过新式教育的学生，这使得"风土志"的内涵更为丰富和细致。吴景超是20世纪前期著名的社会学家，他在1919年撰述的《皖歙岔口村风土志略》，迄今尚未引起学界的关注。笔者首度发掘、表彰该文的学术价值，指出：《皖歙岔口村风土志略》是一篇有关其人桑梓故里、基于实地调查的民族志类型之资料，它从位置、沿革、物产、宗法、生活（含职业、衣食住、娱乐）、教育、风俗（婚嫁、丧葬、岁时、迷信）和胜景八个方面，对徽州的一个传统村落作了多角度的细致描述，其中不乏精彩的刻画和珍贵的史料记录。此一成果独具特色，对于我们理解吴景超的生活经历及其社会学实践，了解晚清民国时期的徽州社会，迄今仍具有重要的学术价值。在此基础上，笔者还通过梳理较长时段的村落调查之学术史，指出：与民国时期其他的一些社会调查一样，该文对于当代的村落文化记忆和古村落之保护，亦颇具借鉴意义。

综上所述，本书主要是以来自田野的第一手民间文献为中心，从诸多方面探讨传统时代的生态、村落、城镇、商业以及相关史志。这些研究，始终关注新发掘的一手史料，藉以探索一些新的学术问题，以期有助于历史地理与徽学两个学术领域的深入拓展。

生态、村落与城镇、商业

"里至源头，外至水口"：
明清以来徽州村落空间的建构

在聚落地理学研究中，对传统时代村落空间之探讨一向颇为不易。在现有的历史地理研究中，不少成果只是利用方志、文集中的零星史料，作粗线条的聚落景观之描述，难以深入到村落空间内部。与此同时，地理学者虽然亦颇为关注村落内部的空间格局，但由于通常无法直接利用第一手的历史文献，故而得出的结论显然尚可进一步深化。

大致说来，村落之划分主要包括行政村和自然村。对于行政村，这是可以人为划定的，毋需赘述；而对于自然村落而言，则必须以村民约定俗成的自我意识为依据加以界定。在这方面，显然需要具体而微的村落文书之利用加以支撑。有鉴于此，如何以民众自身相关的史料来勾勒村落的地理空间结构，就成了一个颇值得进一步探讨的问题。

徽州是个文献之邦，浩繁无数的民间文书，为此提供了重要的史料支撑，这也凸显了徽州文书在历史地理研究方面的学术价值。

一、"里至源头，外至水口"：对生人、死鬼与神明空间的界定

清乾隆时期，休宁县西乡十二都三图渠口地方，因分保分甲发生诉讼纠纷。当时，休宁县典史沈文锡根据知县的指示，前往当地调查实情，并于乾隆三十一年（1766）八月十九日向后者递交禀呈，个中抄录了一份供词：

> ……据倪浩然、朱盛、方如金、胡南光同供：小的们住在西乡十二都三图渠口地方，自本村源头起至水口周围，有四里多路，共有三百多户。小的们倪、朱、方、胡四姓，也有一百七十多丁。本图保长汪姓依恃族大，总是他家盘踞积充，遇事生波，小的屡受期【欺】压，稍不遂欲，即酿讼端。故此，小的们情愿另立一保，四姓轮流充当。今有倪四德为人诚实谙练，举充保役。倘有误公滋事，小的们愿甘坐罪。分保另立，别图常有，并不是小的们开端，求查兵房卷宗就是了……

此一供词，明确声明"自本村源头起至水口周围"有"四里多路"的范围，其中居住着四姓的 170 多丁、300 多户人家。文中提及的本图保长汪姓，因其"族大"，显然并非生活在前述的

地域空间之内。这一诉讼案件，涉及清代前期因雍正开豁贱民而引发的此起彼伏之大、小姓纷争。就此一个案而言，其结果是由县令批示："如详分保轮值，照议即着倪四德承充，取具认状……"[①] 而之所以分保得以成功，显然是因为四姓自"本村源头起至水口周围"，有着相对独立的地理空间。

不仅是反映民间世俗生活的文书提及此一惯用语，而且，在一些宗教科仪中也有类似的表述。譬如，笔者手头有一张佚名无题宗教科仪，内容颇为丰富、翔实：

> 八宝坛下，剿耗胎生之类：豺狼、虎豹、野猪、生口、狐狸、竹狗、貂獭、老鼠，一应剿除界外，传有文符一道。（后注：乃去收乞［讫］。下仝。）
>
> ……
>
> 里至源头，外至水口，上有上过，下有下过，本坛之内，毋许经过。

此一文书的年代不详，但其内容反映的是——徽州某地信众举行法事，在自源头至水口的境域内，展开对生产活动及日常生活中禽兽及虫害的驱禳。类似的表述，亦见于民国时期歙县孝女乡漳端里唐川大社的《请目下祝文》[②]：

---

① 抄本《清乾隆休宁县状词和批示汇抄》，安徽省图书馆藏，转引自陈瑞著《明清徽州宗族与乡村社会控制》，安徽大学出版社 2013 年版，第 593 页。
② 抄本 1 册，内容系歙县孝女乡漳端里"唐川大社管居住奉神信十弟子"方姓的请神祝文。以下凡未注明出处者，皆为私人收藏。

……大民国江南徽州府歙县孝女乡漳端里唐川大社管居住奉神信士弟子方姓众各人等，是日谨启丹忱，拜干大造，但念弟子叨居人品，忝在人伦，承天地盖载之恩，感五福猖兵护物之德，知恩有自，报德无由，意者投词，切保弟子康泰，果蒙默佑以得清安，庸取正月十六夜之吉，谨备素荤、福仪、长香、索钱，拢列在于堂下净地之中，炉焚炷香，开壶酒礼，请申下拜，拜请三坛五部官将吏兵，上神霄正一龙虎玄坛赵大元帅部下，黑虎将军五雷大神，朱、张、关、潘四大元帅，（中列诸神，略）……上至源头，下至水口，歙南管下，有坛无庙，有庙无坛，一时标名不尽一切等神，请降长空，受占供养。再焚真香，一心拜请。一请不到，值符通报；二请不到，回马相催；殷勤三请，已蒙来临。文官居左，武官居右，各安生次，食荤者食荤，食素者食素。今则弟子无甚殷勤，所有开壶酒礼，敬当初奠……

上述祝文祭拜之对象主要有几个系统的神明：汪公系列，观音系列，玄天上帝，周宣灵王，以及五猖等。其中述及歙县孝女乡漳端里唐川大社时，就有"上至源头，下至水口"的表述。"上""下"与"里""外"，其实是类似的一组概念。

与此颇相类似的资料，尚有民国时期徽州府歙县孝女乡漳端里九沙新安大社保留下来的数种文书，其中的《姚寿山钞祠内祝语（地）》，就历数了"阳间供庙，祀典神祇"，与上列的神明诸系列大致相同。其中在提及当地时，亦有"九沙坑源之内，各处山公山母、山神土地、田公田母、田园土地、坦公坦母、坦园土地、苗稼神君、各处墓荣【茔】土地、朝荫风水龙神，里至源头，外至水口，四围保界，巡司土地，有位神祇，歙南管下，有坛无庙，有庙无坛，焚香烟而起请，听祷祝以来临，此日今时，请降来临"，这里同样也有"里至源头，外至水口"之表述。

事实上，"里到源头，外至水口"的表述，在许多宗教科仪中皆频繁出现，反映了民众对村落的空间概念。

不仅如此，此一空间观念在冥契中亦有反映。譬如，徽州歙县的一册日用类书中，就收录了一份冥契：

> 地契镇金井，少【四】至定分明，八龙生气脉，世代子孙兴。今据大民国江南徽州府歙县孝女乡贞节里官居住孝士，伏为清^{考妣}庙奉^{公端}人民厚命，生于某子（　）月（　）日，时东大限，殁于（　）年（　）月（　）日（　）时，……今因生落（　）处，吉地吉穴，扦作（　）山（　）向，加（　）行龙到头，（　）字九十九百九十九号，其基分明。东至青龙甲乙，西至白虎庚辛，南至丙丁朱雀，北至玄武。上至青天日月，照耀光明；下至黄泉幽冥，路道往来通行。里至源头于千园山水拥护，外至砂石相关并水口荫庇。八至之内，左边青龙皆各无凶，右边白虎聚气藏风，后面来龙禁起，前对朝山秀峰，右边之内，中央扦作吉地一穴，山税若干，正点照依鳞册，分派管业，言定实足价钱九万九千九百九十九贯，代为买到……

从其"照依（鱼）鳞（图）册"等表述来看，此冥契显然是模仿真实的土地买卖惯例书写而成。此外，另一份冥契也写道：

地契镇金井，少至定分明，天龙藏气脉，后代子孙兴。
今据民国江南徽州府歙县孝女乡贞节里义合大社官居住
（　　）孝士（　　），伏为清考妣庙奉公媾人氏，原命生于（　　）年
（　　）月（　　）日，时东生大限，卒于（　　）年（　　）月
（　　）日（　　）时，（　　）世为魂。今因据所凭中用钱财
九千九百九十九两，代为买到，东至王公、西王母、张坚固
名下宝钞九千九百九十九号，计税若干正，土名　处，吉地
一穴，作山向行龙到头，东至青龙田乙，西至白虎庚辛，南
至朱雀丙丁，北至玄武壬癸，上至青天照耀，下至黄泉安
宁，里至源头千里，外至水口荫庇，四至之内，中央吉地，
一穴在此，永为幽冥之宅。上有明星拱照，下有黄犬巡更，
墓保宁静，魂魄逍遥，作千年之风水，益万代之子孙。公侯
滚滚［衮衮］，富贵远远，年年进屋，岁岁增粮，不许古冢
伏尸前来侵占。白鹤仙飞上天，赤鲤鱼入深渊，若要一时来
相见，及至黄河彻底干。赫赫扬扬，六律九重，青龙拱护，
白虎伏藏。其地契一张，亡人亲自收执，归身永远为据。益
子孙，万代兴隆。恐口无凭，立地契，久远大发大旺为据。

上揭两份冥契，或曰"里至源头于千园山水拥护，外至砂石
相关并水口荫庇"，或曰"里至源头千里，外至水口荫庇"，这
些，皆是"里至源头，外至水口"的另类表述。从冥契之写法来
看，实际上都是民间日常生活的一种折射。

综上所述，与人、神、鬼相关的三类文书中，均提及类似的表述。这些例子，让我们有必要审视徽州村落"源头——水口"的空间结构。

二、"源头"与"水口"：观念、类型

在不少民间文献中，都有对徽州村落形态的描述。如民国《石潭吴氏宗谱》[①]卷2《形势》就这样写道：

> 村形如燕窝，叠峦重嶂，四面拱围，环绕周密。来龙自天井岩（又名龙池尖，相传昔有龙潜于此，故名）发脉，腾盛起伏，至来龙山起顶，木星火首，前有纱帽凸金字，面朝山（即笔架山），左有太平山，关阑水口，如屏障焉。其岭曰密岭，岭外有石崭山，火象之形，亦水口之保障也。水有大河，自右而左流经村前，形如腰带，名槐源，属北方亥子水，其源出自水竹坑之里，流至村外，合溪口，与昌源相会，流入深渡、新安江。

文中的"来龙""发脉"，也就是"源头"，而"关阑水口"和"水口保障"等，则反映了"水口"丰富且重要的意义。

---

① 　上海图书馆藏1930年春晖堂版木活字本。

1."源头"的观念

先谈"源头",此一概念与一般意义上的通俗常言并无太大差别。清康熙五十七年(1718年),淮南盐商程庭前往祖籍地歙县岑山渡展墓,他在结束行程、返归扬州后,作有《妻孥问故乡风景拈此答之》,诗中写道:"新安江上水,可以濯吾缨,不自源头洁,何因彻底清。"此处的"源头",即指新安江上游的源头[①]。

徽州启蒙读物抄本中,有对徽州地理状况的描述:

> 五湖四海,九河三江,海潮上涌,江浪下翻,渊泉川井,溪派流长,源头活水,不可斗量,截断丘亩,田地山场,四至合定,东北西南,园林溪港,波碙池塘,山坡野坂,横培峻岩,岭坳湾坞,垄降沙滩,田塍地坝,界至明安,大片小块,尖角四方,将浃配阔,以搭短长,画图品搭,派分钉椿,埋石为界,抽阄丈量,田地产土,不可抛荒,管业已定,免起争端……[②]

这是对人们住居环境(特别是各类地形、田地山场)所做的描述,其中,将"源头"与"活水"相连,说明人们特别强调的是活水。关于这一点,在族谱中也有反映。如歙县托山程氏在描摹其宗族所居地时这样写道:"山谷环聚,田土膏腴,八垄森列如拱,源头活水如带,远眺则黄山、松萝、金竺、犬马,近俯则

[①] 类似含义的例子,如佚名《黟山竹枝词》:"浙水源头从武溪。"汪宗沂《黄山竹枝词》:"莲峰卜有源头水,流入朱砂第一溪。"

[②] 见徽州启蒙读物抄本。上揭文字,亦见诸不少其他的启蒙读物抄本。

南塘北野，驼石印墩，咸若有天造地设于其间。又其后有五台山之秀，巨石仙踪之奇，屏列拥护，若负自然。"①看来，人们卜居一地，首先是要寻找源头活水。歙县里东山文书《源头祠堂和土联》即曰："源头活水长流生成龙殿，土脉阳和媲动恰合燕居。"此一文书提及的"源头"，属于歙县东部的金川乡，这是当地的一副门联，其中特别强调"源头活水长流"。婺源县城景观桥拟有对联曰："半亩方塘开一鉴，两廊高阁览全城。"此外，还有"源头活水流千载，学府清声响四方"。此二联之典显然源自南宋理学家朱熹的诗歌："半亩方塘一鉴开，天光云影共徘徊。问渠哪得清如许？为有源头活水来。"这首借景喻理的名诗，其中所指的"半亩方塘"究竟是在福建尤溪、浙江淳安，还是在现在的江西婺源，其实并不重要，重要的是它反映了传统时代的村落空间格局。"半亩方塘"亦可视作水口处通常所见的方塘，水口处的方塘之清澈，与源头之活水密切相关。正是有此源头活水，才能源源不断地流到水口，再由水口流出村外，从而成为整个村落的血脉。

源头虽直接与活水相关，但实际上它也代指水源所自出的山脉。明休宁汪循《至沱川登三天子鄣》诗曰："清风岭上豁双眸，播鼓峰前数九州，蟠踞徽饶三百里，平分吴楚两源头。"②吴楚

---

① 道光《徽州府志》卷2之6《舆地志·古迹》："宋家山亭，在城西北隅。元时，宋茂正家一都章泽，后为税务司使，闲居筑室于此山，有海棠洞，远近构亭九，洞左曰瞻胜亭，右曰拥翠亭，迤东曰衍香亭，洞溪流小沼，曰源头活水亭……"此处亦将"源头"与"活水"联属。
② 道光《徽州府志》卷2之1《舆地志·山》。

两源头，也就是指吴楚分源的浙岭。另外，婺源县东北的寨山，"其地名李坑源头"①。济岭山，"为济溪源头"②。因此，源头既指水源，又指村落背靠的大山。

"源头"与"水口"，实际上就是"来龙"与"去脉"，这是极富堪舆色彩的一种表述。清代中叶一部文书中提到："吴大后山二坞，其山为合族来龙，其水为一村血脉"③。在这里，"源头""水口"，对应的两组概念是"山""水"和"来龙""血（去）脉"④。

徽州人对定居地或经商场所的讲究，亦见于旅外徽商之观察。例如，抄本《西河木业纂要》就提及在江西从事木业经营的徽商对山林之选择："凡入山，先看其源头、水口、桥路、堆场、堰塘远近为先，再观本山之高低，平浚之阔狭……"这也是先通过观察源头、水口等，以确立经商场所的大致范围⑤。

"源头——水口"之结构，实际上也就是依山傍水的地理

---

① 道光《徽州府志》卷2之1《舆地志·山》。

② 道光《徽州府志》卷2之1引康熙府志。

③ 〔清〕王履和堂编：《祁门环溪王履和堂养山会簿》，嘉庆刊本，安徽省图书馆收藏。

④ 迄至今日，歙西灵山水口五福亭右侧墙壁上，仍嵌有"奉县宪示禁碑"，其中提及："职等住居二十二都一图灵山地方，合族户丁数百余人，上有灵金山来龙发脉，下有黄榜山水口关栏，中间安葬有祖茔，于上均蓄有松山荫木，前明迄今，世守无异。"（《歙西灵山水口"奉县宪示禁"碑》，见邵宝振《徽州碑刻辑录》，载安徽大学徽学研究中心主办《徽学》第10辑，社会科学文献出版社2018年版，第239页）"来龙发脉"亦即源头，"水口关栏"也就是去脉。

⑤ 参见拙文《太平天国前后徽商在江西的木业经营——新发现的〈西河木业纂要〉抄本研究》，《历史地理》第28辑，上海人民出版社2013年版。

环境。

明代中叶以后，徽州逐渐形成为宗族社会。在宗族社会的背景下，"源水——水口"的结构，亦被赋予新的意义。民国《婺源县志》主纂江峰青的《一经堂迎思门联》曰："山为浩轴横空展，水有源头衍泽长。"以源远流长，寓意着宗族的绵绵不绝。另外，民国时期歙县何莲塘抄录的日用类书中，有一份清明会簿之序文，其中亦提及：

> 盖闻木有本根，培其本则叶茂；水有源头，清其源则流长。人岂无有由来乎？夫人本乎祖，祖宗虽远，祭祀不可不诚。诚者何？追远报本是也。

清明会是为祭祀祖先而设，有的金银袋簿也就直接写成"水源木本"①。而"水源""木本"分别对应的便是"源头"和"水口"，"源头"与祖先之由来有关，而"水口"则与居民的兴盛有关，故水口树木（水口林、水口荫木）必须繁盛。

2. "水口"的观念及其类型

相较于源头，水口之表述更为常见。笔者手头有一册民间日用类书抄本，内容颇为丰富，其主要篇目分类包括"书启"和"说"等。个中"说"的部分，有《祠说》（3篇）、《社说》《文会说》《三馔说》《水口说》《祠社俗杂说》《葬说》《蒙馆俗弊说》《社

---

① 关于这一点，请参见拙文《寒衣烧献金银袋》，载《上海书评》2023年4月5日。

稷说》和《九公会说》等。关于《水口说》曰：

> 乡有祠，有社，有文会，有水口。祠以聚族，社以聚农，文会以聚礼，而水口以聚一乡之树木、桥梁、茶亭、旅舍，以卫庇一乡之风气也。春秋修其祭祀，亲疏睦而彝伦攸叙，则祠无讥焉；田野垦辟不惰，四体户有盖藏，则社无讥焉；至水口虽不大关系于俗，而绿树村舍，今行渡石桥来往者，亦见乡党之休风焉。由此言之，盛衰见于水口之荒整，故水口亦与有讥焉。然祠之责在尊族，社之责在农老，文会之责在读书之士，而水口则合一乡而共有责也。夫深渊之水，蛟龙蟠焉；重荫之木，鸟兽藏焉；丰乐之乡，而群子处焉。如此，则知浅露荒废之不益于人明也矣。夫植树木，修桥梁，平道路，苫亭舍，共襄美举，而保其践履，修其圮毁，为水口之观瞻，气象兴旺，将见一乡之风气日厚，而人事化洽，美俗【俗美】风清，不亦善乎！

这段文字，理论性地谈及徽州村落的祠、社、文会和水口，分别指出了各自的功能和意义。

在徽州，大凡一个村子必有一个水口，但也有不少村落不止有一个水口，有的是双水口乃至多水口。乾隆时代的《新安竹枝词》曰："烟村数里有人家，溪转峰回一径斜，结伴携钱沽夹酒，洪梁水口看昙花。"洪梁即洪梁堨，为程氏祖居[1]。类似于此单一

---

① 方十庹：《新安竹枝词》，见欧阳发、洪钢编《安徽竹枝词》，黄山书社1993年版，第47页。

水口的情况自不待言，而双水口的例子则分为两种：一种是有上水口和下水口，如绩溪庙子山，"上水口亭祀关壮缪，下水口亭祀观音，均在村西南"。①婺源坑头（桃溪）村"来龙气势奔豁，水口曲径通幽，通往外界的八条山岭，青石板铺就，由村庄辐射外界。从上水口眺望，只见溪水潺潺，而不见源于何地，应合了'天门开'；从下水口看去，两山耸峙，难见溪水流向，即所谓'地户闭'，深得风水术中的'胜地'之形"②。除了上、下水口外，还有的村落是里（内）水口和外水口。例如笔者走访过的婺源寨山，即有外水口与内水口③。另据歙县芳坑人江怡桐的描述，歙县坑口也是双水口。坑口新桥下是阳源水、芳源水交汇之处，其"西边不远有一人工修筑的土塝，环砌以石塝，土塝上栽满高大的柏、梓、桐、椿，组成一片浓阴苍翠的树林，像一堵城墙，仅溪流石板路绕塝，这是芳坑水口的外塝首。绕过外塝首，路里山脚竖一'如来佛'石柱。溪流成"S"形，对坑观音阁，一条高大的石塝从相反的方向伸出，上面高大的石板路，这是里塝首。……过里塝首，'关帝庙'依山傍路而建，才看见水田一片，民居杂处，真是'柳暗花明又一村'了。关帝庙和观音阁分别建筑在'太极图'的两极点"④。关帝庙亦叫下水口庙，据此可

---

① 绩溪《庙子山王氏谱》卷8《宅里略一·井亭》。
② 洪忠佩：《坑头村的风俗与传统教育》，见卜永坚、毕新丁编《婺源的宗族、经济与民俗》第10章，复旦大学出版社2013年版，第476页。
③ 王振忠：《生态与生计：清代深山开发与水土流失引发的纷争》，《徽学》第11辑，社会科学文献出版社2018年版。
④ 江怡桐：《歙县芳坑的民俗风情》，见王振忠编《歙县的宗族、经济与民俗》，复旦大学出版社2016年版，第54页。

知，外坝首亦即上水口。

还有一种情况比较特殊，也就是因村落所在的空间有限，且地属高山，其水口竟在山脚之下。例如，根据笔者十多年前的调查，旧歙县三十三都一带，有相当多的地名叫"四亩""五亩""六亩山"和"七亩丘"等，这些村落与徽州通常所见的村落不同。村落内有小型的庙宇和祖屋，但没有自己的祠堂，他们需要定期外出朝拜上位村落中的祠堂，以此作为与外界联系的纽带。因其地处深山，村落的发展空间有限，甚至连村落之水口都在远离本村的山下，村落的发展形态与通常所见者遂极不相同。

除了自然环境浑然天成者外，不少村落之水口皆根据风水原理，经过人工的重新塑造。《碎玉集》抄本中有一份《合墨式》："盖闻天下之大，万民之众，无村不以来龙保其生命，无里不以水口护其乡间。……将水口坝首填高，培植荫木，护卫乡人。"[1]此段文字，反映的是将水口坝首填高种树的例子。《董氏族谱·昆山董先生传》：乾隆时期，支丁董昆山"以村之水口为聚族根本，泉自游阜奔流，绕村而东，复折而西如大环。然其初出也，泉驰直，而若环之缺。先生乃创议，叠石为桥，建亭其上，旁植花卉，俯窥潜鳞，山色四围，烟光一片，为乡人之壮观，而悉当水口之缺"，[2]这是修桥建亭改善水口景观的做法。此外，歙县芳坑一带的水口，是"在村外利用地形加以改造，增砌石塝土坝，

---

① 民国歙县吴德春《碎玉集》，抄本 1 册，是反映徽州社会生活的民间日用类书。

② 赵华富：《婺源县游山董氏宗族调查研究》，安徽大学徽学研究中心·主办《徽学》第 2 卷，安徽大学出版社 2002 年版，第 49 页。

栽养竹木，让溪水成'S'形流过，左右两边向中间伸出，形如八卦中心的太极图"①。而歙县璜蔚，北有麻垄石狮、珠墩山捍夹水口，建座三层三进水口庙以"障空补缺"；原先的河流顺直通往村外，人们为了营造好"去水"，遂将水口改造成"户闭则财用不竭"之"去水"。水道改向，引水补基，形成背山面水的格局②。婺源"下溪村水口外面是白坑口，水口处虽然有两山作捍门之柱，但先祖依旧嫌其镇锁之力不足，于是合族花巨资人工挑土，在水口处堆起一个土石洲阜，让去水绕曲，增水流之回环"，极具锁钥之势③。

作为水口，当然需要有水流经，具体的特征是水塘之存在。1927年婺源庐坑詹鸣铎撰有《西水东流小引》：

> 语云：西水望东流，富贵弗断头。诚以东方生气，万派朝宗，波流潆洄，必归一于此矣。我村龙川水口环合，妙景天然，自从始祖黄隐公肇迁，聿来胥宇，讲理学者相厥山川，广培元气，有亭有塔，有月塘，源头活水，汩汩乎来，盖有取于西水东流之意。地灵人杰，昔人每慨乎言之。今则物换星移，甘泉告竭，爰集众公议，重新整理，挹彼注兹，并修月塘，用萃财源，俾之西水东流，即富贵亦可以垂诸永

---

① 江怡桐：《歙县芳坑的民俗风情》，见王振忠编《歙县的宗族、经济与民俗》，第34页。
② 璜蔚志编纂组、黄山学院徽州文化研究所编，朱祝新主编：《徽州古村落——璜蔚志》，2007年版，第15页。
③ 程剑峰：《下溪村的村落文化、社公坛与社祭》，见卜永坚、毕新丁编《婺源的宗族、经济与民俗》第7章，第339页。

久，一村之福，何快如之！①

除了水塘之外，水口附近还要有小山。例如，歙县鸿飞村西的路亭叫"四角亭"，又称水口亭。一条笔直的石板路穿亭而过，是以前通往深渡和徽州府的要道。水口桥下，水平如镜，清澈见底，河堤两岸，盘踞着狮山、象山，古树参天，俗称"狮象把水口"。而在歙县绵潭，俗谚亦有"龟（狮）、象保水口，富贵在源头"之说。在传统时代，"狮象把水口"亦称"狮象把门"，是民众心目中最为理想的水口。因为在民间传说中，大象和狮子相传分别为普贤菩萨和文殊菩萨的坐骑。由两位菩萨坐骑把守山门，聆听莲花殿上观音菩萨讲法，狮、象二山也就形成为一个天然山门，很好地护卫着村落。在这样的背景下，人们时常会极尽想象之能事，丰富各村水口的内涵。例如，婺源下溪村东面山脉像狮子头，而其背面山脉则像一个长长的象鼻，与"狮子头"遥相呼应，包抄得十分紧密，所以下溪村之水口就有"狮象把门"的说法②。

徽州地处皖南低山丘陵地带，"烟村数里有人家，溪转峰回一径斜"③，各个村落往往有着较为封闭的完整空间，而其水口遂成为村落之咽喉，被人们视作关乎村落人丁兴衰、财富聚散的关键所在。从堪舆学上讲，"水口"是一个重要的风水术语。在徽

---

① 詹鸣铎著：《振先杂稿》卷6，稿本，已故詹新友先生收藏。

② 参见汪卫东：《歙县水南绵潭的民风民俗》，载王振忠编《歙县的宗族、经济与民俗》；程剑峰：《下溪村的村落文化、社公坛与社祭》，载卜永坚、毕新丁编《婺源的宗族、经济与民俗》。

③ 方士庹：《新安竹枝词》，见欧阳发、洪纲编《安徽竹枝词》，第47页。

州人心目中，"吉地不可无水""聚水如聚财"，风水观念认为水即财富，因此，为了留住财气，除选中好的水口位置之外，还必须建筑桥台楼塔等物，以增加锁钥的气势，扼住关口①。而在水口处建造亭台楼塔，除了风水功能上的作用之外，还有美观上的需求。例如，歙县唐模是明清时代诸多盐、典巨商的桑梓故里，此处的村落水口建设，更多的则是夸奢斗富的一种展示。对此，《歙西竹枝词》曰："新开水口指唐模，水面亭台列画图，一带沙堤桃间柳，游人尽说小西湖。"另一首竹枝词亦写道："乡村尽处构园亭，凿水堆山鸟梦醒，名胜谁家并称最，唐模路口俨丹青。"诚如唐模那样的新开水口，经过了一番人工塑造，水口一带的风景遂显得格外清幽。

上引的《水口说》指出："水口以聚一乡之树木、桥梁、茶亭、旅舍，以卫庇一乡之风气也。"这反映了水口景观的具体内涵，以下分别述之。

（1）树木花卉

乾隆时人方士庹有诗曰："故家乔木识鞭楠，水口浓阴鸟蔚蓝，更著红亭供眺听，行人错认百花潭。"② 水口处必有风水林，"松与柏，樟与枫，水口荫庇"③。根据已故的歙县文史学者柯灵权之观察，水口处多种植杨、柳、樟、松、榆、枫、槠、冬青、

---

① 参见季家宏主编《黄山旅游文化大辞典》，中国科学技术大学出版社1994年版，第523页，"水口"条。
② 《新安竹枝词》，见欧阳发、洪钢编《安徽竹枝词》，第51页。
③ 徽州民间启蒙读物《逐日杂字》，抄本1册，封面题"张尔炽/皖南虎川张尔炽"。

女贞、石楠、银杏、拐枣、黄连茶和沙棠梓等。其中，樟树以其木纹似文章而名，植入水口林，卜兆村族文运昌盛；同时，樟树天然芳香，亦暗喻"家乡"①。在传统时代，村落选址除了相地之外，还要"植树定基"，亦即在初定村址时先植上樟、柏、梓等寓意吉祥的树苗，再以树苗之长势判断该地有无"生生之气"。倘若所植之树长势良好，就足以说明此处应为吉地，反之则为不吉。例如，下溪村村头种有一棵罗汉松，这株罗汉松据说有近千年的历史，村里相传是祖先卜居之初所种②。

除了树木之外，还有花卉的栽植。"歙邑名族，多有水口，栽种竹木花卉者，楼台辉映，幽雅宜人"③。沙溪的汪志广，就有《水口观荷》诗，状摹了水口一带莲花盛开时的景致④。

（2）桥梁与道路

水口是村落通往外界的要冲，相关的道路与桥梁必不可少，分别称为水口路和水口桥。徽州民间日用类书《酬世汇编》中，有一篇《募修金溪水口路疏》：

> 盖闻修路与建桥同功，……水口乃乡村名望，风土于以卜盛衰；而道途更闾里冠裳，人情自而占得失。

① 柯灵权：《古徽州村族礼教钩沉》，中国文史出版社 2003 年版，第 161 页。
② 程剑峰：《下溪村的村落文化、社会坛与社祭》，见卜永坚、毕新丁编《婺源的宗族、经济与民俗》第七章，第 338 页。
③ 〔清〕凌应秋撰：《沙溪集略》卷 1《古迹》"古松亭"条，安徽师范大学出版社 2018 年版，第 39 页。
④ 〔清〕凌应秋撰：《沙溪集略》卷 2《水利》，第 65 页。

同书中的《金村水口桥路记》①亦指出:"水口桥路,关乎一村之光面,何容半途而废,致贻诮于往来行人?"在当地人看来,倘若道路颓败,则为他人所耻笑,故"履道坦坦,卜贞吉于幽人;长路漫漫,肃观瞻于村聚"。对此,还有一篇《水口修路小引》也说:"水口之路,尤为一乡之要。"②

附了壮其观瞻之外,水口桥路亦关涉村落的风水。歙县西溪南吴氏就曾表达对丰南水口通济桥的看法:"至于水口新桥,关系合族风水。忆自先年造桥之后,吾乡科名、财赋骎骎隆盛……此真收吾乡之全局……不可以时日缓者也。"③

（3）亭塔

水口是整个村落风水之咽喉,关涉到家族人丁、财富的旺衰聚散。在民众观念中,水就是财富,故而必须选择好的水口,在那里建造标志性的建筑,以锁住关口。在民间文献中,可以看到不少在此处祭祀"水口财神""水口老爷"或"添丁老爷"的记载。

清乾隆时人吴梅颠所撰《徽城竹枝词》曰:"祠堂社屋旧人家,竹树亭台水口遮,世阀门楣重变改,遥遥华胄每相夸。"④可见,水口一带除了栽植竹树之外,亭台也是常见景观。《乾隆休宁黄氏置产簿》收有《募造水口□□□伯回信稿》,其中有一段

---

① 吕龙光编:《酬世汇编》卷6《宗谱、祠庙、桥路公启、合同、墨据、禁约》,抄本。
② 《杂录》抄本,1册。
③ 〔明〕吴士奇:《募修祠会引》,载民国《丰南志》卷8《舆地志·碑记》,黄山书社2017年版,第504页。
④ 转引自胡益民《徽州文献与〈徽人著述叙录〉》,载安徽大学徽学研究中心主办《徽学》2000年卷,安徽大学出版社2001年版,第380页。

话，最足以反映徽州人的这种观念：

> ……承委募造水口亭，最为切要之事，关乎一门之盛衰。水聚，则人财兴旺；水散，则各事嗟呼。[1]

水口亭之外，还有的是盖设文峰塔、罗星塔之类的标志性建筑。"文峰"或"罗星"皆与风水有关。在堪舆学的观念中，龙脉系生气止聚之处，如同人的身体，有经脉气血聚会之穴位，只有藏风聚气，方能达到阴阳和谐、天人感应，促成聚落的人丁兴旺。有鉴于此，在水口竖立罗星，目的就是为了聚气凝穴，以阻挡生旺之气一泄如注。

（4）庙宇

清人赵吉士曾指出："新安祠庙最多，各村水口未有无琳宫梵宇者。"[2] 可见，徽州村落，通常在水口都建有水口庙。徽州文书中，常见有《修水口庙（帖）》：

> 水口庙宇历年已久，安稳无虞，物阜年丰，曾于旧年夏月，因风吹折古木，损坏庙宇，诚恐神灵无据，致使岁歉人灾。今众金议，确于某日照依家头均斗，预备砖瓦，存以匠工应费，选期△日兴工，再涓△日安神，其杂工亦照家头

---

① 中国社会科学院历史研究所收藏整理：《徽州千年契约文书》清·民国编卷7，河北花山文艺出版社 1991 年前后，第 230 页。
② 康熙《徽州府志》卷 8《祀典》。

均做，修额坏以安神灵，护人丁而卫乎物类。此系正务，毋得执拗，如有等情，众议公罚，特帖预知。

在水口建阁立庙，是希望以神灵增其镇锁之气，防止财气的外泄。婺源有一首《题沱川郡村水口桥联》写道：

雄联郡岳，远接湖峰，夸胜地巨关，迷雾雨风千堑树；
静锁烟岚，幽通梵宇，喜良宵清景，满川星月一声钟。

此处所状摹的，就是沱川郡村水口处的梵宇钟声。在有的村落，茶亭与庙宇相结合，称为"水口阁"。对此，有一首"水口阁联"曰：

花明柳暗，鱼跃鸢飞，草木昆虫万物静观皆自得；
月白霜清，风红雨绿，秋冬春夏四时佳兴与人同。

由此可见，人们于水口阁中，坐看天地万物春夏秋冬。

水口庙有的也叫水口庵，所供奉的神明五花八门。据目前所见，在水口兴建的庙宇包括关帝庙、观音庙、文昌阁、周宣灵王庙、王大真仙庙、财神庙（"五显老爷"庙、五猖菩萨庙）、三元殿、胜莲庵、三相公庙、汪王庙和土地庙等。其中，最为常见的如关帝庙，乾隆年间祁门韩溪人程世健，"尝重造关帝阁于水口，独仔其仜，费累千金。旁又重建百子庵，费数百金，并不勒名以自侈其功"①。20世纪50年代之前，婺源汪村一关帝庙，建于村西水口路边，庙内关帝塑像居中，关平、周仓二人两侧侍奉。揆情度理，关帝为武圣，因其被敕封为"三界伏魔大帝神威远镇天尊关圣帝君"，在民间被称为"本境水口伏魔大帝"。与此同时，"桃园三结义"的故事，似乎也与徽商之合伙制经营密切相关，故最为徽州人所祀奉。

此外，五猖庙也颇为常见。五猖又叫目下五郎神，包括天仙一郎神、地仙二郎神、人仙三郎神、花果四郎神和目下五郎神。民间科仪中说："五猖原是五州人，也有爹娘有兄弟，各有姓名同结义，玉帝敕封五猖神。杀气腾腾，威风凛凛，察凡民之吉凶，掌人间之祸福，此日今时，请赴临坛"。揆情度理，五猖与东、西、南、北、中的地理方位相契合，而且五猖为五位神明，既有风猖、狂猖、毛猖、野猖和伤猖，又有众多的五福猖兵，"飞钱撒起满天开，五猖兵马下坛来"，神多势众，给村民的安全感最强。因此，在对村落的保护方面，五猖及其猖兵显得最为适合。在徽州，保安善会中最为重要的仪式，就与五猖保平安的此类功能有关②。与此同时，五猖又是一种财神，在宗教科仪中，人们所祭祀的"水口财神"，也与五猖有关。③ 职是之由，传统

---

① 《韩溪程氏梅山支谱》卷9《谱图·盘谷房思聪支》，清宣统元年（1909年）木活字本，上海图书馆藏。
② 在溪头，保安会又叫"五猖祭"。
③ "源头——水口"亦远涉前往徽州的商业。抄本《商店牌号冠字联》中有："生之者众，源有自来""生意蓄春草，源头溯远泉"之类的描述。而在兰溪，商业经营中对"营业额"之俗称，即曰水口。（见兰溪市商业局编：《兰溪市商业志》，1988年版，第370页）

时代在徽州村落的水口处，五猖庙最为常见。

由于关帝和五猖皆与村落民众之驱邪赶鬼密切相关，因此，在人们的观念中，二者能有效地抵御村落遭遇的外部威胁。也正因为如此，有的双水口村落，通常情况下，一个水口为关帝庙，另一水口则是五猖庙。

此外，比较常见的还有观音庙和文昌阁。特别是文昌阁，徽州人以之彰显"贾而好儒"的文化追求，故而也时常被建于水口。有时，在水口的庙宇不止有一处，或是二层的建筑。在这种情况下，通常是关帝庙与文昌阁搭配，一文一武，相得益彰。例如，休宁汪村水口有关庙，并祀张睢阳，其上则有文昌阁，晚清朴学家俞樾为之题有一联："威名满华夏真义士真忠臣若论千载神交合与睢阳同俎豆，戎服读春秋亦英雄亦儒雅试认九霄正义常随奎璧焕光芒。"当然，也有的是观音庙与文昌阁之搭配[①]。

三、"源头——水口"的禁忌与保护

有关"源头""水口"，民间有诸多传说。例如，婺源下溪先

---

① 据《歙西珠光里碑刻二通，珠光里观音亭修建碑》，歙西珠光里水口路边，于乾隆三十二年（1767年）建有观音亭，楼上则为文昌阁。（见邵宝振.《徽州碑刻辑录》，载安徽人学徽学研究中心上办《徽学》第10辑，第251—252页）

祖原居地浆坑源，据说风水极好，"金鸡守龙头，金狗把水口"，是个藏风止气的好阳基。此处的"龙头"，也就是"源头"之意。当地男人世代外出经商，因生意兴隆，三五年才回家一次，甚至到老方才衣锦还乡。后来有位女人难耐雌守之苦，听信风水先生的破解方法，将水口之金狗凿去，并泼上新鲜狗血。此后，在外经商的男人不久就回来了，生意一落千丈，只好另外相地迁居①。这个故事的寓意在于——水口对于村落以及旅外商业皆有重要的影响。

水口不仅关系本村的族运，而且也是与邻村斗法之关节点。婺源豸峰主要是由潘姓聚居的村落，附近的栃林坦住着另一族姓程氏。栃林坦为阳地，其后的山形似母猪，风水形容为母猪下槽，潘氏害怕居住于此的程姓人家兴旺，故立水碓以破之。一个水碓被设在上水口之上，另一个则设在引胜桥下。据说，自从建了水碓之后，程姓便一蹶不振，后来不得不迁往村西南边的一处坡地（村民称之为冷脚底），而其原住地栃林坦最后沦为村中的墓葬之所。②同样是水碓，若用得好，也可令本村兴旺发达。例如，歙县璜蔚村口有座麻陇石狮，石狮前方建有三座水碓，这是根据风水原理而设计，据说是"狮子滚绣球"，村运越滚越发达③。在上揭的两种叙事中，水口都是村运盛衰之关

---

① 程剑峰：《下溪村的村落文化、社公坛与社祭》，载卜永坚、毕新丁编《婺源的宗族、经济与民俗》上册，第335—336页。

② 东南大学建筑系、婺源博物馆：《豸峰》，东南大学出版社1999年版，第21页。

③ 朱祝新主编：《徽州古村落——璜蔚志》，第15页。

节点。

前述的这些传说，皆反映了徽州人对于水口的重视。因此，"来龙"（源头）、"水口"一向受到村民的高度关注。歙县文书抄本《联句集记》[①]中有一份禁约：

> 立禁约人吴渭东会同客总邵△△、汪△△等，为奉宪申以期兴养而维风化事。尝思松树为山之衣，松苗为树之子，近有无知之徒，只顾目前之利，肆行砍伐，是犹剥人之衣，而杀人之子也。无怪龙脉渐衰，山骨多枯。吾乡迩来人丁不旺，水利不兴，揆厥由来，职是之故。况来龙、水口，尤当一里之保障，而且存殁之命脉攸关。若再任砍害，将来摧残日甚，诚恐萧条气逼，人物亦与之俱零。居斯土者，顾此凄凉，能无兴感？

因此，尤论是来龙还是水口，皆以林木葱葱为佳。婺源镜心堂《济祖临坛诗集》[②]癸丑（1913年）二月初一夜条：

> 山分青水分秀，鸿溪本是好堂局。对河一片眼界宽，来龙步步都庞厚。转瞬何曾几十年，好山好水反卑陋。青的渐变而苍苍，秀的尽变为溜溜。……趁兹阖族表同情，或可及

---

① 翰氏笔抄《联句集记》，抄本1册，主要杂抄晚清、民国时期歙县南乡文书。
② 民国石印本1册，题作"婺北虹关镜心堂辑"，原书由婺源虹关村詹庆德先生提供。

时而补效【救】。

文中的"鸿溪"即婺源虹关，这是借乩神之口，呼吁民众应保护来龙乃至整个村局。

在传统时代，水口之外以及来龙、朝山，都是安葬坟墓的重要场所。但在来龙、朝山等处安葬，需要慎重处置。早在明代，《珥笔肯綮》中就提及因造坟于来龙而发生的纠纷[1]。道光时代《萧江家乘》[2]中的祠规之一为"守坟墓"，其中提及：

> 坟墓为根本之地，子孙枝叶荣萃所系。我族人于各祖墓，宜岁时亲身展省。来龙、水口、向山有庇木处，严禁樵采，密访侵犯。有附祖者，须预启祠正、副，果于坟禁无妨，方许安葬，不得妄听邪术，侵犯祖灵。……其本村来龙、水口等山，亦不许樵采，挖土破坏，致伤基图命脉。如犯，祠正、副重加责罚，毋少狥情。

此处提及，来龙、水口、向山等处，一般族众可以"附祖"，也就是可以在死后安葬于上述各处[3]。正因为来龙可以葬坟，故

---

① 〔明〕觉非山人撰《珥笔肯綮》："搀诬事。基址来龙，命脉重关。土豪△贪身住后龙吉，势统多人，挖凿造坟，损伤龙脉。"
② 〔清〕江元炜、江赓纂修：《萧江家乘》卷10《碑记·家诫遗文·祠规》，道光三十年（1850年）敦伦堂刻本，上海图书馆馆藏。
③ 关于上述诸处埋葬的实例，《绩溪庙子山王氏谱》卷13《冢像略·合议据》中就收录有一份契约，其中提及光绪二十八年（1902年）七月唐、汪、土三姓于来龙山后背边合造葬坟五大明棺。

有时亦有"坟山来龙"①"坟茔来龙"②"祖墓水口山"③和"祖茔来龙山朝山"④之类的称呼。

尽管村族三令五申，但在徽州，因水口及来龙引发的纠纷仍然此起彼伏。据《黼山府君年谱》记载：

> 道光十九年己亥，……仍馆龙溪俞宅。秋，邀同族议禁青山、引浆两处瓷土。二山为吾村水口，山川灵气所钟，瓷土较他处嘉美。吾村人文朴茂，有由然也。明嘉靖乙巳以后，始有入山开硲者，地脉因之以伤，而人风日就浇薄。自我十九世祖晦斋公集村人鸣之官，取土之患始息，历百余年，复有开硲取利者，于是与族人复议禁之⑤。

另外，在婺源，五老为庐源来龙发脉，村荫攸关，因有人私往开窑，詹鸣铎作《公禁五老开窑禁约稿》，由绿树祠严申

① 嘉庆二年（1797年）六月《明清、民国兴山长养合同》，南京大学历史系资料室藏徽州契约文书散件，编号000058。该条资料承陈瑞研究员提供文书录文，特此致谢！
② 〔清〕周赟等修：《绩溪城西周氏宗谱》卷20《合议》，光绪三十一年（1905年）敬爱堂木活字本，安徽省图书馆藏。该条资料亦承陈瑞研究员提供文书录文，特此致谢！
③ 光绪《婺源县志》卷39《人物十一·质行》："詹廷礼，水南人，……里有贫乏者，量力周济，尝修路数百丈，祖墓、水口山输赀留荫，禁止剪伐。"
④ 《歙县汪氏崇本祠条规》，清康熙三十年（1691年）刻本，不分卷，安徽省图书馆藏。
⑤ 〔清〕余晋祖、余家鼎编，清光绪二十二年（1896年）刻本，见《北京图书馆藏珍本年谱丛刊》第151册，北京图书馆出版社1999年版，第405页，谱主余龙光生于嘉庆八年（1803年），字灿云，号黼山，晚号拙庵，为婺源沱川理源人。

禁约①。

上述的纠纷，主要还是发生在宗族内部，而一旦有宗族之外的人员参与，情况便显得更为复杂——在清代，棚民与土著的纠纷中，就经常出现来龙、水口的争执。如嘉庆《黟县志》卷11《政事·塘堨》中附《禁租山开垦示》《禁开煤烧灰示》《乾隆四十六年知县顾保县龙脉示》和《为吁恩示禁以保水口以安万民事》②，同书卷16《艺文·诗》中，还有吴甸华《黟县示吏民四首·安土吟》曰："禁种巴芦、烧石煤，以筦山脉、钥水口也。"③这些，都反映了土著与棚民的激烈冲突。

针对各类纠纷，徽州各地皆有对水口、来龙之封禁。何莲塘抄录的日用类书中有数份禁约，其中之一就是《禁来龙、水口引》：

　　尝闻居地重于来龙，护卫莫于水口。吾党来龙、水口，自始祖蓄养柴薪、松杉、杂木，以保一方之生灵，原为万世之保卫。是以数百年余，人丁盛茂，则利兴隆。近因风飘雪压，将及凋零，兼之力剖锄掘，反为濯濯，若不兴集，其桑田变为沧海矣。于是会众共议，另行严禁：嗣后各家仁厚长者，见无知之辈侵伐，须当吩咐；睹幼小之童窃害，互相警戒。庶乎上体祖宗之嘉谟，下传子孙之雅望，则村方有光于前，而名誉亦垂于后矣。再者，仍前不改，肆行盗砍，名为

----

① 詹鸣铎：《振先杂稿》卷6。
② 嘉庆《黟县志》，黄山书社2014年版，第347—350页。
③ 嘉庆《黟县志》，第505页。

不孝之人、败祖之辈，众攻鼓之，断不容宽。

清代前期《新安上溪源程氏乡局记》开首的《乡局记规》亦提及对来龙、水口的禁约：

> 后龙、护龙、朝山、水口，祖宗定界立墨，掌养荫木，护庇乡局，各宜凛遵。若斧刀入山者罚银一两，捉获者赏银五钱，折取枯枝、爬取松毛者罚银五分，给赏捉获人员，通同隐瞒者同罚，强梗合族呈治……
>
> 后龙为一乡命脉攸关，朝山、水口为一乡关键所系，只宜培养助护，岂容剥削挖毁？以后紧要处，恃其己业，擅行剥削挖毁、戕害乡族者，立责培复，强梗呈治。

此处规定——后龙、朝山、水口即使是属于族内个别人的产业，也不许他们擅行破坏性开发，以维护"乡局"整体上的利益。

封禁的具体做法是唱戏加禁、杀猪封山。如婺源县思口镇漳村王氏忠靖祠门首墙壁上有禁碑两通，其一为《合村山场禁示》：

> 特授婺源县正堂加三级纪录五次、记功一次胡，为公吁赏示永禁杜患事。据王文、王敦伦、单彬华、□怀、单笃庆、俞兴灿等具禀前事，词称："身村四户，公置余师坞、茶坞、里田坞、公木坞、面前山下坞、西培坞、坞头、下坞、工培板门桥、林子坑、黄培山、仓坞培等处山场十二

局，乃一村之来龙，面前水口攸关，栽种杉松竹木，掌养保护，屡被无知小民入山侵害。今村金议，业经唱戏，鸣约加禁，但恐人心不一，未沐示禁，仍蹈前辙，为此公叩宪太老爷恩准赏示，勒石严禁，俾愚民知有法究，而山场永无侵害，合村感戴，上禀。"等情。据此，合行示禁。为此，示仰附近居民人等知悉：嗣后王文等公置俞师坦等处山场杉松竹木，乃一村攸关，□□□□□山侵害，倘有不法棍徒擅敢砍伐，业主同约保指名，据实赴县具禀，以凭严拿，大法重究，断不宽贷，各宜凛遵毋违。特示。
遵
乾隆二十七年五月初十日示
仰，勒石永禁。

在徽州，有的家族还派专人负责看护水口。例如，《休宁古林黄氏重修族谱》"祠规十六条"中就有"严禁蓄"："岑山水口堤河干荫木，禁蓄有年，蔚蔚菁菁，实增吾乡景色矣。但恐日久法弛，今议祠中专雇一人看守，着令写立包揽一纸，存于祠匣。如遇盗砍等事，庶有责成。"而在有的村落，水口神庙由本族中的穷民订立承约住持，"食租治庙事神，并巡守朝山、水口，封禁荫木"，这既是村落家族给与穷民的一种福利，同时又赋予后者一定的义务，让他们看护庙宇，巡守朝山、水口，并封禁荫木。同时规定，"若勾引僧尼、煽惑伤风败俗者，立行驱逐，强梗庇纵，合族呈治"。

四、"源头——水口"的意义及其相关仪式

民国时期婺源县万安乡长城里荷源祖社奉神信士弟子方氏，在《请五路》中曾从总体上提及村落"源头、水口、冷坛、古迹、家堂、奉佛堂香火"等[①]，以下据此择要叙之。

1."源头"：接龙及呼龙

前文述及，"源头"亦即"来龙"，与此相关的仪式颇多。如在歙县白杨源，据村民吴正芳讲述，祠堂后进的祖宗牌位，按辈分大小自上至下轮流排放，"待龛座中放满后，又从大辈分开始，保留下五辈（即后五世的牌位），其余往上数的高辈分牌位，统一由族祠集中在来龙山掘坑深埋，或烧毁掩埋，并由祠族统一祭拜"[②]。堪舆俗谚云："山管人丁水主财。""来龙"亦即"源头"，与宗族之旺衰密切相关，将牌位深埋于来龙山，彰显的是宗族之"发脉"所在。

此外，在乔迁和建房习俗中，来龙亦颇受徽州人的重视。清

---

① 见《□（迎）神簿》抄本，该抄本系以楷体毛笔书写而成，其封面题作："方德声／方三宝立／中华民国廿五年岁在内【丙】子／□（？）神簿"，作者为1935年前后婺源县万安乡长城里大祀荷源大社的居民。
② 吴正芳：《徽州传统村落社会——白杨源》，复旦大学出版社2011年版，第55页。

代绩溪县宅坦村胡杰之乩坛判语^①中有"问迁居":

> 尔问迁乔何处好，莫如对着黄罗妙，我意欲得气机先，未免眼前受福少。权时下首暂移居，待过卅年气自余，此地龙来极悠久，只嫌雄健或不如。不知此地亦可尚，龙脉明堂气颇旺，此乃气化自旋转，即云卜宅亦可向。杨家叶井花园村，此地从来不大丰，纵云后靠来龙脉，其实龙脉未曾停。

其后注曰："本地来龙，下不及中，但此时下龙得气，可以暂居，待过三十年中龙，龙运自当旋转矣。迁居邻邑，不得云离，照尔太祖地前面有砂外飘，即云离乡可也。"这段文字，大致的意思是以来龙之气来判断宜居及迁居与否。

在建房之前，徽州人通常要由算命先生挑选日子。建房时的"挂红上梁"（即梁披红彩），工匠要用斧背轻敲梁身，边敲边唱赞词。其中，一般要请"镇宅龙神，请登正位"^②。在相关文书中，通常有《竖监柱》《上梁》《呼龙起》《敬酒》和《呼龙》等方面的内容。其中的《呼龙》这样写道：

> 伏以天地开张，日吉时良，吾奉鲁班仙师亲敕令，秘传妙术受玄机，既为百年之荫宅，已作千载在华堂。此处从

---

① 徽州文书抄本 1 册（此书为笔者近 30 年前复印于绩溪县上庄镇），该书为清嘉庆年间绩溪县八都某乩坛之判语，判语书写于"敬胜斋"簿册上，扶乩的事主为胡杰之，是位家有店业的徽商。
② 婺源文书抄本《安抽［神?］送神》，抄本 1 册。

何发脉来？昆仑山上发脉来。摇摇摆摆，摆摆摇摇，过了七十二渡仙桥脉，起了三十六座梅花尖，来到本州本府本乡本里，发脉来龙行到此，开大障，东家接脉造华堂，大格是我在，万事听我言：天煞归天去，地煞伏藏地，中央百煞皆退避，紫微高照集千祥，左边青龙护卫，右边白虎伏降，前边朱雀文为案，后边元虎作玉屏，中央造起千年华厦，发出状元、榜眼、探花郎，吾今敬祝龙神后，撒下粮米叫时方。

在这里，人们希望得到"（镇宅）龙神呵护"。"发脉来龙行到此"，也就是指村落的来龙，至此成为民居阳宅之"镇宅龙神"。由此可见，"呼龙"实际上就是将"源头"与单体民居（阳宅）相互贯通的一种仪式。在有的地方，建房动工时，除了竖柱上梁等仪式外，还有"拖猪接龙"。所谓拖猪接龙，是将一头猪抬到来龙高峰，由和尚念经以祭祀龙神，然后叫两个壮硕汉子揪着猪耳，将之顺着山岗一直拖到新房。沿路插着三角形的旗子，同时燃放鞭炮，敲锣打鼓。到了房子后便杀猪，将血洒在门柱上，同时让和尚念经，祭祀门神——此一仪式的目的是将龙脉之气直接引到房子里去[①]。

2. 阴阳之隔：水口及其相关仪式

水口事实上界定了村落的境界，是村落内外的重要界限，外

---

① 吴正劳著：《徽州传统村落社会——白杨源》，第22—23页。

村之人通常只能在水口外的庙宇居住。如雍正十一年（1733年）九月初三的《辨奸投到污诈败伦事》中就提及，有位"李△泥水手艺，见逐于族，无处栖止，身族怜悯伊三代姻亲，收住水口亭屋"[1]。根据朱祝新的讲述，歙县璜蔚村口有水口庙，"水口庙跨进村道路而建，南北开门，靠河边东向砌有直条形石座，供人们休息之用。路里为大厅，供村中人在村外遇难而死作白事之用。中间有一天井门堂，门堂上骑山而建观音堂，摆有菩萨十首，南北开门，用二十多级石阶供人们登级上下。而且本村人在大年三十晚都要来此请祭后过年，以求菩萨保佑平安。乞丐及外地人亦可在此暂居。"正是因为这个原因，水口也成为村族与外来者的分界线。

也正因为如此，有时，水口庙亦被流丐所占据。例如，婺源文书《抄存禁约合同词底》中，就抄录了乾隆年间的《五约请示驱逐流丐词底》：

> 公吁赏示以靖地方事。役等村落僻处山隅，离城百里，屡遭匪徒三五成群，踞住亭庙，名为乞食，实肆偷窃，撞获理论，强者凶拒，弱反图赖，地方受害，莫可胜言！间有流匪经过，结聚横讨，势尤莫制。役等充约，责有攸归，虽各约严行驱逐，匪徒稍戢，但不叩赏示，犹恐恧不畏法，复来踞讨，不得不思患预防，为此公吁宪大老爷恩赏示禁，俾匪徒畏法，地方得靖，上禀。

---

① 清代婺源文书抄本《告词》，"辨奸投到污诈败伦事"条。私人收藏。

此处的"亭庙",指的就是水口一带的建筑。

除了是村落内外的分界之外,在人们的观念中,水口同时也是阴阳的分界处。

水口之外,是村民埋葬亲人亡者、处置孤坟野鬼的场所。在徽州村落之水口处,通常见到有关孤坟野鬼的碑刻,其名称一般叫"孤坟总汇""孤坟总祭"或"泽枯处"。例如,在休宁乡村各地皆有"孤坟总祭"的石碑[①],祁门槠根岭古道进箬坑乡外中村的水口林中,也有一块"恭奉本境普济古墓"的碑刻[②]。此外,2007年8月25日,笔者在婺源庐坑考察,曾在水口处见到一块石碑,上书"济孤处/龙川同善会","龙川"亦即庐坑之别称。关于这一点,在现存的徽州村落文书中也有所反映。《新安上溪源程氏乡局记》中,就有一份《甲震会换追远会曹溪寺田作义冢记》:"曹溪寺后高田,系水口护沙,先大夫汝继公已将寺基作义冢。"从这份康熙中叶的契约中可以看出,曹溪寺后高田系水口护沙,应位于水口之外,从前曾作为义冢。所谓义冢,与前述的"泽枯处""孤坟总汇"和"孤坟总祭"等是不同的表述。关于这一点,《义冢续记》进一步指出:"水口护砂湖头寺前诸田,土色纯腴而深厚,前人所立义冢,一以泽枯,一以保全护砂,诚美举也!"上述的文字,既提及"义冢",又提到"泽枯",这说

[①] 近期出版的《石刻休宁》(汪美月主编,休宁县政协编,内部资料,2019年版),就收录了鹤城乡新安源村高坑、右龙村、沂川和板桥梓溪的四块孤坟总祭碑。(第170页)
[②] 陈琪:《关于"孤坟总祭"文书的解读》,载《徽州社会科学》2011年第9期,第65—66页。

明设置义冢之目的是为了"泽枯",而泽枯的目的则是为了"保局"——保护乡局（村落）不受外界之影响。

上述这些文字，反映出徽州村民的一种观念——水口之外是孤魂野鬼麇聚之处，必须让它们有个接受祭祀的场所，故而选择在水口外设立义冢以"泽枯"。之所以形成这种观念，显然是因为水口之内是村民熟知的熟人社会，而水口之外则是陌生人川流不息的世界。能在水口之外庙宇中暂住的人，除了本村穷困潦倒的鳏寡孤独之外，就是自外而来的游方僧侣或乞丐，而这些无藉之人，死后无人继承香火，故而从来就是与孤魂野鬼联在一起的。在水口附近设立义冢，就是为了安抚这些孤魂野鬼。

正是因为水口是阴阳之隔，故而不少仪式都在此处附近举行，特别是与鬼魂相关的仪式。以下分述如下：

（1）招魂

明清以来，徽州是个高移民输出的地区，许多人外出务工经商，也有不少人客死异乡。出于落叶归根的理念，只要有条件，死者的尸骸都会运回徽州，落葬本乡本土。例如，有一封信函原件①就反映了相关的情形：

> 舅母大人尊前：此前上挂号一函，谅已投呈。所告妹之病状，谅已知悉。各地请医诊治，服药无效，竟于本月二十一日上午寅时寿终，……丧费、棺木、寿衣等物，用去三百余元，现将柩寄在徽州会馆内，一俟秋凉，再行设法带

---

① 该信书写在红丝栏信笺上，为民国年间的信函原件。

徽入土，以慰死人，现舍间已去信，即刻接魂上堂，以免久作他乡之鬼耳。……甥江肇者顿首，即日。

根据民间习俗，客死他乡，无论贫富，尸骸一般情况下皆不得招入村子。届时，要举行招魂的仪式①。在歙县瑇蔚，水口处建有一水口庙亭，三层三进砖木石结构，中进为休息大厅，同时为死在村外的人办理丧事之用。另据歙县芳坑人江怡桐的描述，有的地方虽然没有专门处理此事的水口亭庙，但碰到外出务工经商者身故，家中亲属也会在水口外放置一张案桌，其上供奉祖宗牌位和摆放一些祭品，并立有两个引魂幡。尸骸到达水口时，亲属跪在地上，由道士身穿法衣，手敲铜铃，诵念经文，以期将客死异乡之亡魂招引回家乡。亡魂招来后，附于祖宗牌，由身穿孝衣之亲属捧起祖宗牌，在引魂幡的指引下，奉主入祠。在祠中，照例要请道士诵念经文，按规定位置将神主牌点主登位，设奠点烛，焚香化帛②，这应当就是文献中所说的"招魂入祠"。

还有的一种情况是尸骨无存，桑梓故里"衣冠招魂"或"招魂设祭"。关于这一点，在方志中就有不少记载：

---

① 目前所见与招魂相关的文书，主要有《丧事杂科（上堂开咽喉，招魂沐浴，传经奠祭做祭）》(抄本1册，佛川姚振卿抄，梨岭寺底本，白云堂抄来，民国江南徽州歙县孝女乡漳端里)、《招魂科文》(抄本1册，封面无题，以首篇暂拟。其要目如下：招魂科文，请门丞科，开咽喉科文，棺殓科文，起马醮科文，安灵科文，除灵科文，解殃煞科文，普啼咒)。

② 汀怡桐：《歙县芳坑的民俗风情》，见工振忠编《歙县的宗族、经济与民俗》，第108页。

谢广，字志浩。父贾河南，忽有求仙志，久不返。……母终，具父衣冠招魂窆焉①。

程禄，字于天，一字在夫，休宁率口人，孝子六德子。……后以赴河督广宁于成龙之招，未至署而卒。或传为盗所害，年甫四十余，士林惜之。……禄之卒也，家人闻耗，长子缚武星夜往徐州，求骸骨不得，复遍历太行以东求之，终不可得。妻戴乃招魂，葬禄衣冠，绝粒十日而殁②。

洪光华妻汪氏，桂林人。夫贸易，溺死江中，氏哀痛招魂，仰事俯育，守节终③。

朱应凤妻洪氏，朱月潭人，氏回溪人。夫客宝应殁，柩无从访，氏招魂以葬，抚遗孤，守节而终④。

金兆廉妻赵氏，……夫客死，无力归榇，氏卜地招魂入墓⑤。

程化龙，……先是，兄含文殁于南雄旅次，化龙往寻骸骨，蛮烟瘴雨，竟不可得，招魂设祭，闻者哀之。⑥

汪之杰，字汉卿，邑庠生。父商游不返，求觅经年，行次寿春，知其溺也。临河号泣，欲以死从，寿春人见者流涕慰解。郡守闻之，以有母在劝之归。招魂庐墓，旦夕哀莫……⑦。

---

① ⑥ ⑦　道光《徽州府志》卷12之4《人物志·孝友》。
②　道光《徽州府志》卷11之4《人物志·文苑》。
③　道光《徽州府志》卷13之1《人物志·歙列女》。
④ ⑤　道光《徽州府志》卷13之2《人物志·休宁列女》。

上述这些，都是招魂后以衣冠入葬，其仪式应当也是在水口附近举行。

（2）叫魂

与招魂相似，水口亦是日常生活中叫魂的重要场所。小孩在成长过程中，难免会受到惊骇，严重者会神志不清，有时，经多方医治，仍无明显好转。此时，便需聘请巫师或巫婆。一般认为，发生这种情况，是因为小孩的魂被鬼捉去，或是魂魄远游不归，故此必须用"叫魂"来医治小孩的惊吓病症。在歙县璜蔚，"叫魂"需择日中午举行，届时，由父母或公婆长辈抱着病孩，请村中三四代齐眉、子孙满堂的长者打着灯笼引路，带着秤（除邪）、金鸡、供品香纸等，先到村中上庙（五凤楼）拜请汪九相公老爷等菩萨，口中喊着："俺家囡仂（小孩）哎，来家啰。"随后，患者亲属齐答："哦，来着。"请毕，由长者打着灯笼引路，接着一行人沿着街道一路叫、答，到水口庙三层楼观音菩萨前，摆上供品、金鸡、秤等，请拜菩萨，与上庙一样，一叫一答。然后，引路人讲："正秤除邪，金鸡叫魂，菩萨保佑，病灾除却，从今而后，孩儿安宁。"患者在亲属们抱护下回家，口中仍默念"×××（患者名）回家啰！"引路人带上供品、金鸡、秤等再到水口外，将金鸡放血后带上供品回家，金鸡供品也就作为引路人的酬劳[1]。

从上述的仪式可见，水口作为阴阳分隔的界限，也是魂魄返身的要冲，因此，叫魂仪式在此举行，显然并不为怪。

---

[1] 朱祝新主编：《徽州古村落——璜蔚志》，第237页。

（3）解煞

上述的"招魂"与"叫魂"，都是将魂魄引回，而更多的情况则是将鬼魂驱出村子，这反映了村民对于阴间鬼魂的恐惧。乾隆时人吴梅颠《徽城竹枝词》有："荐食设衣诚且敬，招魂遗意有回呼。呼得魂回回复躲，究于情理欠相符。"根据歙县人江怡桐的回忆：人死之后第三天，道士要到丧家做法事，称"解三朝"。另在回呼日，则要请道士"解回呼"。回呼正日，据说有随魂摄魄使者伴同亡魂一起回来享用回呼食，领取先人给予的冥箱。这个鬼是恶鬼，世人称为回呼煞。正呼日，丧家请道士作法。届时，道士持刀进房，点放一串百子爆竹。用刀在房中拍打舞弄，口诵经文，将死者三魂七魄惊散。边念经，边舞弄菜刀和桃枝，将鬼赶到水口外，将鸡蛋抛向空中，并向四面八方抛撒米豆，直到撒完结束。除此之外，还有"解七煞"，也是由道士案前诵经，拍菜刀，舞桃枝，并将刀、蛋、鸡带上，赶七煞神到水口外，分七次碎蛋，并杀鸡。第三天为解回呼，早饭后，道士前来，手持桃树枝，将放在门边的菜刀，拿入房中桌上和中堂桌上拍三下，另一手持供品，挥舞桃枝、菜刀，将鬼赶至水口外，焚纸诵经，解散死者三魂七魄[1]。

（4）赶吊

"赶吊"与前述解煞赶鬼出水口的仪式颇相类似，只不过一为正常人之鬼魂，二是非正常亡者的恶鬼。

---

[1] 江怡桐：《歙县芳坑的民情风俗》，载王振忠编《歙县的宗族、经济与民俗》，第33—34页。

赶吊也就是将吊死鬼赶出水口的仪式。根据朱祝新等人的描述，在歙县璜蔚，一旦发现有人吊死，要立即将尸体从吊绳上解下来，俗称"解吊"。为避恶煞加害于人，解吊者必须首先扇打死者左右耳光，然后解绳，将死者放在床上，并按照正常死亡处置。不过，由于吊死鬼是恶鬼，须将其驱赶，以免祸害子孙，殃及邻里。出殡当晚，上半夜道士"放蒙山"，做"安土""祭门神"等道场，下半夜做"赶吊"道场。届时，正堂屋中设一桌案，摆设香、烛、食品等，桌上放一把椅子，椅子上放一个"官斗"，"官斗"内设一写着"祖师九天应元雷声普化天尊之神位"的牌位。一道士在房内化装成"吊绳鬼"，用红纸做一红长舌头备用。一切就绪，坐在镜子前喝酒消磨时间。同时，正堂一道士扮成"九天应元"即闻太师，在锣鼓、唢呐的伴奏中念完经，闻太师率十六名捍叉手对全屋进行搜索，逼迫"吊绳鬼"狂奔而逃，一直追赶至水口外[①]。

此种赶吊仪式，在徽州各地均相当普遍[②]。如在歙县许村，赶吊称作"赶地方"（"地方"即"白无常"）。届时，也是要将"白无常"一直赶到许村水口外的善化亭。到了善化亭后，扮成"白无常"的人将身上穿戴的纸衣帽等脱下来，扔在路边。后面赶上来的人发现衣帽后，用钢叉戳住，点火将之焚化后返回，仪

[①] 朱祝新：《歙县璜蔚的民俗》，载王振忠编《歙县的宗族、经济与民俗》，第239—240页。
[②] 参见：江怡桐：《歙县芳坑的民情风俗》，载王振忠编《歙县的宗族、经济与民俗》，第111页；吴正芳著：《徽州传统村落社会——白杨源》，第243—244页；柯灵权：《歙县里东乡传统农村社会》，复旦大学出版社2014年版，第261—262页。

式结束①。

（5）菩萨开光

不仅是人的魂魄聚散要在水口处处理，菩萨之魂魄也要在那里解散，这就是菩萨开光。根据2009年10月11日笔者与劳格文教授在歙县鸿飞的访谈：由于庙里菩萨长年累月遭受香火烟熏，陈旧不堪，故需每十二年重新油漆一次，以展现新貌。菩萨开光一般都在秋收及冬季，其具体做法是：首先将菩萨送到村落水口边的一块空地上"退神"（将菩萨神灵送上天，让其"神不附体"，只剩木头躯壳，以便任人摆布）。几天后，再搬回放入祠堂内，由请来的工匠将体内的内脏（菩萨背上有个方形的洞，内装龟、蜥蜴、麻雀等）取出，将菩萨油漆出新，全部完成后，再装上新的内脏，换上衣服、盔甲，在脸上蒙上红布，然后选个黄道吉日请神回来，揭开红布（俗称开脸），敲锣打鼓燃放鞭炮，轰轰烈烈地欢送菩萨上庙。

上述的"退神"与前揭的"解煞"一样，皆是将魂魄请出体外的意思，而这些仪式，都是在水口实施。

（6）舞丧与回堂祭

在歙县许村，出殡送葬，一路上有"拦路祭"，边走边祭。等到了水口处，孝子亲属就必须返回，不能护送灵柩上山。"这时，舞丧的一幕上演了。孝子们拉着棺材，哭着不让葬工们将棺材抬走，而葬工们执意要走。双方就这样纠缠着棺材在村口顺走

---

① 许骥：《徽州传统村落社会——许村》，复旦大学出版社2013年版，第508页。

三圈，反走三圈。六圈下来，一同前来的陪护人员就要强制性地将孝子们拉开，搀扶着他们返回家中，并将祖宗牌送到祠堂去'点主'"，此后，由葬工们将棺材抬往墓地安葬[①]。

此外，与水口有关的仪式，还有如"中秋嬉龙"——舞龙舞到深夜，就将草龙扔进水口外的河水里，寓意是送草龙入海。在婺源游山村，定亲时，男方除了担吊盆箩礼品以外，还要送一口猪。女方在水口迎接，爆竹三响，接至堂前，先献天地，后献祖先。然后，宴请媒人和亲属，是为"大定"。徽州有"华云会"的习俗，亦即前往九华山和齐云山朝山进香。如在许村，朝山进香者皆是徒行前往，预算好步行上九华山和齐云山所需的时间，并确定返家的准确日期。一旦返家的日期确定下来，全体进香者便会风雨无阻，按时归来，以便村民届时前往水口接香。接香之日，村中尚未参与进香者都要手持枯香，齐至水口迎接朝山进香的队伍[②]。凡此种种，都反映了水口所反映的丰富内涵。

五、结语

在徽州，"里到源头，外到水口"是一种习惯性的表述，不仅见诸宗教科仪，而且亦反映在诉讼案卷、启蒙读物等诸多民间文献

---

① 许骥：《徽州传统村落社会——许村》，第292页。
② 许九益：《关于许村香会情况简介》，歙县地方志办公室卷宗40。

中，从中可见，这是徽州村民对村界极为明确的表达。那种认为传统时代中国村落并无明确边界的说法，至少在徽州完全站不住脚①。

"源头——水口"是一种依山傍水的村落地理空间，这与皖南低山丘陵之地貌颇相吻合。其中，就世俗生活而言，水口是区隔自我（里）与他者（外）的一种标志；而自神圣空间视之，在民间信仰的各类仪式中，此处又是阴、阳之分界，"源头——水口"对应的是"内神——外神"。

事实上，"源头——水口"这样的空间构建并不局限于徽州。例如，在浙东，也有"起自来脉，止于水口"之类的表述②。不过，若仅就徽州而言，此类表述由来已久。明代隆庆戊辰《洪垣眷甥增序》（即《洪垣序沱川山水》）③就指出：

> （沱川）山则面面峰峦，水则回环澄澈，一族而四分。其居村，村有源头、水口，坐向庞厚端严。入此村，若不知有彼村者焉。尤妙者，旋旋转转，重重包裹，有总关阃其外。我婺之山水耸拔秀丽，有出乎其右者乎？宜其俗美风淳，人文济济也。古人云：地灵人杰，岂虚语哉！今之入翰苑、登贤书者，不过略见一斑耳。将来之科甲蝉联，霞蔚云

---

① "村局""乡局"之类的概念，皆是风水学视野下对村落范围的描述。
② 诸暨《孝义流子里吴氏宗谱》"风俗"，康熙十一年（1672年），上海图书馆藏族谱。另外，劳格文所撰《中国宗教的合理性》中，亦展示了一张村落格局（大致反映了福建、江西和广东等客家地区），其中也提及"龙脉""水口"等，应当也有类似的表述。（见《法国汉学》第4辑，中华书局1999年版）
③ 〔清〕余章耀等修：《婺源长溪余氏正谱》，道光二十八年（1848年）宝善堂刊本，安徽省图书馆藏。

蒸，耀门闾、光史册者，指不胜屈也。

该文作于隆庆二年（1568年），这说明至迟自16世纪后期起，"源头——水口"就已成为徽州村落空间建构的重要特征。

另外，在传统时代，"水口"是空间上的一个重要概念，大到一个区域，小到一个村落甚至坟墓皆有水口。

1. 徽州府：婺源秀才詹元相的《畏斋日记》康熙三十八年（1699年）十月十四日条记载："天晴，船行三十里，至天井滩，因水浅，步过米滩里余上船，至小金山（月下过方腊坟，传此山玲珑剔透，能应人声，试之果然。界口以上属徽州，山势环包，一滩一潭，□□峻嶒，仅通一舟，此水口之密，所以殷富，而好讼或亦在此。界口以下属严州，□□开阔，清和秀润，又一境界也）。"在詹元相的眼中，整个徽州府是因山势环绕，水口严密，故而才在明清两代殷富无比。

2. 县：北宋《太平寰宇记》曰：歙县"本秦旧县，县有水口名歙，因浦以名"。而在婺源民间，人们认为沱川为婺源之水口。据说，婺源的龙脉是由武夷山绵延至三清山，最后由大畈进入婺源，俗有"千里来龙归大畈，满堂山水养沱川"之说。

3. 乡：清乾隆时代佚名所作的《歙西竹枝词》："西乡乡落不寻常，水秀山青气脉长。天设古关关水口，岭头一望好铺阳。"可见，古关为西乡之水口。台湾《重印绩溪县志》第三编附录《绩溪县各公团上内政部呈文》中提及："考荆州东北之分界岭两峰之间，有人行之路一条，如同关隘，其岭尽处为石门潭（俗呼荆州总水口），双峰对峙，宛如石门。其间　水出焉，跨水有桥，名分界桥，形势尤为险要，过分界桥而南，则为灰石岭。"① 此处提及，石门潭为绩溪荆州之总水口。

4. 都：清代曹志宁《太乙桥碑记》曰："徽郡万山中，而我绩处上游尤邑，其巅翚岭以北，我乡六、七、八三都，其山川更称骏峻，寿姑屏则又余三都里党之水口也，两岸壁立，中通一港，嶙岏逶迤，横塞者几三十里。"② 这里指出，寿姑屏为绩溪三都之水口。

5. 城镇：歙县的岩镇，"建置水口神皋塔，丰乐溪之东障也"③。《岩镇水口即景六首》中，有《凤山塔》一诗："神皋号文笔，卓立文几傍。绝顶望不极，但接清汉光。霞彩幻层空，飞腾摩天章。"此外，郑佐亦有《题造水口台塔疏语》和《水口塔上魁星告文》④。神皋塔所在为丰乐溪流域的一个水口。

6. 港口：《许氏阖族公撰观察蓬园公事实》记载，歙县官僚许登瀛，除了重修宗祠及郡城斗山文会外，还对渔梁坝亦多兴建，"渔梁水口，追踪禹绩，建庙辉煌，钟楼成而郡邑之科第蝉联，桥梁成而万姓之往来利涉"。关于渔梁水口，现存的《徽郡风水呈》⑤一书，对此有颇为详细的描摹。该书系光绪二十一年（1895年）撰成，其中专门讨论了渔梁等地水口与徽州风水的关系。书

① 台北市绩溪同乡会：《重印绩溪县志》，1963年版，第651—665页。
② 乾隆《绩溪县志》卷1《方舆志》"太乙桥"条，成文出版社1985年版，第49页。
③ 许承尧：《歙事闲谭》下册，卷31"岩寺塔"条，黄山书社2001年版，第1094页。
④ 〔清〕佘华瑞纂：《岩镇志草》贞集，黄山市徽州区人民政府办公室、黄山市徽州区地方志编纂委员会办公室2004年版，第213—214页。
⑤ 清光绪二十一年（1895年）新安瞻企氏序，抄本复印件1册，藏黄山学院徽州文化资料中心。

山系人文：民间文献与历史地理探研

中有《上高太府徽郡风水呈》《与高太府论移府西危楼于水口》《告段太府修渔梁坝》《告崔太府建紫阳桥》《与段太府论筑渔梁坝》和《告萧太守移河西桥于水口》等。个中的《告段太府修渔梁坝》指出："徽河水浅，无坝易涸。渔梁水口，旧有石坝，日久倾坏，修之则生方积水，民贫可救。太守从之，民渐殷阜。"清人吴苑所撰的《重新渔梁坝记》曾说过，徽州民间"相传（渔梁）水厚则徽盛，水浅则徽耗。"显然，渔梁坝作为一个水运码头，就像是整个徽州府的水口一样，坝下水流的激缓，来往的远商近贾之多寡，无疑都与徽州的社会生活息息相关。除了渔梁水口外，梅口也被人视作是徽州的水口之一，《徽郡风水呈》的作者企瞻氏在"梅口宜造桥"的建议中指出："六县之水，聚于此地，徽之大水口也。"这也是双水口中大、小水口或外、内水口的概念。

除了上述这些水口外，小到做坟墓也要讲究水口。前文所引的两份冥契中，即有"源头——水口"之描述。因此，在观察坟墓风水时，也总是要提及"水口"，这在不少启蒙读物中皆会涉及。如方载之《启蒙杂字》[①]中就有："造坟结塽安葬，历〔厝〕基葬地墓茔，来龙朝山水口，青龙白虎护围。水法明堂宽大，躲风聚水要紧。"《逐日杂字》曰："看风水，结生坟，明□暗葬；凡扦造，车罗晕，转棚结椁；水口紧，堂局宽，四山拱顾……"胡则垣《平常日用》曰："学堪舆，宗地理，……明堂水口先要择，峦头理气两相参，藏风得水四字诀……"《三言杂字》[②]"地理类"有："做堪舆，

---

① 内作《备用六言杂字》，竹坪峰方锡光记，抄本1册。
② 此为歙县里东山罗氏文书之一，1937年抄本。

行阴地，喝来龙，点穴心，观水口，相朝对，望水法，看门堂，左青龙，右白虎，下罗盘，定基位，正向子，做坟茔……"这些启蒙读物中的描述，反映了民间堪舆中对水口的认识①。

综上所述，从明代中后期开始，源头——水口的村落空间，与粉墙黛瓦的徽州民居之模式化②，形成为徽派建筑的特色。此后，无论是单体建筑还是整体环境，都形成了颇为固定的模式。

1949 年以后，徽州村落的水口发生了一系列重要的变化。近20 年来，笔者在徽州民间从事田野考察期间，时常听到一些相关的故事，这些故事大多提及 1949 年前后，一些翻身解放的小姓，回到当地所做的第一件事，就是想方设法破坏原先大姓的祠堂以及村落水口的风水林。吊诡的是，在另一方面，一些小姓则开始积聚财力，建设所在村落之水口。从这两方面来看，在当地民众的心目中，水口是作为一个名村的必要条件，故而有名的村落必定要有一个像样的水口。破坏水口的风水林，是为了打击大族的发展趋势；而建设新的村落水口，则有助于自身家族之兴旺发达。这些，显然让人感受到历史传统在现实生活中仍具有强大的影响力③。

---

① 关于这方面的实例，清代绩溪县宅坦村胡杰之乩坛判语、王茂荫的《霁月轩来往书信》抄本、许村《安怀堂风水记》抄本等，皆有较为详细的描述。
② 《徽郡太守何君德政碑记》，参见李俊：《徽州古民居探幽》，上海科学技术出版社 2003 年版。
③ 例如，到六十年代，当许多旧村大族的水口都遭到破坏的同时，婺源寨山村民还心心念念地要按照传统来兴建一个与风水有关的池塘，从而形成自己的内水口。关于这一点，笔者有较为详细的调查。见王振忠：《生态与生计：清代深山开发与水土流失引发的纷争》，原载安徽大学徽学研究中心主办《徽学》第 11 辑（社会科学文献出版社 2018 年版），现收入本书。

生态与生计：清代深山开发与水土流失引发的纷争

　　明代以来山区开发与棚民经济、水土流失，是一个重要的学术问题，学界对此的关注由来已久。而就皖南的山区开发而言，以往的研究多集中在外来棚民与水土流失的关系问题。但徽州本土民众对深山的开发，甚少有人专文涉及 ①。实际上，在徽州，除了宗族的山林经营之外，还有一类是邻近地区的民众自发对深山处女地之开发，当地人称之为"种山" ② 或"垦山"，此类的"种山"或"垦山"，与棚民的开发模式颇相类似。不过，若从社

---

① 直到最近，黄忠鑫著有《明清民国时期皖浙交界的山区社会：歙县廿五都飞都研究》一书（华中师范大学出版社 2018 年版），涉及一些相关的问题。参见王振忠的书评——《皖浙交界处边缘山区的社会建构》，载《澎湃》"私家历史"2018 年 5 月 22 日。

② 晚清民国时人詹鸣铎《试办开垦公司启》："我婺山多田少，稻麦而外，尤非种山不为功。闲尝履巉岩，披蒙茸，见夫千岩万壑，一带荒芜，人生习为固然，恬不为怪。而彼贫民乃挽粟飞刍，罗雀掘鼠焉。"［詹鸣铎著《振先杂稿》卷 3，DSCO3824—3825，《振先杂稿》为未刊稿本，原由詹鸣铎之孙詹新友先生（已故）收藏，此处页码为笔者所摄数码照片之编号］可见，种山是贫民从事的一种职业。

会建构的角度来看，二者却有着一定的差别。从中，我们颇可探究山地社区的建构过程。

关于这方面的探讨，有赖于民间文书的大力支撑。此前，笔者已收集到婺源的官桥、寨山、阆山，休宁的漳前，以及歙县的何川、桥川、金竹岭文书等。这些文书虽然数量多寡不一，但却从诸多不同的侧面，反映了十七世纪以来徽州深山开发与山地社区的建构过程。

本文即以婺源官桥、寨山文书为中心，探讨清代深山开发与水土流失引发的纷争，并进而分析此类开发所反映出的一些问题。

官桥、寨山、长径周遭形势图

山系人文：民间文献与历史地理探研

一、19世纪50年代的官桥、寨山诉讼案

笔者对婺源官桥、寨山的关注，最早源于对一册婺源未刊稿本的整理。晚清生员江南春的《静寄轩见闻随笔、静寄轩杂录》抄本①中，有一则《乙卯水灾》，记载了咸丰五年（1855年）发生在徽州府婺源县的洪灾。其中指出：该年的三［五］月初二夜，天上响着大雷，下起冰雹。五月五日、六日皆雨，尤其是晚上更下起大雨。到了初七卯刻，樟树被连根拔起，田园为沙土掩埋，禾苗遭水飘荡。官桥下村洪水入屋者高达四五尺，官桥头一带尤其严重，房屋遭冲坏，石桥崩卸，九人死亡，棺木漂泊。

这一则简短的记载，在随后收集到的一批徽州文书中得到更为细致的了解。婺源寨山、官桥文书，相同的内容抄写了许多份。从与之相关的文书看来，这批文书应属于官桥程氏所抄录。文书中有"抄府卷，包皮号"的字样，这说明他们曾花钱前往徽州府，抄录与官司相关的诉讼案卷。这是因为19世纪50年代的那场官司并无最后的结果，故而抄录这些档案，是为了将来进一步的诉讼之用。该批资料中第一份完整的文书这样写道：

> 奉唤骇异，据实直陈，叩杜劈诬事。职向务生理，素不

① 关于该书，参见拙文《徽州与衢州：江南城乡的片断记忆——稿本〈静寄轩见闻随笔、静寄轩杂录〉初探》，载《社会科学》2011年第3期。

干与外事，兹（因上海近日）外归里，突奉票传，不胜骇异！即如职村朱培泫等，与寨山程观兴等涉讼，职未与闻，既经宪案，是非曲直，在宪公断。但劈诬涎吉，谎不近情。职性不识山水，该山并未开茔，何涎之有？且求禁垦，阖〔阖〕村保宅之事，非职一人之事。此情此理，不辨〔辩〕更明。现奉唤传，沥陈下情，剖叩宪太父台俯核各情，释累杜诬，免遭案外株连，望光上禀。

抄件颇有改动，括号内文字为添加的部分。这是一位此前在上海贸易营生的徽商，在返乡后向官府衙门递交的状子，个中提及官桥村朱培泫等人与寨山村程观兴等人之间的诉讼。其中提到，双方兴讼时，寨山程观兴认为，之所以会发生此一讼案，是因为官桥朱氏垂涎寨山山产的缘故。对此，这位徽商认为，自己感觉相当突兀。根据他的说法，山上并未有朱氏的坟茔，怎么会有垂涎山产的问题？要求禁垦寨山，是为了官桥一带村落和屋宅的安全，这不是他一个人的私事，而是整个村子共同关心的事情。此一讼案在稍后的文书中，有着更多细致的表述：

据朱△△等供：职村住居寨山下游，向无水患，今年被程进等将冬坑、桃树坞等处，在在开有山沟。五月间大雨时行，山沟内泥土砂石，倾卸【泻】而下，阻碍水道，以致田亩淤塞，屋宇冲坏，桥梁倾倒两乘，人命淹毙八口。即该山是程进等之业，亦应遵例封禁。况是近年重张钻买废契，只求涂销，并请永禁开垦，保全职村民命，就是恩典。

此一供状出自官桥朱氏之手，其中提及——因程进等人开垦了寨山的冬坑、桃树坞等处，以致发生了水土流失，在春夏之交引发泥石流，冲击了下游的官桥村，从而造成财产和人命的损失。为此，他们强烈呼吁应禁止程氏开垦寨山。在这里，他们还对程进等人对寨山的产权提出质疑，认为即使寨山是程进的产业，也应当遵照旧例加以封禁，以免发生水灾。更何况说，这份产业的凭据还是对以前之废契做了手脚，因此并无效力。接着，他们更为详细地描述了此一事件的经过：

> 奉票缕陈，赐勘绘图，详覆豁累事。切职村程、叶、俞、朱四姓，与寨山程、吴等同都而处，日久相安。衅起程△等重张钻买下虞字寨山税业九号，辄上违功令，下背公议。本春蔓焚挖垦，以致山松土滑，五月洪水两发，砂石淤泥，滔滔下泻，河塞水狂。职村冤在寨山下游，田园砂涨，屋宇冲塌，坟厝泛滥，八命淹毙。职村利害切身，迫集同乡，申理旧禁，续承邻村邀同△△等劝导罢种，△（进）等不允，迫禀冰案。进等自揣层亏，重张后买原契抗呈，狡以抄白，夹杂无干废契影混，蔽聪牵累。宪怜愚昧，姑未深究，劝职村备偿原价，饬进等缴出重张废契堂销。进不仰体，抹笔上辕，奉送勘讯，断结详覆。职寨迳年茶业疲惫，远趁适归，捧票骇异，查悉前情，害干合村，职宁推诿？惟查下虞字九号共税十五亩零，职村先后共买税六亩零，上、下长径共租税九亩零，照册计算，有多无少，进契重买，已有明征。且嘉庆、道光等年谕旨通行，严禁开山垦种，非只

壅塞，使下游填注壅塞，有碍水道，尤虑日久藏奸，难以稽查。饬令森严，难任违梗，缕陈宪台，全恩烛主，勘明山形、水道，详细绘图，讯断详结，弭患杜累，合村翘戴，上禀。

此处指出，官桥村居住有程、叶、俞、朱四姓，该四姓与寨山的程、吴二姓属于同一个都。根据道光《徽州府志》卷二之四《舆地志·乡都二十二》的记载，婺源县九都计有五图，下辖长径、晓秋口、秋溪、官桥头、港川、金竺、长皋、桃源、南坑、山后、朱村、古汀、上荷田、正荷田。另据抄本《婺源都图九口十三田》记载，九都万安乡长城里之下所辖村落为：长径、金竹坑、梅口、秋溪、沙城、小秋口、高田。其土地字号则为"让国有虞陶唐吊民"①，其中的"虞"字号，正是寨山的税业所在。

上揭四姓指责寨山程姓于当年的春天在山上焚山挖垦，造成严重的水土流失。恰逢该年五月的两次洪水暴发，结果砂石淤泥，汇成滚滚洪流，堵塞了河道，冲垮了田园、屋宇，造成下游官桥一带八人淹死的惨剧。此一死亡数字，与婺源士商江南春之记述稍有出入，根据前引所知，在《乙卯水灾》中，死亡的人数是九人。在发生此次惨状之后，官桥四姓希望寨山程姓停止种山，但双方因税契问题发生纠纷。官桥方面认为，虞字九

---

① 抄本《婺源都图九口十三田》，封面除书名外，另有"程进财记"字样。私人收藏。

号产权十五亩零皆各有其主。而且，嘉庆、道光年间曾严禁开山垦种，这不仅是为了防止阻塞水道，而且还考虑到贫民聚集后容易引发严重的治安问题。在此份告状之后，还有一段文字说明：

> 有无谋业涎吉，默无一言，总以呼天叫苦为辞，若再令其栽种，不惟刁民效尤，倘遇大雨时行，洪水骤发，危害匪浅！断令该山嗣后永远封禁，毋许再行私垦栽种，如违，定行提案究办。其程进等穷苦无资，仍令该原中詹万成等再为酌量调理，以杜讼根。乃程雍旺等仍抗不遵，契匿不呈，意欲复行上控，以致案悬莫绐［结］。除再饬令原中酌量调理外，理合先将此案查勘，覆讯缘由，绘图贴说，具文申详，仰祈宪台鉴核，批示饬遵。除详巡宪外，为此备由具申，伏乞照详施行。
>
> 计详送勘图一幅。

在上揭说明中，官桥四姓要求禁止寨山程姓私垦栽种，以免日后再次发生水土流失。从文中所述可见，其间曾由中人詹万成等人加以居间调解。文中"以杜讼根"之处旁注曰："并取两造遵依完案，其朱姓前呈赤契五纸及前呈缴银两，当堂发还，一干人证，概予释回安业，乃程进等抗不具遵……"可见，此次调解并未成功。关于这一点，另见有一份供词：

> 据詹万成、程有文同供，小的们是原中。程旺、叫来同

供：小的们是乡约。又据同供：那寨山人新垦冬坑、桃树坞等处山场，挖动山皮，以致山石砂土倾卸【泻】而下，冲坏田庐，并淹毙官桥人命是有的。以前小的们理论，令寨山程姓不要垦种，他们不肯，所以控案，今奉查讯，只求公断就是①。

上揭文字比较口语化，应是当时实际的供词。其中，原中和乡约指出：因寨山人新垦冬坑、桃树坞等处山场，造成水土流失，洪水期间淹毙官桥人命，这些的确都是事实。据说，以前他们就让寨山程姓不要垦种，但并没有得到后者的首肯，结果引发了此一诉讼，为此，他们现在也请求官府公平处置。另外一份詹万成、程有文的供词还提及："以前小的们理论，令寨山程姓不要种山，劝官桥村人贴些米谷，他们不肯，所以控案。"这里提出的方案显然是相互之间的妥协——寨山人不再垦山，而官桥村人则贴补粮食，但这一点并没有得到双方的认可。

在这批文书中，不仅有原告方之告状以及中人、乡约方面的证言，而且也有被告方的辩解和诉状。

对于上述的指控，寨山方面的程傩旺等人并不以为然，他们四处上诉反驳，在这批文书中，有一份上题"抄府卷，包皮号"的文书②，概括提及此一案件的始末过程。

---

① 该文书计有两份，另一份内容稍有出入。
② 该文书一式两份。

时间	官府	事由	原告	被告	备注
咸丰五年九月	徽州府	偏断迫缴等事	程傺旺等	朱锦章等	寨山上控，抄朱培浤县词：开垦串害，藐法坑生，恳恩严究事。贴该县批：豪蔽无从抄录。又抄五年六月二十九日信票，差程标、高炘、汪财、黄开、韩煃、江福。寨山自词自害，诬害扰害绝生，赏勘立白事。贴说县批：豪蔽无从抄录。又词：畏勘饰耸，迫粘求勘，实究虚坐事。批：着将原执赤契并三、四两年粮串呈候磨对，一面催差，即集讯断，抄粘并粮串附。
九月初三		禀为山葬多祖，业共九房，惧卖豪邻事	程伏生、程正兴、程菊花、程春喜、程观治、程进师、程被伏、程和生、程德发		批：查该处山场，该民人等执业，究有千亩数，着将原批据刻日呈验，毋违。
九月初八		豪势逼人，谋坑存殁，非勘不明，难任饰延事			批：此案前经讯明断结，谕令缴契给领完案，抗延日久，未据遵缴，何得复又狡翻，率请诣勘？殊属刁健，不准，并饬贴说。县断无处抄呈完结，何称断结？身家世守九代之业，何得藉此水灾，谕令身等缴契，给豪强买，以遂豪欲？不遵管押不放，豪弊偏断已明。

时　间	官府	事　由	原　告	被　告	备　　注
九月初八		禀为偏断迫缴，谋业绝生，叩赏提究，委勘详办事。	程倠旺、程敬元	朱锦章、朱培浤、俞资禹等	府正堂林批：开垦山场，本干例禁，唯所称业由世守，县断缴契勒卖，是否未能允协？仰婺源县再集人证，覆讯确情，断结详报，抄粘附。
咸丰五年九月廿八					奉提刑詹启桂、程△△承，做状来稿，歇家汪大，代书章成志
咸丰五年十月	安徽徽宁池太广兵备道振勇巴图鲁	禀为豪弊谋买，叩饬府提，保祖雪冤，以甦民命事。	程倠旺、程敬元	朱锦章、朱培浤、俞资禹等	
咸丰六年二月廿七日		催程倠旺等控朱锦章等一案，勘讯。府正堂林，札婺源县知悉。			
咸丰六年四月廿八日		催程倠旺等控朱锦章等一案，勘详，稿行府正堂林，札婺源县知悉。			
咸丰六年五月廿一日		催程倠旺等控朱锦章等一案，勘详，稿行县详。			六年六月初七早晨申送到府，八月十一日未刻批发，县正堂批。

其中的一份是九月初三"族公呈程伏生、正兴、菊花、春喜、观治、进师、被伏、和生、德发，禀为山葬多祖，业共九房，惧卖豪邻事"，这显然是诉状开头概括性的语言，但却未见其后的具体内容。此处的"业共九房"，与上表中"世守九代之业"等，强调的是程氏迁居、开发寨山之由来已久，且产权涉及的面亦极广。当时获批："查该处山场，该民人等执业，究有千亩数，着将原执据刻日呈验毋违。"也就是要求他们提供相关的证据，以便查验。九月初八，上呈诉讼的主要内容为"豪势逼人，谋坑存殁，非勘不明，难任饰延事"，亦未见有具体内容，其后则有文字曰："此案前经讯明断结，谕令缴契，给领完案，抗延日久，未据遵缴，何得复又狡翻，率请诣勘？殊属刁健，不准。并饬贴说。县断无处抄呈完结，何称断结？身家世守九代之业，何得藉此水灾，谕令身等缴契，给豪强买，以遂豪欲？不遵管押不放，豪弊偏断已明。"从文意上推断，该段文字的前半部分应是官府的批示，而后一部分则是程雠旺等人表示不服的文字。为此，后者将此案告至徽州府：

　　具禀人程^{雠旺}_{敬元}年^{卅一}_{卅一}岁，系婺源县东乡九百二〇，地名寨山，至郡二百里。禀为偏断迫缴，谋业绝生，叩赏提究，委勘详办事。被：朱锦章、朱培浍、俞资禹等；证：抄粘县卷叩电。

　　府正堂林批：开垦山场，本干例禁，唯所称业由世守，县断缴契勒卖，是否未能允协，仰婺源县再集人证，覆讯确情，断结详报，抄粘阅。

咸丰五年九月廿八日奉标刑　詹启桂、程△△承。

做状来稿

歇家汪大

代书章成志。

　　上述文字中，有九月二十八日徽州知府的批示，此一批示四平八稳，既称开垦山场原本违法，又指出寨山程氏声称"业田世守"，婺源县方面所断"缴契勒卖"可能有失公允，所以要求后者收集人证、物证再行调查。最后则注明承办此一案件的衙门胥吏以及写状人、歇家和代书等。当年十月，程傩旺、程敬元等人还向安徽徽宁池太广兵备道上控。对此，安徽徽宁池太广兵备道批曰：

　　钦加按察使衔、安徽徽宁池太广兵备道、振勇巴图鲁石，查此案程傩旺等耕种山地，如果契据足凭，历时久远，与凭空开垦山场不同，该县并不诣勘，断令缴契，卖与互讼之朱锦章等为业，无怪其心不服，咙咙上渎。仰徽州府，速饬该县亲诣勘明提案，覆讯断详，毋任缠讼。

　　雍正十一年十二月（1734年1月）置安徽宁池太广道，领安庆府（简称"安"）、徽州府（简称"徽"）、池州府（简称"池"）、太平府（简称"太"）、宁国府（简称"宁"）、广德直隶州（简称"广"），治安庆府。雍正十二年十月（1734年11月），迁道治于芜湖县。咸丰五年十月析安庆府往属于庐凤道，道名遂改为徽宁池太广道，迁道治于宁国府宣城县。该道带兵备衔，加按察使衔，可以专折奏事，暂归浙江巡抚兼辖。官桥与寨山的诉讼纠纷，正是发生在咸丰五年以后，故程傩旺、程敬元等人前往宁国府，将案子上控徽宁池太广道，兵备道遂将案子发回徽州府，让后者督促婺源县重审。这批资料中抄录了此后的一系列文书，其中之一为：

> 江南徽州府婺源县为偏断迫缴等事。本年十月十七日，奉本府、宪台、府宪批发，卑县民程傩旺、程敬元词称：身祖本居长镜，因被回禄，搬住本都土名寨山，系经理下虞字号，该山九个字号，计税十一亩七分八毫六丝，赤契堂册炳据，世守九代无异。章等涎谋串害，控身开垦，奉县竿差六名，豪私发十二名，将身族程接富、程观兴、程富九带案掌责，管押偏审，威迫缴契。切程业清白，朱姓无涉，税粮完纳，历年可查。但该山身等祖坟累累，自种祖业，非是盗买，只能呈契核对，何得威迫缴契勒卖？可怜靠此种作甦生，殊豪借洪水泛滥，诬身等冲坏田庐。天灾流行，历年常有，今夏洪水被遭者十居其八，身与豪村十里之隔，若任强买，身家虽是八灶，户口只百余人，章等富盖一乡，官吏通气，尤敢喝令凶徒多人入山，侵害将成熟之山货，尽行斩绝，故谋绝生，县主威迫缴契强买，身等人可死，而山不可失，冤诉无门，奔泣大宪，秦镜高悬，饬县先释差提质讯，委勘立白，实究虚坐，公侯万代，上禀，等情。奉批：开垦山场，本干例挈，唯所称业由（世）守，县断缴契勒卖，是

否未能允协？仰婺源县再集人证，覆讯确情，断结详报，抄粘附，等因。十一月初四日，又奉本府宪台札开，奉宪台、巡宪台批发，该县民程傩旺、程敬元呈称，伊等因遭回禄，移居本都下虞字号土名寨山，承祖世守，作种营生，章等涎谋，贿串偏断，将程观兴等责押不释，等情。词奉批查，此案程傩旺等耕种山地，如果契据足凭，历时久远，与凭空开垦山场不同，该县并不诣勘，断令缴契，卖与互讼之朱锦章等为业，无怪其心不服，哓哓上渎。仰徽州府速饬该县亲诣勘明，提案覆讯，秉公断结，具报，等因，到县。奉此，查此案先于本年六月二十八日，据职监朱培泫、生员俞谘禹、耆民程广资、民人程耀廷、叶仁椿词称：职等村居寨山下流，雍正、乾隆、嘉庆间历置下虞字号山税，以为合村田庐保障，因于加【嘉】庆十七年，合村约族议禁焚种，预杜冲坏田庐之害，讵寨山程进等胆于前岁公然开垦，违禁焚种，职村合向理论，当经进族程社、程观兴代进求限，允以收成之后遵禁罢种，殊社等阳奉阴违，不惟藐论背限，并敢显率进等耘焚耘种，横不可当，致引程顺贵、程均富等多人效尤焚种，肆害朋凶，冤于五月初七、十九两次洪水……

在上揭的文书中，程傩旺、程敬元等人回顾了自己迁居寨山的历史，其中特别提到他们的祖先从长镜（即长径）迁居寨山，迄今已"世守九代"。若以一代三十年计算，则他们迁居寨山的时间当在晚明的 16 世纪末至 17 世纪初，这与甘薯、玉米等传入中国后引起的山区开发加剧密切相关。关于这一点，也与同时期徽州各地的深山开发进程相一致。文书中还提及，及至19世纪50年代，寨山上的程姓户口约有"百余人"。程傕旺、程敬元等人指控，咸丰五年（1855年）发生泥石流后，官桥富商朱锦章等人就与官府勾结，派人上山，将成熟山货全部砍光，婺源县令也让程姓将契约缴出，由官桥朱氏强买。对此，官府奉命清查，认为程傕旺等耕种山地，如果契据历时久远，他人不得强买。因此，他们要求徽州府责成婺源县再行调查处置。而在另一方面，婺源县据官桥职监朱培浤、生员俞咨禹、耆民程广资、民人程耀廷、叶仁椿词称，官桥四姓在雍正、乾隆、嘉庆年间先后置下虞字号山税，作为全村的保障。及至嘉庆七年（1802年），全村"约、族"（乡约与宗族）还曾议禁在山上放火烧荒，以防止水土流失。然而，寨山程氏对此置若罔闻，他们仍旧公然开垦山地。关于这一点，此前就因此发生过纠纷，后来双方达成协议，允许寨山方面待收成之后遵禁罢种。不过，寨山程氏烧荒耕耘尚一仍旧贯。

在这里，寨山所属的虞字号山税之产权，成了双方争论的焦点。

大概是迫于上级的压力，十一月初四，婺源县知县杨裕仁[①]只得认真复查此案。在这批文书中，杨知县有一封写给徽州知府的信函：

---

① 在这批文书中，只见有婺源知县的姓，未知其名。但据民国《重修婺源县志》卷13《官师1·县职》记载，咸丰四年至六年（1854—1856年）间，婺源杨姓的县令叫杨裕仁，号绛堂，江苏华亭人，为进士出身。（"中国地方志集成"江西府县志辑第28册，1996年版，第268页）

徽州府婺源县知县杨△△，谨禀大人阁下大老爷钧座：敬禀者，本年十一月初四日，奉宪台、本府札奉巡宪、宪台批发，卑县民程傕旺等呈称，伊等因遭回禄，移居本都下虞字号土名寨山，承祖世守，作种营生。朱锦章等涎谋，贿串偏断，将程观兴等责押不释，等情。词奉批饬勘明，覆讯断结具报，等因。抄词札行到县，奉此，卑职遵即带同弓、画、册工[书]人等，前诣该地查勘：寨山头离官桥村相隔约有五六里，其寨山土名东坑坞内一带山场，均系山峰险峻，岚岭层峦，山下两旁山田约计数十丘，大小不一，随山塝底均有水沟，其未开垦山脚田亩无恙，其已开垦山脚田庐多被冲坏。程进、程观兴等开垦，即在东坑、桃树坞山上，或开种粟，或种苞芦、山茶等，内自坞，外至官桥村，田亩约计三四百亩，均被洪水冲坏，山石、砂土堆泻田畴，并有住屋两堂被水冲没，仅存门础在地，并查淹毙八命属实。此外冲坏屋宇十余堂，未尽倒塌。当饬令绘图附卷，一面催集两造人证，覆讯详办。程进等屡传未案，理合先将查勘情形，肃泐具禀，伏乞钧鉴，并请勋安！除禀巡宪外，卑职△△谨禀①。

该份文书计有多份，作于咸丰五年十二月。根据婺源县令的调查，寨山一带有山田数十丘，而他们在冬坑、桃树坞山上种植粟、苞芦、山茶等，自坞外至官桥村，田亩约计三四百亩，因当

---

① 此一文书内容大同小异者计有三份，其中两份应为定稿，另一份上有涂改字样，则为草拟的初稿。此处所引为定本之一，据此推测，程清当为县衙的文案。

　　　　　　　　　　　山系人文：民间文献与历史地理探研

年的水灾，后者皆被冲坏。对此，寨山程氏却有不同的看法，他们认为自己所开垦之处，距离官桥村甚远，水灾是当年婺源县的普遍现象，因此，开垦山田与泥石流冲毁官桥田地，两者之间并未有直接的联系。

对此，婺源县仍维持原先的判决：

> 一勘得寨山离干【官】桥村，相隔约有五六里，其寨山土名东坑坞内一带山场，均系山峰险峻，岚岭层峦，山下两旁山田约计数十丘，大小不一，随山旁底均有水沟，其未开垦山脚田亩无恙，其已开垦山脚田庐多被冲坏。（圳一大道），圳水发源，系由冬坑、桃树坞等处而下，弯曲直达干【官】桥村小河，圳内山石砂土，在在皆有。其程进、程观兴等开垦，系在冬坑、桃树坞山上，或开种粟，或种苞芦、山茶等物，自坞外至干【官】桥村，田亩约计五【三？】四百亩，均被洪水冲坏，山石砂土堆满田畴，并有住屋两堂被水冲没，仅存门磡在地属实。据朱培泫等指称：程进等私垦寨山东坑等处，以致山土日渐泻落圳内，阻滞水道，生村田畴数百亩，石桥二乘，均被山土泛涨，其住屋两堂，一家八口，尽被淹毙，业已禀明在案，只求勘明作主。据程进等指称，伊等开垦之处，相离干【官】桥村甚远。查垦种山场，均有碍水道、田畴之处，本干例禁，况先买为业，后买重张，例载分明。前据朱培济等早有赤契，核之程观兴等所抄白契，年份隔远，系属重张。前经查讯，本县以程观兴等穷苦无度，劝令原价赎回，以杜讼根，原是格外施恩，乃敢抗不呈契，复以谋业、

谋地等谎，越行翻控。奉批勘讯，今经勘明，官桥村一带田畴有数百亩之多，并住屋二间、石桥二乘，均遭漂没，使人目不忍见！勘其小河发源之水，实由东坑、桃树坞而出，如果不行私垦、私种，断无山石砂土阻滞水圳之理。尤敢到堂哓哓饰辨，已见逞刁，且当堂质其有无谋业、谋地事情，默无一语，明系捏情混控，更可概见。本应按例详办，以惩刁风，姑念山愚无知，且□因贫□故，免予深求，断令嗣后东坑、桃树坞等处山场永远封禁，嗣后如敢再行垦种，定行按办，绝不稍宽！候其具文详请销案，朱培浤等所呈赤契五纸当堂发还，一干人证，概予省释安业，此谕。

在此一回合，婺源官方显然认定寨山所属的虞字号山税之产权系属官桥朱氏，后者呈有赤契，而寨山程氏仅有"年份隔远"、脉络不清的抄白。据此，官府仍然决定将东坑、桃树坞等处山场永远封禁，不得再行垦种。对此，寨山程氏方面并不买账，当时，官方派出差役前往寨山，但却遭到程进等人的强烈抵制。有鉴于此，官桥四姓方面再次提出告状：

遵传投案，恭候勘讯事。职等以开垦串害等情，控土豪程等一案，沐恩讯明，自知九号废契从买重张原契，锢抗不呈，[①] 等并无执业契据呈核，惟恃道光廿七年钻买重张废契一纸抄白（以抄白夹杂若干废契）影抵，殊难凭信！谕令呈

---

① 引者按：此处原文空格。

缴完案。讵 ^① 等且恃习健，藐抗不遵，虚砌上渎，沐恩诣勘，正职村被害情形得雪之时。职村苦居寨山下流，河源起自下虞九号，现经观兴等本年垦种，土松山裂，田庐住宅，均受其灾。兹沐光临，都在犀鉴之中，毋庸赘述。但开垦致碍水道，凡有干田宅者，无论官荒，例应禁止。今兴等徒恃蛮横，凭空垦种，违例故害，不但田庐被损，现已淹毙人命八人，闻者心伤，见者目惨。公吁宪大父师迅赏光临，道由官桥经过，一切被灾情形，得蒙亲睹，缕勘河源水道，田地故庐冲坏，目击心伤。现在被灾（境况）之处，况犹恐未沐全窥，冤难尽雪。况由官桥道路，较之他处尚属宽展，虽水灾自天，而水性由地，例应禁止之处，一目了然，为民除害，世感鸿恩，激切上禀。

文中夹行另有"详细绘图讯断详结，仍赏示严禁，以广皇仁，以裕民生，望恩……"字样，此处重申了寨山程氏所持废契之无效。对于官桥四姓的指控，这批文书中也收录了寨山程氏之应对：

> 据程傩旺、程敬元同供：原控小的程敬元无名，那程进、程九、程细们是小的们叔辈。小的们寨山坞内共有山田十三四亩，内有二三亩种菜，余均种禾，每田一亩，计收谷约有十二三秤，每亩交租八秤，所以仅靠种山度活。那官桥村人做生意，向不种山。如今控案，不许小的们种山，所以

---

① 引者按：此处原文空格。

疑是谋业谋吉是实。今奉查讯，只求念小的们穷［穷］苦，开恩公断就是 ①。

在上述的供词中，寨山程氏明确说出了自己所拥有的山田数量、种植状况以及收入情况，并指出官桥人都是外出经商，他们并不种山，现在不许寨山程氏垦山，可能是想谋夺他们的山业。他们指出，希望官府能体恤到自己是些穷苦农民，从而能公正地处理此一诉讼纠纷。

在这种背景下，咸丰六年（1856 年）二月二十七、四月二十八、五月二十一、六月初一，徽州府多次催促婺源县办理此事：

> 徽州府正堂林札，十月廿七日，刑詹△△、程△△⋯⋯
> 饬程雄旺等控朱锦章等一案，勘讯，由府正堂林札婺源县知
> 悉，案奉道宪批发，该县民程雄旺、程敬元呈称：伊等因遭
> 回禄，移居本都下虞字号土名寨山，承祖世守，作种营生。
> 章等涎谋，贿串偏断，将程观兴等责押不释，等情。批府饬
> 县，勘讯详报，等因。当经抄词，札饬该县勘讯，详报在
> 案。迄今日久，未据勘详，实属玩延！合行再札到该县，立
> 即提集一干人证到案，亲诣勘明，秉公覆讯，断结详报。毋
> 再任延滋讼，致干差提未便，火速！火速！
>
> 　一札　婺
> 　咸丰六年二月廿七日刑　詹△△、程△△ 承

---

① 此一文书共有内容相同的两份。

此后，徽州府曾于咸丰六年四月二十八、五月二十一多次催促审理此案。不过，案件的最后结果如何，因后续的案卷有缺，我们并不清楚。

以下，我们只能通过其他侧面，对此一诉讼纠纷作一较为细致的分析。

二、对诉讼两造背景的分析

要探讨此次诉讼案件，有必要了解两造的相关背景。

1. 官桥四姓

官桥地处交通要道，在清代，从县城出东门至李坑、官桥、长径、秋溪、港头、茶坑和梧村，便可前往婺东北的庆源等地。据《江西省婺源县地名志》，官桥一地，于元延祐年间（1314—1320），由附近金竹坑程世忠于此建村，因其位于两溪合口处的石桥头，初名桥川，后改官桥，亦称官桥头①。

虽经多次调查，我仍未能找到与该事件直接相关的四姓族谱，但在徽州方志中，我们却可以大致了解四姓的基本概况。

---

① 婺源县地名委员会办公室编印：《江西省婺源县地名志》，内部资料，1985年版，第95页。

官桥村

（1）程姓

在方志中，四姓中有关官桥程姓的资料为数最多，兹列表如下：

代号	姓名	事　　迹	来源
1	程尚清	幼失怙，行佣养母。一子幼，值闽寇劫掠，度子、母不能两全，乃弃儿负母逃山中，刻不忍离。后子赖妻弟护免。母终，服墓次，哀毁瘠立。居乡排解，捐赀弗吝。年登八十余。	道光《徽州府志》卷12之4《人物志·孝友》，第531页 [1]

① "中国地方志集成"安徽府县志辑第49册，江苏古籍出版社1998年版。

代号	姓名	事　　迹	来源
2	程林和	字森万，官桥人。家贫，自食鲜饱，养亲必丰。中年业茶，家渐裕，建祠修路，葺庵宇，以及解纷济困，均赞力并竭。	民国《重修婺源县志》卷46《人物12·质行7》，"中国地方志集成"江西府县志辑第28册，第132页
3	程兆铎	字启文，官桥人，国学生。少贫乏，亲殁，弟年甫晬，抚之成立。中年业茶，家稍饶。创建宗祠，输银五百两。他如造桥梁、修衢路、恤亲济困诸善举，一一乐输无吝色	民国《重修婺源县志》卷40《人物11·义行6》，"中国地方志集成"江西府县志辑第27册，第746页
4	程时象	字君悦，官桥人。襟怀磊落，好善性成。服贾湖湘间，值岁大祲，倾囊赈饥。子尚清，克绍父志，输米千余石，济两湖流民，督宪百表其闾，曰"好善可嘉"。父子居乡，周恤贫乏，一切善举，罔不捐输。今后嗣繁昌，为一族冠。	民国《重修婺源县志》卷40《人物11·义行6》，"中国地方志集成"江西府县志辑第27册，第746—747页
5	程永澜	官桥头人。幼从师读，能通大义，事亲孝笃友于，家赖维持。嗣就贾，家隆隆起。仗义疏财，如建祠植祀，恤邻睦族，赞力并营，人咸钦服。	民国《重修婺源县志》卷46《人物12·质行7》，"中国地方志集成"江西府县志辑第28册，第134页
6	程岩福	官桥头人。垂髫入塾，彬彬有礼。比长，以亲老，操奇赢，供甘旨，柔声怡色，克得亲欢。敬事伯兄，抚爱幼弟，不苟言笑，接物宽和，嗣裔多游庠序。	民国《重修婺源县志》卷46《人物12·质行7》，"中国地方志集成"江西府县志辑第28册，第135页
7	程大池	官桥头人。家贫，樵采以供菽水。父母殁，二弟俱幼，出入必偕。弟不检，必教诲之，使感悟，且为婚娶。有戚属邀同远贾，池曰："倘弟居家不事事，何以慰亲心？"谢不仕，其友爱如此。	民国《重修婺源县志》卷47《人物12·质行8》，"中国地方志集成"江西府县志辑第28册，第148页

代号	姓名	事　迹	来源
8	程大淮	字秦川，官桥人。里中设肆，偶往开化里庄，拾遗囊，有元银五锭，坐待良久。俄有老人仓皇至，询其数符合，还之。老人谢曰："卖女以度活，今承大德见还，愿先生多生贤子孙！"后果如其言。	民国《重修婺源县志》卷46《人物12·质行7》，"中国地方志集成"江西府县志辑第28册，第132页

表中的第 1 例是清代前期康熙年间的事情①。上述的 8 例传记之中，有 7 例都与商人有关：其中的第 2、3 例皆是茶商，第 4 例前往湖湘一带经商，第 8 例则提及程大淮在里中设肆，这说明官桥一带的商业颇为繁荣。

在这批官桥、寨山文书中，有一些资料及相关内容，也可反映官桥程氏的身份。例如，有一份文书透露，在鄱阳湖米捐分局中，有一位五品军功监生程恩沛，应当出自官桥。

（2）俞姓

关于俞姓，民国《重修婺源县志》中有数处记载：

俞观兴字允隆，官桥人。少孤贫，母目瞀，兴背负出入，病笃尝粪，泣祷神。殁，祭葬尽礼，忌日必哀。兄早故无子，绍以长侄，教读游庠。抚幼弟成立，同贸易者五十余年，渐饶裕。以弟多子，家产如子侄数分析。他如捐输团局，振兴祀典，修城修岭，施棺茔券，赈荒恤孤，所费不下

① 参见〔清〕董钟琪等著《婺源乡土志》第68课，"中国方志丛书"，台北：成文出版社1985年版，第55页。

万余金。子三，均陷贼中，后俱脱回，人以为孝友所致云①。

俞从淋字文顺，官桥头人。六岁失怙，赖母氏余以养以教，俾至成人。比长，事母未尝稍违。尝贾荆、吴，遇岁饥，给米施粥，全活甚众。居乡，排解必事平而后已。至施棺济困，平路修桥，无顾客。卒年六十一，庄甫汪邑绅为之传②。

俞观旺，字美光，官桥人，贡生。……村有文阁，建于山冈，四旁植木，旺独力栽培。支祠就倾，输赀修葺。京都文明会及咸丰间本乡集团丁，均捐赀襄助。至造亭甃路，施槥赈饥，种种善行，难以枚举云。③

第一位俞观兴与弟弟一同外出贸易，前后长达五十年，逐渐富裕，其人在太平天国前后，先后捐资多达万金，显然是位颇具经济实力的徽商。第二位俞从淋，曾在湖北和苏州一带经商，喜欢做善事，因此也是一名席丰履厚的徽商。第三位俞观旺，亦有诸多善行，经济实力显然亦不容小觑。

（3）朱氏

关于官桥朱氏，婺源的方志中有不少记载，如鹄溪朱成燃"欲谋禄养，游江北，值明季寇乱，归奉父母，徙居官桥。程某

① 民国《重修婺源县志》卷32《人物7·孝友6》，"中国地方志集成"江西府县志辑第27册，第587页。
② 民国《重修婺源县志》卷47《人物12·质行8》，"中国地方志集成"江西府县志辑第28册，第148页。
③ 民国《重修婺源县志》卷41《人物11·义行7》，"中国地方志集成"江西府县志辑第28册，第12页。

重其人，妻以女，厥后子孙遂世居焉"①。这一段文字说的是，官桥朱氏由本县鹄溪迁来，与当地之程姓为姻娅之戚②。

此后，定居官桥的朱氏成员中，有相当多的茶商。如：

> 朱文灿，字锦光，官桥人，国学生，少治经。以父年迈，服贾业茶，家益裕，抚二弟尤友爱。尝于桃园、箬坦输银百两，重修桥路。其施棺助葬、周急扶危，率费巨赀，督学沈额以"行谊克敦"③。

> 朱文炽，字亮如，官桥人。性古直，尝鬻茶珠江，逾市期，交易文契，炽必书"陈茶"两字，以示不欺。牙侩力劝更换，坚执不移。屯滞廿余载，亏耗数万金，卒无怨悔。在粤日久，而同乡族殁者，多不能归葬，爰邀同志捐赀集会，立归原堂，限五年异枢给赀，自是无枯骸弃外者。道光年间，两次襄助军需，蒙宪给奖。咸丰己未，又捐助徽防军饷数百金。生平雅爱彝鼎及金石文字，积盈箱箧。享年八十有五④。

> 朱文炜，字锦明，官桥人，国学生。……家业茶，常往来珠江，适值朱子堂为匪占夺，炜讼于官，留粤两载，乃复。又输金刻《汪子遗书》，捐地建本里文阁，雇人拾道上

---

① 民国《重修婺源县志》卷 46《人物 12·质行 7》，"中国地方志集成"江西府县志辑第 28 册，第 132 页。

② 根据我在长径的调查，朱姓来自鹄溪（当地人说鹤溪，当为音近而讹），原处为鲤鱼形，利于外迁，故朱氏由鹄溪先迁秋口，继迁木榨，再迁官桥。至第三代发于"朱百万"，主要是在广东、上海一带经商。

③ 光绪《婺源县志》卷 35《人物十·义行八》，"中国方志丛书"，成文出版社1985 年版，第 2712 页。

④ 光绪《婺源县志》卷 35《人物十·义行八》，第 2709 页。

山系人文：民间文献与历史地理探研

字纸，种种美行，布于人口①。

朱培瀤，字泮泉，官桥人，八品议叙。幼多力，能举数百斤，尤精武艺，善使双刀。尝从父贸易粤东，归遇盗，举刀拒毙三人，余盗逃去。是年督团击贼，贼败退，旋以大队围之，阵厚不得出，遂被执，倒悬而死②。

朱文煊，字锦林，官桥人，同知衔。读书明大义，凡遇善举，慷慨乐施。煊为紫阳支裔，尝见祠宇颓坏，输五百金修之。邑侯陈修城垣，输八百金，工竣，遵例纪录三次。在粤八载，凡徽郡流寓不能归者，概给路费十金，士人倍之，每岁不下二百余金。乡人殁在粤者，众商敛费，立归原堂，首输千金购地，停棺五载，给赀归葬。同乡建安徽会馆，输银壹千贰百两，兼董其事。居乡时，建福泉庵，造新城庙，修晓秋岭，置义仓田，种种义举，不下数千金。训子以读书为事，孙、曾多列胶庠③。

朱文焕，字锦章，官桥人，盐运使司运同衔。性倜傥，工书，人得片笺视为拱璧。尤轻财仗义，里中鳏寡废疾，逐日给米一升，历二十年如一日。……六旬后，检橐中积券，计数万金，悉焚之。至输军饷、修城垣、葺道路、捐渡租、置义冢、施棺椁，均挥霍不訾。子十，孙二十余人，衣冠济

---

① 光绪《婺源县志》卷35《人物十·义行八》，第2685页。数年前，笔者在官桥，曾拍到1941年朱家煌手抄的《文炜公家谱》。
② 民国《重修婺源县志》卷26《人物6·忠节2》，"中国地方志集成"江西府县志辑第27册，第483页。
③ 光绪《婺源县志》卷34《人物十·义行七》，第2638页。

生态与生计：清代深山开发与水土流失引发的纷争　　　　　　　　　077

济，多列胶庠[①]。

上述的六篇传记，有四篇明确指出是与茶商有关的事迹，另一个（朱文煊）基本上也是从事茶叶经营。其中，有四人前往广东经商，朱文炽于太平天国以前，曾在广州建立徽商的慈善组织归原堂（关于归原堂，在广东经商的朱文煊也参与捐赀兴建）。另外一位朱培滩，与官桥、寨山诉讼案中的朱培泫生活年代相近，而且从名字上看，行辈也相当，彼此可能是兄弟或族兄。

官桥朱氏徽商旧宅[②]

① 光绪《婺源县志》卷35《人物十·义行八》，第 2723—2724 页。
② 2016 年 3 月 26 日笔者前往官桥考察，据当地干部告知，此建筑物为徽商"朱百万"旧宅。

山系人文：民间文献与历史地理探研

（4）叶氏

相较于以上诸姓，叶氏在官桥似乎没有那么显赫。叶华万"祖居晓起，幼孤苦，采樵自给。比长，侨居官桥，人器重之。贷本贩粜，勤俭积累，遂家于此，构房屋、置田产，出粟周邻里，秉直解纷争，因为官桥叶氏始迁祖"①。可见，叶氏原是晓起人，后侨居官桥，以贩卖粮食起家，逐渐购置房产、田地，成为官桥的居民。

叶氏的例子说明，官桥一带曾是婺源县境内一处较为繁华的村镇。据民国《重修婺源县志》记载：词坑口人汪万祥，以"制船篷为业，尝早起，往官桥佣工，憩于晓秋岭亭，见磴置包囊，展视，内有白金二十余两，知系夜行者遗失，遂坐待至午，果有踉跄寻至者，询其数符，还之，酬谢弗受，问姓氏里居，不告而去"②。这说明南来北往于官桥的人相当不少，当地总体上也比较富庶。

综上可见，程、俞、朱、叶四姓主要以经商为主。关于这一点，也可从官桥、寨山一带的相关文书中得到部分印证。

据寨山、官桥文书："官桥职员朱文焕，抱呈余元、职员朱培浤、生员俞咨禹、耆民程广资、民人程耀廷、叶仁椿、乡约程旺叶供：职村住居寨山下游，向无水患，今年被程进们将冬坑、桃树坞等处在在开动山皮，五月间大雨时行，山上泥土砂石倾卸

---

① 民国《重修婺源县志》卷46《人物12·厉行7》"中国地方志集成"江西府县志辑第28册，第132页。
② 民国《重修婺源县志》卷41《人物11·义行7》，"中国地方志集成"江西府县志辑第28册，第10页。

【泻】而下，阻碍水道，以致田亩淤塞，屋宇冲坏，桥梁倾倒两乘，人命淹毙八口。即该山是程进等之业，亦应遵例封禁，况是近年重张钻买废契，只求涂销，并请永禁开垦，保全职村民命，就是恩典。"从上述的文书可见，程、余、朱、叶中，有两姓皆有功名，这与前述方志之相关记载亦相吻合。

另外，官桥是婺源境内较为繁华的一个村镇，当地有不少人外出务工经商。官桥、寨山文书中所指出的官桥人主要做生意，这是一种相当确切的表述。与这批文书同时发现的，还有《尺牍见心集》①、《新刻易见杂字农业》②、抄本《增订日用杂字》、抄本《双鲤庵尺牍》、抄本《店规》、抄件《屯溪茶市竹枝词》等。这些商业书，显然都与官桥四姓外出经商密切相关。此外，有一册佚名无题抄本，内容是有关晚清徽州府婺源县万安乡长城里官桥社程氏众信弟子的科仪书，其中包括元旦祝文、正月初一朝接土地起头、香火楼上安土地、敬天他［地］、敬社公、拜香火、拜尊长和定例正月十三夜迎灯等方面的内容。这说明程氏属于有社之家，在官桥一带具有相当的势力。

与官桥四姓的详细记录形成鲜明的对比，寨山无论是地名还是居住于此的人群都鲜有文献记载。从《婺源县疆域山川乡都总图》中，可以明显地看到长径、官桥的标记，但却完全见不到寨山的地名。此外，在方志中，我们也没有读到过有关寨山的任何人物信息。在传世文献中，他们显然是沉默的一群人。据《江西

---

① 刊本，星源汪文芳宗淮氏辑，光绪戊寅（1878年）冬月重镌，屯溪有益堂梓行。
② 刊本，屯溪黄开益堂梓行。

省婺源县地名志》，寨山（宅山）于明初，因当地长径程姓建居在山谷中，开始了村落的历史。1985年前后，山上居民44户，约250人[1]。以下，我们只能根据文书资料稍加勾勒。

2. 寨山程姓

寨山程姓迁自本县的长径（亦称长镜、镜川），而且，诉讼文书中出现有"程傩旺"的名字，根据徽州的惯例，凡是名字中出现"社""傩"等字样者，大多为极为贫困的下层民众（如佃仆等），而"程傩旺"之类的名字，似乎也隐含着程姓与傩戏的关系。值得注意的是，在这批文书中，有驱傩会的相关文书——《驱傩会账簿存底》，据说有新三张、老三张，其中记录了"收租供猪做会"的人名，共分四阄，每阄计有十人。这可能说明，寨山的程氏除了种山之外，也有一些人与长径程氏一样，从事驱傩的相关活动。

长径为婺源当代著名的"傩舞之乡"。根据地方文史学者对长径傩班的调查，长径村驱傩神班每年首场演出在农历十二月二十四日开始，在程文著的"众屋"里进行。这场演出，所有节目都得全部上演。然后便进行"斗傩米"（筹集活动资金）。除夕晚上"跌玟"，也就是通过占卜确定时辰，时辰一到，便将老郎菩萨和面具一起抬到上村的崇福桥亭子里摆好，焚香点烛，让村民在大年初一日朝拜，所谓"拜菩萨年"。初二朝在本村月池田内搭台演出一天，初三才开始外出巡回演出。而外出的路线

---

① 婺源县地名委员会办公室编印：《江西省婺源县地名志》，第95页。

有"大河""小河"之分：大河自官桥村开始到里焦村结束，依次而行，共十五个演出点。小河则反其道而行之，由里焦村开始到官桥村结束[1]。有鉴于此，无论是"大河"还是"小河"，官桥村总是最为重要的表演场所。由此推测，长径程氏或因驱傩而在官桥一带的活动，使得他们偶然发现了深山中的寨山，并定居于当地[2]。

三、余论

清咸丰年间因水灾而引发的纠纷究竟如何了结，因文献的残缺不得而知。不过，此一事件是明清时代之深山开发与水土流失引发纷争的一个典型事例，它提供了山区开发的另外一种类型。

在以往，探讨山区开发引发的水土流失，通常都会提到外来的棚民，此类土客冲突似乎最容易引起人们的关注。为此，官府三令五申，要求驱逐棚民。而在实际上，周边地区人群对深山的开发是另外的一种类型，由此引发的类似冲突虽然也时断时续，

---

[1] 何柏坤：《婺源傩舞》，见王振忠主编《活着的记忆：婺源非物质文化遗产录》第1卷，江西人民出版社2013年版，第91—136页。

[2] 2016年3月25日，我曾赴长径调查，据该村村长程广通（其时67岁讲述），长径的敦仁堂和尚义堂，为兄弟二人所建，寨（宅山）人为尚义堂的后裔，俗称"宅山门"。关于宅山门，在清光绪婺源程氏《尚义堂常规》抄本中亦有提及，见王振忠主编《徽州民间珍稀文献集成》第23册，复旦大学出版社2018年版，第142页。

但在通常情况下不太引人注目。

在徽州，村落的基本布局一般可以表述为"里至源头，外至水口"，这是带有浓厚堪舆色彩的村落形态[①]。一般村落发育到一定的阶段，生活于其间的人群就会对村落之境界加以严格界定，其具体表现主要是对住居空间的"后龙""朝山""水口"之封禁与保护。此前数年，笔者虽然在官桥一带做过多次实地调查，但并未找到富有研究价值的族谱，所以无法确知官桥四姓何时且如何分别对各自村落之境界加以界定。不过，从常理上推断，作为大姓之家，在他们的族谱里，一定会对周遭的形势有所描摹。寨山作为官桥之上的深山，在他们的描述中，或是作为后龙，或是作为朝山，一定与官桥休戚相关，也是需要封禁并加以保护的地方。即使之前未曾规划过，咸丰年间的这次水灾，也必然增加了此类举措的紧迫感。

从官桥四姓的角度来看，咸丰五年（1855年）发生的水灾毁田伤人事件，完全是寨山程姓非法垦山引发水土流失的结果。而从寨山程姓方面来看，他们认为自己在寨山的土地源自先世，咸丰五年（1855年）的水灾不过是偶然事件。从中人和乡约的调和来看，他们希望通过由官桥四姓出资购买寨山产业的方法，使得双方获得妥协。而从婺源地方官府的角度来看，他们虽然偏向于官桥四姓一边，但对于寨山程氏的生计，亦不得不加以

[①] 关于这一点，参见本书中的《"里至源头，外至水口"：明清以来徽州村落空间的建构》，原文载《徽学》第14辑，社会科学文献山版社2020年版。

考虑。而且，寨山地处偏远①，官府也难以处置。有一份文书中提到：

> 案下原差△△△，今禀到大老爷钧座，缘职员朱培滋等具控程进等开垦串害一案，蒙恩履勘之后，即饬役等速即传集人证，禀讯等谳。役等往传，无如程进村内有名者，均不见面，抗延至今，屡传不案，并敢蛮拒。似此控关上宪批饬之件，难任抗延，役等不得不将临讯不案情形，禀叩宪大老爷恩鉴，示遵上禀。

由上述文书可以推想，寨山地处深山，"天高皇帝远"，即便是官方有所判决，但执行的难度却极高。虽然我们没有看到此一诉讼最终处理结果的确切记载，但从此后的相关调查中或可推测，寨山程氏的垦山活动，绝不会因此一事件而告终结。换言之，对于此次诉讼的结果，我们还可以从对寨山、官桥一带的实地考察中加以部分印证。（详见文后《附录》）

前文述及，寨山、官桥的例子，是由偶发的自然灾害引起的纠纷，官桥一方需要将之说成是深山开发引发的生态灾难，这固然有部分的事实，但实际上却颇有将此一灾难夸大化的倾向。这

---

① 从土地登记的角度来看，寨山一带虽然被编入"虞"字号，但寨山并未作为村落，被记录在当时的方志中。即使到了民国《重修婺源县志》的时代，仍然未见"寨山"之名。（民国《重修婺源县志》卷3《疆域4·坊都》，九都之下为长径、晓秋口、秋溪、官桥头、港川、金竺、长皋、桃源、南坑、山后、朱村、古汀、上荷田、正荷田和坑头。该志卷2《疆域1·图考》部分，也仅见官桥、长径、秋口和词坑口等，皆未见"寨山"之名。）

种情况，若是在外来棚民作为开山主体的情况下，更容易获得当地土著和政府的强烈共鸣。由此提醒我们，在考察棚民开发山区的案例时，应当更多地关注其间涉及的生计利益纠葛，而不能过分强调此类纠纷的生态学意义。

附录：实地田野考察报告

2011 年 5 月 30 日下午，笔者在婺源文史学者毕新丁、洪玄发等人的陪同下，前往寨山考察①。

寨山入口处像是一个洞口，两旁树枝交荫，极为浓密，如果没有人带路，在外面似乎看不出这里有一个进山的入口。因此，此处颇像一个山寨，或许当年就是以此而得名？走过这个"洞口"，便是长长的青石板路，一级一级地往上走，石级颇为陡峭。

前往寨山村的路，基本上是一直朝上走，中间偶尔也有朝下的一点路。当时沿途雷电交加，大雨倾盆，好不容易到了山顶，雨基本停了，但见一棵大树旁便是寨山村的外水口，而由外水口进入村子，则是明显朝下行的一段路。路左边有一座王大真仙庙，"昔日庙宇重新建，有求必应显神通"，这是该庙宇的对联，

① 当时先到秋口镇，继至官桥村，在该村村支部委员会住地与数人座谈，其中之一为村支书吴清枝。此人 60 岁，为寨山人。根据他的介绍：寨山村"文革"时叫朝阳村，现亦称宅山，山上居民摆姓迁自附近的长径（长径以傩舞著称）。寨山村最早是两兄弟迁来，种植苞芦，后来定居于此。寨山有 280 人，现在只有 210 人，有 70 人迁到下面的官桥一带。寨山上平均四分地，吃"回公粮"（也就是交公粮后，由国家返还给农民的粮食）。村里大部分人出外打工，现在山上主要生产水果，种柿子、板栗和油茶等。还有一种当地的桔子，是不知从何代传下来的传统品种，个头不大，主要销往婺源县境内的各旅游景点。

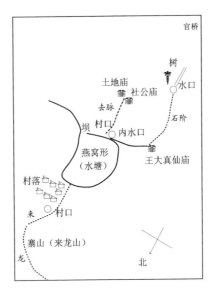

官桥与寨山

深山中的寨山村

山系人文：民间文献与历史地理探研

显然，此庙是近年重建的一座庙宇。庙中见有寄名帖，而墙壁上则贴有不少的"承寄书"。例如，其中有一份这样写道：

> 宅山村信徒程文华将女儿承/寄于王大真神，取名程思远，求/王大真仙保佑程思远，无惊无吓，/无痛无病，成人长大，长命百岁，/农历二〇〇七年六月初六日承寄。

虽然寄名帖也是竖行，但却是从左往右书写，完全不符合传统的规范，不过，从中仍可看出昔日民俗的传承。其中的王大真仙，亦作"王梵至大真仙大神"，这是在婺源当地相当常见的一种神明。对此，抄本《神卦》中，有多份《迎仙具帖式》《真仙踏旱疏意》等。其中的《真仙踏旱疏意》曰：

> 大民国江南安徽省婺源县浙源乡孝悌里崇兴大社奉道首罪迎神祷雨以疏［甦］禾苗信士弟子谋［某］△姓谋［某］约众等，暨阖源人眷等，即日盥首［手］拈香，虔忱拜干王大真仙座下：伏以天时亢旱，雨少晴多，旱魃为灾，秋收大罕［旱］。长天烈烈，田地涸似丘山；夏日炎炎，禾苗蕉［焦］而枯槁。年岁不丰，下民鲜饱，鸠形鹄面，万户萧然。嗟乎！农者荷锄而堕泪，士者见景而以伤情。言念弟子等虔忱祷告，志切恳求，伏仰神功广布，德泽宏敷。发三尺之甘霖，救兆民之蚁命；施一天之濛雨，济万物以咸亨。蟊蟘不生，禾苗清秀。伏愿龙天垂护，圣佛加持，拯拔沉迷，敷施德泽。宝家相庆，动消无安之灾；收刈咸亨，永享太平之

福。弟子等是所祷切者也，谨此上疏以闻。民国△△年△月
△日　　具疏百拜。

《神卦》一书反映的是婺源庐坑一带的民间信仰。无独有偶，
晚清民国时期庐坑人詹鸣铎，亦有相关的《疏文》[①]《祝文》[②]《接
王大真仙建醮斋纸》[③]。另外，还见有《出巡通告》：

> 王大真仙，明日巡行，各户信士，合祷神明，齐集祠
> 内，仝表虔诚，整肃仪仗，随驾送迎。驱蟆甦苗，以卜秋
> 成，各村道路，打扫洁清，免干神怒，开罪匪轻，特此通
> 告，一律知情。

除了与灾害有关之外，人们还通过禳星，祈求王大真人保佑
延年益寿[④]。可见，王大真仙是传统时代与自然灾害（水、旱和
虫灾）等相关的信仰。

过了王大真仙庙，便是村落的内水口。据陪同我们前往的吴
书记说，1968年时，村内有居民100多人。村民在内水口下筑
坝，形成一口塘，叫燕窝形。此处原先是块田，大约有2亩多
田。他说，据村中老人讲述，之所以筑坝成塘，是为了聚财。这
一点相当耐人寻味，可见，一直到二十世纪六十年代，寨山人

---

① 詹鸣铎著：《振先杂稿》卷8，DSCO3947-3958。
② 同上书，DSCO3958。
③ 同上书，DSCO3947。
④ 如《禳星疏文》，见詹鸣铎著《振先杂稿》卷8，DSCO3949。抄本《慎思轩
　自集杂文》中也有《奏星解厄疏》。

山系人文：民间文献与历史地理探研

还要按照历史传统建造一个与风水相关的池塘。也许，在传统时代，他们没有财力或者没有可能建造这样的东西，但此类根深蒂固的愿望却一直埋藏在心底。现在，燕窝形塘的水面上漂满了浮萍，给人以满眼碧绿的感觉。接着，吴书记带我们穿过村子，到达村落的另一端，沿途的民居极为简陋，并无徽派建筑的明显特色。村中架设了类似于锅盖式的无线发射装置，反映出些许现代化的气息。最后，吴书记为我们指明了来龙山（亦即寨山）。根据他的解释，此处是来龙，而内水口那里则是去脉……

从寨山村走出，雨后山间的空气极为清新。其时，山上漫起了云雾，而云雾中的远山显得格外明丽。当我们从山上往下走时，碰到一男一女，都是五六十岁的年纪，他们刚从山下干完农活回来，正朝寨山上走。看来，寨山上因土地有限，不少人都在官桥下面耕田。据说，寨山上的水，由竹枧输送到山下溉田。由此联想到寨山、官桥文书中程傕旺、程敬元同供："寨山坞内共有山田十三四亩，内有二三亩种菜，余均种禾，每田一亩，计收谷约有十二三秤，每亩交租八秤，所以仅靠种山度活。"另据婺源县令带同弓手、画手、册书人等前往查勘所报，"寨山头离官桥村相隔约有五六里，其寨山土名东坑坞同一带山场，均系山峰险峻，岚岭层峦，山下两旁山田约计数十丘，大小不一，……程进、程观兴等开垦，系在冬坑、桃树坞山上或开种粟，或种苞芦、山茶等物。自坞外至官桥村，田亩约计三四百亩"。从地理上看，官桥一带是低山丘陵间的盆地，有一大片较为平坦的田地，而寨山则是高山上一个狭小的山间盆地。

从寨山程氏所称"身家虽是八灶，户口只百余人"[1]，可见在 19 世纪 50 年代，山上只有八户，户口只有百余人。而到当代，人口则增加到二百余人。从徽州村落的建构来看，"里自源头，外至水口"，是其通常的空间范围。寨山村内王大真仙庙以及内水口之兴建，实际上反映了深山开发的日益成熟。由此似可推测，一个半世纪以前的那次纠纷，并未能阻挡住深山开发的步伐。

对于官桥而言，寨山也是一处来龙，因此，此处的风水关系到村落之兴衰。而就寨山而言，他们也同样需要以自己的村落为中心，构建独立的"来龙"与"去脉"。只是因财力所限，这种对村落格局（在婺源，通常称之为"乡局"）的建构，直到 1949 年以后才最终得以实现。

---

[1] 见该批文书中的"九月初二族公呈程伏生、正兴、菊花、春喜、观治、进师、被伏、和生、德发，禀为山葬多祖业，共九房惧卖豪怜事"。

清代一个徽州村落的文化与社会变迁：
以《重订潭滨杂志》为中心

一、作为村落变迁史料的《重订潭滨杂志》

《重订潭滨杂志》，刊本1册，扉页题写书名，其反面有"光绪丙子夏排印于归化县署"的字样。光绪丙子，即光绪二年（1876年）。卷首有清末黄崇惺的《重订潭滨杂志序》叙其成书始末：康熙年间，黄崇惺的族祖——白山先生（黄景琯）编纂有《歙黄氏家乘》若干卷，未及刊行就去世了，该书亦随后散佚。黄崇惺曾经觅得残稿五册，从中可见，该书体例完全是以史志为准，与以往的谱牒颇有异同。其中的末卷为"杂志"，所载皆佚闻琐缀、无类可附者，每条之下，有黄景琯的名字小印，据此推测大概是他亲自手定的稿本。雍正初年黄氏宗族续修谱牒，仍然沿袭旧谱的体例。虽然也采掇了黄景琯的著作，但实际上却不可能完全采用。而且，新谱中又不设立"杂志"一门。有鉴于此，黄景琯之子黄克吕（字凤六），撷取其父所纂家乘之末卷，并增加了一些里中杂事，合为一编，名曰《潭滨杂志》。该书"里中颇有抄本"，黄崇惺的父亲及堂弟黄范文均曾手抄一册，但后来却都佚失了。黄崇惺据其族叔黄秋宜从楚中寄回的一册，重新整理——以黄景琯家乘末卷的原本作为《潭滨杂志》的上编，黄克吕所增部分，稍加删削，分为中、下二编，加以刊行。

要言之，此部《重订潭滨杂志》（以下简称为《杂志》）分为两部分：上编为康熙年间黄景琯所纂《歙黄氏家乘》末卷之"杂志"；中、下二卷为雍正时人黄克吕所增。① 三编的成书年代不同，故其各编分别题作：上编，白山先生著，男克吕录，族孙必桂校字；中编，里人黄吕纂辑，槎庵汪由宪编次，族孙肇敏校字；下编，里人黄吕纂辑，槎庵汪由宪编次，族孙崇德校字。黄克吕当即黄吕。②

《杂志》各编成书年代既不相同，两部分的体例亦略有差

---

① 《杂志》下编书末黄肇敏所作的《原跋》曰："《潭渡杂志》一卷，肇敏族祖凤六公（克吕）所撰也。公白山公（景琯）之嗣，幼承家学，工诗善书，尤以绘事名世，诸家画谱中多著之。雍正中，我族续修宗谱，公总其事，因以余力为此编。肇敏尝从族人借抄一本，乱后宦游楚中，故里书籍亡佚殆尽，独此书尚存行箧，可宝贵也！往时尝见他本，前有公自序一篇，谓同邑汪槎庵方辑《大好山水纪略》一书，访询吾里旧事，因纂此编，以备采择。卷末又有《履园记》一首，履园者，族祖虞在公（以璿）昆弟别业，其后归之大宗祠，以成祖、父未竟之志。而公为之记，以纪其事。今肇敏所录本无序，亦无《履园记》，他时当从里中求得别本备补之。族孙肇敏。"据此，则"白山先生"实名黄景琯。

② 序文中的黄克吕，方志等资料均作"黄吕"，民国《歙县志》卷10《人物志·方技》有其传记："黄吕，字次黄，号凤六山人，琯子，工诗文，精绘事，尝游楚、越，凡山水人物、花鸟虫鱼，纵笔所如，皆臻妙境。书法晋人，晚年益朴茂，兼工篆刻，遒劲苍秀，有秦汉遗风。每作画成，自题诗，钤自镌印，人谓其具四美。诗亦谢去雕饰，天真烂漫，惜不自收拾，传者甚少。著有《潭滨杂志》。"（"中国方志丛书"，成文出版社1975年版，第1713页）

异——上编在卷首总列本编各条目次，而中、下二编则于各条之前分别标有条目名称。此书在今人蒋元卿所编的《皖人书录》解题中作："潭滨杂志，安徽文献书目著录，清光绪二年（1876）归化木活字本。"①《杂志》序言中说"是编里中颇有抄本"，张海鹏、王廷元先生主编的《明清徽商资料选编》之"引用书目"中，有《歙县潭渡杂记》，佚名氏撰，抄本"一目②，该抄本原书笔者未曾寓目，但推测很可能便是黄崇惺序文中所指称的潭渡里中抄本之一种。

《杂志》书末有黄崇惺的案语——"书后二则"。黄崇惺原名崇姓，字次苏，自幼便聪颖过人，长大后遭逢兵乱，客居汉口，咸丰辛亥（1851年）浙榜举人，同治辛未（1871年）进士，历任福建归化、福清知县，署汀州同知。其人熟谙徽州掌故，著述甚富。同治年间，取道光七年（1827年）《徽州府志》加以考订，著有《徽州府志辩证》③，颇为精确。其中的"黄墩"条，亦见于《杂志》下编第14页下—第15页下。另外，他还著有《凤山笔

---

① 黄山书社1989年版，第688页。其中，黄吕之号误作"六凤山人"。

② 见《明清徽商资料选编》（黄山书社1985年版）第506页，第511页。第511页作《歙县潭渡杂记》，抄本"，与第506页所列，不知是否另有别本？抑或实系重出？从《明清徽商资料选编》第51页第155所引《歙县潭渡杂记·烈妇程氏传》来看，与刊本《重订潭滨杂志》下编第3页下—第4页上，所载基本相同［仅为别字，如《歙县潭渡杂记》作"再弟"，而刊本作"再第"，从下引上海博物馆所藏明天启元年（1621年）青花团龙烛台器座铭文中的"接弟""昭（招）弟"来看，似以抄本之"再弟"为是］。

③ 黄崇惺传记，见民国《歙县志》卷7《人物志·文苑》（第1177—1178页）。《徽州府志辩证》黄崇惺自序口："……求得道光十六年《徽州府志》一部，阅之，当时太守为翰林马公所延……。"（"中国方志丛书"，台北成文出版社1985年版，第1页）序中之"马公"即马步蟾，道光七年（1827年）《徽州府志》土修者，故所言道光十六年（1836年）实误。

记》(见《近代史资料》1963年第1期),记述咸丰三年（1853年）至同治三年（1864年）之兵燹战乱对徽州的冲击。他的《重订潭滨杂志》序文称:

> ……夫邦族之盛衰,与世局相表里。咸丰以来,天下之乱极矣,乃不二十年,而狂寇巨憝,胥就歼灭。今我族人之存者,犹得亲见兵革之息,相与耕凿食饮,优游于承平之时也。则自兹以往,休养生息,安知吾里不更如昔时之盛如是编所云者哉!崇惺往者欲修谱牒而未果,校录是编,俾族之人观之,知乾隆以溯有明吾里全盛之景象如此!盖莫非先泽之所留遗也,则将有感动,奋发蹶起于衰乱之余,以复先世之旧者,而又以备修谱之采择,亦秋宜翁之志云。族孙崇惺。

可见,《重订潭滨杂志》反映的主要是18世纪中叶（乾隆前期）[①] 以前潭渡村全盛时期的情况。黄崇惺在整理出版时,冠以长篇序文,其相关内容颇足反映清代潭渡村落的社会变迁。

二、潭渡的村落、宗族及会社组织

1. 潭渡现在位于歙县西部的郑村镇（原郑村乡）,村边丰乐

---

① 《杂志》下编第12页上"水灾"条、第14页上"虎"条,分别记有乾隆甲子（九年,1744年）和乾隆丙寅（十一年,1746年）事。所记明确指明为乾隆时事,仅见此二条。

河中有深潭，原为渡口，故名。潭渡与附近的郑村、向杲、梅村、碣田、上朱各村及西村一部分，属于郑村镇的中部地带，为平原地形；该镇中包括黎明、西村一部分的北部地带，为丘陵；而包括祥里、山坑、瑶村的一部分之南部地带则为半山区。①

在历史时期，这一带最早名为"平订乡"，南宋丞相程元凤（槐塘人）将之改名为"衮绣乡"，②清乾隆皇帝曾御笔题赐"慈孝天下无双里，衮秀江南第一乡"联，高悬于歙西棠樾盐商鲍氏宗祠内。衮绣乡下有二十都、二十一都、二十二都以及二十三都的四分之一。从现有的歙县地名录、族谱及调查资料来看，潭渡村为黄氏聚居之处。该村是著名画家黄宾虹的故乡，在清代，两淮盐务八大总商中，黄氏占有重要的一席之地。与潭渡黄氏利害关系最为密切的，是同属郑村乡中部平原地带的郑、汪、吴、朱等姓聚居的村落。迄至今日，潭渡及其附近，仍然矗立着诸多元明清时代的建筑或遗迹，除了潭渡黄氏旌孝坊外，附近还有郑村郑氏贞白里坊、"江南第一祠"、郑氏宗祠坊、汪氏文会、汪氏忠烈祠坊和汪氏贞节坊等，这些，都是昔日望族林立的象征。

---

① 《安徽省歙县地名录》，歙县地名委员会办公室编（内部资料），约编于1982年10月，1987年3月印刷，第61—62页。《杂志》中编第17页上"八门"条："自忠乙公由黄墩迁居黄屯，传四世，而孟五公庐墓于斯，子孙因家焉，遂名'潭渡'，言自黄潭渡北渡也。聚族而分支，方其聚，则曰'孝行里'；言其分，则曰'八门'。"也就是说——潭滨，是黄氏所居的村名，也叫潭渡，指的是黄氏先世自黄潭渡溪卜居于此。与《安徽省歙县地名录》的说法略有不同。
② 乾隆《歙县志》卷1《舆地志·都鄙》，"中国方志丛书"，第112页。

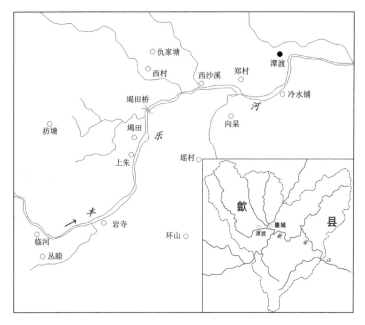

歙县潭渡及周遭示意图

从历史上看，明代中叶至清代乾隆以前，潭渡黄氏势力最盛。万历《歙志·货殖》指出："邑之以盐筴祭酒而甲于天下者，初则有黄氏，后则汪氏、吴氏相递而起，皆由数十万以汰百万者。""祭酒"原是古代飨宴时酹酒祭神的长者，后亦用以泛称年长或位尊者，这里显然是指盐商巨擘。由于黄氏在两淮盐业中占有重要的地位，席丰履厚，故而明代隆庆、万历年间，他们的桑梓乡土——潭渡里中文风极盛。当时有俗谚称："进士桂林方，秀才潭滨黄。"① 出外做官者也相当不少。对此，黄景瑄指出：

————————————

① 《杂志》上编第8页上"文风"条。

"吾族起甲科者二人，登贤书者七人，由胄监入仕者比比。"① 可能正是在这种背景下，明成化年间徽州府在序列乡贤时，一度将黄氏"芮公"列为首位。"芮公"也就是黄芮，系唐时黄潭人，事奉双亲以孝道而闻名遐迩。其继母洪氏生病，黄芮"刲股进糜而愈。父卒哀毁，北渡潭阴，卜兆庐墓，终身不去"。据说，当时墓侧"产芝十四，本木连理者四"。刺史将此事上报，贞元十九年（803年）朝廷下诏旌表，免征故居地，崇祀为乡贤。② 对于成化年间的序列乡贤，《杂志》上编引少参公谱注记载——《大明一统志》在述及各地人物时，以朝代先后为标准，徽州府之下，列黄芮位居第四。成化元年（1465年），提学御史陈选移文各属，在学宫旁边兴建企德堂，奉祀"乡之贤士大夫及名爵尊显为时所重者"，以垂范乡人，师表后进。在当时序列乡贤名位先后之时，众人意见不一，只有太史程敏政主张，该堂既然名曰"企德"，则没有比孝更为重要的了，何况黄芮之诚"感格天地，褒诏当时"，所以应当在该堂中序列第一，于是就将黄芮定为首位。后来，徽州吴氏以朝代先后为由，请求官方将自己的祖先吴少微列为首位，而黄芮则屈居第二。对此，黄景琯感慨道："此本不足为荣辱，第当时吾族遂无以先达卓识、列位成规昌言以争者，不如吴氏之后为有人耳！"③ 此一事件说明，序列乡贤与后世家族现实的实力息息相关。

在今郑村镇中部的平原地带，明清时期与潭渡黄氏可以抗衡

---

① 《杂志》上编第5页下"居官清白"条。
② 民国《歙县志》卷8《人物志·孝友》，第1215页。
③ 《杂志》上编第3页上—第3页下"芮公八乡贤名位"条。

的是郑村郑姓和西溪汪姓。两姓都是徽州名族，前者也在两淮盐务中占据着重要的地位。在这一带，三者之间既存在激烈的竞争，又有着一定的协作关系。譬如，传闻道人庵是由众姓布施共同兴建，后来因僧人毫无实绩，道人庵遂毁。结果，郑氏将庵中的三元像搬去，汪氏拿走了建庵的木材和石头，而黄氏则最终得到了道人庵所在的这块"吉壤"[①]另一方面，从《杂志》的记载来看，黄氏与朱氏、许氏、郑氏、汪氏及仇村黄氏之间围绕着坟茔、私人恩怨、水利等发生过数次纠纷[②]。其中，尤以与朱氏的纠纷最为严重：潭渡村中有一口朱家井，水性寒冽，超过附近的任何一口井，由于黄氏与朱氏长年不和，竟致讳言该井出自朱氏，故而改题为"宋民古井"。[③]与朱氏的纠纷，反映了歙西平原上族姓势力的此消彼长。《杂志》中编"礼堂社"条首先讲述了在当地广为流传的一个故事：潭渡村中的礼堂社坐东面西，左边是黄氏的"孝子芮公祠"，其前竖有旌孝牌坊。相传该地是一位叫李德祯的"先生"(可能是位堪舆师)所选定，据说，当时的情形是——黄氏家族颇为式微，而朱氏则相当强盛，李德祯因不被朱氏看重，却受到黄氏的尊敬，故而为黄氏家族兴建社坛，策划让黄氏兴盛、朱氏衰微的计谋。当时，黄姓之人担心朱姓不容许兴建社坛。但李德祯却说："不要害怕，当我上梁之时，朱

---

① 《杂志》中编第 24 页上"道人庵"条。
② 具体过程、细节，可见：《杂志》中编第 23 页下"乌茶"条、上编第 10 页下"族动公愤"条、下编第 7 页上—第 7 页下"义举"条和《杂志》上编第 4 页上—第 4 页下"免征地"条。
③ 《杂志》中编第 18 页上"朱家井"条。

山系人文：民间文献与历史地理探研

姓会有回禄之灾，根本不会有时间来阻挡我们。"不久以后，事态之发展果然如预料的那样。从此，黄氏社坛得以建立，而朱姓便逐渐衰微了。当地民间还传说，黄姓夏官大夫的坟茔形状像是秤架，三门前的池塘形状像食槽，柞树旁有一块石头像是刀石，这些，都是用来对付朱姓的厌胜之术。对此，《杂志》按语曰：

> 成化间社簿载社户不满三十，而黄居大半，仍有五姓，而朱仅其一，则朱已非强盛矣。且回禄之说，纵不能阻我于一时，岂不可阻我于翌日？盖我族以孝德发祥，则昌炽之休，固祖德之积厚也。若利己而害人，其德凉矣！岂前人之所从出乎？其鄙俚不经之说，真齐东野语耳！至于夏官大夫之坟为肖秤架，三门前之池为肖食槽，柞树旁有石为肖刀石，凡此皆所以为厌朱之术，其妄诞尤甚，益不足置喙！①

揆情度理，纂辑者黄吕的说法，是以士大夫精英意识对族姓纷争所加的诠释。而实际上，民间的传说似乎更值得重视。类似的故事在徽州相当不少，透过使用厌胜手段这样的传说，可以想象出族姓纷争与对立之不择手段及其残酷的程度。从中我们可以看出，最初在潭渡一带，朱姓的势力相当强盛，黄氏欲建礼堂社时，甚至担心前者的反对。成化年间，社簿所载社户不满三十，

---

① 《杂志》中编第 19 页下—第 20 页上 "礼堂社" 条。

其中黄姓居绝大部分，而剩下的五姓中，朱氏仅占一户。合理的解释可能是——在这一狭小的社区境域内，黄氏势力已远远超过朱氏。在村落中设立社坛，或在社祭活动中占据大小不等的一席之地，应当都是村落生活空间中族姓势力兴盛程度的一种反映。

宋元以来，由于人口压力的增大，徽州的诸多村落，都有着从单族姓村落向多族姓村落演变的趋势。以潭渡北面的沙溪一带为例，《沙溪集略》卷7《艺文·异姓考》曰：

> 吾歙自古皆聚族而居，故举隅都以知氏族，即氏族以识户口。遇同邑之人，而询其何许，答以某乡，则姓可无庸再叩也。虽问［间？］有一村而两族者，然已罕矣。沙溪，我凌氏自唐卜筑于斯，繁衍成族，曾未有他姓居之，亦未有数姓参错而处者。今则有方、王、吴、汪，或以婚媾相依，或以乐土适所，或以贸迁既久，携妻孥而不返故里者，遂皆土著焉。其在炎宋以后乎？其在元明之间乎？是皆不足深考。要之，其来有自……

其中的方姓，卜居沙溪始于南宋庆元（1195—1200）年间。这是因为凌蜜八代孙凌三九有个女儿，招赘南乡瀹潭方安中为婿，凌三九无子，方安中便继承了岳父的家业，所以在古皇富社中列为一管十甲，里排列在四甲，住居在村中东隅，但人丁不很繁衍，至编纂《沙溪集略》时还不满十室。王姓来自宋末，"古皇富社管亦与其中"，但后来人丁仅数人，耕种为业，到道光年间就后继无人了。① 吴姓本贯是沙溪附近的徐村人，早先吴福仕、吴静川、吴晴川等人自元至明，世代擅长疡医，到嘉靖年间，吴某来到沙溪，以医行世，就此定居下来。"家户六甲，他不与焉"。"他不与焉"，应当是指未能参与社祭。此后，沙溪数家吴氏，还世守其业。汪姓有二家，一家来自堨田，居住在沙溪街上，称为"外汪"；一家来自冯田，居住在村里，称为"里汪"。"二姓迩年颇裕，附寄八甲。计其卜迁之（时），亦历百余年矣"。② 上述事实比较合理的解释似乎是——方姓虽然人数不多，但他们因与凌姓的姻缘，另外可能还有新安名族作为背景，故而在村落社区中也能占有一席之地。每年元夕祭祀社稷明公之神，"社宇张灯，鼓吹三日"，凌氏与方氏分日致祭。③ 而王氏等相对不那么著名的族姓，虽然原先也曾参与社祭，但在多族姓村落中，只能走向衰落一途了。汪氏也同样具有名族的背景，因而也呈现出勃勃的生机。

又如，橙阳又叫江村，也是明清时期大批盐商的桑梓之地。《橙阳散志》曰："村以江名，江氏实世居之，然上塘聂氏来自宋初，汪氏肇居元代，新屋下程氏来有有明，此外曰萧，曰黄，皆旧族也。顾聂与萧、黄仅延一脉，汪则宗于慈川，程则宗于槐塘，其居吾村若寄籍然，故志中一切未敢扳及……"④ 这同样也

① 《沙溪集略》序称该书"经始于乾隆丁丑，告竣于己卯"，丁丑为乾隆二十二年（1757年），乙卯为乾隆二十四年（1759年），但其中有道光年间的事，这说明乾隆二十四年后仍有补充。
② 《沙溪集略》卷7《艺文·异姓考》，第751—752页。
③ 《沙溪集略》卷2《岁时》，第641页。
④ 《橙阳散志》卷12《别志·氏族》，第700页。

说明，汪、程二姓在橙阳虽然属于少数族姓，但因他们分别以慈川和槐塘的大族为其背景，故而得以在村落生活空间中占有一定的地位。

徽州村落间的诉讼纠纷，起源于对有限生活空间及相关资源的争夺。日本学者中岛乐章曾就明代中后期休宁吴氏宗族处理纠纷、并以纠纷为契机展开的同族结合加以探讨。根据他的研究，休宁茗洲吴氏与其他宗族不间断的争斗，成为扩大吴氏宗族统合、强化宗族组织的重要契机。他认为："茗洲吴氏以嘉靖初年与长丰朱氏间的坟地诉讼案为契机，进行了与此前疏远的其他分支的再结合，形成具备族谱、宗祠及族产的'高层次地方世系'（higher ordered lineage）。随后，在茗洲吴氏内部，也通过完备宗祠和族谱，让祭祀活动系统化，以及制定族规，使得'地方世系'（local lineage）秩序井然。"[1] 这一动向，应当也同样适合于潭渡黄氏：

> 吾黄自黄墩迁者支派不下数十，而与祭者仅十三派，盖亦以输资祠墓，永立蒸尝者，则与斯会耳。吾潭渡其前亦未预事也。自明万历间，墓道渐为民居侵占，诊于当事，刻期折毁，继又捐修祠墓，克复旧观，遂得以竭蹶裹事焉。[2]

---

[1] ［日］中岛乐章：《围绕明代徽州一宗族的纠纷与同族统合》，原文载日本《社会经济史学》第 62 卷第 4 号，1996 年 10—11 月。李建云译，王振忠校，《江淮论坛》2000 年第 2、3 期。
[2] 《杂志》中编第 27 页下"黄墩会"条。

黄墩即篁墩。根据黄崇惺的说法，该地是因为黄氏所居而得名。但据说，明代程敏政曾因其祖先亦世居于此地，所以改"黄"为"篁"，并编出了此处系因避黄巢之乱而改名"黄墩"的故事。而事实上，篁墩为诸多移民进出徽州的必经之地。从篁墩迁至徽州各地的黄姓支派多达数十支，但参加"黄墩会"祭祀活动的黄氏仅十三派。潭渡一派直到万历年间，因坟茔纠纷，才意识到同族统合之必要，并开始了对自身世系坐标的确认。①

在歙县各地，宋元以后人地关系发生了重要的变化，各姓之间的争斗愈益加剧。数年前笔者在郑村一带考察时，据该村西园喉科的一郑姓传人介绍，郑村与西溪原是两个自然村落，分别为郑姓和汪姓聚居，后来两姓分别向东和向西扩展，逐渐连成一片，生存空间之逼仄，形成了不断的纠纷。这种纠纷，迄至今日仍然存有裂痕。

可能是由于过度的开发，人烟稠密，元代以后，潭渡一带的一些河流渐趋湮废。譬如，潭湖水一支自槐塘、棠樾而来，一支自舒塘、枞山而来，会于潭渡之北，即为潭湖。故老相传，在元

---

① 《杂志》中编第27页下—28页上"黄墩会"条："吾族一派，故老相传，以为迁自左田。至少参公修谱，亦不能确为详定。故五城之修《会通谱》，征牒吾族。谱据牒，迁自左田，则世次不合，置《外录》。我族见之，不咎其自误，而怒其外我。观其《外录》一篇，办〔辩？〕吾族迁自黄墩，不自左田，则亦何尝外乎？按祚公跋黄氏系曰：左田祖和公，当孝子芮公时，始尉祁门，家左田，是元和公为忠乙公从孙矣，何可相承？夫忠乙公迁居郡西，一录于《德涵公家传》，再录于《高明公总谱》，确然可据，其迁自左田之误，不待辨而明矣。"另，黄崇惺《徽州府志辩证》"新安太守碑"条指出，明代浮梁县黄氏宗人抄录的东晋新安太守黄君碑文当为伪碑。（第31—32页）

代，这些河道还通行舟筏，后来遂逐渐淤积。[1] 河道之湮废，使得当地水灾时常为患。如《杂志》下编"水灾"条曰：潭渡一带的水灾，万历三十六年（1608 年）村中水深达七八尺；康熙三十五年（1696 年），黄吕所居房屋水深四尺；到康熙五十七年（1718 年）六月二十日，水高离他房屋的楼上仅"三版"距离（版，是指筑墙用的夹版，此处用以指称长度），歙西一带的其他村落，有的地当洪水之冲，屋室成了淤池，居民遂为鱼鳖，棺木成为蓬梗；乾隆九年（1744 年）七月初五日，溪水暴至，居人不及躲避，到初六日水深七八尺，比康熙五十七年那次水灾更深一尺，水势更大，伤人无数。据说，新安江下游的浙江杭州府之仁和、钱塘二县，在此次水灾中捞取徽州棺木多达 3000 多具。《杂志》的作者分析这种原因说：歙县地处皖南山区，本来应当没有水灾之患，但由于万壑奔趋一溪，而以渔梁为其关口，河水不能骤泄，逆流上涌，遂成巨浸，从而酿成了非常之灾。[2] 而对于潭渡村而言，村内有上、下二塘，与外界的水道相沟通，但后来因湖田淤塞，甽水不通，故而每逢暴雨，上、下两塘随即泛溢。[3] 水灾造成的破坏，给农业生产以极大的困扰。歙西平原有一处叫"莘墟堨"的古堨，截流筑堰，引水溉田 1000 余亩，后来因梅雨洪水冲荡，每年从事修筑，费力冗多而疲于奔命，农民屡感困窘。黄子庸于是通知众人相率敛钱，凡有田产者不惜巨费，又从菖蒲滩开凿三里多长的河道，从大溪下接旧渠。据载，

---

[1] 《杂志》上编第 11 页上"潭湖"条。
[2] 《杂志》下编第 11 页下—12 页上"水灾"条。
[3] 《杂志》中编第 19 页上—19 页下"水甽"条。

　　　　　　　　　　　山系人文：民间文献与历史地理探研

从此以后水道通畅，田禾丰收，乡人颇为感激，立祠奉祀黄子庸，以志不忘他的功劳。①

2. 上海博物馆藏有一对明代天启元年（1621年）的青花团龙烛台，其器座铭文曰：

> 大明国直隶徽州府歙县衮绣乡孝行里潭滨礼堂大社管居信士弟子黄舜耕，室中孙氏，前妻程氏、朱氏，男黄伯正，媳妇吴氏，女时娥、时凤，孙女接弟、昭弟，喜奉御香案前香炉、花瓶、烛台壹副，（永远）供奉，祈保早赐男孙，合家清吉，人婚平安，寿命延长，万事如意，福有攸归。皇明天启元年仲夏谷旦立。②

衮绣乡孝行里潭滨，即今歙县潭渡一带；而礼堂大社，也就是礼堂社。上述的瓷器铭文中，孙女"接弟"、"昭（招）弟"等名字，反映了信士黄舜耕等人殷殷求子之心态。《杂志》中也有女子称"再第（弟）"，与此颇相类似。此种求子习俗，在《杂志》中编"社烛"条下，有更为详尽的记载：

> 上元龙灯，村无大小、岁无丰歉皆举之，而吾里为盛。龙有二编，竹篾为头尾，糊以纸，绘以杂采，空其中以燃

---

① 《杂志》下编第17页下—18页上。
② 此条资料及后文征引之顺治十二年瓷器铭文，均承复旦大学文物与博物馆学系刘朝晖兄提示，特此致谢！

烛，以木杆使人撑之，以灯笼为龙身，五灯为一排，凡百排，亦以木撑之，人异一排，彼此相衔。十一日，社首十人制莲花灯数十，张乐而饮于神前，谓之"餪灯"。十四日，以灯送新娶妇之家，以齿序为先后，新娶者多，往往达旦。十五日，奉神出游，游毕而祭，至夕而龙灯出矣。龙前各一球，其制如浑天仪，以手旋转而行，球旋而烛不动。龙身之排，衔续既成，绕上、下塘行三周，谓之"打三圈"。塘角有墙，斜出二龙于此相值，必益昂其首，以较高下，谓之"赛龙头"。出村，至三元殿还，往后许许姓之人，亦以花爆迎送之。由高峰大路而返，返亦绕塘三周，谓之"后三圈"。二龙昂首于旌孝坊，多人举双球，立于栅外，指以千百计也。于是鼓吹喧填，爆火腾震，烛排之相衔者，皆拔其楔拆去，谓之"拆烛"。继乃奉龙头、龙尾，供之于社，谓之"双龙进社"，村人最喜观之。事毕，复以神前之炬送新娶之巨室，以为宜男，其家亦出壶觞以供客，尽醉而返。社火之夕，各门皆张灯，而春晖、思诚、蓼莪三门之灯尤盛，珠灯之大者，值数百金。吾门灯屏出黄碧峰手作《番部射猎图》，人马驰骤，各尽其态，村人亦喜观之。

文中指出，上元龙灯在徽州的大小村落中都非常盛行。关于"社烛"，徽州的府县及村镇方志皆有记载，但都不如此书这样翔实。关于这一点，在民间文书中颇多相关的记录。譬如，同治十二年（1873年）《龙灯会簿》序称："龙灯会出游，诚上元佳节之常典也，银花灿烂，灯火辉煌，非但民人胥悦，即越国神祖游玩共赏，金容体像，亦觉欣然如生。睹兹元宵佳节，金吾不禁，见景生情，俯首兴思，龙游便有隆盛之兆，灯明即有丁炽之征……"①"越国"就是徽州的汪公大帝（汪华）。前述的"莲花灯"简称即"莲灯"，可能隐喻为"连丁"。正月十四日送莲花灯，是向新娶之家"送丁"，祝愿妯娌们早日连生贵子。②另外，《杂志》中编"社烛"条还指出：

> 吾里春秋社皆设祭，社首凡百户，惟前、后值年之二十户与祭。祭毕，具饮福之礼，酒必老春，肴必丰腆，炙鸡烹鱼，大截肥宵，观者无不朵颐，稍有不善，则起訾之。盖循甲乙，迭为宾主故也。然所费不赀，贫者每以为苦焉。③

在明代，里甲制度以一百一十户为一里，其中丁粮多者轮充里长，其余百户皆轮充甲首。而社首轮流值年，与此颇相类似。《沙溪集略》卷7《艺文·异姓考》中亦称："（方氏）于古皇富社中，列为一管十甲。"而《杂志》上揭记载中，潭渡每年有十户充当社首，这说明上元龙灯会有着相当严密的组织。

除了村社之外，与其他的徽州村落一样，潭渡黄氏还在当地结有文会及诗社等其他各种组织。《杂志》中编"社烛"条指出：

---

① 抄本，私人收藏。
② 参见周星《灯与丁：谐音象征、仪式与隐喻》，载王铭铭、潘忠党主编《象征与社会——中国民间文化的探讨》，天津人民出版社1997年版，第1—26页。
③ 《杂志》中编第28页下—29页下"社烛"条。

昔年吾里会文之社，曰"应求"。上元时燃各色灯于文帝前，亦馈灯之例也。饮毕，则挨次卜一灯，而归其首灯为魁星。吾先公少时与会，某已掷头彩，众以为必得，先君后掷，竟出其上，遂得首灯。是岁先公游庠，而某则以为本将入毂而夺之也。①

"应求"应当是"声应气求"的简称。《丰南志》卷1《舆地志·风土》中，文会开馆致祭在"新月十六日"，与此处的上元（正月十五日）相差一天。从上述的记载来看，上元时的首灯为魁星，这是科举考试的吉兆。正月十五日"会文之社"是新春佳节的一种文化娱乐活动，而村中还常设有文会组织。潭湖南岸的少参祠堂后之"后乐轩"，前面凿有一池，绕以花竹，轩西一小楼，北眺天都诸峰，号称"黄山楼"。主人黄少参去世后，建为他的影祠，一度卖给他人，后来由文会赎还，以奉祀族中先达，凡是绅衿都可以得到附祀，改名为"济美"，后因历年久远，日就荒芜，黄次从又将之重新整理，让族中子弟肄业其中，希望能让黄氏族众人文蔚起。

除了文会、诗社（详后文）外，潭渡村中还有练习武术的结社。出于村落自卫的需要，明末徽州各地都组织有乡兵。据《杂志》下编"乡兵"条记载："前明之末，吾邑村落皆习乡兵，保守闾里，各自为社，争延武师以教子弟。"从该书的记载可见，黄家雇有樊塘人"程一腿"，擅长用腿，前后左右开弓，神妙异

---

① 《杂志》中编第 29 页下"社烛"条。

山系人文：民间文献与历史地理探研

常。黄吕的叔叔黄琬，年纪仅十三岁，就学到了这一绝活，并能挥舞单刀，而当时他的身体还不及单刀的长度。黄景琯亦娴习搏击。"每数日扬兵，有曰德泰矮者，人物整齐，装束亦妙，着大红箭衣，执令旗为前导，观者皆啧啧称叹云"。[1] 这种村落自治的武装，无论是在动乱年代还是在承平时期，对于村落社区的安全，都发挥着重要的作用。

徽州人是生活在皖南低山丘陵地区的一群人，山居之人"尚气"，早在南宋淳熙《新安志》的时代，就有"其人自昔特多以材力保捍乡土为称"的记载[2]，在历代的社会动乱中，徽州人的这种性格特征一直没有改变。民国时期徽州乡土史家许承尧曾指出："武劲之风，盛于梁、陈、隋间，如程忠壮、汪越国，皆以捍卫乡里显。"[3] 黄潭上流有一个地方名叫"将军潭"，宋代祥兴年间（1278—1279），黄孝则激愤于中原故土沦丧，遂与徽州路招讨使李铨深相结纳，共图恢复。不久由于元兵突至，大势已去，只得隐居黄潭，"聚众保护乡曲"。当时，"远方避寇者，咸襁负趋托"。及至元朝至元二十七年（1290 年），天下大乱，歙县"盗贼充斥，居民惶骇"，众人于是拥立他为将军，"扬兵潭

---

[1] 《杂志》下编第 10 页下—11 页上"乡兵"条。
[2] 淳熙《新安志》卷 1《风俗》，"宋元方志丛刊"，中华书局 1990 年版，第 7604 页。
[3] 《歙事闲谭》第 18 册《歙风俗礼教考》，转引自张海鹏、王廷元主编《明清徽商资料选编》，第 23 页。另，顾炎武《天下郡国利病书》原编第 9 册"风宁徽"第 65 页上"义兵"条曰："新安古昔称材武，或扼腕倡义，或应募勤王，务为高行奇节，其天性然也。"四库善本丛书馆借涵芬楼印昆山图书馆所藏稿本复印，第 12 册。民国《歙县志》卷 16《杂记》曰："邑中兵燹，自黄巢、方腊而后，红巾最炽也。然乡兵之勇，亦莫甚于此时。"（第 2775 页）

上，以戒盗贼"，黄潭上游的这个地方，也就有了"将军潭"之名。《杂志》作者认为："按：乡音呼'潭'如'屯'，窃意当时必谓此吾家将军屯兵之处，后人讹'屯'为'潭'耳。"[①]后来的太平军兴，歙县各乡也都组织了乡团。据黄崇惺回忆，有一次"丰乐水以北乡团毕集，皆董事领之，各以旗械华美相夸耀"。[②]丰乐水以北，也就包括潭渡在内。

而在承平时期，徽州是个高移民输出的地区，又是一个富商大贾望衡对宇的黄白之地。尽管如今已残破不堪，[③]但在明代及清前期，这一带村落却是相当殷富之处，村中开有酒肆、典当等，故而保护留守桑梓家人之生命财产，便成为当务之急。《杂志》下编"徐六贵"条记载：黄惟后在家中开有质库，他的各位仆人都娴习武术，其中，又以徐六贵技艺更为超群。有一天夜里，一群强盗前来打劫，以轻便楼梯进入房内，快要上楼了，各位仆人与他们互有杀伤，盗贼却没有稍微退缩之意。只见徐六贵

---

① 《杂志》上编第 11 页下"将军潭二条"。黄孝则的传记见民国《歙县志》卷 9 《人物志·义行》，第 1370 页。

② 《凤山笔记》下，《近代史资料》1963 年第 1 期，第 140 页。

③ 笔者于 1993 年 8 月 4 日，第一次实地走访歙县潭渡，当时写下的观感如下："……这里是黄氏聚族而居的村落，程庭在康熙年间曾经过此处，'望黄氏祠堂，规模弘丽，艳羡不置'。在清代两淮盐务全盛时期，出过所谓的黄氏'四大元宝'。……现在的潭渡村已残破不堪。……残敝的徽派建筑，作为昔日辉煌的一抹余晖，曾使本世纪初叶的文人深感喟叹。然而，岁月荏苒，转眼又过了半个多世纪。当我走出潭渡村，回首望去，映入眼帘的只有灰色的村落，坎坷的泥土路，以及在烈日下喘着粗气的老黄牛。如果不曾读过《扬州画舫录》，还真的难以想象出视野中的村落，就是当年商界巨擘的桑梓所在。"（见《歙县明清徽州盐商故里寻访记》，载《盐业史研究》1994 年第 2 期）

手持一予，且战且呼曰："吾师速来！"强盗听到此言，料想徐六贵尚且打不赢，他的老师之勇猛便可想而知了，于是只得相继逃去。

对武术的重视，应当是明清以还徽州府普遍的一种情形。当时，徽州各大姓多设立庄屋，如"黟俗族居者曰村，其系属于村者曰庄"。① 有的地方还形成了拳斗庄、守夜庄等名目。根据叶显恩先生的调查，"解放前，祁门查湾汪氏祠堂尚拥有拳斗庄121户。郎户凡十六岁至二十四岁体魄健壮的男子，都要进行武术训练。一般地说，这些拳斗庄一个人赤手空拳可敌八个人，如手持一齐眉棍或火叉，则可敌十二个人。"② 又如，根据荷兰学者宋汉理的研究，休宁范氏为了保卫宗族的粮食、防止盗窃，也曾参与过乡村加强地方自卫性的"保伍"组织。③

三、潭渡村落文化与社会变迁

潭渡村位于歙西平原，对外交通极为便利。以明末清初西陵

---

① 嘉庆《黟县续志》卷3《地理·都图》，"中国方志丛书"，第223页。
② 叶显恩：《明清徽州农村社会与佃仆制》，第121页。参见第303—330页附录一"关于徽州的佃仆制的调查报告"、附录二"休宁茗洲吴氏《葆和堂需役给工食定例（功善抄存）》"中的"严守夜"条。
③ ［荷］宋汉理：《徽州地区的发展与当地的宗族——徽州休宁范氏宗族的个案研究》，谭棣华译、叶显恩校，载刘淼辑译《徽州社会经济史研究译文集》，黄山书社1988年版，第44页。

憺漪子（汪淇）所编《天下路程图引》所载交通路线来看，潭渡东北行至仰村，沿富资水沿岸西北行，经徐村、沙溪、富竭等地，经太平县可至芜湖等地（"芜湖由太平县至徽州府路"）；由仰村，沿富资水，经青阳县可至池州府及安庆府（"徽州由青阳至池州府路"）；潭渡东去歙县县城不到10里的路程，至渔梁坝搭船，由新安江水路往浙江各地（"徽州府由金华至温州府路""杭州府由余杭县至齐云岩路"），或由开化、常山、玉山至浙江、福建各地（"徽州由开化县至常山陆路""徽州府由常山县至建宁府路""徽州府由玉山至崇安县陆路"）；往南至冷水铺、七里头一带，向西南行经休宁县可至江西、湖广各地（"徽州府由景德镇武当山路""饶州由乐平县至徽州陆路""湖广由安庆至徽州府路程"）；东北行经绩溪、宁国可至江南三角洲及苏北各地（"丹阳县由梅渚至徽州府路""南京由芜湖至徽州府路""仪真县由宁国府至徽州路"）。[①] 晚明潘景升曾指出："黄潭，歙之中原地也，冠山而襟水。"[②] 就是把潭渡比作歙县的中原之地，而中原之地，则有着交通发达、四战之地等意味，这使得潭渡村落较之徽州其他一些山村社区，具有更大的开放性。

1. "大徽州"的经济背景与"小徽州"之盛衰

明至清代前期，是潭渡村落的全盛时期。当地建有不少华

---

① 参见杨正泰《天下水陆路程、天下路程图引、客商一览醒迷》，山西人民出版社1992年版，第407页；第368页、369页；第366—367页、第372—373页；第368页、第370—371页、第369—370页；第362—364页、第421页、第427—428页；第388页、第394页、第436—437页。

② 《杂志》上编第11页上"黄潭为中原地"条。

宅、庭园，潭湖之上有四座桥梁，亭台馆阁相望，村落景观亦颇具诗情画意。当时，从全国各地慕名前来徽州的文人雅士，很多都是由徽商加以款待的。如四望楼别墅，创于黄子钟，而由其子黄彦修建成。与明清时期扬州盐商的风雅好客相似，潭渡黄氏也竭诚招致四方文人雅士；

> ……客至必馆于是，汪司马伯玉常所往还，四方之客造𪲔中者，亦多过彦修公，故所致多名人，如戚少保继光，秦状元鸣雷诸公，其最著者。于时车骑盈门，衣冠盈坐，花边立马，竹里行厨，太平人物之盛，风俗之美，迄今犹可想见！①

上揭的"汪司马伯玉"亦即明代歙县闻人汪道昆，而"𪲔"则是大谷、深沟之义，"𪲔中"有时也写作"𪲔谷"，系嘉靖末年汪道昆遭弹劾后乡居时的归隐之地，在今黄山南麓②。当年，潭渡村供奉四方宾客的情形，与歙西平原的其他一些盐商家族相同。上文提及的"花边立马，竹里行厨"，与明清时代侨寓扬州的徽州盐商之情形颇相仿佛。譬如在乾隆初年，扬州诗文之会，以马氏小玲珑山馆、程氏筱园、郑氏休园称为极盛，诗会以酒肴珍美蜚声远近。及至会期，一般是在园林中各设一案，上置笔墨、端研、水注、笺纸、诗韵、茶壶、茶碗、果盒、茶食盒等文

---

① 《杂志》上编第14页上—下"四望楼"条。
② 汪道昆所著《𪲔中记》，见民国《歙县志》卷15《艺文志》，第2498页。

具及食品。每次诗会，酒肴都相当珍美。① 其中，篆园的主人程氏，是歙县岑山渡人，"篆"为竹子之意；郑氏休园的主人，则是与潭渡村相近的郑村郑姓盐商；而潭渡黄姓盐商，也曾在扬州园林中开宴迎宾，传花行酒，刻烛催诗。②

如同奢侈的饮食起居刺激了扬州的诸多服务性行业一样，潭渡的诗会盛况、宾客盈门，也同样刺激了村落及其周围服务业的繁荣。以饮食为例，《杂志》中编"米粉"条载：

> 酒食是议，固为君子所鄙，然祭祀燕宾，亦安可不事精洁也。吾里筵席，以巨室家厨为最，酒馆所办虽少逊，然较之官厨犹远胜。官厨水陆群品，皆一鼎所烹，味如糟粕，惟满席及诸色点心，是其所长耳。乡间喜庆之事，例用米粉为馔，然但备员而已。吾里独以此品为最，所用物料，以豨膏、鸡汁为主，他村不能为也。③

可见，当时潭渡一带筵席有"家厨""官厨"之分。所谓备员，应当是指聊以充数的意思。徽州民间启蒙读物《应急杂字》中，也有"索粉假鳖"一句。假鳖，据明人江盈科曰："徽俗俭于食品，以木耳豆粉和成糕，呼曰假鳖。"④ 假鳖与索粉，是放在

---

① 〔清〕李斗：《扬州画舫录》卷 8《城西录》，中华书局 1997 年版，第 180—181 页。
② 参见拙著《明清徽商与淮扬社会变迁》，生活·读书·新知三联书店 1996 年版，第 128 页。
③ 《杂志》中编第 30 页下。
④ 〔明〕江盈科《雪涛谐史》，《中国历代笑话集成》第 1 卷，时代文艺出版社 1996 年版，第 376 页。

餐桌上摆样子的（与江西、湖广一带的"子孙果盒"相似），本是徽俗节俭的一种表现。但在潭渡黄姓巨商那里，却巧变花样，用豨膏（肉汤）、鸡汁为其主要原料，可能是其成本高昂，所以为其他村落所难及，从而形成当地的一种特色。道光《徽州府志》记载有九都（十六图）的村落名称，有仰村、徐村、沙溪、冲岭、田干和索粉巷等，其中的"索粉巷"，可能就是因制造索粉而得名。潭渡索粉的制作工艺，实际上反映了诸多徽州特色菜都曾经历过的变化过程。如蕨菜原是皖南的一种野菜，为一般民众嗜食的菜肴，其价格极贱，但随着徽商财富的增加，对乡土菜情有独钟的徽州人因应需求，以火腿等作为主料，以蕨菜为辅料加以炒制，遂成为徽菜中的席上之珍。

康熙《徽州府志》卷2《风俗》原注曰："明末徽最富厚，遭兵火之余，渐逐［遂］萧条，今乃不及前之十一矣。"该版《徽州府志》由赵吉士所纂，刊行于康熙三十八年（1699年），反映的时代与《杂志》上编大致相当。关于这一点，《杂志》上编记载：

> 三十年前，虽园林荒废，楼犹无恙。屏门大书深刻太函所为《四望楼记》，而草《观灯》、《纳凉》、《玩月》、《对雪》四诗于四壁，皆刘然子矜所书。今则屋宇化为薪木，园林变为麦垄。百余年间，盛衰顿异。惟记与诗以太函故传，亦可悟人事之无常，而太平之景不易见也，呜呼！①

① 《杂志》上编第14页下"四望楼"条。

这里所说的"三十年前"，应当是指康熙中叶甚至顺治年间的情形。此后，潭渡村可能出现过一段时间的复苏，但随后至乾隆年间便更趋衰落了。对此，黄崇惺的《重订潭滨杂志》序文指出：

> 乾隆以后，故家巨室亦稍稍替矣，然旧德犹在，闾井晏然。以崇惺儿时所见，犹然一乡之望族也。自咸丰庚申，寇陷郡，潭渡距城近，被兵尤酷。寇退，而里人之丧于疫病者与槁饿者，白骨相望，而不得棺椁以葬。丁男之存者十无二三，又多客游，不能遽归。里门八角亭既毁于火，而祠庙之仅存者，率穿漏朽蠹而莫能葺治，亭馆林木，皆摧之以为薪，而万金之宅，毁而鬻之，仅以易数石之粟。荆榛塞于衢巷，颓垣败壁，过者为之惝栗。盖于今十有余年，族姓之孳息者，可屈指数；而他族之侨居吾里者，日至而不可诘。

文中的"故家巨室"，应当主要是指在淮扬一带从商的黄氏族人。根据《潭渡黄氏先德录》记载：黄氏兄弟四人，在扬州从事盐业，当时人称"四大元宝"。老大黄晟，字东曙，号晓峰，居扬州康山，筑易园，乾隆八年（1743 年）前后，刻《太平广记》、《三才图会》等书。老二黄履暹，字仲升，号星宇，行二，居倚山南，有十间房花园，延请苏州名医叶天士在家中，与王晋三、杨天池和黄瑞云等人一起考订药性，并于倚山旁设青芝堂药肆，刻《圣济录》。又为叶天士刻《叶氏指南》一书。"四桥烟雨""水云胜概"二段，是他在扬州北郊的别墅。老四黄履昊，字昆华，由刑部官汉黄德道，居扬州阙口门，有容园。乾隆年间，在歙县东乡梅渡及西乡莘墟等处，捐资置田，扶助贫困族人。老六黄履昂，字中荷，也居住在阙口门，建别圃，改扬州虹桥为石桥，筑"长堤春柳"一段。此外，黄为荃也筑"桃花坞"一段。"四大元宝"的生平事迹，亦见于《扬州画舫录》的记载。对此，民国《歙县志》指出：

> 邑中商业以盐、典、茶、木为最著，在昔盐业尤兴盛焉。两淮八总商，邑人恒占其四，各姓代兴，如……潭渡之黄……。彼时盐业集中于淮扬，全国金融几可操纵，致富较易，故多以此起家。席丰履厚，间里相望。其上焉者，在扬则盛馆舍，招宾客，修饰文采；在歙则扩祠宇，置义田，敬宗睦族，收恤贫乏。下焉者则但侈服御居处，声色玩好之奉，穷奢极靡以相矜炫已耳。奢靡风习创于盐商，而操他业以致富者群慕效之。今其所遗，仅有残敝之建筑，可想见昔年闳丽。而骄惰之习，不幸乃中于人心，养尊处优，饱食安坐，而不事事，虽中更咸丰之乱，百业衰替，人口凋减，生计迫蹙，而其遗风，犹若未能尽革，俗所谓"盐商派"，诚为弊俗。是在有识之士，倡勤勉节啬以自救其乡矣。[①]

这是说因歙县是黄山白岳间的商贾之乡，一般家庭都靠在外经商的利润维持生计，故而养成了一些人的骄惰之习，这种情形在歙西一带尤为普遍。明人汪太昆《太函集》卷14《谷口篇》

---

① 民国《歙县志》卷1《舆地志·风土》，第158页。

就指出当时的一种生活方式——"主人终岁家食，跬步不出里门，坐收山林林木之利于其家，岁课江淮盐筴之利于其子，不逐时而获，不握算而饶……"，^① 故此，歙西平原的生活与淮扬各地之经济背景息息相关。

根据清人阮元《淮海英灵集·戊集》卷4《江春》条记载，乾隆三十三年（1768年）"两淮提引案"发，淮南盐务总商被逮至京师。其中，"首总黄源德老疾不能言"。可能就从此时起，潭渡黄氏开始衰落。^②

与两淮盐商之衰落引起淮扬城市景观的变化一样，淮扬黄氏的衰落，也同样导致了潭渡村落景观的嬗变。而且，这也应当是歙西平原一带盐商聚居村落中发生的较有普遍的现象。^③ 这当

---

① 转引自《明清徽商资料选编》，第44页。今查汪道昆《太函集》卷14，"主人中岁家食"一句，"终岁"作"中岁"。（黄山书社2004年版，第297页）

② 参见拙著《明清徽商与淮扬社会变迁》，第35页。

③ 《杂志》中编第22页上"细姑庵"条曰："……右有酒肆，曰挹翠园，……今圃与馆皆鞠为茂草，庵徒存环堵而已。予目中三十年间，人事之变迁又如此，良可慨也！"上编第15页上—第16页上"非园"条："此业今亦归惟后。先是潭湖水涨，其枕流者竟随流而去，桥亦随毁，所谓烟梳雨掠者，亦久不存。花木存者什二三，惟后虽粗有葺治，然而真非园矣。"中编第26页下"荷花塘"条："里中上塘、下塘种荷，而上塘花事尤盛。清晨煮茗坐对，诚暑天之清福。又，村前沙洲及隔河墟落，多乌臼树，秋日红叶最胜，登函成台，望之如画图也。村后斜山、后坞、眉岭，亦多枫臼林。近来大半伐去，风景不如前矣。"除了潭渡诸园外，歙西其他各村也有类似的情形。乾隆时人王灼曾写下《歙西徐氏园记》一文，赞叹道："歙西徐氏有园，曰'就园'，方广可数十亩。……墙阴古桂，交柯连阴，风动影碧，浮映衣袂。园之外，田塍相错，烟墟远树，历历如画；而环歙百余里中，天都、云门、灵金、黄罗诸峰，浮青散紫，皆在几席。盖池亭之胜，东西数州之地，未有若斯园者。……"但自乾隆五十三年（1788年）再次游历时，该园已朽蠹颓坏。此后则益形严重。（见《游记选读》，上海教育出版社1984年版，第51—53页）清代两淮盐商中有歙县傅溪徐氏，当即歙西"就园"之主人。

然是因为"小徽州"与"大徽州"有着密切的关系，徽州本土的民生日用大多靠外地来接济的缘故。除了盐商衰落之外，清初以来徽商在东南各侨寓地的土著化，他们与祖籍地缘的关系日趋淡漠，这应当也是潭渡村落衰落的第二个原因。烈妇程再弟在其祭夫文中曾说过："徽人十九为商。"她的丈夫就是客死芜湖的。①另外，见诸《杂志》记载的潭渡黄氏，有客居山东临清、金华、东瓯、杭州、云间、楚中者。其中，杭州是重要的一个侨寓地，潭渡黄氏曾商籍于此。②他们原先在桑梓之地置有田宅，随着与祖籍地缘的疏远，园林也发生荒废。如竹居，康熙年间归黄以谐（廷和），但因他已定居杭州，园林遂致荒废。③康熙《徽州府志》中的一个注解颇为发人深省："徽人居于维扬、苏松者未尝贫，但其生平不一至故乡，而居徽地者反受富民之累，不惟贫民，并官于此土者，亦且累于地方之虚名……"④虽然其中有为地方哭穷的因素，但也不能不看到侨寓徽商土著化对徽州本土的影响。

造成潭渡村落衰落的第三个原因，是太平天国对徽州的冲击，以及兵燹之后人丁的凋零和异姓之入住。这一点在太平天国以后，在歙西诸多村落都有着相似的背景。民国《歙县志》记载道："……咸丰间兵事，歙人受祸实为奇酷，烽燹所至，闾里为墟，幽窔深岩，逃匿无所，全县人口十损七八。……"⑤黄崇惺根据自己的亲身经历指出："庚申之乱，徽人之见贼遇害者，才

① 《杂志》下编第 3 页下"烈妇"条。
② 《杂志》上编第 7 页上"借籍钱塘"条。
③ 《杂志》上编第 15 页上"栗树园"条。
④ 康熙《徽州府志》卷 2《风俗》，第 441 页。
⑤ 民国《歙县志》卷 11《人物志·列女》，第 1751 页。

十之二三耳。而辛酉五月贼退之后，以疾疫亡之六七。"① "庚申"即咸丰十年（1860年），辛酉则为咸丰十一年（1861年）。在歙县西溪南村，经太平军之役后，村内"十室九空"，遗留下来的住宅仅存十分之一，吴姓族人留存西溪南的仅八十余家，而进入西溪南的"客籍"（外村人）占到十分之七八。② 在歙西平原的诸多村落中，潭渡离歙县县城最近，交通最为便利，所以受咸同兵燹的冲击最大，衰落也最为明显：

> 岁时伏腊之礼，至今缺然而未备，盖不惟乾隆以前之盛渺然不可复觏，即求如崇惺儿时之所见者，亦岂可得哉！

咸同兵燹的冲击，外来族姓的移居，对于潭渡村落景观及人丁旺衰影响极大。由此对于风俗的变迁，也产生了直接的影响。

2. 潭渡村落文化及社会风气之嬗变

由族人纂修的村镇志，与族谱一样，其中往往充斥着对本族的溢美之言。黄崇惺的《重订潭滨杂志》序曰：

> ……盖我族自祉孝府君以来，世以礼法著称，至前明而簪绂特盛，及国朝而益炽，文献之迹，详于往牒矣。若夫风俗之粹美，室庐之精丽，皆他族所罕俪。兹编所纪，虽若琐

---

① 《凤山笔记》，《近代史资料》1963年第1期，第140页。
② 吴吉祜：《丰南志》卷10《杂志》，"中国地方志集成·乡镇志专辑"第17册，第585页。

屑，然承平丰乐之景象，可想见也！

文中除了说潭渡昔日老房子相当精美外，还谈及当年风俗之纯朴。揆诸史实，徽州是个社会流动频繁、贫富分化悬殊的区域，村落文化也随着社会之变迁而嬗变。《杂志》上编指出：

> 前辈士大夫家食时尚不辍讲授，四方学者犹得执经问业，如少参公之于淳安商文毅，果斋公之于京口靳文僖，习轩公之于乐平程太史楷是也。近时乡绅，高者纵情诗酒，下者求田问舍，其出入门下者，非诗僧、画士，则牙侩、庄客而已，盖其先时学业，得隽后即弃同敝屣，宁复以接引后进为心耶！①

上文中的"家食"，是指赋闲、不食公家俸禄。而"商文毅"即浙江淳安人商辂，其人于宣德、正统年间"三元及第"，后任兵部尚书、户部尚书、文渊阁大学士，加太子少保；"靳文僖"即靳贵，为江苏丹徒人，弘治年间进士，后授翰林院编修；此外，"乐平程太史楷"之生平事迹则语焉不详。不过，这段史料主要说的是黄氏家族成员中有不少人曾亲炙于江浙等地名家。在全盛时期，潭渡黄氏士人的交往不仅限于宗族以内，而且还扩及歙县之外的其他地区。如黄吕的先祖黄俨，素性耽于幽洁，常常备置名香、佳茗以待骚人墨客。"西、戌之间，学士辍业，公率

---

① 《杂志》上编第4页下—第5页上"前辈不辍讲授"条。少参公当即黄祚，民国《歙县志》卷10《人物志·士林》有黄祚的传记，第1564页。

同志结社赋诗，或集枕流之亭，或酌乐后之轩，或登函成之台，或访青莲之刹，坐花邀月，嘲雪绘风，极陶写性情之乐"。"酉、戌之间"，可能是指清初的顺治二、三年间（1645年、1646年）。《杂志》上编的作者黄景琯在乡里时，也常常与里中诸公结社，喜欢诱掖后进，孜孜不倦。他晚年还与高阳、西溪、双桥、屏山和傅溪各地的文人结成"素心社"。其中近者如西溪，就在潭渡附近（位于西南方），远者如高阳，位于歙县西北部的许村乡。不过一二年，黄景琯去世之后，"里中风雅一道寂然矣"。后来，"岁乙卯，确山与本里诸公及双桥诸友共联诗社，人每年数十首，亦一时胜事也"。"确山"即黄曰瑚，而"乙卯"可能是指雍正十三年（1735年）或康熙十四年（1675年）[①]，但这已是强弩之末、嗣续绝响了。

上述这些，反映了潭渡乡绅与村落文化变迁的关系。与此同时，下层民众的社会生活，也发生了重大的变化。凌应秋纂辑的《沙溪集略》卷2《风俗》指出：

> 余乡上下两干，田畴平野，昔时人大半安于农桑，习儒习贾，各有正务，而游手者寡。近世稍异于古矣，是在振起一乡者为之规戒也！

《沙溪集略》撰于乾隆二十四年（1759年），作者呼吁"振起一乡者"力挽风俗沦丧的颓风。至于他所谓的"振起一乡者"，成书于雍正年间的《休宁孚潭志》卷3《风俗》，也几乎是不约

---

① 《杂志》中编第27页上"诗社"条。

而同地指出：

> 明季吾乡率皆温饱，其以钜富称者十数家。鼎革以后，犹为名乡。今则贫耗日甚，十室九空，庐宇不及昔年之半，风俗日偷，祠祖「租?」介产，强点 [點?] 夺往往吞噬，义弱者莫可如何，唯得一二公正而有力者还居故土，庶可挽回！

　　方志的作者甚至希望侨寓异乡的仕宦商贾回乡主持公道，这显然说明了休宁孚潭一带社会关系及风俗的变迁，与大批移民之外出密切相关。

　　与《休宁孚潭志》相似，从《杂志》中可以看出，潭渡黄氏家族内部的财产转移较为频繁，宗族内部的争斗有时也异常严酷[1]。明代隆庆四年（1570年），潭渡村人黄德涣持刀欲杀其父黄锜，族人上告族长及诸门长，呈请县衙批准，用绳子将其捆绑沉入将军潭。在此之前，黄锜长子德新已为矿贼所害，所以没有儿子，族众要求黄锜的弟弟黄录，每月给其兄长银钱，直到终其天年。对此，黄景琯议论说：黄德涣之死，是罪有应得，因为他竟然企图杀父，一定是素行无赖，为害乡里，处死他是众人的愿望。出赀以赡养兄长，这也是众人之意，对于黄锜这才没有什么

---

[1] 《杂志》上编第9页下"弑父缢水"条："吾族缢水之事，此外尚有风闻者一，目击者一。风闻则某以乱伦，故为族众缚而沉之水者。目击则某本无可杀之罪，特与同堂兄弟素不睦，大清兵初入徽，府县有司俱未具，族众俱避乱入山间，归守视者不过十余人，遂为从兄弟二人所执，絷其手足，盛以布袋，肩而沉之水舌（溪上最深处甃石角，扼水之冲，俗名水舌尖）。语见者云：'此人乘地方未定，夜就柴房举火，欲焚吾家，不得不除之。'其实莫须有之言耳。事在宏 [弘] 光乙酉，距今已三十余年。"

遗憾。否则，"杀其子而孤其父，异日钖能免于咎悔哉？此事一见当时禁网之阔，一见乡人好恶之公！"他认为，如果是在康熙年间，即使有因杀父而告于各门长的，一般也不过是劝谕其父子和解，不应仇怼而已，哪里肯公同举告于官府而处死逆子？他提及"近年"稠墅有一桩奸情，被众人双双拿获，聚薪活活焚烧致死，后来被官府知道，竟然追究主事者直到倾产破家为止。因此他认为：在当时，官府即使是接到持刀杀父这样的举报，是否肯听凭族人将不孝之子沉于水中，显然也是个疑问。故而他对于社会风气的变迁，颇多今不如昔之慨：

> 呜呼！世风之漓也，善不知好，而恶不敢恶，则岂独斯民之咎哉！①
>
> 当时族中因私事而动公愤，人心好义，公道犹存，以近日世情人事观之，不啻三代以上之风矣。②

在清代，外出的徽商对潭渡的宗族活动颇多资助。民国《歙县志》曰："……吾歙旧俗端厚，敬宗收族，睦姻任恤之行，父诏其子，兄勉其弟，穆然成风。又山多田少，资商为业，商之贤彦，以勤苦起家者类恺悌，知善其群……"③ 如黄以祚，"性孝友，睦宗族，重交游"，曾捐金修缮其远祖黄芮的庐墓，建立孝子祠，并修葺里中近百座坟墓；黄以正，雍正四年（1726 年）

---

① 《杂志》上编第 9 页上"杀父缒水"条。
② 《杂志》上编第 10 页下"族动公愤"条。
③ 民国《歙县志》卷 9《人物志·义行》，第 1367 页。

捐赀独建一所义仓，"得邀议叙。至振饥弛逋，助葬完婚，施棺掩骼，设渡修桥，数十年力行不倦"。[1] 对于宗族活动，黄景琯撰有《大宗祠进主规约》一篇，规定了大宗祠进主之例，如"子、孙进祖、父之主者，纳五金，春秋祭颁胙。……有以仆而进其故主者，……免其金而进之。……节烈则迎请而不输金，所以崇潜德也……"，[2] 规约中还拟定了"并主"的做法等。

尽管清代前期徽州商人及乡绅对宗族组织颇有整肃，但宗族的凝聚力似乎却在降低。这种趋向，随着清初徽商在侨寓地的土著化进程而愈益明显。向杲寺西原有黄氏祖墓，明末还有墓祠。嘉靖四十三年（1564 年），程节富立有祠内空房《租批》。对此，黄吕推测说：既然有祠就一定有神主，墓祠可能毁于兵火，祠基也不知位于何处。他叹喟曰：

> 此等事当与祖墓并重，吾族往往遗本而争末，皆由怠忽谱牒之故，如免征地大冢、庄屋、向杲墓祠是也。[3]

所谓免征地大冢，是指唐德宗贞元十九年（803 年）下诏旌表孝子黄芮门闾，复其故居地免征，此后历朝因袭未改。该地位于黄屯白果树下，到清顺治六年（1649 年）清丈时，改为洁字一千一百十六号。当时，因黄氏本族无人料理，暗中被六图仇村黄氏扦为己业。直到康熙二十二年（1683 年），府县奉命修纂通

---

① 民国《歙县志》卷9《人物志·义行》，第1422页。
② 《杂志》下编第7页下 第8页上"进主"条。
③ 《杂志》中编第24页下 "向杲墓祠"条。

志，在清查境内先贤免征地时，这一侵占行径才被发现。当时，潭渡黄姓纠集各族经公理论，对方自觉情亏，故而甘心立下包约当官递状，改正册籍，才使此事得以平息。①

"庄屋"是指七里湾大冢原有庄屋，系由吴姓佃仆看守。明弘治十一年（1498年），因吴姓佃仆在黄氏"标挂"（扫墓挂钱）时没有应役，立有《服辩文书》。②正德十三年（1518年）庄屋毁于火灾，吴、程二姓又立有《领银造屋文书》。但到乾隆年间，黄吕询问村里故老该庄屋的下落，竟然没有一人了解此事。庄屋及佃仆，不知废弛于何年。

与此同时，对于祖墓的祭扫次数也很稀少。《杂志》中编指出："庐墓所标挂，当日输资凡三十五股，派为七家头，惟首事者展墓，他人弗预焉。然此处为我族发祥之地，而子孙终岁不一瞻拜，殊乖典礼。或有力者输资置产，俾拜祖者给以薄胙，或听族众每输资数星生息，于标挂日给胙，庶不致至拜祖寥寥也。"③当时的祭祀只是"首事者"的事，其他人并不参与。黄吕呼吁有力者及族众捐输置产，这说明其时祭扫经费之短缺。

上述的事实也反映了清代以来徽州歙西平原地区普遍的趋势。在歙西平原的其他一些村落，自明代以来，可能是由于商品经济之发展，大批移民的外出，使得乡里祭祀有逐渐减少次数的

---

① 《杂志》上编第4页上—下"免征地"条及附录。
② 黄玄豹《谭渡孝里黄氏族谱》（雍正九年刻本）附有《七里湾大冢火佃吴福祖等服辩文书》，见叶显恩《明清徽州家村社会与佃仆制》书末所附照片。"谭渡"即潭渡。
③ 《杂志》中编第30页上—30"七家头"条。

趋向。可能的解释是——清代前期，徽商在侨寓地逐渐土著化，他们以侨寓地为中心重修族谱和重建宗祠[①]。在这一过程中，桑梓故土的坟茔、宗祠、族谱不同程度地受到了忽视。

3. 移民及商业背景与潭渡黄氏的民间信仰

徽州村落的民间诸神主要有以下几类：一类是徽州本土产生的民间信仰，如五猖、汪公大帝等；一类是全国性家祠户祷的佛、道神明，如关帝、观音大士等；一类则是各族姓的祖先神灵。潭渡村的民间信仰也不例外，从《杂志》所反映的情况来看，其中多是古已有之的民间信仰，如五猖、三官、关帝等，以及扶乩、厌胜、风水信仰。不过，值得注意的是，《杂志》还反映了一些外地民间信仰在徽州的本土化。如《杂志》上编记载：村里有大王庙，奉祀"金龙四大王"，配以"萧公""晏公"及其部将四人。该庙创设于明代某年，"前扉夹道为户，今左祀财神，右祀五福。近里人更塑洞庭君像于内，即所谓柳毅也"。[②] 文中的"今"，当指康熙年间，而"近"也应当是指清朝前期。据《杂志》讲述，上揭的金龙四大王信仰，是指南宋末会稽人谢遂死后投水而亡成神，永乐间显灵河中，因立庙封号。根据清人赵翼《陔余丛考》卷35的说法：

> 江淮一带至潞河，无不有金龙大王庙。按《涌幢小

---

① 王振忠：《明清徽商与淮扬社会变迁》，生活·读书·新知三联书店1996年版，第66—74页。
② 《杂志》上编第13页卜"大王庙"条。

品》：……永乐中，凿会通河，舟楫过河，祷无不应。……
然则神之祀始于永乐中，而隆庆以后益盛欤？

潞河亦即潞水，也就是今北京市通县以下的北运河。会通河
则是指北起山东临清、南至江苏徐州的运河。金龙大王信仰最早
也就盛行于会通河沿岸，被封为黄河神和运河神。① 而会通河及
潞河沿线，是徽商最为瞩目的地区。明末清初西陵憺漪子（汪淇）
选辑的《天下路程图引》卷 1 中的第一条路程，就首列"徽州府
由徐州至北京陆路程"。② 而临清早在明代，就是徽商重点经营的
地区，明人谢肇淛曾指出，临清城中，"十九皆徽商占籍，商亦
籍也"。③ 其中，歙县潭渡黄姓颇不乏人。④ 现存的清顺治十二年

① 金龙四大王始封之年，说法不一，有谓洪武、永乐、景泰、隆庆、天启者不
　一。参见宗力、刘群《中国民间诸神》"金龙四大王"条，河北人民出版社
　1986 年版，第 368—372 页。
② 见杨正泰《天下水陆路程、天下路程图引、客商一览醒迷》，第 354 页。
③ 〔明〕谢肇淛：《五杂组》卷 14《事部二》，伟文图书出版社 1977 年版，第
　365 页。
④ 《杂志》上编第 7 页下—8 页上"孝行里"条："村之南建亭以表闾（俗名八
　角亭），署曰孝行里，为方士（焕）笔。方号两江，家联墅而籍临清。里人
　多商于彼，故得其署书颇众。"下编第 9 页下"仆妾殉主"条曰："黄家璡，
　崇祯末乔〔侨〕寓东昌府某县，与二妾一仆俱值流寇之乱，璡死于冠〔寇〕，
　仆立报二妾，二妾俱投环以殉，其仆棺埋三尸，毕，亦从死焉。二妾者，
　一姓孙，新安卫指挥某之女，美而文，能画花鸟，善琴与奕；一临清人，逸
　其姓；仆亦逸其名。族人客山东者多知其事，为传述如此。"根据许檀的研
　究：临清在明清时期是山东最大的商业城市。从她所列的"明清两代临清城
　内主要店铺数量及其增减比较"表来看，当时城内有不少布店、茶叶、盐行、
　典当，应当多有徽商经营。例如，布店中的苏州、南翔商人，有不少就是徽
　商。而茶叶中有来自徽州的松萝茶，其经营者应当也是徽州人。关于明清时
　期临清的研究，亦可参见杨正泰《明清临清的盛衰与地理条件的变化》（《历
　史地理》第 3 辑，上海人民出版社 1983 年版）、许檀《明清时期山东商品经
　济的发展》（中国社会科学出版社 1998 年版），第 158—171 页。

（1655年）青花龙纹香炉，其器壁的青花纪年记事制作款曰：

> 江南徽州府歙县信士黄道潯，喜助济宁州三教堂香炉肆座，永远供奉，祈求江湖清吉，福有攸归。大清国顺治乙未年孟秋月置造。

济宁州在今山东省济宁市，与临清州均位于会通河沿岸。黄道潯可能也是潭渡人，他置造香炉四座"永远供奉"的目的，就是"祈求江湖清吉"。由此不难想见，金龙四大王之成为潭渡村的神庥，应当与这种移民及商业背景有关。

与作为运河神的"金龙四大王"相似，洞庭君柳毅也叫"金龙大王"。柳毅原是唐人小说中虚构的人物，后来受到民间的广泛信仰。据《历代神仙通鉴》卷14记载："凡涉江湖者，必诣庙祭焉。"[1] 对此，清东轩主人《述异记》卷上更为详细地指出：洞庭神君相传为柳毅。其神为一尊立像，赤面獠牙朱发，犹如夜叉模样，以一只手遮额覆目而视，另一只手则指向湖旁。当时舟楫往来者都必须祭祀洞庭神君，舟中之人，绝不敢乱说妄语，特别是不允许用手指物及遮额。不小心犯了此种忌讳，就会有风涛之险。[2] 如果说，前述的金龙四大王是运河神，那么，金龙大王就是江湖神。安徽省图书馆特藏部收藏有《长江大观图》，其中的"洞庭湘潇八景图"之第一景，就是"洞庭秋月"。画面上有两个"洞庭君主庙"，诗曰：

---

① 转引自宗立、刘群《中国民间诸神》，第338页。
② 转引自张志哲王编《道教文化辞典》，江苏古籍出版社1994年版，第349页。

洞庭西望楚江分，

水尽南天不见云，

日落长沙秋色满，

不知河〔何〕处吊湘君。

其下注曰："洞庭君主，客船至此，剪牲敬神。"从《杂志》记载来看，潭渡村的洞庭君之塑造较晚，它与附祀的萧公、晏公等来自江西的民间信仰，可能同样也与潭渡的移民及商业背景有关。① 此外，五福及财神的设置，更具商业意味。

多年前我曾研究过歙县大阜潘氏，该家族成员主要分布于苏州一带，与水运及海外贸易背景相关的李王信仰，在大阜和苏州均相当盛行，而李王尊神祖殿即位于大阜。② 结合本处的分析，再次证明了徽州村落的民间信仰，与当地的移民及贸易背景有关。

---

① 〔清〕黄崇惺：《徽州府志辩证》，"新安太守碑"条，第31—32页。
② 参见拙文：《〈唐土门簿〉与〈海洋来往活套〉——佚存日本的苏州徽商资料及相关问题研究》，《江淮论坛》1999年第2期、第3期、第4期；《徽商展墓日记所见徽州社会、民俗——以〈（歙县）大阜潘氏支谱附编·文诗钞〉为中心》，上海图书馆编：《中国谱牒研究——全国谱牒开发与利用学术研讨会论文集》，上海古籍出版社1999年版；《抄本〈三十六串〉介绍——清末徽州的一份民间宗教科仪书》，《华南研究资料中心通讯》第14期，1999年1月15日。

明清黄河三角洲环境变迁与苏北新安镇之盛衰递嬗

  黄河三角洲是黄河携带大量泥沙所沉积形成的冲积平原。在当代，广义的黄河三角洲系指北至天津市、南至废黄河口、西起河南省巩义市以东的黄河冲积泛滥地区，狭义的黄河三角洲则指1855年以后黄河在山东省滨州市以下冲积而成的三角洲。而在1128—1855年间，黄河三角洲就是指现在废黄河三角洲冲积平原，其地理范围包括今响水、滨海、射阳、灌云和灌南五县。此一冲积平原，是由黄河（淮河）、沂沭河、射阳河和海洋合力沉积造成的，其海拔高度约在2—5米[①]。鉴于此处河道水系与区域之外的通贯相连，故在研究中，行文偶尔亦会涉及安东（今涟水县）等地。

[①] "中国地理百科"丛书编委会编著：《苏东海岸》，世界图书出版公司2017年版，第9—10页。

一、15 世纪前后苏北河湖环境的变迁

根据地理学者张忍顺等人此前的研究，今天在平坦的苏北平原上有一条北起阜宁、南至吕四镇全长 300 公里的范公堤，这是一条重要的地貌界线，标志着全新世内相当长一段时期的古海岸线所在。其后因海侵，海水深入苏北平原。而后海水后退，在波浪作用下，泥沙横向运动堆积成岸外沙堤，今里下河洼地（古射阳湖）和运西诸湖皆曾为潟湖的范围。在废黄河北岸平原地带，也有沙堤分布，但不及范公堤整齐，堤西在历史时期曾存在硕项湖、桑墟湖等大湖，亦为潟湖之遗存。其中的硕项湖，先是由浅海演变为潟湖，此后由于海势东迁，数道沙堤阻挡了海水，使之难以入侵硕项湖，再加上不断地接受淮、泗、沂、沭诸水的漫流汇集，硕项湖逐渐由潟湖演变而为淡水湖①。在历史时期，硕项湖的面积时有赢缩。南宋建炎二年（1128 年），东京留守杜充于河南滑县西南人为决河，黄河河道东决，夺泗入淮，此后河道颇

---

① 张忍顺：《苏北黄河三角洲及滨海平原的成陆过程》，载《地理学报》第 39 卷第 2 期，1984 年 6 月；凌申：《黄河南徙与苏北海岸线的变迁》，载《海洋科学》1988 年第 5 期；杨达源、张建军、李徐生：《黄河南徙、海平面变化与江苏中部的海岸线变迁》，载《第四纪研究》第 3 期，1999 年 5 月；凌申：《全新世以来硕项湖地区的海陆演变》，载《海洋通报》第 22 卷第 4 期，2003 年 8 月。而在历史地理学界，孟尔君撰有《历史时期黄河泛淮对江苏海岸线变迁的影响》，载《中国历史地理论丛》2000 年第 4 期，但其主要结论并未超出此前地理学界相关诸文。

为混乱，经常数道并行。其后，又历经元明时代的多次变化，特别是明弘治年间刘大夏筑太行堤阻断黄河北支以后，黄河全流入淮，滔滔河水挟带而来的大量泥沙，遂使苏北海岸线迅速东移。由于黄河夺淮入海，水患增多，使得黄河下游的一些城镇受到威胁。其中，最为典型的是安东（今江苏省涟水县）一带。当时，淮北盐运分司驻于安东，大批徽商主要集中在那里。诚如明人文震孟在《安东县创筑城垣记》一文中所指出的那样：

> 淮之安东，古涟水军也，邑西南去郡六十余里，……虽僻处一隅，实淮、扬间一要害地也。……淮北盐贾集于安东者，每岁不下二十万。……安东为河、淮入海之路，淮北锁钥，且百万盐筴辐辏于此。[①]

上文中的"二十万"或"百万"，实际上都是形容汇聚淮北的盐商资本。而活跃于安东一带的盐商，有不少就来自徽州[②]。由于明代中叶以后黄河全流夺淮入海，苏北水患日趋频仍，安东等地时常受到洪水的威胁。如淮北批验盐引所原在安东县南六十里的支家河，"淮北诸场盐必榷于此，始货之庐、凤、河南"，批验所旧基在淮河南岸，"当河流之冲"[③]，弘治、正德年间

---

① 雍正《安东县志》卷12《艺文上》，第61页上—下，清钞稿本，以下所引方志，凡未注明其他出处者，皆引自"爱如生中国方志库"。
② 如歙人程必忠，明季始迁安东，程昜，"世居歙之岑山渡，后迁淮，泊盐业，遂占籍安东"；程增，"父自歙迁淮之涟邑（即安东）"。以上史料俱见王觐宸《淮安河下志》卷13《流寓》，淮安市图书馆古籍部据抄本复印。
③ 嘉庆《两淮盐法志》卷37《职官六·廨署》引嘉靖《盐法志》。

曾多次圮毁，后来虽移至淮河北岸，但洪水的困扰仍未减轻。据乾隆《淮安府志》卷11《公署》记载，安东为"盐碱孔道，土沃物丰，生齿蕃庶，……近罹河患，丰歉不常"。在这种形势下，盐运分司遂改驻淮安河下，而淮北批验盐引所改驻河下大绳巷，淮北巡检也移驻乌沙河。随着碱务机构之迁移，更多的淮北运商卜居淮安河下[①]，但因其祖先产业所在，不少盐商仍然占籍安东[②]。

除了安东县城的衰落之外，水量之骤然增大，还引起了河湖环境的变化。当时，在黄、泗、沭诸水的冲积淤塞之下，硕项湖的湖面逐渐扩大，遂成茫茫大泽。据《大明一统志》记载："硕项湖在安东县西北一百二十里，一名大湖。西连桑墟湖，东南各有小河达于淮。《神异传》：秦时童谣云：城门有血，城当陷没。有一老姆忧惧，每旦往窥。门者知其故，以血涂门。姆见之即走，须臾，大水至，城果陷。姆走至伊莱山，得免。今山有神母庙。高齐时湖尝涸，西南隅城址犹存，绕城古井数十处，乃知城没非虚。"[③] 根据文中所引《神异传》的记载，秦朝时此处有城，

---

① 光绪《重修山阳县志》卷4《盐课》："国初淮北分司暨监掣并驻河下，群商亦萃居于此。"
② 光绪《重修安东县志》卷1《疆域》："国初时盐法尤盛行，富商来邑占籍，著姓相望。"卷12《人物四·流寓》："初，程氏以国初来邑占籍，代有令闻。"王觐宸《淮安河下志》卷13《流寓》："程朝宣，字辑侯，歙人也。父以信，故有业在安东，召朝宣代之，弗善也，去而业盐，与淮北诸商共事，不数年推为祭酒焉。"程朝宣因出赀助塞卯良口决口，安东人"感其义弗衰，为请占籍。程氏之占安东籍，自朝宣始也"。此后，淮安史志中出现的程氏，多为安东籍。程鉴"先世歙人，业盐，家于淮，后入安东籍，实住山阳河下也"。
③ 《大明一统志》卷13"淮安府"，明天顺五年（1461年）内府刻本。

后为大水所淹。并说北朝高齐时湖水曾经干涸，湖底现出旧城遗址及绕城古井等。虽然《神异传》之来源和记录颇为可疑^①，但关于这一点，明人方承训亦提及类似的传说："湖荡沿传古治栖，膏腴沧海每兴悲，楼台隐隐朝涵影，箫管阴阴夕觉吹。烟境还初精已见，鱼波欲涸兆先知，不然蜃气嘘成彩，误认尘寰露物奇。"^②根据当地的调查，今灌南县新安镇西郊的原硕湖乡渔场村一带，在 20 世纪六七十年代的农田水利建设过程中，曾发掘出大批的古城墙砖、陶瓷碎片及窖藏铜钱等，这似乎也从一个侧面证实了硕项湖扩大、古城湮没的事实。

如所周知，硕项湖亦名大湖、硕濩（灌）湖或石濩湖。此外，它也被称为"涟湖"。关于这一点，万历时人方承训有一篇

---

① 嘉庆《海州直隶州志》卷 31《拾遗录》曰："硕项湖始见《元和郡县图志》，今呼为大湖。旧州志引秦时童谣'城门有血，城当陷没'语，《沭阳县志》同，盖因《明一统志》也。然《太平寰宇记》已引入朐山县下。案：此事见《神异传》，郦道元《水经注》亦引之，皆在由拳，非海州。"

② 〔明〕方承训：《复初集》卷 14《涟湖华露》，《四库全书存目丛书》集部第 188 册，齐鲁书社 1997 年版，第 44 页。《复初集》一书原先收藏于北京图书馆（今国家图书馆），为明代万历年间刻本，该书自序于万历癸未（1583年），后收入《四库全书存目丛书》集部第 187 册、188 册。关于该书，我曾于 2001 年在福建武夷山明史国际学术研讨会上发表《〈复初集〉所见明代徽商与徽州社会》一文，指出：这部尚未受到学界重视的明人文集，其学术价值丝毫不亚于日人藤井宏据以研究新安商人之《太函集》。此文后收入拙著《徽州社会文化史探微——新发现的 16 至 20 世纪民间档案文书研究》（上海社会科学院出版社 2002 年版）。文中曾详细爬梳和征引《复初集》的相关史料，首度对新安镇周遭的渔商活动做过颇为详尽的研究。此后，国内涉及《复初集》的文章仍有一些，有的完全无视前文的先行研究，系属重复劳动——如《复初集》所见徽州渔商之生动描述，并非 2002 年以后"新发现"的资料，这是需要在此说明且毋庸赘述的事头。

《游涟湖记》，其中提及："涟湖跨州邑三方，环围百余里。"[①] 这是说涟湖面积辽阔，地跨明代的安东、沭阳和海州三州县[②]。另外，方承训在《涟湖歌送宗弟之安东》诗中写道："涟湖湖水跨三丘，安东沭阳逮海州。""三丘"以及方承训在《泛涟湖赋》中所述的"三郡"[③]，皆指安东、沭阳和海州。对此，与之差相同时的万历《淮安府志》卷3也记载："硕项湖：袤四十里，广八十里，海州、沭阳、安东各得三分之一。"对照此一方志及其他相关记载，《复初集》中一再提及的"涟湖"，显然就是指硕项湖。

万历八年（1580年），方承训跟随宗弟方应前往硕项湖从事渔业经营。当时，正是硕项湖面极为浩淼的时代。嘉靖中叶以后，由于黄河单股汇淮入海，苏北硕项湖之水域面积大为扩展。与此同时，当地的自然环境也发生了重大变化。因黄水四溢，河流冲垮了原先的交通要道。对此，方承训有一首《涟城至鱼昌口，古河道蓄浚，舟行易易。迄被河冲，沙淤三十余里，抵金城，舟不可涉，艰步趋舟，可泛所》诗，其中提及：

　　沧海桑田递变迁，涟湖舟道草芊芊，邑东假步趋扁叶，城北联抗接远天。

　　垂钓资生罢已剧，荷担附棹寝甘眠，湖中云水堪娱目，

---

① 〔明〕方承训：《复初集》卷25，《四库全书存目丛书》集部第188册，第119页。

② 〔明〕方承训：《忆涟湖》有："涟湖三辖阔，梦寐独沉思。"（《复初集》卷11，《四库全书存目丛书》集部第187册，第704页）

③ 〔明〕方承训：《复初集》卷20，《四库全书存目丛书》集部第188册，第70页。按：从文义上看，此处的"三郡"或当为"三邑"之误。

兢市奔朝愧彼贤①。

方承训及其诸多族人曾在苏北鱼昌口及新安镇一带活动，他本人对于硕项湖的周遭环境，有着相当细致和生动的观察。在诗中，他感慨苏北沧海桑田的剧烈变迁。关于这一点，他还撰有另一首诗，题作："湖口至涟城，河道仅百里，迄邑三十里，黄河沮洳，货载病陆艰移。或出淮子港胶浅，十日可至涟城。或循海入河，天风不顺，二旬犹有至不至，且臭厥载。而有司坐议通河，犹豫靡决，民商交病矣，故述。"其诗曰："涟台川道自联河，河水淹淤舟苦轲，淮港可夷湍涉浅，沧溟冒险巨涛多，鱼盐倚载商供利，风浪催舻上不疴，纠令鸠工疏故道，帆樯鳞次日城过。"②此处的"涟城""涟台"，都是指黄河（亦即其时的淮河）北岸之安东县。上述诗歌的意思是说，从硕项湖口的鱼昌口前往安东县（两淮盐运淮安分司原先就驻扎于安东），本来河道通畅，航行便利，后来却因河流被冲，泥沙淤积三十余里，由黄河泛滥形成的泥沼，使得陆路运输相当艰难。有人经由淮河支流③通

---

① 〔明〕方承训：《复初集》卷14，《四库全书存目丛书》集部第188册，第39页。卷14《涟城金城违邑东三十里，河淤黄水，舟不克通，必陆跋，遇雨沟丛且滑，不可行。余过乘小驴抵邑，初云作雨，零零下，顷之，即已喜不张盖，不愁滑》。（第44页）
② 〔明〕方承训：《复初集》卷14，《四库全书存目丛书》集部第188册，第45页。
③ 根据《大明一统志》卷13"淮安府"条：淮河由泗州龟山北流入淮安府界，"萦回府城，东入于海"。万历《淮安府志》卷3《建置志》曰：硕项湖，"各有小河达于淮"。清人张宸《平圃遗稿》卷13《淮郡水利论上》："凡安东言'淮'者，即今黄河，以原本淮河，黄夺其径入海，故志仍谓之淮云。"〔民国二十八年（1939年）抄本，序于康熙甲辰〕

行，但需要十天才可到达安东县。另有人则从海道入河，但若遭遇天时不顺，十几天还不能到达，而且常常发生倾覆事件。当时官府想到疏通河道，却一直犹豫不决，所以极大地影响了当地百姓、商贾的生活。

其时，滚滚而来的河水冲毁了沿途的一切，使得地表景观亦发生了重要的变化。例如，方承训有《涟湖涯皆无木，以故不见禽鸟飞鸣》一诗，诗中描述："舍倚山城树色苍，春风翎羽恣飞扬，漫惊淮阔墟无木，且怪天空鸟独藏。禽语不闻幽失趣，燕巢仅见杳无梁，惟夸湖巨鱼频跃，乐水忘机好泛觞。"[①] 在他眼中，涟湖周边看不见树木，亦不见禽鸟飞鸣，只有湖中的大鱼频繁地跃起。关于这一点，方承训另有一首《湖滨孤柳》诗，亦有如下的状摹："江南无地不花丛，淮北冲沙树尽空，四季松筠别地翠，三春桃李旧时红。幸存孤柳知生意，喜见疏枝舞惠风，此日湖平堪植木，速封勤溉俟天工。"[②] 此处提及"淮北冲沙树尽空"，也就是指河水泛滥引发的环境变迁。由于湖面扩大，加上陆上缺少树木等，水与沙石等下垫面之差异较大——在白天，水与沙石之比热悬殊，故水温远低于沙石的温度，气流遂由高气压区吹向低气压区。而到晚上，情况则相反[③]。这些都说明，黄河夺淮入海对苏北环境有着多方面的影响。当然，其中最为重要的一点就在

---

①② 〔明〕方承训：《复初集》卷 14，《四库全书存目丛书》集部第 188 册，第 43 页。

③ 类似的情况，可见方承训《独无雨》《雨霁，舟晓发，涟湖巨风犹不已》和《湖多风，东风水荡西涯，西风又东涯溢，即顷刻消长几三四尺。风静，平如故。初骇成律》等诗文，见《复初集》卷 14，《四库全书存目丛书》集部第 188 册，第 43—44 页。

于——不少地方桑田一变而为泽国，湖区面积更是大为扩大。对此，方承训就有《涟城河水冲淹，小民获渔利，而巨室土田乃淤尽，则甚病矣，感作》诗，其中描述："大河归海涟增愁，庐舍田场尽泛舟。巨室赋租鱼鳖窟，细民罾网食衣谋。秋风吹水波千顷，春涨盈湖泪几派。两利俱存祈阜足，湖深土见复何忧？"[①]诗歌描绘了因黄河夺淮入海，涟城一带的生存环境发生了重大的变化，大批庐舍田地被淹没，当地的经济结构也因此而改变，田连阡陌之大户人家田地被冲没，而下层民众则开始依靠渔业得以谋生。关于这一点，方承训在《湖兴五首》之五中指出："涟城鱼窟属天功，浪暖波平水族雄。"[②]诗中的"涟城鱼窟"，显然是指涟湖（亦即硕项湖）鱼类之繁滋，而"天功"则是指硕项湖自然天成，完全是大自然（黄河）的鬼斧神工所致。上揭的诗歌，反映了15世纪以来苏北环境变迁对于民众生业的影响。

二、硕项湖与东、西鱼场口[③]

关于苏北环境变迁与区域社会的关系，以往也有学者涉及，

---

① 〔明〕方承训：《复初集》卷14，《四库全书存目丛书》集部第188册，第42页。
② 同上书，第40页。
③ 关于鱼昌口与新安镇的发展，拙文《〈复初集〉所见明代徽商与徽州社会》已有初步涉及，参见王振忠《徽州社会文化史探微——新发现的16—20世纪民间档案文书研究》，上海社会科学院出版社2002年版，第44—50页、第60—66页。

例如两淮盐业、农垦之变迁，历来是相关研究关注的热点①。此外，涉及海涂开发史的论文也谈及渔业开发，但主要是有关海上渔业的发展②。而有关硕项湖之渔业，则一向较少涉及。另外，自明代以来，夸奢斗富的淮扬盐商素为世人所熟知，相形之下，学界对于活跃于苏北的大批徽州渔商则所知甚少。若透入对《复初集》所见诗文之重新细致研读，结合《新安镇志》等重要史料，可以较为深入地探讨徽州渔商与明清时代村落、市镇发展的历程。

16 世纪以后出现的新安镇，亦即现在的江苏灌南县城所在。这一带的发展，与当时整个苏北河湖环境之变迁密切相关。根据隆庆《海州志》记载，当地风俗"土虽广远而瘠薄，海产鱼盐，民多逐末，故田野不辟，米粟不丰，小民不出境事商贾，不习工艺，虽本土贸易之事，亦皆外来人为之，故民多贫"③。文中提及的"外来人"，应当有不少都是徽州商人。而据稍后的《复初集》记载，硕项湖附近"贾皆歙民，民皆携母钱，饶者千金，上饶者五千金，次饶者五十金或二十金，下者亦持中人一家之产，又其下则五六金、四三金，亦能捷往来，奔趋糊口，鱼之利民也如此。凡湖皆产鱼，惟涟为巨，故鱼惟涟为多；凡湖属淮地者，皆容贾资，惟涟贾居最"④。关于这一点，《复初集》卷33《方长公

<hr>

① 徐泓：《清代两淮盐场的研究》，嘉新水泥公司文化基金会1972年版；孙家山：《苏北盐垦史初稿》，农业出版社1984年版；刘淼：《明清沿海荡地开发研究》，汕头大学出版社1996年版；鲍俊林：《15—20世纪江苏海岸盐作地理与人地关系变迁》，复旦大学出版社2016年版。

② 方明、宗良纲：《论江苏海岸变迁及其对海涂开发的影响》，载《中国农史》1989年第2期。

③ 隆庆《海州志》卷2《风俗》，第20页上。

④ 〔明〕方承训：《复初集》卷25，《四库全书存目丛书》集部第188册，第119—120页。

传》记载，在涟湖（硕项湖）上活动的歙县渔商相当不少，其资金规模不一，资金少的人，如果经营得当，也能迅速致富。歙县新城人方应为渔商世家，他的曾祖父、祖父都在硕项湖从事渔业贸易，他自己也长年在硕项湖一带活动。由于某年硕项湖鱼大丰收，盐少鱼多，鲜鱼之价格低靡。与此同时，当年的江鱼产量较少，丰收的湖鱼恰好弥补了江鱼减少留出的市场份额，以至于湖鱼贸易颇为有利可图①。

在苏北，盐业与渔业之发展可谓相辅相成。当时，海州鱼场口一带之所以形成渔业中心，与苏北的盐场有着密切的关系。鱼场口之东，就有莞渎盐场。根据清代的记载，夏秋鱼汛季节，采捕鱼船需要淮盐作为腌切，要向附近的盐场采买。大约盐一桶，腌鱼八百斤。②对此，乾隆末年的漕运总督管干珍，有一首《网鱼船》这样写道："海鱼嘘浪河鱼肥，盐河鱼多身细微，网船拾鱼饱其腹，一家坐卧村之矶……"③文中提到的"河鱼"，应包括硕项湖在内的苏北各湖泊所产之鱼类。

关于徽州渔商与鱼场口的关系，最为重要的资料是《复初集》和《新安镇志》。鱼场口也叫鱼昌，所谓鱼昌，"谓鱼产而昌炽也"。歙人方承训曾活跃于此，他有《鱼昌口夜户不闭》《湖兴五首》等诗和《游涟湖记》等文。其中，《游涟湖记》对于徽商麇聚之鱼昌口有着生动的描述。万历八年（1580年），应宗弟方应之邀，方承

① 〔明〕方承训：《复初集》卷33，《四库全书存目丛书》集部第188册，第221—222页。
② 〔清〕林正青纂：《小海场新志》卷5，"中国地方志集成"乡镇志专辑第17册，上海书店出版社1992年版，第215页。
③ 〔清〕管干珍著：《松厓诗钞》卷32，清乾隆大观楼刻本。此诗亦见嘉庆《海州直隶州志》卷1《舆地·形胜》。

训前往硕项湖。他于当年的正月沿新安江东下，并在二月抵达涟城（安东），步行至金城，然后登舟前往硕项湖。文中提及：

> ……（新安）镇辖海州，而徽贾丛居贾鱼，以故称新安镇。镇实当湖口，违五里则湖矣。湖口夷坦，歙贾烟囊稠密，名曰东鱼昌。曰鱼昌者，谓鱼产而昌炽也。贾皆有□（？），饶者构瓦舍，次构草舍，草舍居什七，舍盈五六百间，□□（??）市，市不鬻鱼鲜，何以故？庄贾日以舟泛湖，就渔翁市鱼鲜，皆尽取也。……西鱼昌义所同也，贾舍支〔只？〕东鱼昌什七，中三十里湖汇为高家沟，沟贾支〔只？〕鱼昌十六，瓦、草舍亦称之。凡倚湖浒贾鱼绩者，若昌口、家沟者百数，殆不若三方成一都会也。①

此处提及，新安镇离硕项湖口五里，而湖口亦即东鱼昌，当地有不少歙县渔商。东鱼昌有渔商的瓦舍、草舍计五六百间。若以每间瓦舍或草舍住 1—2 人计算，聚集在那的歙县渔商也有千人上下。此外，文中还提到西鱼昌和高家沟②，说西鱼昌的贾舍只有东鱼昌的十分之七，而高家沟的则只有东鱼昌的十分之六，故而

---

① 〔明〕方承训：《复初集》卷25，《四库全书存目丛书》集部第188册，第119—120页。

② 〔清〕李赞元：《信心斋稿》上卷："淮北板浦场离惠泽巡司八十里，乃淮北引盐出场门户，私盐吃紧关头。今则鱼贯长行，川流不息，并借沭阳食盐为影射，载囤高家沟湖泊之中，踵赴清河、桃、宿，搀入庐、凤、池地，不可数计矣。"〔清道光三年（1823年）李鉴园重刻本，第46页上—46页下〕李赞元为清顺治十二年（1655年）进士，顺治十六年（1659年）出任两淮巡盐御史。是时去明未远，可见当时高家沟为淮北私盐透漏要地。

山系人文：民间文献与历史地理探研

两处的渔商至少也有千人以上。由此看来，当时东、西鱼昌和高家沟聚集了不少徽歙渔商，人数可能多达 2000 人左右，所以方承训才有"歙贾鱼昌树市丛"[1]的说法。这些人是所谓的庄贾，他们应当是从在湖中打鱼的渔翁手中购买鲜鱼，然后再贩卖到各地。

三、新安镇的出现

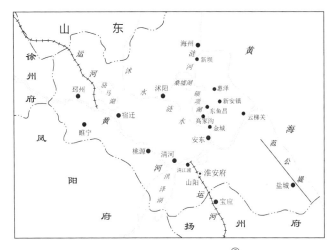

图 1 晚明新安镇及周遭形势图[2]

---

[1] 《鱼昌口夜户不闭》，〔明〕方承训《复初集》卷 14，《四库全书存目丛书》集部第 188 册，第 41 页。《湖兴五首》之一曰："春水涨湖草漫齐，东昌西口贾盈垦。嘉鱼泼泼群于跃，响节哓哓鼓若鼜。红杏影摇新景媚，白鸥翔集故江栖。渔人糈糈滋罾罩，烟市银鳞作菜鲑。"（同上书，第 39 页）

[2] 此底图据谭其骧《中国历史地图集》第 7 册 "元明时期"，地图出版社 1982 年版，第 47—48 页，"南京（南直隶）"。

根据徽人方承训在《复初集》中的生动描述，明代中叶以后，徽歙渔商虽然在当地建有一些聚落民居，但以草舍居多[①]。因此，随着岁月的流逝，一些徽商便开始设法在邻近地方建立较为长久的聚集地。经过考察，徽人选定海州府南界一带、硕项湖东关河畔，此处西南距离硕项湖东岸鱼场口仅五里，而东距莞渎盐场则也不过十数里，这也就是后来的新安镇。对此，《新安镇志》卷首有"新安镇源流"，为乾隆四十四年（1779年）冯仁宏撰述。文中提及，明太祖朱元璋因担心聚族而居的大姓造反，所以派兵加以赶散，史称"洪军赶散"（亦称"洪蝇赶散"）。朐南（今江苏灌南县一带的旧称）原是芦苇荒所，及至嘉靖年间，来自苏州阊门的周姓，常州无锡的惠姓，以及其他的刘、管、殷、金等姓来到此处，形成此一区域最早的土著居民。朐南一带本为荒凉之地，主要出产鱼虾，其中有鱼场口（今硕湖乡鱼场村），为从事鱼盐经营的徽商聚集之地。当时，有一位歙县庠生程鹏，通过称土的方式，发现鱼场一带的土较轻，而后来建镇的地方土较重。于是，就向惠、周、刘等当地土著商议，以重资购买土地，登记在徽商名下。从此，在附近从事鱼盐之业的徽商就迁居该地暂居。程鹏为嘉靖至天启时人，根据记载，程鹏的曾祖父程以远生有六子，其中长子、三子和五子同时迁至硕项湖周遭。程

---

① 〔明〕方承训：《复初集》卷13《送友人之涟湖》："水云深洞最乐，草庐延衺成村，渔艇相忘日月，湖光别有乾坤。"（《四库全书存目丛书》集部第188册，第28页）另，《鱼昌口芦舍鳞次，瓦舍百一》诗曰："湖泊茫茫风水寒，黎甿鱼菜屡空餐。绸庐蔽雨仍濡湿，索草连云仅足阑。河徙淹居天一色，沙流颓舍月同残。锄茅隆栋非无欲，芜土苛苗大畏官。"（见同书卷14，第39页）

鹏就是程以远长子程德才之孙，其人生有二子，后裔就在硕项湖东关河畔一带繁衍①。由于此处是土著居民与客商鱼虾米酒交易的场所，故而经双方协商后决定设立"脱采集"，形成每月一次的固定集市。

根据乾隆《新安镇志》的记载，自从脱采集建立以后，"其客民归之者暂〔渐？〕繁"。及至隆庆六年（1572年），徽州人再次购买"里人之地，立街立市"，取名为"新安镇"。之所以如此取名，是因为徽州旧名新安，"以镇名新安者，是不忘本也"。对此，歙人方承训也指出："镇辖海州，而徽贾丛居贾鱼，以故称新安镇。"②而在隆庆《海州志》卷1"集镇"条下，列有当时海州的四十多个镇，其中就有新安镇，"去张家店三十里，与安东界"。根据其后的张氏论曰："海州地广，而盗贼多窃伏草野，故民聚数十家而为镇，其散在各村以便田事者不过四五家，皆与镇为声援。"比照此一议论的标准，从徽歙渔商在鱼场口的规模来看，新安镇在海州诸集镇中，应属较为繁盛的市镇，故后代有"新安乃朐南之巨镇"③的说法。此后，新安镇之规模有了进一步的发展："万历二十四年，镇势成立，里人不悦，欲易名'朐南镇'，讼之于州，州牧周公璲亲视之，见其规模壮丽，状若长蛇

---

① 卜星光编著：《灌南文化史鉴》，新疆柯文出版社2005年版，第119页。
② 〔明〕方承训：《复初集》卷25，《四库全书存目丛书》集部第188册，第119页。
③ 乾隆《新安镇志·疆域》。《新安镇志》据说原藏于江苏灌云县博物馆，1981年，灌南县地名办公室在地名普查中，在该县档案室获读此书，遂将其标点、整理、油印成册。大概因原书系抄本，整理本在识读时颇有一些错讹，故现有的《新安镇志》灌南县地名办公室翻印本，有不少文字难以理解。本文在引证时，根据自己的理解，或出注说明，或保存原样待考。

之势，以成功不毁，劝里人罢讼，里人不许，商民程鹏率众御之。"据说，程鹏在建镇时，就将镇势设计为"振翅一凤"，五牌为凤头，四牌和七牌为凤身，六牌为凤翅，而一、二、三、八牌则为凤尾①。及至隆庆六年（1572年），新安镇已颇有气势，这引起了当地土著的不满，他们想将之改名为"朐南镇"，并向海州官府告状。但知州看到新安镇之气势已成，只能劝诫土著罢讼。不过，在地土著仍不肯善罢甘休，他们希望阻止这些外来者的喧宾夺主。对此，新安镇上的徽歙商民，则在程鹏的率领下，坚决抵御住土著的攻击。这场纠纷一直延续了四十年，一直到明末的崇祯九年（1636年），才最终由知州陈维恭定案，正式命名为"新安镇"。此后，新安镇"始分五庄八牌，各办各差"。

及至17世纪，崇祯十二年（1639年）己卯科举人、涟水王启运，在其咏《硕项清波》诗中写道："西枕桑墟东接河，烟波深处起渔歌。芦花梦熟霜前雁，荇带青翻雨后鹅。罾落湖滩收白小，稻肥秋井阁蒲螺。口钱塞赋千家急，民业如今仰钓蓑。"②桑墟湖位于海州城西南九十里，上接沭河，下游入海。现存的一些地图，皆将桑墟湖画在硕项湖之西，两湖相通。而从诗中的"民业如今仰钓蓑"一句可见，在当时，渔业成了新安镇一带的主业。对此，《续纂淮关统志》记载："硕项湖，……昔通商贾，连高家沟、新安镇，民得专其渔利。"③该志原为明代马麟所纂，清朝杜琳初修，李如枚重修，元成续纂，目前所见者为清乾隆年间

---

① 卜星光编著：《灌南文化史鉴》，第27页。
② 同上书，第201页。
③ 《续纂淮关统志》卷3《川原》，第12页上—下。

所刻，嘉庆、光绪年间递修本。文中的"昔"，具体所指不明，但极有可能是指晚明抑或清初。综合各类史料可知，不论如何，以渔为业的状况一直延续到清代前期。关于这一点，也得到了乾隆《新安镇志》的印证，该书记录了"新安八景"，即"硕项鱼灯""千佛雷烽""武障雪浪""三元耀日""莞葛船鸦""新沟菜蝶""惠涧水荇"和"莽留桃柳"。其中关于"硕项鱼灯"一景这样写道："古来硕项是名湖，内隐渔樵活画图。无故扁舟浮碧浪，夜灯万点醉相呼。"寥寥二十八字，状摹了硕项湖中捕鱼时的热闹情境。在传统时代，凡是村落、市镇都时常见有"八景"，虽然随处皆是并不稀奇，但从另一个角度来看，"八景"之类意象的出现，也从一个侧面反映了市镇发展的规模与程度。

四、新安镇的发展、繁荣

新安镇自形成以后，历经多年发展，逐渐成为苏北重要的商业和交通要地。嘉庆《海州直隶州》记载："板浦场自西北卞家浦，会于板浦关，南由新安镇，经安东关，至永丰坝渡黄，达于淮所。"① 这段史料指出，从盐场重镇板浦前往淮北批验盐引所，新安镇为运盐大路沿途必经之地。正是因为它的重要地位，乾隆五十八年（1793年），惠泽巡检司由张家店移驻新安镇。在此前

---

① 嘉庆《海州直隶州志》卷17《食货考四·盐课》。

后，海州知州卫哲治还捐资在新安镇三牌巷创办卫公书院。

从《新安镇志》的"土产"记录可见，当地的鱼类资源相当丰富："镇之诸水皆产，独硕项者佳，他处骨硬，硕项者骨脆，脑多油而香，商者投得定罗收卖腌成。大为鲤鱼，次为中里鲤珠之类，往苏州、江西等处货买；小者开皮，往杭货买；小者晒干，往淮、扬货卖。武障河去者谓之海鱼，亦可腌，此为镇之大产。而技艺必用打罗、掌缸、剁鱼诸行人等，是为鱼盐之利。"除了鱼类之外，硕项湖也产蟹、鳖等。《复初集》卷14有《淮海中三月产节蟹，味与江湖季秋蟹同佳，而中膏丰隆，形差殊焉，色彩刺锋亦略异。第时暖气蒸，不可淹醉》诗[①]。关于这一点，《新安镇志》也指出："渔人选团脐者，圆蓝于水内，每日喂食二次，养足膘，往苏、杭货卖。共汇成篓者，亦往南方货卖。"这说明除了野生者外，当地已有一些人工养殖。另外还有鳖，"涟湖渔人获鳖，烹之，折甲碎调，腹中有人形，面目毛发，类北夷之玄色，金谓鳖宝者是也"，对此，明人方承训撰有《鳖宝赋》[②]。此外，硕项湖还产湖虾，"做成米，红而瘦小。武障河出者谓之海虾，大而肥，做成米，谓之巷米，焊晒为虾米亦可"[③]。关于硕项湖的水产，方承训在《涟湖歌送宗弟之安东》诗中写道：涟湖（硕项湖）之内，"百里空阔汇不流，鲲鳙鲤鲫谁水俦。清风落日帆丛游，月明渔舟湮与谋。三月桃花鳞万里，九月菊蕊蟹盈楼。取鱼击棹歌春幽，罝虾泛杯醉素秋。之子乐水不驱驺，

① 〔明〕方承训：《复初集》卷14，《四库全书存目丛书》集部第188册，第43页。
② 同上书，第64页。
③ 乾隆《新安镇志·土产》。

野老耽山窥虎彪"。从明代文献记载来看，硕项湖鱼类资源运销江南各地的情形由来已久。歙人方承训在《涟湖十二韵》中，就状摹了淮鱼运销各地的情形，其中提及的"厌饫滋吴、汴"①，显然是形容硕项湖鱼类的行销范围之广。

由于鱼类资源丰富，硕项湖周边吸引了相当多的人前来此处谋生、定居。除了前述的东、西鱼昌和高家沟之外，16世纪后期形成的新安镇，更是徽人聚居的重要场所。据《新安镇志·街市》记载，"新安初立之际，原系商民每购里人之地，逐段入册而成镇焉。于是街为商民之居址，庄为农人之田里，而各经营之市，亦随各地而贸易也"。到了清代前期，新安一镇包括大街两条以及五牌小街、新沟庄街、七牌小街、涌武庄街和莽留庄街。与此同时亦出现了一些集市，如惠家庄市，"在西河两岸，惟酒、米、吃食等铺"。大王庙市，"在大王庙两岸，亦惟吃食等铺"。此外，还有位于新沟和莽留的"牛市""粮食市"，西河的"船市"，三牌的"猪市"，以及新沟、惠家、涌武、莞葛和莽留的"柴市"。当时，街分8牌，环列5庄，东西、南北广袤各19里，东北至西南24里，西北至东南19里。据统计，乾隆中叶，各牌街市共有2705户，计15619人，鱼盐之业相当繁荣。其中，七牌一条街成为经营各类水产的鱼市，由此成为本镇的鱼市口，最为热闹繁华。也正因为如此，其他的百货商业亦不断辐辏于此。鱼市两边各行各业的商店鳞次栉比，这些商户北延至三、四、八牌，南达五、六牌，争强斗胜，形成全镇最为繁华的商业水运中

①〔明〕方承训：《复初集》卷13，《四库全书存目丛书》集部第188册，第9页。

心①。此类的商况市景，在1736年和1926年的新安镇图上仍有反映，从中可以想见清代该镇的大致样貌。

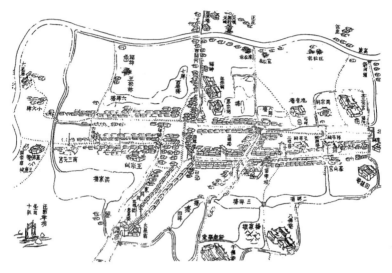

图2　1926年的新安镇图

　　除了方志的概述性记录之外，当时过往的一些文人墨客，也曾留下过一些记录。例如，康熙年间扬州盐商程庭有《新安镇》诗："纤月未分明，寒潮暗里生，岸低喧吠蛤，戍野乱催更，园柿堪蒸酿，河豚惯斫羹，转因名触处，撩动故乡情。"②程庭出自歙县岑山渡，"新安"一名，触发了其人的故园情思。清代前期，两淮候补盐知事吴清藻（兰谷）也有《新安镇寄西谷弟》诗：

① 参见卜星光编著《灌南文化史鉴》，第28页。
② 〔清〕程庭：《若庵集》卷2，清康熙刻本。

淮北新安镇，本以徽人名，国初至今久，俱为海州名。烟爨有千户，文武官二人，文职巡检尊，堂堂理民情。武职把总威，赫赫盗贼惊，维望官长好，各自安营生。村塾读书者，识字不知文，间有知文者，所冀在一巾。农夫都种麦，四月早秋成，渔人捕鱼鲜，食惯不嫌腥。山远少树木，樵采尽芦茎，无桑又无棉，女织芦席勤。卖盐不输课，官以匪类称，余物各有铺，里许市喧声。畦蔬不时荐，村酿薄而清，鸡豕亦易求，但少解炮烹。居人不言苦，我却无乐寻，思笋不得食，安望竹供吟。罕闻有林园，何处看花行，交谈心与口，对酌影共形。惜此老来日，犹作鸟离群，愿即归与弟，终老不离身①。

"西谷"为国子监祭酒吴锡祺的第七子吴清鹏，系嘉庆丁丑（1817 年）科进士，由翰林御史历官至顺天府府丞。而吴清藻则为吴锡祺之四子，他们是浙江钱塘人，但祖籍来自徽州。从吴清藻的"候补盐知事"的头衔来看，其人应是在新安镇附近从事盐业经营的商人。该诗标题注曰："镇名新安者，以多徽人所居也。"诗歌对于新安一镇的人情风俗有着生动、细致的描述。它指出，新安镇之名，源自徽州人的聚居，镇上有文武官员驻扎，治安较好，民众安居乐业，以渔盐之业为主，农民种有麦子，但无桑棉之利。此外，《四兄以客淮北新安镇数诗寄示不能全和，赋二律答之》一诗也指出："武障河邻僻，新安镇处偏，居民杂

---

① 吴清藻（兰谷）：《吴氏一家稿·梦烟舫诗》，第 15 页下—16 页上。

沙户，终岁走盐船，作客独无伴，为诗多有篇，淮扬相隔近，数数好邮传。"① 该诗作于丙午（即道光二十六年，1846 年），是吴清藻与扬州一带家人之间的赋诗唱和，其中也提到途经新安镇的盐船。

由于新安镇的发展，清代雍正年间，淮关督理甚至想在新安镇设立一部关。对此《新安镇志》"杂志"中有详细的记录："雍正元年，督理淮关庆松，命钞户王芳至新安镇六牌立一部关，各货投钞报税。王芳率内使拜霭〔谒〕镇绅士洪、汪、王等家，皆对彼言：地荒僻，不可以立关。内使恨之，王芳立午〔竿〕扬旗，祭天神，乐民□□，王芳大言：立此旗杆，新安添多秀气。吏更汹汹。得事者乘其立足未定，打入关房。王芳与内使逃走，至汪家少歇，又遇淮贩，毒打一场。王芳等窜去，哭诉庆公，称新安镇绅士洪、汪等率兵打关。庆移交【文？】州牧焦公，要此一干人等。值焦公在大伊税漕，连夜至镇会绅士，示知此事。吏计无所出，乃议出小民二人，名许秀、罗山，每赠银百两，二人毅然承任打关之罪，镇民随焦公赴淮。幸知府祖公廉清正，知受兔〔冤〕，假严刑究问，以复庆公。不依，必欲置之法，祖公无奈，只得褫革洪、王二人功名，赴苏审。镇民为之沿路说冤，屈声载道，司关闻去，为之停审，率延七载。庆公自缢于红玄铺，其事遂寝。洪等释放回家，关亦不主【立】矣。"可见，由于新安镇绅士的抵制，部关未能设立。不过，部关虽然并未设成，但由此可以反映出这一带市镇经济有了一定的发展。

---

① 〔清〕吴清鹏：《笏庵诗钞》卷 17《丙午》，第 11 页上，清咸丰刻本。

明清时代，在新安镇及其周边，有相当多的移民①。除了《复初集》中较为集中的记录之外，这在徽州族谱（如《歙北皇呈徐氏族谱》《汪氏族谱》和《岑山渡程氏支谱》等②）中，都有不少相关的史料。而在新安镇当地，也保留了一些外来移民的谱牒资料。譬如，程氏宗谱上载有乾隆元年（1736年）的新安镇图，此图将各寺庙、宗祠的位置以及建筑外貌等，都画得相当清楚。从中可见，镇上有"程氏宗祠""汪氏楼"等。程氏宗祠位于新安镇头牌的祇陀林西侧，始建于清乾隆四十年（1775年），后因故至道光四年（1824年）方才最后建成。根据族谱记载，程鹏的曾祖父"以远公"生有六个儿子：长子德才，三子德宝，五子德清，也就是程鹏的祖父辈。这三大家是同时迁来海州南新安镇的，"大兴公"是"德才公"之长子，生有七子，程鹏排行第一③。

　　另据1926年所绘的新安镇图，可以清楚地看到"程宗祠""凌宗祠""汪宗祠""汪庄"④和"汪节孝坊"等。其中，在汪节孝坊边上还注明"茔田十亩"。汪氏宗祠亦称汪王庙，位于七牌石头路北陈家西衙门东侧，始建于清康熙初年，是汪氏迁海州新安镇第三世祖"开明公"割私宅和汪氏家族出资共同兴建的。据今人回忆，宗祠有正殿三间，正殿东为"开明公"祖屋三间，前

---

① 《审拟海州监生周元庚京控疏》："张昆山，原籍山西，向在新安镇开设杂货店。"〔清〕韩文绮撰：《韩大中丞奏议》卷7，清道光刻本。
② 如《歙北皇呈徐氏族谱》"公费收支"中就记录："专人往安东县、高家沟、新安镇等处，开支派收公费，送族谱，约用盘费银六两五钱。"
③ 卜星光编著：《灌南文化史鉴》，第119页。
④ 〔清〕程鏊：《秋水诗钞》卷3"甲了诗四十四首"中，有《过汪氏庄》《由汪庄入山》等诗。

有过道三间,分东、西两院,院东另有一院为花园,形成一个整体建筑群体。据载,汪华之嫡系三十三世孙一正、一本二人,于明嘉靖年间从安徽歙县大里村迁来硕项湖边渔场口镇经商,后会同程鹏等人创建悦来集、新安镇,遂定居于此,子孙世为新安镇人①。此外,还有凌氏宗祠、鲍氏宗祠等,从姓氏上看,应当也与徽州歙县有关。

在《新安镇志》中,记录了多位徽人事迹。例如,歙县人郑锐(字颖生)寓居新安镇头牌,"淡薄[泊]明志,不事生理,善画梅"。据说,"淮安程商得一幅,夏月悬之,夜半醒,见满屋皆明,清手扑鼻,四体皆凉,细视之,则先生之梅稍[梢]月也,良以为鼠所惊,则寂然矣,而香气仍冉冉不散,其征著异如此云"。此一描述显然类似于神话,目的是凸显郑锐画作之栩栩如生。另一位善人叫孙志鉴(字公明),来自徽州休宁,居住在新安镇二牌。乾隆七年(1742年)大荒,"田牧卫公,普劝赈粥以活流民。善人愿贡己财,设场赈之,凡有病者,另送一场医之,寒则施绵衣,所浩[活]多矣"。有鉴于此,知州送其"乐善不倦"之额加以旌表。还有一位国学生叫程良能,也来自徽州休宁,"善围棋,名闻江左,常游于仕宫[宦]之门焉"。此外,《新安镇志》还记录了一位"节妇"的事迹:"三牌故民汪士毅之发妻李氏,年二十余岁守节,上事媚姑,下扶二子,冰霜苦节,历数十年,年登花甲而率[卒],州牧徐公请旨,建坊于其门以旌之。"据当地人回忆,在二十个世纪六十年代之前,新安镇三

---

① 卜星光编著:《灌南文化史鉴》,第94—95页。

牌有砖石结构的牌楼式"汪李氏牌坊",就是为了纪念汪士毅之发妻李氏①。另一位也居住在新安镇三牌的郑氏之女,"幼许汪氏,汪生出外贸易不归,矢志不他适,依母弟针指度日,年七十余终焉。州牧李公题疏,旌表其墓,额曰:贞女郑氏之墓也"②。上述贞女的故事,亦见于嘉庆《海州直隶州志》的记载:

> 生员郑敏功女,海州新安镇人,母程娠女时,梦神女遗以白璧。及女生,庄静绝俗。许字某,服贾远出,岁久无消息,父母劝之他适,坚以死誓,苦守终身。或云许配汪宜琇而殇,年十四,绝食投缳,其母救之而甦,用孝事婺母,抚弟妹,守志七十余年,州牧申请旌之③。

结合光绪《安东县志》、民国《重修沭阳县志》等的相关记载,此为康熙年间之事迹。传文中的汪宜琇,应当就是上文提及的"汪氏"或"汪生"。与徽州本土类似,贞女、烈女的事迹也为侨寓徽商大力表彰。嘉庆《海州直隶州志》中,也记录了一位徽州烈女的故事:"汪天泉女,海州新安镇人,天泉故徽人,先

---

① 卜星光编著:《灌南文化史鉴》,第107页。
② 另外,嘉庆《海州直隶州志》卷26《列女》记载:"汪氏女,海州新安镇人,许字程国贤,未娶而夭,女奔吊,抚棺号泣,数绝食,欲殉之。母劝曰:儿若此,是死其母也,如孝何? 女乃食,终身不字,长斋礼佛,卒年六十余。"据说,程国贤为万历时人,清代前期建有"程汪氏墓坊",程氏宗谱中还收录了三十多首悼诗。此外,新安镇东南小宋庄北的汪氏祖茔前之侧,还建有"汪王氏牌坊",也是节孝坊。详见卜星光编著《灌南文化史鉴》,第107—109页。
③ 嘉庆《海州直隶州志》卷26《列女》。

世来朐，遂家焉。女幼失父，事母尽孝。及笄，许字里人方嘉谷，亲迎有期，而嘉谷死讣至，女若弗闻也者，夜取奁具悉焚之。母觉，询其故，曰：儿固字方矣，虽未结褵，夫也。夫死，而奁安用为？且以往吊请，弗许，遂绝食僵卧，母持瓯粥相对泣，女不得已，为一举匕箸。夜半启户出，自沉于水……"[①] 上述事迹，发生于乾隆三十三年（1768 年）十月，当时汪氏女不过二十一岁。此一小传，与同时代的诸多徽州节妇烈女之事迹大同小异，体现了类似的民情风俗与思想追求。

由于移民众多，徽州人也殚思竭虑地在侨寓地入籍并参与科举应试。据《新安镇志》"籍贯"条记载："镇民自有明崇祯年间已四十余年，于例相符，方欲具禀入籍，值流冠［寇］猖獗，其议遂寝。迨至国朝康熙三年，州牧夏一凤具详商民入海州籍。越二载，商民汪、毕、程三人□过学。三十七年，汪万入泮。里人攻冒籍，屡讼不休。学院准□籍冒攻等因，□以商籍复除。直至三十八年，广东布政司使姚公奏请，凡纳粮土著者三十年，理宜入籍考试，等因，奉上，昊（？）下商名，名具三代结状入籍，而镇之商往州呈请入籍者计六十一纸，州牧为之关于原籍，查恐两处批考也，关回。州岁贡生张文禔又攻之，自四十一年至四十四年，学院刘公呵之，令具结评，商民入籍考遂定。"与徽人移居全国各地相似，"冒籍""商籍"的相关问题，曾严重困扰着移民外出的徽州人，也引起各侨寓地土著的强烈不满与激烈攻讦。依据此处的记载，这种情况直到康熙四十四年（1705 年）以后才有所

---

① 嘉庆《海州直隶州志》卷 26《列女》节陈遵路所著传。

改观。不过，据张泰交《批新安镇童生随海州应试详》记载：

> 定例：祖、父入籍二十年以上，坟墓、田宅俱有，的据同袍保结不扶，并无违碍者，方许赴试。煌煌功令，海内咸遵，岂海州一隅地独居化外耶？阅详案牍累累，皆大公无私，岂历任之院司道府俱属偏向耶？是非曲直，固判如黑白矣。细查前院量拨府学之批，酌乎人情，权也；合一考取之批，准乎定例，法也。哭庙之举，故为乎来哉！小而不惩，无以诫大，执迷不悟，健讼至今，有自来矣。如详，仍循旧例，一体随海应试，止于卷面第一圆圈内，填"新安童"三字，阅文果佳，量行拨入府学，否则全弃不录。如有假冒等弊，依律治罪。至廪保，仍令该州廪生照例具结识认，敢有抑勒，即行指名详报，定以违例革究，该教官亦干咎未便，此缴[1]。

张泰交为山西阳城人，进士出身，于康熙三十九年（1700年）出任学政[2]，故上述的《批新安镇童生随海州应试详》应作于康熙三十九年至四十二年（1700—1703年）之间。详文提及，凡是祖、父辈入籍某地二十年以上，并在该地置有坟墓、田宅的，经人保结，可以参加当地的科举考试。张泰交还指出，当时有很多案卷，都是有关海州土著与外来徽人之纠纷。对此，张泰交显然是支持新安镇童生随海州一体应试。不过，嘉庆《海州直

---

① 〔清〕张泰交撰：《受祜堂集》卷6《督学下》，清康熙刻本。
② 乾隆《江南通志》卷105《职官志·文职七》，第9页上，清"文渊阁四库全书"本。

隶州志》卷18记载："国初，新安镇客民与土著争籍，攻讦无已。康熙五十三年有《禁革徽豪夺籍冒考碑》，近奉功令，非无籍可归、寄籍田墓庐舍合例者，不得与也。"文中提及的那块碑上之"徽豪"，显然是指挟带巨资在当地活动的徽州商民。由此可见，直到康熙五十三年（1714年），有关"冒籍""冒考"的问题，仍然困扰着新安镇一带的民众。

由于徽州移民众多，相较于苏北的其他地方，新安镇的风俗也显得较为奢靡。关于这些方面，《新安镇志·乡俗》中就记载了当地的一些赛会。如"花蓝【篮】龙舟"条载，"镇民酷嘉【喜】顽【玩】蓝【篮】，每牌各思异样，出类拔萃，以炫矜夸。送蓝【篮】观玩，不要银钱，主家以花炮迎接，至门首，送烟助兴。至于龙舟，则受缘烛，镇民玩龙舟，动十余只，其龙虽纸细（？）所扎，不亚淮之龙也"。此条记录是说，新安镇的龙舟纸扎，其精细程度并不亚于夸奢斗富的淮安盐商所为。又如，当地的"祈求雨泽"活动，"他处祈雨，多挂纸吊，镇则用彩旗，招【抬】神像，大锣大鼓，各牌管各牌，南北四方游行，亦或亭阁古玩，你我相赛，以炫富贵"。这些描述，如果我们对照徽州歙县等地的相关史料，颇可看出其原乡对侨寓地之深刻影响。直到现在，"新安灯会"又称"新安元宵灯会"，已流传了400多年，迄今仍然得以传承，并于2010年入选当地的"非物质文化遗产名录"①。

---

① "中国地理百科"丛书编委会编著：《连云港》，世界图书出版公司2017年版，第173—174页。

随着人群的聚居和市镇之繁荣，早在明代，就有一些徽州僧人前往新安镇。方承训在《赠仇道人》诗中指出："缔社连云净讲坛，淮方徽镇集黄冠，经年草服回春暖，竟日蒲团不露食。蝉蜕自忘成玉相，鹤龄惟事养金丹，旋生羽翰飞仙杳，幸驻猴山散紫丸。"① 此处的仇道人，从其姓氏来看，应当出自歙西虹村或黟北霞峰一带。"淮方徽镇"，显然就是指位于淮北盐场附近的新安镇。而"淮方徽镇集黄冠"一句，明显是说当时有不少方外道人集中于此。从明代开始，新安镇就兴建了不少庙宇。对此，《新安镇志·宫室》记载："镇势之雄巍，虽人力所修，实神功所赐也。惟镇街昔有九庙十三庵，创建之始，历历可考，宫、寺之盛，可勒著风。"新安蕞尔小镇上竟有九庙十三庵②，这在苏北，自然显得颇为鹤立鸡群。

表1　盛清时代新安镇上的寺庙庵堂

宫　观	位　置	创建时间	备　　注
北三元宫	镇八牌	明万历	殿仿长朝之制，规模宏丽，琉璃碧尾，北采（？）可望十里之遥。此庙素称富足，有香火膳田在于西湖，夏则收麦，秋收水利焉
南三元宫	镇六牌	明天启	正殿三元大帝，另有救苦殿，每十一月十一日有会，各浣【院】皆伶【僧】，独此道士事奉香火

---

① 〔明〕方承训：《复初集》卷14，《四库全书存目丛书》集部第188册，第42页。
② 施纯然所撰《新安镇庵、庙、宫、寺考略》一文指出：当地"素有九庵十三庙之说"。见中国人民政协会议江苏省灌南县委员会文史资料研究委员会编《灌南县文史资料》第1辑，1985年版，第12页。

宫 观	位 置	创建时间	备 注
碧霞宫	镇头牌	明崇祯	内供碧霞元君，另有关帝殿、观音殿等处香火田园。每逢四月八日，四方来烧香者甚多。
彤华宫	镇五牌	康熙以前	正殿是楼高大宏厂［敞］，遥望七八里，其楼上供皇王，下为彤华宫，又有观音殿，内供普渡南海、倒坐潮音之像。当街有文昌阁，为镇东关，阁下两门，可通车马。于乾隆三十一年，游府印公善堪舆，令闭其东门。上供文帝，下供武帝，是以遵之。阁上有康熙状元汪应铨题有匾额，又一联云：分黄山秀气，振东海文风。有香火碑记
元【玄】帝庙	镇八牌	不详	其庙坐落故宫，身居元【玄】武，为镇之北门，内供元【玄】帝，另有速报、现报二司，最灵验
关帝庙	镇之南莘留庄	不详	庙居离住，实属朱雀，为镇之南门，昔原是发阁，今改平殿，有香火田数顷
龙王庙	镇五牌之东新沟庄		乃青龙之首，居震宫之初，为镇之东门，其庙有在墓香火田数十顷
祗陀林	镇头牌后河之东		内供祗陀太子及□【玄】天大帝，每六月初一日，有送瘟舡会，亦有香火田
南大王庙	镇之南惠家庄西河头		系州牧鲁公所建，内有戏台，每舡上赛愿，则于此敬大王。今戏台改为正殿矣
北大王庙	镇之北涌武庄武障河头闸上		亦方公所建，南北往来者多借此庙歇脚，恨无多香火
千佛庵	镇之三牌冠文桥东		殿宇宏丽，佛像庄严，为镇之最。且为接车之禅林，创自天启年间，正殿大佛五尊。……其庵有香火田园数处，立有碑文《香火田记》
聚福庵	镇之南莘留庄中河之侧		内供佛像庄严，有香火田

宫 观	位 置	创建时间	备 注
慈悲庵	镇八牌		内供观音像，亦有香火田，称慈悲禅院。今大殿改为楼，楼上供观音
西来庵	镇西河之西惠家庄		取古佛西来之意，为镇之西门，只有香火田数顷
八佛庵	镇二牌	明崇祯	内有八佛，故名。又有地藏殿，乃十王朝地藏之像。有老君圣像，每铁匠逢会，则于此庵敬之。于乾隆三十年，众建戏楼，亦有香火田
延寿庵			邻于八佛庵，古名延龄庵。……庵前则万柳圹【塘】，放生池，内有吕祖殿，其乩训及签最灵应，其会中之人，每处求福祸朝应
回龙庵	镇北新沟庄		只有香火田
准提庵	镇东千佛之东		内供准提及观音
观音庵	镇八牌		内有尼僧率徒苦修
积乐庵	镇六牌		本名茶庵
圆通庵	镇南惠家庄		昔牌亭在此庵前，今迁南大王庙前
广福庵	镇西南惠家庄		其庵无香火田，今废无存
地藏庵	镇西六牌		今圮无存
永洋寺	在镇北涌武庄永洋河头		相传昔日奇潮泛溢，有弥勒寺佛骑石羊，引水入河驻此，至今有石羊在寺后许里，故又称引羊寺，又称弥勒寺
兴隆庵	镇东北新沟庄、管家庄面前		
都福神祠			本镇庄、牌皆有土地柯，独三牌称为都福神云

以上提及的宫观寺庙共有 26 处，除了两处已废圮，计有 24 处。其中的一些，还被列入"新安八景"之一，如"三元耀日"："福地何须远处寻，三元宫是古蓬瀛，琉璃碧瓦照人目，灿烂金光耀日明。"在新安镇，三元宫有北三元宫和南三元宫，北三元宫据说建于明万历年间，人称为红庙，规模宏伟，富丽堂皇，有香火膳田数千亩。南三元宫则建于天启年间，每逢十一月十一日为会期，"奉献香火者络绎不绝"。碧霞宫建于崇祯年间，宫内除供奉碧霞君外，另有关帝殿和观音殿等。这些寺庙，每处大多都有香火田，有的多达数顷至数十顷，有的还建有戏楼。而上述的这些寺庙，大多与徽州人有着密切的关系①。当时，徽商与僧道过从甚密。例如，七牌汪姓商人在莞渎贩卖场盐，他与真人法宫友善，后来法宫前来新安镇，汪商热情款待。因下榻的地方夜里蚊虫肆虐，法宫遂出驱虫符，命童子绕着屋子行走。结果，屋外蚊声成雷，房内则寂然无蚊。后来那幢房屋倒塌了，但其原地一直到乾隆年间还仍然没有蚊子②。该则故事虽然颇具灵异色彩，但也从一个方面反映出徽州盐商与道教信仰的关系。此外，《新安镇志·释道（附鬼神）》载："镇之灵签有求必应者，无如彤华宫周宣灵王签最验。"可见，彤华宫所奉祀者为周宣灵王。揆诸史实，周宣灵王之信仰虽然起源于浙江，但在苏北，周宣灵王则主要是从徽州传入，该神明带有极强的徽州地方神色彩③。

---

① 〔清〕程鼇：《秋水诗钞》卷 3 有《宿张道士玉兰房前后三首》。

② 乾隆《新安镇志·释道（附鬼神）》。

③ 参见拙文《再论清代徽州盐商与淮安河下之盛衰——以〈淮安萧湖游览记图考〉为中心》，载《盐业史研究》2014 年第 3 期。

由此亦可看出，彤华宫与徽州的关系颇为密切。另外，祇陀林之"送瘟船会"，以及南大王庙的"船上赛愿"，显然亦可与徽州本土类似的迎神赛会比照而观。明崇祯年间在新安镇二牌所建的八佛庵，在乾隆三十年（1765年）增建有戏楼，及至清末，围绕着此一寺庙，流传着"亚圣射中红纱裙，余音袅袅八佛庵"的故事①，也从一个侧面反映了新安镇上戏剧演出之频繁。另外，

---

① 《中国戏典志》编辑委员会编：《中国戏曲志·江苏卷》，中国 ISBN 中心出版，1992 年版，第 847 页。这个故事说的是清末京都某戏班途经新安镇，被当地士绅票友拦下，要求他们在新安镇唱一台戏，班主推说要前往南京官家祝寿，不敢耽搁，但地方董事命众票友搬下戏箱，放言："不唱一出《刘三姐赶会》不许走。"班主无奈，心生一计："不是不唱，实在是因《刘三姐赶会》角色多，本班缺物少人。"票友答道："服饰道具，我镇应有尽有，任你借用。"班主沉吟道："别的好办，只有一物难找。"他接着说出一句谜语："翁姑祭将，难织龙袍。"这将一众票友难住。班主说："如缺此物，戏难开锣，望行方便；如有此物，当送戏一台，谢地方厚爱之情。"结果，票友们找到饱学多才的新安镇七牌人汪大爷，成功地猜出谜底并准备，当时有"哑圣射中红纱裙，余音袅袅八佛庵"的佳话。从汪大爷之姓氏以及其住址七牌来看，此人祖籍十有八九应来自徽州。在清代，徽商喜欢搭台唱戏，他们四处延聘名角，在淮扬各地，徽州票友与班主斗智斗勇的类似故事颇多。例如，早在盛清时代，李斗就曾指出："程志辂，字载勋，家巨富，好词曲。所录工尺曲谱十数橱，大半为世上不传之本。凡名优至扬，无不争欲识。有生曲不谙工尺者，就而问之。子泽，字丽文，工于诗，而工尺四声之学，尤习其家传。纳山胡翁，尝入城订老徐班下乡演关神戏，班头以其村人也，给之曰：'吾此班每日必食火腿及松萝茶，戏价每本非三百金不可。'胡公一一允之。班人无已，随之入山。翁故善词曲，尤精于琵琶。于是每日以三百金置戏台上，火腿、松萝茶之外，无他物。日演《琵琶记》全部，错一工尺，则翁拍界尺叱之，班人乃大惭。又西乡陈集尝演戏，班人始亦轻之，既而笙中簧坏，吹不能声，甚窘。詹政者，山中隐君子也，闻而笑之，取笙为点之，音响如故，班人乃大骇。詹徐徐言数日所唱曲，某字错，某调乱，群优皆汗下无地。"（《扬州画舫录》卷 5《新城北录下》，中华书局 1960 年版，第 136 页）对照《扬州画舫录》的记载，虽然所述故事不一，但其基本结构却并无二致，此类故事，都意在烘托徽商对于戏曲演出之精通。

前述彤华宫阁上还有康熙状元汪应铨所题匾额及对联，后者曰："分黄山秀气，振东海文风。"体现了徽州移民对新安镇的深刻影响，以及侨寓商人与土著关系之逐渐融洽[①]。

五、河湖环境变迁与新安镇之衰落

根据清嘉庆《海州直隶州志》的记载，硕项湖东西宽约40里，南北长约80里，原先是个幅员辽阔的湖面。此后，因黄河不断决口，屡泛成灾，经过长年泥沙的沉积，至康熙十七年（1678年）前后，硕项湖被淤塞缩小，逐渐成陆[②]。对此，清人丁显在《淮北水利说》一文中指出："延至康熙十七、八年，黄河屡决，骆马湖淤垫，而蒙、沂之水遂泛滥四出，硕项湖淤垫成田，增粮一千顷，而海、赣、沭、安渐为泽国。"[③]据当地史志记载，今灌南县新安镇盐河西部、六塘乡、李集乡、孟兴庄镇和汤沟镇等皆属湖区成陆[④]。此后，硕项湖区的面积大为缩小，成为紧缩在南北六塘河中间方圆三、四十里的静水湖面，特别是在

---

① 关于这一点，详见拙著《徽州社会文化史探微——新发现的 16—20 世纪民间档案文书研究》，上海社会科学院出版社 2002 年版，第 65—66 页。

② 嘉庆《海州直隶州志》卷 12《山川考》："国朝康熙十六、七年，黄河决，湖地稍淤。"

③ 宣统《山阳艺文志》卷 6，民国十年（1921 年）刻本。

④ 卜星光编著：《灌南文化史鉴》第一章《硕项湖》，第 4 页。

冬春时节，水面更是大为缩小①。与前述的《淮北水利说》相似，民国《重修沭阳县志》亦曾追溯："硕项湖，一名大湖，又名石㳽湖，广一万五千余顷，康熙中兴屯案内，叠升粮一千余顷。自筑屯堤，日渐耕作，嗣又屡受黄淤，竟成沃壤。"②这里所谓的"屯堤"，也就是指南北六塘河之堤堰。

在硕项湖日渐淤垫的过程中，康熙年间，河道总督靳辅在《分添县治疏（题为江南徐、泰、海、山四州县地广民刁，安、沭、清、桃等县河淤土广，谨陈分并添设县治事宜，以全国赋以便民生事）》中提及："……再查海、沭等州县接壤之间，有硕项湖最大，久已淤成良田，请即以此立治，而名为硕项县。至此新设硕项一县，田地有主，而欺隐者免其原罪，即准升科。或有新淤以及版荒尚未有主者，广招四远穷民，随力开垦，许其五年之后，方始升科。如是各为分添设施，城池、仓库、官役、俸工不无有费，然亦为数无多，将见无穷隐地，不丈自清，可使千万贫民凿井耕田、含哺鼓腹于尧天舜日之中，实于民生国计大有裨益也！"③由上述可见，硕项湖一带淤成良田由来已久，靳辅提议在此设置硕项县。另据嘉庆《海州直隶州志》卷15记载："康熙四十七年勘报，硕项湖淹没不常，田地一千二顷五十六亩五分。自乾隆十八年以后升科，及原额升科，洼田改则，实共

---

① 顺治《海州志》卷2《山川志》记载："桑墟湖，去州治西南九十里，昔因银山坝废通海，夏则潴水，冬为陆地。"可见，与硕项湖相关的桑墟湖，更早成为季节性的湖泊。

② 民国《重修沭阳县志》卷2《河渠志》。

③ 〔清〕靳辅：《义襄奏疏》卷6《治河题稿》，"文渊阁四库全书"本。

田地二千三百八十五顷二亩四分二厘。"根据此一记载，从康熙四十七年到乾隆十八年（1708—1753年），不到五十年的时间里，田地之升科等就多达一倍以上。而关于乾隆时代硕项湖之变迁，《新安镇志》也记载：

> 硕项湖，在镇西惠家庄、莞葛二庄地界，西通安、沭，其中多出鱼、蟹、芰、荇等物，镇民赖之贸易焉，而渔船辐辏，晚来灯光万点，醉饮高歌，亦大奇观也！真可谓渔舟唱晚，响穷莞葛之滨；雁阵惊寒，淆（？）惠庄之蒲。今则夏秋水，而春冬涸，可种麦、秋也。

此处提及，在硕项湖中，枯水季节竟可以种植麦、秋等农作物 [1]，由此可见湖区环境的变化。美国国会图书馆收藏的乾隆初年之《两淮盐场及四省行盐图》中，虽然也注出"硕项湖"，但并没有湖泊的注记符号 [2]。后来，沭阳人魏增寿在《僮阳杂咏》中感叹："苍茫硕项竟田畴，几度沧桑几度秋。" [3]

另外，稍早于《新安镇志》作者的邵远平，在其所撰的《新安说》一文中也指出："淮郡海、安、沭三州县界有湖，曰硕项，广袤各四十里，周一百三十里，素饶鱼盐利，兼之蒲藕菱芡

---

[1] 根据嘉庆《海州直隶州志》卷15《食货二·田赋》的记载，新安镇，大粮田一百三十七顷二亩七分七厘一，麦田五十一顷三十九亩三分八厘，原额小粮田二百十一顷七十一亩一厘，减则小粮田二顷十一亩。

[2] 《皇舆搜览——美国国会图书馆所藏明清舆图》，"中央研究院"数位文化中心 2013 年版，第 393 页。

[3] 民国《重修沭阳县志》卷14《诗征》，第 93 页上—下，民国间钞本。

之属，岁出无算，贾人争于此谋货殖焉。其东曰新安镇，所居多徽人，列隧列肆，或聚族而处，土著不及十之三，此新安之名所自昉也。湖固多鱼，徽人各立网户，大钩巨缯，百计探取之，大而鲂鲤，细而鲲鲕，或诱以芳饵，或投之密罟，无得脱者。比出岸，悉刳腹而实之以盐，捆积成山，腥血遍野，竞相居奇。俟远近商舶至，展转贩鬻，自谓可以胜计然、过阳翟，其获利也殊大，而其戕杀生命顾亦不小。幸是湖为众水所聚，水即至不为灾，故徽俗以新安为乐土，称巨镇，坐享渔人之利而不之觉。"邵远平曾在南河担任河政衙门幕僚，对于苏北各地的风土人情有着细致的观察。他的《新安说》一文指出，毗邻硕项湖的新安镇上，十分之七的人都来自徽州，多以鱼盐为业。作者在追忆了全盛时期的状况之后，将话锋一转写道："年来水决沙淤，湖半为陆，采菱茨者失其利；其潴畜处，水亦深丈许，然弥望清流见底，岁不产鱼，而人又失其利；间有田土足恃者，顾其地最洼，数被淹，致妨耕作，而人益失其利，不特无利已也。上自宿、桃暨中河水奔赴毕集，势盛不能容，不得不散漫而旁溢，向之阛阓丛杂者，近且易为萧条寂寞之乡，昔蒙利而今滋害，岂当数百年竭泽之后，天地之生机自此绝乎？抑灾祲荐至，乘除之理如是其不爽乎？夫天下大矣，世之操奇赢、权子母者，其术亦至不一矣，而欲以戕杀物命致殷阜而长子孙，固理之未必然者也。今之过新安者，宜作过秦观焉可。"① 作者对于新安镇之盛衰递嬗颇多感慨，其中有着浓厚的因果报应思想。不过，倘若撇开这一点则

① 〔清〕邵远平:《河工见闻录》，康熙刻本。

亦可见——清代前期河湖环境之变迁，渔业的衰落，使得新安镇日趋式微，其聚落景观也有了极大的改变。诚如《新安镇有叹》一诗所描绘的那样：

> 飞檐万瓦暗长衢，客姓当时此结庐，二百年来生长地，三千里外慭迁居。
>
> 故家豆剖瓜分后，旧业花凋叶落余，不是入门亲见得，何缘兴废动踌躇[①]。

此外，因场河改由镇外，对于新安镇也产生了致命的影响。盐河自开挖以来，先后疏浚治理过多次，及至清代，从板浦场而来的盐河原来穿过新安镇。及至乾隆二十二年（1756年），盐河改道，改道之后的盐河绕镇西向北，以致"廛市渐衰"。[②]乾隆二十五年（1760年），漕运总督杨锡绂作有《新安镇舟夜》诗："新安六塘尾，武障承其流。中横河一线，盐运此通舟。陆行倦鞍马，一苇聊泳游。是时阳月杪，气候类深秋。霜薄冰未合，月隐星尚稠。双桨摇深夜，历历经荒丘。忽闻声嘹呖，飞飞海西头。嗟尔泽中困，无乃稻粱谋。此邦岁苦涝，十室九敝涸。所恃圣主仁，频年遍赈赒。安得化灾沴，粟颖尽西畴。计惟河防使，未雨先绸缪。六塘南北治，海沭病其瘳。"[③]诗中提及六塘河（北

---

① 〔清〕朱黼：《画亭诗草》卷13《饭雨集》，清乾隆四十三年（1778年）太岳山房刻增修本。

② 嘉庆《海州直隶州志》卷14《建置考·集镇》。

③ 〔清〕杨锡绂：《四知堂文集》卷33，清嘉庆十一年（1806年）刻本。杨锡绂为清雍正五年（1727）进士，官至吏部尚书、漕运总督。

盐河）、武障河，而"中横河一线，盐运此通舟"一句，显然是指中河。另外，诗中的"此邦岁苦涝，十室九敞凋"，则反映了因硕项湖之淤垫以及由此带来的民生之竭蹶困窘。对此，《新安镇志》"水患"记载："乾隆七年大荒，黄水大兴，十九年黄水大溢，三十六年黄水漫田，三十八年中河淤塞不通，无水患矣。"由此可见，乾隆三十八年（1773年）之前，新安镇水灾频仍，此后则因中河淤塞水患突然消失。

而在另一方面，清代前期因海势逐渐东迁，淮北莞渎一场，于清康熙七年（1668年）被水冲没，丁灶逃亡，久无产盐，额征折价，无所附隶。乾隆元年（1736年），割板浦之中正四瞳设立中正场，兼管莞渎折价。在此背景下，以渔业为生的新安镇及其周遭也受到了重大影响。灌云人李湘臣《咏淮北盐池》曰："䃎纲淮北滞年年，檄算悬知陋计然。烟火万家屯穴灶，沧波千顷变腴田。"[①]此外，唐仲冕在《奉檄重至海州并赠师禹门刺史（亮采）十二首》中也写道："海垫河淤几岁年，渐消舄卤作爱田。……淮浦咸池变绿畴，农甿亭户价争售。"[②]上述二诗，都反映了随着盐业的衰落，农耕在黄河下游三角洲一带的重要性有所上升。乾隆前期，工部尚书裘曰修指出："夫石濩湖三万四千五百余顷，固甚广也，自为南北股二河，其中因有民

---

① 转引自卜星光编著：《灌南文化史鉴》，第225页。
② 〔清〕唐仲冕：《陶山诗录》卷17，第4页下—5页上，清嘉庆十六年（1811年）刻、道光增修本。唐氏为乾隆五十八年（1793年）进士，该书自序于嘉庆十六年（1811年）。按：嘉庆《海州直隶州志》即由唐仲冕所修，亦刊于嘉庆十六年。

田，又两畔间有民舍。夫禹导河必弃地，奈何于湖底为田与舍也？"① 文中的"石𣹬湖"亦即硕项湖。由此可见，当时的硕项湖中，已有相当多的农田和房舍。关于这一点，在稍后的不少记载中都有所反映。例如，嘉道时人陈文述在《上李书年观察论黄河不宜改道书》中指出："今河水所经，必由海州所属之硕项湖。硕项湖非湖也，夏秋之交，山左蒙、沂之水经此入海，汇成巨浸，汪洋百余里，若湖者然，故曰湖也。冬春水涸，居民于中种麦，麦后水至，不及种秋粮，亦谓之一熟地。"② 陈文述为举人出身，系阮元的幕僚，曾任江都等地县令。根据他的观察，硕项湖成了季节性的湖泊，冬春水涸时节，居民于湖地栽种小麦。当时，新安镇一带"问俗兼渔佃，谋生厘寡鳏"③。

在此过程中，一些人提出应适应河湖环境变迁的形势。例如，乾隆十五年（1750年），来自皖南的胡蛟龄在《海州请筑圩岸疏》中就提及，"今江南圩田之法，多为沟洫"，为此，他提议应加效仿。在这篇文章中，胡蛟龄还指出："闻徽州人寄居海州者，每置买田亩，周围筑堤，一如圩田之制，岁获有收，成效已著。"④ 此一史料极有价值，这说明徽州人外出，除了居廛列肆计觅锱铢外，还有不少人从事农业经营，他们将江南的一些农耕方式也带往了江北的侨寓地。

① 〔清〕裘曰修：《裘文达公文集》卷5《治河策上》，清嘉庆七年（1802年）刻本。
② 〔清〕陈文述：《颐道堂集·文钞》卷2，清嘉庆十二年（1807年）刻，道光增修本。
③ 〔清〕杨锡绂：《四知堂文集》卷33《自板浦至新安镇》。
④ 〔清〕贺长龄：《皇朝经世文编》卷111《工政十七·江苏水利上》。

山系人文：民间文献与历史地理探研

正是因为盛清以后农耕受到了更多的重视，海州当地的八蜡庙也得到人们的重新关注。关于这一点，漕运总督杨锡绂所撰《海州李牧新葺蜡庙成为纪以诗》曰：

> 圣世重农功，讲求先禾稼。螣螽实害苗，秉畀法无赦。东海古名区，疆域齐鲁跨。鱼盐俗所饶，土沃宜稬稏。有庙祀伊耆，岁享通八蜡。凋敝自何年，坛壝任圮卸。李侯莅兹邦，擘画穷宵夜。稔知昏垫由，疏凿事宣泄。沟洫及圩岸，一一修余暇。念兹一亩宫，实惟田祖迓。辟地崇檐楹，开廊抗庭榭。屹立对锦屏，城郭增声价。从兹岁有秋，比屋连桑柘。民气所会和，弦歌隆雅化。岂惟荐苾芬，报赛于焉藉[①]。

蜡庙即八蜡庙，是祭祀蝗虫及相关神明的寺庙。该诗紧接在乾隆二十五年（1760年）杨锡绂所作的《新安镇舟夜》诗后，显然反映出环境变迁后当地民间信仰的变化。

六、余论

"无徽不成镇"一谚之正式见诸文字虽然较为晚近，但它所

---

① 〔清〕杨锡绂：《四知堂文集》卷33《诗·督运草》。

阐述的基本事实却显然由来已久——近数百年来，徽州移民对于东南地区的城镇化进程，具有举足轻重的影响。明清时代，不仅在一些繁华都市中形成了徽人聚居的社区（如扬州、淮安[①]和汉口[②]等地），而且，在一些中小市镇[③]，徽商也占据了主导地位。在这方面，皖北的北炉桥镇[④]与苏北的新安镇，都是颇为典型的例子。本文以《复初集》《新安镇志》等相关资料，探讨了明代中叶以来河湖环境变迁背景下徽州移民与苏北新安镇之兴衰递嬗。

明清时期，黄河三角洲环境有着重要的变化，这极大地影响着当地市镇的盛衰递嬗。其中，河湖水系的变迁尤其值得关注。

清代山阳人丁显在《淮北水利说》中指出：清代以前没有六塘河的说法，沂、泗入淮的故道，也不同于清代。泗水发源于山东泗水县，经曲阜、滋阳、济宁，又南流历邹、滕、峄县、鱼台，会独山、南阳等湖之水，又南历邳州、宿迁，才会骆马湖。沂水自北，沂、泗合流，经行之地，即由十字河入废黄河旧身。会淮之处，在旧泗州东（泗州之名因此）。当时，淮渎深广，足

---

① 关于扬州、淮安的详细研究，参见拙著《明清徽商与淮扬社会变迁》，"三联·哈佛燕京学术丛书"第三辑，生活·读书·新知三联书店1996年版，2014年修订版。

② 王振忠：《明清以来汉口的徽商与徽州人社区》，载李孝悌编《中国的城市生活》，联经出版事业股份公司2005年版，第59—100页。

③ 王振忠：《商帮、产业分布与城市空间——十七世纪以来景德镇徽州会馆之管理与运作》，载《历史地理》33辑，上海人民出版社2016年版。

④ 王振忠：《无徽不成镇图说——定远方氏与北炉桥镇》，载《寻根》2002年第2期。

容沂、泗，以故徐、海之间不虞水患。乃至黄河夺泗，而泗无所归，沂亦不能入泗，势不能不逼而东行。不过，当时骆马湖周围有 25830 丈尚未淤垫，蒙、沂之泉流，微山、昭阳之泛涨，还足以潴蓄。而海州的硕项湖，也能禽受异涨。当此之时，海、沭诸州县的水患还不是很大①。在明代，因黄河改道，苏北硕项湖之水域面积大为扩大，鱼类资源极为丰富，这吸引了大批徽州人前往该处从事渔业贸易，直接促成了鱼场口之发展以及新安镇的形成。此后，由于治河方略的变化，大量泥沙随着束水攻沙之实施而源源不断地进入湖区，与此同时，湖区之屯垦以及围滩造田，湖区水系的多次开挖疏浚、修建堤堰，加强了排泄湖水的能力，使得湖区水面越来越小②。到了康熙十七、十八年（1678—1679年），黄河多次决堤，骆马湖淤垫，而蒙、沂之水遂泛滥四出，硕项湖淤垫成田，增粮 1000 余顷，而海、赣、沭、安渐为泽国。根据杨霄、韩昭庆的研究，雍正年间"六塘河水系的开凿，使沂水与沭水下游交织在一起，地表径流受南、北六塘圩堤约束而不再注入硕项湖"③。随着来水的迅速减少，以及泥沙之大量淤积，硕项湖从季节性湖泊走向最终衰亡。

---

① 宣统《山阳艺文志》卷 6。另据《曾国藩全集·批牍》同治七年（1878 年）五月廿九日《批徐海道禀沭阳县六塘河身浅窄情形》（京华出版社 2001 年版，第 252 页），其中两次提及丁显的《淮北水利说》，可见丁显此说应在此之前。

② 凌申：《全新世以来硕项湖地区的海陆演变》，载《海洋通报》第 22 卷第 4 期，2003 年 8 月。

③ 杨霄、韩昭庆：《沂沭河下游湖群的演变过程与原因分析（1495—1855年）》，载《复旦学报》2021 年第 3 期。

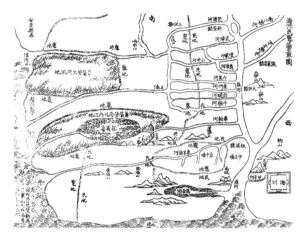

图3　海州民灶荡三界图，见嘉庆《海州直隶州志》

　　根据记载，早在明代，地处新安江畔的歙县水南一带，有些乡民平时就以打鱼为业①。可能是歙人在前往苏北从事盐业经营的同时，发现当地鱼类资源相当丰富，遂呼朋引类地前去谋生。在硕项湖周围，徽州人除了从事渔业经营之外，还大批购置田亩，在长期的垦殖活动中努力改善自然条件，他们仿照江南的圩田之制，筑堤从事农业生产。及至清初，随着硕项湖之淤垫成陆，黄河三角洲的城乡景观也因此发生了重要的变化。

　　新安镇之衰落，是整个苏北环境与社会变迁的一个缩影。晚清时期，苏北是江南各地最大的流民输出地。盐城人陈玉树在

---

①　例如，在歙县瀹潭一带，明人方承训所著《复初集》卷12中就有《拟买晋效慕取鱼》《村潭鱼民朴不利取》诸诗，状摹新安江畔的渔业活动。（《四库全书存目丛书》集部第187册，第710页）同书卷13另有《江潭乐二首》，其一曰：“月夜水天一色，晴明鱼鸟同春，钓矶樽酒适意，渔艇唱歌怡神。”（《四库全书存目丛书》集部第188册，第27页）亦是类似的记录。

山系人文：民间文献与历史地理探研

《丁酉春与上海申报馆书》中指出：

> 吾邑汉淮浦县也，古多畎浍，其谷宜稻。前明中叶以
> 降，淮渎朝宗之道夺于黄河，河屡溃决，沟洫悉淤。国朝
> 顺、康间，硕项湖亦淤为隰原，旱莱成赋，苽、麦、黍、秫
> 而外，民多种番薯为粮，故不畏旱干，而畏水溢。……十数
> 年来，上流淤浅，下游梗塞，萑苇密蒙，芰蒲弥望，海州人
> 利而薮之。淮扬谢观察垂悯疴瘰，屡议挢浚，徇民抗租，大
> 吏以库藏涸竭，亦未之诺也。潦无所宣，乃为大戾，淫霖数
> 日，隰畛俱湮，仍饥荐馑，三载于兹，流徙而南[①]。

"丁酉"也就是光绪二十三年（1897年）。此处提及，从汉
代以来，硕项湖周遭的粮食种植发生过不少变化。在汉代，此处
适宜种稻。明代中叶以后，原先的河湖水系发生了重大的变化，
"海州诸水，亦有发源深远，可筑坝潴水以成稻田，而土人不能
相而为之也。东海诸浦，外通海潮，内受山涧之流，咸淡交蒸，
流于荡委。土力深厚，旧皆沃壤也。今则海水淹没，无复堤岸，
而民之失业久矣"[②]。在这种背景下，"海州水田少而旱地多，故
民间以麦为重，谷次之，黍、豆又次之"[③]。及至清朝前期，硕项
湖一带的环境再次有了新的变化。顺治、康熙年间，因硕项湖淤

---

① 〔清〕陈玉树：《后乐堂文钞》卷6，清光绪二十五年至二十七年（1899—
　　1901年）铅印本。自序于光绪二十五年（1899年）。
② 隆庆《海州志》卷2《诸水》，第10页上。
③ 隆庆《海州志》卷2《土产》，第14页上。

垫，当地人除了种菽、麦、黍、秫而外，还引入番薯种植^①。到了晚清时期，因各处水系河道淤浅严重，积水难以排泄，严重地影响了当地的农业生产，导致饥荒频繁发生，于此，大批人便弃家外逃，流亡于江南各地，这些人，与苏北的其他流民一起，形成了上海等地随处可见的"江北人"现象。

---

① "秫"即高粱。硕项湖周边，由于湖田大量种植高粱，酿酒业开始发达。如硕项湖东南角的高沟镇，湖滩广阔，居民多垦滩种植高粱，著名的高沟大曲，就是在这样的背景下出现的。（参见徐卜珍、徐善尧口述，王惠生、严海池整理：《高沟镇的酿酒工业》，载涟水县政协文史资料研究委员会编《涟水文史资料》第 2 辑，1984 年版）类似的情况也见于灌南县的汤沟大曲。

　　　　　　　　　　　　　山系人文：民间文献与历史地理探研

商帮、产业分布与城市空间：
17世纪以来景德镇徽州会馆之管理与运作研究

明代中叶以后，大批徽州人外出务工经商，徽商在全国各地随处可见，特别是在长江中下游一带，民间素有"无徽不成镇"的俗谚，此一俗谚反映出——徽商对于明清以来各地城镇的发展，具有重要的影响。以往，我们透过方志、族谱、文集、笔记等，对徽商在长江中下游各城镇的活动有着详略不等的了解。在这方面，虽然也有一些城镇（如扬州、淮安、杭州、汉口等地），学界对于徽商在这些城镇中的活动及聚居地有较多的了解，但这些了解，有不少是透过各类零星资料缀合而成，所以相关的印象大多只是粗线条的轮廓。而要深入到城市内部，从空间分布的角度窥其堂奥，便显得相当困难。

而在另一方面，近年来，有关历史时期城市空间的研究备受关注，但具体到城市中相关街区的研究，因通常都缺乏较为细致的史料，故而颇受限制。此前，上海道契之刊布，为近代城市空间的研究提供了新的史料，相关的探讨多所推进[①]。不过，对于前近代而言，类似的系统性资料较为罕见。在这方面，本文利用的《景德镇新安书院契录》，则是颇为难得的一种珍稀文献。

一、景德镇城市史研究的新史料

17世纪初编纂的万历《歙志》中，有一篇内容相当丰富的《货殖》，其中提及：

> 今之所谓都会者，则大之而为两京、江、浙、闽、广诸省，次之而苏、松、淮、扬诸府，临清、济宁诸州，仪真、芜湖诸县，瓜洲、景德诸镇，……故邑之贾，岂惟如上所称大都会皆有之，即山陬海堧、孤村僻壤，亦不无吾邑之人，但云大贾则必据都会耳。

在明代，歙县是徽州府属六县中经商风气最为炽盛的二县之一（另一为休宁）。上述这段话，基本上可以代表徽商眼中

① 较早的研究，如陈琍《上海道契所保存的历史记忆——以〈上海道契〉英册1—300号道契为例》，《史林》2007年第2期。此后，利用道契的研究成果相当不少，近年进展的概述性介绍，可参见周振鹤、陈琍、罗婧《上海外滩地区历史景观研究》，载《文汇学人》2015年4月24日。此外，马学强近期亦撰有多篇论文，涉及相关的研究，如《权力、空间与近代街区内部构造——上海马斯南路街区研究》(《史林》2012年第5期）等。

的全国各大城镇。其中，景德镇无疑也是徽商麇集鳞聚的重要都会。

关于徽商与景德镇的发展，一向颇受学界重视。迄今为止，有关景德镇研究方面最具功力的学术著作，当推江西学者梁淼泰所著的《明清景德镇城市经济研究》[1]。该书以景德镇瓷业为中心，探讨了景德镇城市经济的形成、发展过程及其规律。其中，梁氏爬梳了方志、族谱资料，对徽商在景德镇的活动做了初步的分析。此后，有关徽商与景德镇的探讨，主要有曹国庆[2]、刘朝晖[3]等人的成果。不过，20世纪90年代以后对徽商在景德镇活动的研究，虽然总体趋势是更为细致，但从史料的运用方面，除了增加了部分口述[4]以及少量碑刻资料之外，并未能有更大的突破。

2007年，景德镇陶瓷学院从当地旧货市场上收集到《景德镇新安书院契录》抄本4册，从史料的角度来看，这是有关徽商

---

① 江西人民出版社1991年版。

② 曹国庆：《明清时期景德镇的徽州瓷商》，《江淮论坛》1987年第2期。

③ 刘朝晖：《徽商与明清瓷商》，《徽州社会科学》1996年第2期。作者另著有《明清以来景德镇瓷业与社会》（上海世纪出版集团2010年版），书中有专节讨论徽帮与景德镇的商业、金融，民间的慈善事业与慈善组织，书末附录列有方志所见明清婺源、黟县徽商在景德镇活动的情况表。另外，在此之前，何建木对在景德镇活动的婺源商人，有过比较完整的梳理，见2006年复旦大学博士学位论文《商人、商业与区域社会变迁——以清民国的婺源为中心》。

④ 在这方面，最为重要的资料当推政协景德镇文史资料研究委员会编《景德镇徽帮》（《景德镇文史资料》第9辑，1993年版），该书由景德镇当地的文史工作者撰写，其中多为晚近的回忆性资料，内容翔实、生动，但也具有同类政协文史资料共通的缺陷。

在景德镇活动方面最具系统性的一批史料。^①2012 年 12 月，江西人民出版社影印出版了郑乃章编纂的《景德镇新安书院契录》一书，这为相关的研究，提供了极为珍贵的全新史料。

《景德镇新安书院契录》序曰：

> 国有史，家有乘，省、府、州、县有志，或纪人物，或纪风俗，或纪山川、产品，类皆纪实也。溯我新安田少山多，大都以商为本业，足迹几遍天下，人数之众，惟此景镇为最，以其壤相接、绣相错，路距非远，生计亦易故耳。自汪润波先生经始书院以来，旅居者于是有聚会之所，不虞乡情隔膜，弥令后人思之，其用意至深且远，巍焉焕焉，尚不过外观有耀，而内容之实厚。就现管有而论，计市房杂业新字一百六十二号，安字六十号，常年收入租金银洋九千九百余元。日月推迁，岁逢甲子，天时、人事想应重新，监从前契券之散佚，致后来弊害之丛生，有业无契者有之，有契无业者有之，邦人君子睹兹见【现】状，尝切隐忧，亟谋保管之方，妥求经久之法，博访周谘，咸以为非照抄契录不可……
>
> 民国十三年夏历甲子仲秋月谷旦雨农时霖并书。

---

① 关于该书，郑乃章、吴洁撰有《〈景德镇新安书院契录〉的发现及其史料价值》(载《江西图书馆学刊》2011 年第 6 期)，对此作了简要的介绍。此后，郑乃章、莫云杰、苗立峰、熊春华、吴洁又撰有《晚清民国时期景德镇陶瓷业社会民间管理——基于〈景德镇新安书院契录〉的考察》一文 (载《陶瓷学报》第 35 卷第 6 期，2014 年 12 月)。以上诸位作者皆非历史专业学者，故上述二文之介绍极为粗略，未能发掘出该书重要的史料价值。

上揭序文作于1924年，它首先是说徽州因地少人多，不得不外出经商，徽商遍及全国各地，但以侨寓景德镇者为数最多，这是因为此处与徽州毗邻，距离较近，也比较容易做生意。接着提到新安书院之由来，以及该会馆所属的产业及其收入，其中，"市房杂业"多达222号，常年收入近1万元。1924年，新安书院开始对会馆产业的相关契券加以重新抄录和整理，由司事带领精通绘图的王在蕃、王献华，"实施查勘丈量，前后左右，长短阔狭，一面绘图详志，编列号数"，前后历时六十余日。此外，还有与之相关的"换约、增租"等工作，"阅时三月"，遂形成《景德镇新安书院契录》。当时，一共制成了7部，由新安书院收藏1部，其他的6部则由徽州府所属的六个县分别保存。由此可见，历经半个多世纪的沧桑变易，当年徽州人绘制的《景德镇新安书院契录》尚有一部被完整地保留下来，实属幸事！

该书的序作者"雨农时霖"，即黟县同乡会会首时雨农（时霖应字雨农）[1]。在1925年1月有关里市渡店屋及码头顶脚买卖之新第8号契中，时雨农与新安书院的其他几位"首士"（绅董），曾作为中人出现。另据《申报》等近代报刊，在清末民国时期，时雨农在景德镇一向颇为活跃。

从《景德镇新安书院契录》一书的卷首来看，新安书院在开始抄录、整理会馆所属契券时，也向当地官府做了备案。从

---

[1]　郑乃章在《〈景德镇新安书院契录〉的发现及其出版（代前言）》一文中认为"'序言'部分系会首代表时雨农、时霖两人合书"，将"时农雨霖"当作两个人，显然有误。

1924 年 10 月浮梁县公署的布告可见，新安书院于当年 2 月召开徽州府六县徽商各业大会，商议保管契券之具体办法。不久之后，就由各业董事分组清查，将契券分成"新字"号和"安字"号两类。凡是出租的产业编入新字号，而属于新安书院院址以及相关的慈善设施不能出租的部分，则编入安字号。在编纂的过程中，需要调阅原始凭证，并加绘图清丈，依次编订租户门牌。经过此次整理而形成的《景德镇新安书院契录》共计 4 大册，每册计 100 页，分为新字和安字两号，第 1、第 2、第 3 三册，专门抄录新字号契券，并绘图说明；第 4 册则专抄安字号契券。《景德镇新安书院契录》第 1 册卷首有"新安书院契录编订大要"，其中之一提及：

> 本契录所抄文契及图说，核与契箱内之文契图说以及租约、租簿并门牌号数针孔相符，便于检查。

从中可见，新安书院对于徽商所属产业以及相关契券有着颇为严格的管理。对此，"新安书院契录编订大要"还指出：

> 本契录系民国第一甲子完成新字一百六十二号，用至第三册第六十三页止，安字号则用（至）第四册第六十三页止，并将第三册预留空白三十七页，第四册预留空白三十七页，以便新字、安字自民国乙丑起续置产业文契分别抄录。

目前出版的《景德镇新安书院契录》新字第 162 号，标明为第 3 册"页码一零一",第 4 册"页码六十三",为安字第 34 号,与上述的说法并不一致,可能是编者在出版过程中重编页码时发生了错讹。不过,此处提到第 3、4 册预留的空白,是为了誊录民国乙丑(十四年,1925 年)以后续置的产业,这说明《景德镇新安书院契录》是以 1925 年为其标准年代,系统地登录会馆名下现存的所有产业。此外,在登录的过程中,有时发现原先的契约并不完整或已遗失,遂有"补契"之出现。例如,新字第 62 号补契,为"浮梁补契买字第捌号":

> 买主:新安书院;卖价:洋四百元。
> 不动产种类:房屋一所;应纳税额:洋二拾四元。
> 座落:景德镇当铺衖;立契年月日:前清顺治八年价买。
> 人民添叙事由处:原于前清顺治八年价买吴文祺屋一
> 所,因昔年乐道堂遭回禄被焚。
> 卖主:吴文祺。
> (江西财政厅印)
> 中华民国十三年八月三十一日。

"乐道堂"是位于徽州会馆馆内左侧的房间,为会馆之议事厅和客房,当年也是保存会馆契据的重要场所。由于乐道堂一度失火,原先的契约付之一炬,故而借着 1924 年徽州会馆清查产业的机会,重新制作了补契。

不过,就簿册文书形成的一般情况来看,传统时代徽州人登记名下的财产,往往是选定某年某月(有的具体到某日)开始誊录（该年月日通常会明确书写于簿册封面），但簿册中的内容却往往上溯下延，与封面的标准年代并不一致。从《景德镇新安书院契录》一书现存的契券来看，该书收录最早的契券年代为清康熙二十三年（1684年）[①]，最晚的则为民国三十八年（1949年）四月六日[②]，共收契约252份。其中所收者，凡是1925年之前的契券，都是与现有产业相关的历史档案；而1925年之后的契券，则是该年之后徽州会馆陆续添置的产业[③]。因此，《景德镇新安书院契录》一书，可以看作是1949年徽州会馆在景德镇所有产业的登记全录。

《景德镇新安书院契录》一书，从徽州会馆管理的角度，较为系统地展示了20世纪中叶徽帮产业在景德镇的空间分布，所录各契券，颇为生动地展示了外来人群与景德镇城市生活的诸多丰富细节，特别是反映出侨寓徽商内部的组织、管理和相关慈善事业的运作，这样的一批新史料，对于历史地理、城市史和社会史等领域的研究，皆具有较为重要的学术价值。有鉴于此，本文即以该书为核心史料，并结合其他的相关文献，辅以实地考察，探讨清代民国时期徽州会馆之管理、运作以及景德镇的城市空间。

---

① 若从补契来看，则书中提到的最早契约为清顺治八年（1651年），见郑乃章编《景德镇新安书院契录》第99页，新字第62号契券。

② 见郑乃章编《景德镇新安书院契录》，第224—225页。

③ 《景德镇新安书院契录》一书中，只有新字第165、166、167号（民国三十五年十一月）、第168、169号（民国三十八年十月十五日）、副87号（民国三十八年四月六日）三契的字迹与其他契券不同。（见第223—225页）这说明，书中的绝大部分契约都抄录于1924年，只有少量反映了此后的变化。

二、景德镇城市空间中徽帮产业的地理分布

明代万历十一年（1583 年）以后，景德镇"编户数万，率业陶"。[①] 当时，全国各地的商贾以及其他食力者纷至沓来。清人在追溯景德镇之盛衰递嬗时指出：

> 江西饶州府浮梁县，离城二十里有大镇曰景德，窑器悉产于是，官窑设焉，万杵之声，殷其如雷，夜则火光烛天。中原四大镇，佛山、朱仙、汉口之外，此居其一，人民繁富，甲于一省。[②]

当时有诗曰："烟火十万家，镇大无与耦，家家业为陶，型范传世守。"[③] 由于景德镇的市场空间辐射面极为广阔，在江西，它与樟树镇、河口镇、吴城镇一起，合称为江西四大名镇。而在全国，又与汉口、佛山、朱仙，合称为中国的四大名镇。

一般认为，以往的户口描述多所夸张。今据周銮书的分析估

---

① 〔明〕万斯同：《明史》卷 328《徐用俭列传》，清钞本。引自"中国基本古籍库"。
② 〔清〕郑光祖：《一斑录·杂述四》，道光"舟车所至"丛书本。引自"中国基本古籍库"。
③ 〔清〕潘耒：《遂初堂集》诗集卷 12《楚粤游草》，康熙刻本。引自"中国基本古籍库"。

算，明清时代景德镇的人口当在万户以上，总人口数约在十万上下浮动，并随着季节与年成而有很大的变化①。其中，来自皖南的徽人占据了较大的比例。20世纪30年代，"景德徽商匪灾难民善后委员会"主席舒子湘呈报：根据1930年的调查，景德镇一地的居民有17万多人，"此地习惯而有徽、都、杂三帮之称，良以徽州人士旅镇经商，至繁且赜，故景镇商业之发达，亦惟徽人主持其间，即谓徽商为景镇之重心亦可。……地形如船状，正街两条，名曰前、后，直贯而下，长约十五公里，街面之店，徽人居多"。因当时的"匪灾"，"徽商钱、布、杂货各店亦皆纷纷停止营业"，仅店员失业者就多达13000余人②。另一篇由景德镇总商会主席施亦济提交的报告也指出："景镇出产瓷器，名驰全球，然工艺发达，其重心所在，实赖徽商周转市面、运筹挹注于其间。"对此，徽宁旅沪同乡会亦谈及："若景镇一市，虽云徽帮而外，尚有都、杂二帮，其实商业之盛，独倚徽人资本之钜，又何待言。以全镇舆图考查，前、后正街两条，为贸易繁盛之地，鳞次栉比，尽属徽人。"根据施亦济的估计，包括安徽所属其他各县人士在内，"全皖旅镇人士不下十万，居货为贾，阛阓骈阗"③。施亦济亦即施维明，也是景德镇新安书院的"首士"之一，他的估计容有夸大，但也在一定程度上反映出活跃在景德镇的徽人盛况。

---

① 周銮书：《景德镇史话》，上海人民出版社1989年版，第102—108页。
② 1932年《江西省振务汇刊灾情报告》，第45—48页。
③ 《景德镇被匪攻陷，全镇瓷业大破产，皖商损失为最巨》，1931年《振务月刊（南京）》第2卷第3期。

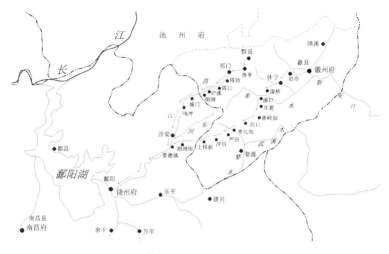

徽州与景德镇的水陆交通

　　此前，梁淼泰根据康熙《浮梁县志》卷首的《景德镇图》所
示指出，"景德镇城市的布局以御器厂为中心逐步形成。明代后
期，景德镇的街区北起里市渡，南到小港咀，东达马鞍山，西滨
昌江，隔水与长芗都的三间庙相望。这座城市东依山，西临水，
东西两个方向难以扩展，街区只好向南北方向延伸，主要街道与
昌江平行，成南北向，其间有垂直于昌江的横向街道，成方格形
街弄系统。自里市渡至小港咀长约八里，御器厂周围五里，它所
在的珠山是街区的中心。明代后期景德镇的镇区和街区范围，与
乾隆《浮梁县志》所示的大致相同，较之嘉庆时的略小，基本上
形成了近代景德镇镇区和街区的格局"①。

_____

① 梁淼泰：《明清景德镇城市经济研究》，第 17 页。

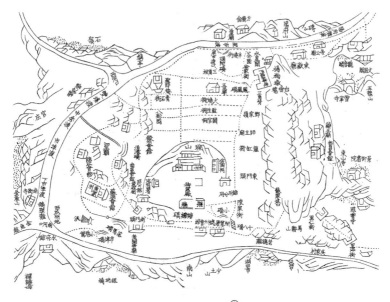

清代前期景德镇图 ①

梁淼泰对于城市发展历程的概述颇为精准，后续涉及景德镇城市史研究的相关论述，基本上都沿袭了他的表述，并进而归纳出景德镇最为显著的三个特征，亦即：没有城墙的城市；带状方格形的街弄系统；以御器厂为中心的城镇格局②。另外，在清代，"行帮控制是景德镇城市经济的又一特点"③，这也成为相关研究的一个共识。

揆诸史实，明代以来，景德镇五方杂处，来自各地的人群逐

---

① 出自《景德镇陶录》卷首，嘉庆二十年（1815年）刻本。
② 参见：周荣林编著《千年瓷韵——景德镇陶瓷历史文化博览》，江西人民出版社2004年版，第10页。
③ 梁淼泰：《明清景德镇城市经济研究》，第215页。

渐形成三大帮派——徽帮、都帮和杂帮。都帮亦即来自江西都昌县的人群,自明代中叶以后,景德镇的窑业和圆器业就逐渐为都昌人所把持①。相较于都帮,虽然明代已见有徽商在景德镇活动的零星记载,但详细的情形因世远年湮书阙有间而难得其详。据目前所知,徽州人大规模进入景德镇,应始于清代前期②。关于这一点,由于《景德镇新安书院契录》之出现,而有了详细探究的可能。

此处拟以《景德镇新安书院契录》第1册收录的新字第1至54号契券,将各契券反映的主要信息列于表1。

《景德镇新安书院契录》第1册所收契券,涉及的地点位于半边街以南、斗富弄以北。此一区域之内,分布着景德镇的四大码头——许家码头、里市渡、曹家码头(今中渡口)和湖南码头(今通津桥)。而第1册所收契券反映出的新安书院之产业,基本上也集中在这四个码头附近。其中,半边街上的许家码头地处要冲,瓷土、窑柴由此进口,而里市渡则是通往饶州府鄱阳、南康府都昌以及浮梁西乡的河运咽喉。里市渡原名李施渡,亦称里四渡,位于今景德镇中山北路的半边街,对岸即古码头三间庙,为景德镇周遭粮食贸易的重要集市③。从当地的相关地图来看,

---

① 梁森泰:《明清景德镇城市经济研究》,第377页。

② 道光《浮梁县志》卷22《杂记·宿弊》中,收录有乾隆十八年(1753年)的《禁冒籍碑文》,提及当时婺源人大批冒籍应试,已造成严重的社会问题。("中国地方志集成·江西府县志辑",南京:江苏古籍出版社1996年版,第482页)这与徽商进入景德镇的历史进程,可以比照而观。

③ 明清时代,鄱阳湖流域为产米之区,而昌江则是江西粮食输往徽州的重要通道。现存的一册徽州文书抄本(私人收藏),反映了清乾隆十七年至二十四年(1752—1759年)徽商与鄱阳县三河牙行之间的诉讼纠纷,从中可见徽商在饶州府粮食贸易中的重要角色。

表 1 《景德镇新安书院契录》第 1 册各契

契号	地点	年代	产业	交易	交易双方	页码及备注
新 1	半边街	乾隆元年十二月	店屋半间	转当	李允亮全匡长发→新安会馆	第 6 页
新又 1		乾隆四年五月十九	基地一片	出卖	徐邦庆→新安会馆	第 7 页
	弥陀桥	道光十二年七月	店屋两间、店后土库一重	出卖	焦秀章→祁门许晓山	第 7 页
新 2	圣节巷	道光十二年九月	店屋	捐输	祁门北乡忠庄附贡生许士曜（号晓山）→六邑同仁局	第 8 页
	弥陀桥	光绪三十四年十月二十三	店屋一间，前后两大进（开张米店生理）	出卖	祁门胡炳焱→新安书院义醮社	第 8 页
	弥陀桥		店屋胡桓顺昌米店店内家伙等	出卖	祁门胡炳焱→新安书院义醮社	第 9 页
新 3、4、5、6	里市渡上首正街	光绪四年三月	棕索店	出卖	祁门许子佩→婺县王再文兄弟	第 10—11 页。此业基地于 1920 年 12 月输与义醮祠
			棕索店内顶脚码头、家伙	出卖	祁门许子佩→婺县王再文兄弟	第 11—12 页。此业码头顶脚于 1920 年 12 月输与义醮祠
新 3—7	里市渡上首	道光十八年十二月一日	楼店两间半、店屋一间，店后土库一间	出卖	罗海楼→新安书院同仁局	第 12—13 页
新 7	里市渡下首	民国十三年七月一日	浮屋、码头顶脚	推与	江西省丰城县沈永生→新安书院	第 13—14 页

契号	地点	年代	产业	交易	交易双方	页码及备注
新8	里市渡口	嘉庆十年十一月二十四	店屋两间	出卖	罗门蓝氏全男兄弟四人→刘星玉	第15页
		民国十四年一月	码头顶脚一重	出卖	婺县汪门金氏全男天赐→新安书院	第16页。其店屋系新安书院敦谊社店业
新9	里市渡大街下首	乾隆十八年十二月	店屋一重并开码头顶脚	出卖	婺县汪门金氏全男天赐→新安书院	第17页
	大衙口下首	乾隆二十一年四月二日	楼店二间	出卖	汪克侯→程姓	第19页
	里市渡大街大衙下首	乾隆十三年十二月	楼店一间	出卖	汪启瑞→程姓	第19页
新10	求子衙	乾隆十八年十二月	店屋一间	出卖	朱永华→程姓	第20页
		乾隆十八年十二月	楼店两间	出卖	汪克侯、程宗壁→程姓	第21页
新11	求子衙内	乾隆五十八年九月	店面三间、土库屋一重	出卖	仇以鸿→徽州会馆中元	第22页
	求子衙上首第二家	嘉庆二十三年十二月二十二	土库栈房前后二重	租到	汪双隆→新安敦谊社	第23页
		宣统元年十二月二十六	顶脚码头及家伙	出卖	泾县郑云章、郑汉章→新安敦谊社	第23页。现开乾系药店
新12	求子衙上首	乾隆五十八年九月	土库屋二重	出卖	仇以鸿→徽州汪万成	第25页
		嘉庆二十三年八月一日	店屋一重门面三间	租到	泾县郑有龙→新安敦谊社、如新社	第26页

契号	地点	年代	产业	交易	交易双方	页码及备注
新13	石狮埠	道光十九年七月	土库楼屋一重、楼屋店面三间	出卖	黟县舒黄氏全男如苍、媳王氏、孙敬和、介圭、孙媳江氏、曾孙法宽→新安书院同仁局	第27页
		民国三年十二月	店屋内店底码头、家伙、晒台等件	出顶	泾县董学训、董杰珊、董学松→新安书院同仁局	第28—29页
	老石狮埠下河衡	民国十一年十一月十九	土库楼屋一重	出卖	徐培寿→新安书院同仁社	第29页
新14、15	石狮埠	道光十九年七月	楼店土库一重、楼屋两间	出卖	黟县舒黄氏全男如苍、媳王氏、孙敬和、介圭、孙媳江氏、曾孙法宽→新安书院同仁局	第31页
新16	石狮埠	同治五年六月十五	永美招牌底脚、家伙	推付与	祁门洪炳辉→新安书院又酷会	第33页
新17	石狮埠下河衡	乾隆五十年十二月	浮店6间	出卖	都昌石敏黄、石敏靖兄弟→新安同仁局	第35页
	饶家衡口	康熙四十九年八月一日	店业1所、前店面二间、后基地3间	出卖	李玉万→?	第36页
新18	石狮埠	光绪十九年二月	楼店1重（开张纸马生理）	租到	又大号→新安书院同仁局	第37页
	新石狮埠下首	光绪二十七年五月	又大纸马店码头头顶脚一处	出卖	临川王荣二、王贵则、王林八、王起生→新安书院老同仁局	第37页

契号	地点	年代	产业	交易	交易双方	页码及备注
旧19	石狮埠	民国十三年八月三十一	房屋一所	出卖	汪惟梁→新安书院	第39页。原于清嘉庆二十二年价买汪惟梁屋一所
新20	石狮埠下首	光绪二十七年一月	楼居屋一重（开张杂货生理）	承租	马炳文→新安书院同仁局	第39页
	石狮埠	乾隆四十九年七月	楼店屋内码头顶脚（开张杂货生理）	承租	马炳文→新安书院同仁局	第40页
新21	石狮埠	乾隆四十九年六月	楼店一间	出卖	吴茂如→新安崇正会	第41页
新22	圣节巷上首、饶家衖口	乾隆二十二年十二月	土库店屋两重	出卖	吴绍勖→新安崇正会	第42页
新23	饶家衖	民国十三年八月三十一	房屋1所	出卖	李奇碧→本府同仁会	第44页。从"本府同仁会"的措词来看，李奇碧也是徽州人
新23	饶家衖	民国八年十二月三十一	房屋1所	出卖	龚玉书→新安书院	第45页。原于清乾隆十二年价买龚玉书屋一所
新24	饶家衖口大街		码头顶脚一所	出卖	义和社公众→新安书院	第46页
新24	龙船衖下河上首	道光十七年五月	地坦一片做造屋三间四列	出卖	青阳陈如川→新安书院同仁局	第47页

续表

契号	地点	年代	产业	交易	交易双方	页码及备注
新24	龙船衖上首	光绪三十三年十一月	鼎昌号（果号）前后码头、家伙、顶脚	出卖	舒吉臣→本书院义醮社	第48页。从"本书院义醮社"的措词来看，舒吉臣当为婺县人
新25	龙船衖上首	民国十年三月一日	土库门面楼店屋一所等	出卖	婺县黄程氏仝男黄燮元→同邑敬云堂	第49页
	灿子衖口		楼房店面屋三间并基地及码头顶脚，土库屋基地墙顶并码头顶脚全业	换	婺县江敬达→新安书院义醮社、敦义社	第50页
新27	龙船衖内横街	光绪十七年十二月	土库楼屋一重	出卖	黄启发→本郡书院义醮社	第52页。从"本郡书院义醮社"的措词来看，黄启发当为徽州人
新28						第53页。此契与27号合契，屋亦毗连
新29	中渡口大街	道光十八年十二月	店屋一重	出卖	郡昌胡思松→新安书院同仁局	第54页
新30	中渡口上首	道光十八年十月	店屋一重	出卖	顾凤山→新安书院同仁局	第55页
新31	灿子衖	道光二十八年十月	土库屋一重	出卖	歙县汪崇实、汪小楼→本郡书院崇正社	第56页、第57页。又名扫帚亭

契号	地点	年代	产业	交易	交易双方	页码及备注
新32、33	曹家码头	乾隆十年十二月	楼店屋一间	出卖	鲍学麟仝侄鲍时英→敦谊会	第57页
		同治四年八月	店屋一间	出卖	胡江氏同男张鼎→新安书院崇正社	第58页
新34	曹家码头上首	同治十二年三月	基地一处	出卖	休宁胡阴峰→新安书院崇正社	第59页
	曹家码头	乾隆三十八年三月	楼店屋2间	出卖	王翁氏仝男文煌→新安文公祠	第60页
新35		道光二十年十二月	店面土库一重	出卖	罗阿刘氏仝男风韶、际阳→新安书院同仁局	第61页
新35	曹家码头	光绪十四年十二月	吉泰药店马头顶脚一半	出卖	舒希同→本书院义醮会	第62页。舒希同当为黟县人
新36	朱氏衖口	康熙五十七年十月	土库店屋一重	出卖	汪明若→新安关帝庙敦谊会	第63页
新37	新安书院上首	民国十三年八月三十一	房屋一所	出顶	潘时行→新安书院	第64页。原于清乾治元年买潘时行屋一所
新37	朱氏衖口	嘉庆二十五年二月十五	店面楼屋一间	租到	汪于海→新安敦谊磁社	第65页
新37	八卦图	道光二十年三月	张聚兴面馆（隆兴招牌）店底马头、家伙	出顶	俞洪氏→孙姓	第66页
新38	曹家码头下首八卦图	道光十二年十一月	土库屋一重	出卖	李罗氏仝男茱、楠→朱益源	第67页

契号	地点	年代	产业	交易	交易双方	页码及备注
新38	八卦图	道光十八年九月	土库楼屋一重	输人	朱仆园→新书院同仁局	第67页。朱仆园即朱益源，应为徽州人
新39	百子衖	嘉庆十九年七月	屋一间	出卖	夏清远→新安文醮社	第68页
新40	百子衖	光绪九年三月	土库楼屋一重、堂屋二进	出卖	都昌余顺景、余顺藻→徽州府文醮祠	第70页
			马头顶脚	出卖	都昌余顺景、余顺藻→徽州府文醮祠	第71页
新41	哲四巷	康熙四十二年九月三日	楼房并地一间	出卖	王公谟→凌华荪	第72页。康熙五十一年六月初十，将契内界定基地并屋，"转卖与吾郡关帝庙为业"。据此，则凌华荪为徽州人
新42	新安巷新安书院对面	宣统元年十二月二十六	码头顶脚（现开大盛祥线店）	出卖	泾县郑云章、郑汉章→新安书院敦谊社	第73页
新42	通津桥上首铁匠衖	康熙五十一年六月	店屋地基一业	出卖	浮梁吴文其、吴文綱→新安关帝庙	第75页
新43	通津桥哲四巷上首	康熙四十年十一月二十五	地基一业	出卖	董又彬同弟董公琳→新安会馆	第76页

续表

契号	地点	年代	产业	交易	交易双方	页码及备注
新43	新安巷	民国十二年十一月一日	码头顶脚一所	出卖	汇连海→新安书院敦谊社	第76页
新44	哲四巷口上首	康熙四十二年九月十八	程宅店地一间	出卖	王公谟→潘	第78页
	徽州会馆戏台隔壁	嘉庆十三年一月	店屋一重	出顶	胡国孝（裁缝店）→朱德盛	第78页
新45						此业与44号合契
新46	徽州会馆哲四巷口	嘉庆二十一年十二月二十五	土库店屋一重前后两进	出卖	侯纽堂→婺源俞资兑	第79页
新47、48、49、50、51	哲四巷下衙转湾第一间	同治十年五月	基地一处	出卖	鄱阳于美恩→新安书院崇正社	第80页
	哲四巷上弄转湾上首弄尾四间	光绪三十年八月一日	基地一片、旧屋一排两间	出卖	谭义发→新安文醮社	第81页
新52、53	哲四巷河下	康熙二十八年十二月一日	店地三间半	出卖	浮梁里仁都邓国基→？	第84页
	通津桥哲四巷上首	康熙五十一年九月	店屋毗连二间	出卖	抚州府临川县人万仲美全弟其友、怪道弘→新安关帝庙	第85页
哥54	哲四巷	民国十三年八月三十一	房屋一所	出卖	董文彬→新安书院	第86页。原于清康熙十年价买董文彬屋一所

里市渡以北有半边街、弥陀桥等。在上述的 54 份契券中，有
10 份契券都与里市渡相关。据清道光二十六年（1846 年）四月
十二日所立《严禁义渡滋弊》碑：

> 景镇里市渡数省通衢，商贾络绎，往来不绝。生等新安
> 书院设立同仁局，始于康熙年间设立义渡，有平头船三只，
> 尖头船半只，与鄱邑共成一只。各船雇渡夫撑驾，每年按月
> 照给公食，由来已久。向有旧章条规，随到随渡，行人称
> 便。其义渡船只，原系里市渡义济庵管理。

当时，饶州府景德镇官员应来自徽州府六县的监生、百姓之
请，颁布了有关里市义渡的告示，后由徽州商民立碑示禁。该
碑原立于景德镇市里市渡三间庙前[1]，从中可见，自康熙年间起，
里市渡一带的义渡就属于新安书院同仁局经管，而义渡船只则
由义济庵负责管理[2]。正是由于它与徽商的密切关系，故而后来
常有徽州同乡将个人名下的产业捐赠给同仁局。对此，新字第
113、114 号契券有：

> 立批字人李肇兴店，今于乾隆四十七年喜助新安同仁局
> 内渡船一只，在于景镇里市渡，今将己置景德镇土名老关帝

---

[1] 江西省历史学会景德镇制瓷业历史调查组编：《景德镇制瓷业历史调查资料
选编》，转引自刘朝晖《明清以来景德镇瓷业与社会》，第 222 页。

[2] 据安字第 22 号契，康熙五十一年（1712 年），关帝庙曾与义渡会交换基地。
当时，义渡会有僧别尘，应为义济庵的和尚。见：郑乃章编《景德镇新安书
院契录》，第 247 页。

庙大街土库店屋一所，店面三间，前后二重，东至官街滴水为界，西至屋后墙为界，南至墙外滴水为界，北至前店面伯青墙止后屋墙外滴水为界。又将分府署前坐南朝北楼店屋一所，其屋东至墙外为界，西至柱外为界，南至墙为界，北至官街为界，将此屋愿自输与同仁局内，以作渡船工食之费，递年修造事用。仍余之银，施棺、义冢费用。其屋契本家执存，当付租约二张，缴付同仁局内为据，听从改换召租。恐口无凭，立此批字一纸，久远存据。

凭中人苏俊英，王维周，詹际川。

乾隆四十八年正月十八日立批字人李公量仝侄李龙川①。

关于上引批字中李公量、李龙川叔侄的身份，此前的一份契券指出：

立卖契人刘震南，今因欠缺资本，自情愿央托亲友，将自承父置得浮邑景德镇镇市都土名老关王庙大街房屋三间，前后两重内土库，四至墙垣、门扇、户壁、基地及各项俱全，……其屋原承父阄分与身己业，今将四至开明，界内基地、墙垣、屋宇、门扇、户壁装修俱全，上至椽瓦，下连地骨，本家并不存留，尽行凭中立契，出卖与徽州府休宁县李名下为业……

该份卖契立于乾隆八年（1743年）九月，其后批曰："本号

① 郑乃章编：《景德镇新安书院契录》，第162—163页。

此屋，今于乾隆四十八年正月批入同仁局内收租管业，以作里市渡渡船工食、修造并施棺木、义冢使费，本家日后无得异说，只此。李公量批。"①由此可见，刘震南将房屋三间卖与徽州休宁县人李公量，四十年后，后者又将该三间屋捐与新安同仁局。结合上述二契的内容，李公量及其侄子李龙川是在景德镇开有李肇兴店的徽州休宁商人，他们先于乾隆四十七年（1782年）向新安同仁局捐助渡船一只，继于乾隆四十八年（1783年），再将店屋一所店面三间捐入新安同仁局，以作渡船工食、递年修造之费，并约定：倘有剩银，则用于施棺、义冢的相关费用。从《景德镇新安书院契录》所收各契来看，与里市渡比较接近的求知衕一带，有新安仁恤堂、祁门义祭社等，这是与旅景徽人相关的组织。

中渡口简称中渡，为柴、槎船停靠码头，为交通运输要地。清代郑廷桂《陶阳竹枝词》有"坯房挑得白釉去，匣厂装将黄土来，上下纷争中渡口，柴船才拢槎船来。"其注曰："中渡过河西，多有坯房、匣厂，又为柴、槎码头，争渡者日夜不息。"该渡口原址离现址要北上百余米②，据今人回忆，徽州会馆为昌江两岸人们过往方便，在抗战时特意购置木船二艘，放在中渡口义渡，木船船尾漆写的"新安书院"四字赫然显目③。附近的罗家坦（东至中华北路，西至低头弄，南接青石街，北连龙船弄），明清时曾开有柴炭行，因此地有块大坦，为罗家堆放柴炭之用，

---

① 郑乃章编：《景德镇新安书院契录》，第161页。
② 石奎济、石玮编著：《景德镇陶瓷词典》，江西人民出版社2014年版，第184页。
③ 曹时生、汪锡侯、王国梁：《徽州会馆与群众团体》，载政协景德镇市文史资料研究委员会编《景德镇文史资料》第9辑《景德镇徽帮》，第231—232页。

故而得名。直到民国时期，这里仍为柴炭闹市。与此毗邻的龙船衕下河上首，为新安书院同仁局之所在①。

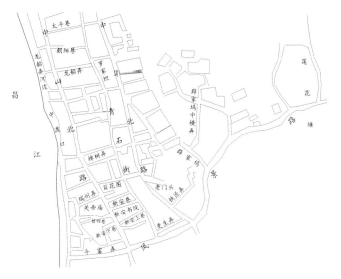

新安书院周遭形势图

此一区域的南部有新安书院，与之相关的地名有新安巷。原先，会馆南北两侧弄巷均称新安弄，后统一改名为新安巷（有新安上巷和新安下巷）。据今人回忆，徽州会馆占地面积约 4000 平方米，计有三道门，正面是大门（中门），南北两侧各有一门（厢门）。除祭祀等重大活动时可自中门进出外，平时只能走厢门。大门正上方书有"新安书院"四个镶金大字，门前约一米

---

① 据新字第 24 号契，青邑（青阳）陈如川将龙船衕下河上首地坦一片等出卖与新安书院，其中提及："后坐山靠新安书院同仁局屋墙为界"。（郑乃章编：《景德镇新安书院契录》，第 47 页）

处，有一对汉白玉磨制而成的石狮。第二道门上方，书有"五凤阁"三字，顶上是戏台，脚下是青石板台阶。再走进去则是坦场，面积约占整个会馆的五分之一。穿过坦场，便到达正厅（即朱夫子殿）。此外，馆内还有关帝殿、文昌宫和义醮祠，门外隔街有一座 30 余平方米的戏台，戏台建有顶棚，可以全天候演戏，完全不受天气的影响[①]。1944 年，徽州商帮曾在此开设新安小学。其主体建筑之一的五凤阁及门前石狮，于 1956 年时移入人民公园，而新安书院的遗址则为今景德镇市第一小学。

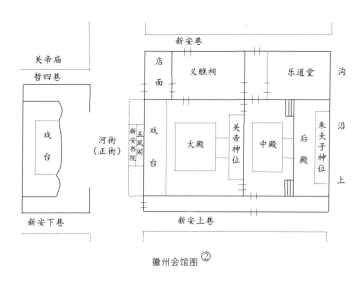

徽州会馆图 [②]

---

① 以上回忆，源自曹时生、汪锡侯、王国梁所撰《徽州会馆与群众团体》一文，载政协景德镇市文史资料研究委员会编《景德镇文史资料》第 9 辑《景德镇徽帮》，第 231—232 页。
② 此图根据江华、黄声辉主编《景德镇市戏曲志》"景德镇市徽州会馆（新安书院）戏台平面示意图"改绘而成。（2003 年版，第 298 页）根据今人的回忆资料及《景德镇新安书院契录》相关契据，对原图做了一些修正。

山系人文：民间文献与历史地理探研

以往对于景德镇徽州会馆的始建年代言人人殊，有的认为是在清初，有的认为是在嘉庆、道光年间。在这方面，《景德镇新安书院契录》显然可以纠正以往的谬说，并加以较为详细的复原。在这方面，特别是该书第 4 册中的相关部分，提供了颇为重要的史料。如安字第 21 号契：

> 立卖契程子绍，今有景德镇通津桥上首浮屋一间，原系汪弘度抵还者，今愿出卖与新安会馆名下为业，并来脚契三张，其屋四至，来脚契内已载明白，当时得价银叁拾玖两，其银当日一并收足，其屋即交，听从管业，以后并无重复，等情。今恐无凭，立此为照。
>
> 　　　　　　　代书、中见：程凤衔
> 康熙四十年六月　日立卖契程子绍[①]

通津桥即景德镇四大码头之一湖南码头之所在，通津溪自莲花塘流经此地入昌江，故名。上揭契约中明确提及承买通津桥上首浮屋的业主为"新安会馆"，可见，至迟到康熙四十年（1701 年）[②]，景德镇徽州会馆便已存在。此后，徽州会馆仍有进一步的扩张。关于这一点，安字第 17 号契提及，乾隆十八年（1753 年）六月，鄱阳县高五臣将位于哲四巷后沟边的空地一块，出卖与新安书院名下为业，"其地听从买主执契管业，竖造

---

① 郑乃章编：《景德镇新安书院契录》，第 247 页。
② 安字第 15、16 号契中，即已出现"会馆"二字。此契作于康熙三十五年（1696 年）十二月，据此推断，徽州会馆当时应已出现。

文祠"①。安字第 18 号契，也有乾隆十八年（1753 年）六月"竖造文祠"的说法②。此外，安字第 2 号契则提及，乾隆十九年（1754 年），刘正昂、刘正鼎二人将位于哲四巷的窑屋一所，出卖与新安书院，"其窑屋即听书院拆毁，竖造文庙"③。上述的"文祠""文庙"，也就是指新安书院（朱熹号称徽国文公，故新安书院之俗称亦作"朱子祠""文祠"或"文庙"）。

与新安书院毗邻的还有关帝庙。据安字第 22 号契记载：

> 立议墨合同义渡会首刘治也等、僧别尘、徽商汪万成等，景镇三图地方，本年五月惨遭火变，哲四巷内，先年徽商曾建关圣庙宇，今此地四面遭焚，惟庙独存，足见神圣之德，不遭南离之局。今商等仰神灵而庙朽，惨见地方屡遭不测，皆店屋连络，帖河无墙，遭一燃而立成长空。今商等乐输金资，买地重建庙宇，改迁西向大街，永祈福国佑民。所有对面基地一丈七尺，原系徽商方君素先年助入里市渡，令其取租，雇募舟子，以济往来，其店亦遭火焚。今商立愿，上首立庙，下首造墙，以杜风火，永保无危。是以价买八卦图坐西向东杨弼等之基地，计阔一丈九尺，与义渡更换，当日约同义渡会首并僧别尘，当日立墨，眼同钉界，两相交割商买之地：听从义渡造店取租，管理义渡之地；听从徽商造墙，入庙管理。二者均系地方义举，两相情愿，但事干久

① 郑乃章编：《景德镇新安书院契录》，第 243 页。
② 同上书，第 244 页。
③ 同上书，第 228 页。

远，故立议墨公约一样二张，义渡收执一张，永远为照。

其上首方君素业契在徽，今商买杨弼等之业契亦存关帝庙内，二家执此新立合约，各行管理，无得异说。再批。

徽商汪万成

义渡僧别尘

康熙五十一年七月初一立议墨合同义渡会首黄赤生、余于昭、刘治也、陈玉铉、方天瑞。

代书李育万①。

此处提及的哲四巷，据说最早是因弄内住有算命测字卜卦之人，故名测字巷，后改名为哲四巷②。而八卦图亦即今之百花图。从中可见，康熙五十一年（1712年），关帝庙就在哲四巷原址上有所扩建。因此一关帝庙由徽商所兴建，故又称徽州庙、徽州圣祠③、徽州关帝庙④、新安关帝庙等⑤。

关于关帝庙存在的具体时间，安字第15、16号契提及，邓寿将哲四巷内楼店一间，出典与会馆元吉师父⑥，此契作于康熙三十五年（1696年）十二月初四日。另外，据同号康熙三十六年（1697年）七月十一契，元吉师父亦即"关帝殿住持僧"。当

① 郑乃章编：《景德镇新安书院契录》，第247—248页。
② 景德镇市地名委员会办公室编《江西省景德镇市地名志》(1988年)认为哲四巷之改名在民国时期，此说显然不确，清代契约中已出现"哲四巷"。
③ 郑乃章编：《景德镇新安书院契录》，第231页，安字第5号契。
④ 同上书，第232页，安字第6号契。
⑤ 同上书，第75页，新字第42号契；246页，安字第20号契。
⑥ 同上书，第242页。

时，汪本元将通津桥哲四巷上首的土库店屋一所并地，出卖与关帝殿住持僧元吉名下为业[①]。由此可见，关帝殿有僧人元吉住持。此后，安字第 5 号契提及，康熙五十一年（1712 年）十月初一日，芝城（饶州）丁奉光将哲四巷土库屋一重，"其屋东至墙外滴水为界，西至本家弄外徽州庙墙为界，南至墙外滴水行路，直出官界为界，北至墙外滴水为界，……四至开明。今因徽郡圣祠因被火灾，改造砌墙，经中议定，将身地作价壹佰壹拾壹两正，对换庙内诸公原买吴姓南门头土库屋一重"[②]。此处提及的"徽州庙"、"徽郡圣祠"，亦即徽州关帝庙。另据安字第 6 号契提及，康熙五十三年（1714 年）新安六邑曾重修关帝庙[③]。

综上所述，至迟到康熙三十五年（1696 年），徽州会馆就已形成。不过，此后的规模应有所扩充。乾隆十八年（1753 年）、十九年（1754 年），徽州人为竖造文祠（朱子祠）而购置了哲四巷附近的土地，相关契据之出现，反映了会馆的建设仍在继续。另外，从《景德镇新安书院契录》来看，徽州会馆内的义祭祠，自嘉庆元年（1796 年）七月十三以后在契券中频繁出现，这说明义祭祠在乾隆末年以前应已存在。及至乾隆末年，徽州会馆内的主体建筑陆续建成，这也标志着徽州会馆扩大规模的活动已基本完成。与徽州会馆的形成差相同时，在哲四巷附近亦早已建成新安关帝庙。康熙五十一年（1712 年）的一场大火，庙宇惨遭焚毁，后在徽商的资助下，价买哲四巷附近的土地，对关帝庙加以扩充。

---

① 郑乃章编：《景德镇新安书院契录》，第 242 页。
② 同上书，第 231 页。
③ 同上书，第 233 页。

　　　　　　　　　　　　　山系人文：民间文献与历史地理探研

另外，分析《景德镇新安书院契录》第 1 卷的内容，除了徽州人之间的产权交易之外，有不少也涉及与其他各地人群的互动。景德镇位于浮梁县境内，占有该县的里仁和镇市两都，因此，上述的一些契券就与浮梁当地的土著有关。此外，据清蓝浦所著《景德镇陶录》记载："俗传：先是乐平人业此，后挈鄱阳人为徒，此康熙初事。其后鄱邑人又挈都昌人为徒，而都邑工渐盛，鄱邑工所满者反逊之。今则镇分二帮，共计满窑店三十二间，各有首领，俗呼为满窑头。凡都、鄱二帮，满柴、槎窑皆分地界。"① 满窑店是专门从事满窑（装窑）业务的劳动力单位，清代郑廷桂《陶阳竹枝词》有"而今尽是都鄱籍，本地窑帮有几家"句。《景德镇陶录》所附景德镇图中，即见有都昌会馆、饶州会馆（亦称芝阳会馆，此会馆虽为鄱阳、乐平、余干、浮梁、德兴、万年和安仁（余江）七县所共有，但芝阳为芝山鄱阳之意，显然，鄱阳一县占有最为重要的地位）。其中，特别是都昌人的势力最大，景德镇俗语有："十里长街半窑户，迎来随路唤都昌"，指的便是在景德镇以瓷为业的人约占总人口的一半，而其中又以外籍人居多，尤以都昌县人为最。十里长街上，往来行人皆以都昌话寒暄②。因此，在《景德镇新安书院契录》中，有不少徽州人与都昌、鄱阳人交易的契券。此外，作为契约中的甲

---

① 傅正伦著、孙彦整理：《〈景德镇陶录〉详注》，书目文献出版社 1993 年版，第 54 页。

② 关于景德镇的都昌人，民国时人詹鸣铎所著章回体自传《我之小史》第 14 回亦有生动描绘，见王振忠、朱红整理校注：《〈新发现的徽商小说〉我之小史》，安徽教育出版社 1998 年版，第 223—225 页。

方和乙方，还见有安徽泾县、青阳、江西南昌府丰城县、南昌县、抚州府临川县、金溪县、建昌府新城县、瑞州府高安县以及福建等地的人群。

还有一点值得注意，从前述的《景德镇陶录》所载，康熙年间应是景德镇陶业恢复并得以持续发展的重要时期。揆诸史实，清廷控制饶州之后，颁布了废除匠籍的诏令。不过，当时兵燹劫余，居民稀少，御器时造时停。直到康熙十九年（1680年），才逐渐出现了"商贾辐辏"的局面[1]。及至雍正年间，由于御厂的工匠人夫全部来自雇佣，极大地激发了民窑的生产积极性。到了乾隆八年（1743年）以后，更出现了"官民竞市"的场面[2]，不少窑户皆以此致富。也正是从清代前期开始，徽商势力大增，相关的店屋及土地买卖的案例日渐增多。契约中出现的"浮店"、"浮屋"，应当是指简易的商店和房屋，而"土库"则是仓库的意思。前人研究成果已指出，在历史上，景德镇未曾建过城墙，正因为如此，城镇便于扩张地盘，亦有利于货物的内外运输。不过，受地理条件所限，城镇东面依山，西面临水，在东西两个方向皆难以进一步拓展。再加上各类窑房、作坊建筑等，皆需就近濒临昌江河流，以取水利运输之便，所以城镇街区呈南北方向延伸的状态，形成了南北带状方格形街弄系统的城市格局[3]。也正因为如此，景德镇房产交易契约中，常见有"码头顶脚"的记

---

① 康熙《浮梁县志》卷9《赋役》，"中国方志丛书"，成文出版社1989年版，第1032页。
② 梁淼泰：《明清景德镇城市经济研究》，第146页。
③ 同上书，第17页。

山系人文：民间文献与历史地理探研

载。所谓码头顶脚，是江西省内沿江城镇的一种俗例，学界将之归纳为"店铺码头权"，它是指一家商号在某地段开设多年，即取得在当地使用码头的权利。为此，在店铺转让买卖时，业主有权加收码头顶脚的相关费用。其时，沿着昌江有四个重要的码头，亦即许家码头、甲市滩、曹家码头（今中渡口）和湖南码头（今通津桥）。在这四个码头附近，集中了新安书院的不少产业。从《景德镇新安书院契录》各契之附图来看，除了"土库屋"（仓库）外，一般屋业"入深"（长）往往要比"阔"（宽）长得多，这说明店屋以狭长条的形态居多。另外，面对大街或巷道方向的开口多是"排门"，这显然也是传统商业城镇铺面的特征。从上述的契券中可见，徽州人在这一带开有米店（胡恒顺米店）、棕索店、土产店（乾泰隆土仪号）、水果店（舒鼎昌果号）、药店（程仁和药号）和面馆（元春面坊）等。

当时，向新安书院出卖产业的，包括个人、会社和公堂。个人的例子很多，自毋需赘言。此外，新字第23号契有：

> 立杜断绝卖码头顶脚契义和社公众人等，今因无钱正用，只得情愿将会所置一图五、六、七保饶家衖口大街码头顶脚一所，坐西朝东，其四至，照贵书院四至为凭，今托中立契，出卖与新安书院崇正社名下为业……
> 民国八年阴历十二月二十二日杜断绝卖码头顶脚契义和社公众等押①。

---

① 郑乃章编：《景德镇新安书院契录》，第46页。

此处的"义和社"和"崇正社",皆是景德镇常见的一种会社组织,只是前者隶属的区域不得而知。此外,还有的出卖方则是一些公堂。如1925年冬安字第61号、62号契,是浮梁蓝光裕堂将山业卖与新安无名氏,再转输与徽州会馆为新安义冢。其中的"蓝光裕堂",也就是浮梁蓝姓的一个公堂。在浮梁,蓝姓是一著姓,《景德镇陶录》之作者蓝浦就在姓名前自署作"昌南"。而在半边街以北,还有一个蓝家祠的地名。与此相对应,也有一些公堂购买产业的例子,如1920年12月安字第60号契,是浮梁沈义粟将己山卖与徽州黟县李德玉堂名下为业,继于两年后由后者乐输与新安书院[1]。这说明,在景德镇活动的人群,既有众多个体的务工经商者,又有以家庭甚至家族为单位的血缘人群。此外,尚有一些以业缘为中心的其他人群,关于这一点,下文还将提及。

除了《景德镇新安书院契录》第1卷之外,其他卷中的一些契约,也涉及不同商帮之间的交涉。如根据当代人的回忆,景德镇百年老店"公和第一圃",始创于同治年间,其创办者为江西奉新人帅国和。及至光绪年间,由歙县人江亦庵顶盘,他对店堂做了修葺和改造,使之成为一流的菜馆。民国初年,店务改由歙人程镜湖掌管[2]。关于这一点,新字第61号有较为详细的记载:

---

① 郑乃章编:《景德镇新安书院契录》,第283页。
② 胡清和口述、郑惟馨整理:《徽帮的酒楼茶馆》,载景德镇文史资料研究委员会编《景德镇徽帮》,《景德镇文史资料》第9辑,第146页。

立清理界志合同。公和圃店屋众业主新安书院江亦安、洪都书院张仲平等，今因前者公和酒馆承租各业，因事制宜，改造便用，是各界不无混淆。今者年深月久，窃恐文献无征，故各业主等，邀集中证、房客，眼全绘图，丈量界限，条分缕晰 [析]，一一注明，连房客存底一纸，共立五纸，各执一纸存据。至于各业主旧契所载四至，一概不凭，只以现在清丈图界为据，永无争执。今欲有凭，立此合同存据。

……

经场清界中人：丁梅仙、程镜湖、李祖安、郑子瑜、何廷之、倪润清、钟民山、詹敬孙、余心田、郑筱禹、孙洪基、韩国昌、张启东、张传礼。

绘图丈量人：邓碧珊。

代笔批注人：卢郁文。

民国六年旧历二月　日立清界合同人：新安书院江亦安

洪都书院张仲平[1]。

迎瑞衕（郑家注）即今迎瑞下弄，图中的"东大街"应当就是现在的中山北路。可见，当时沿正街自北向南，第一进依次开有烟筒店、漆店、皮鞋店、公和圃和筷子店。最南端的二进还有公和圃押业，而中列的二、三、四进（即图中的甲、乙、丙三进），都是新安书院的产业。另外，由该合同可见，前揭口述中的"江亦庵"，亦即清界合同中的江亦安。上列所引"经场清

———————————

① 郑乃章编：《景德镇新安书院契录》，第 98　99 页。

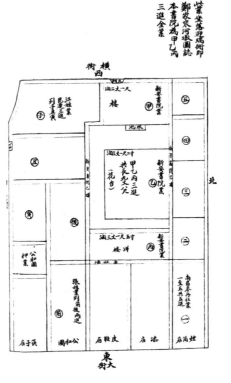

"公和第一圕"相关地图

界中人"中的丁梅仙、程镜湖、郑子瑜、倪润清和张启东等人，都是新安书院的头面人物。其中的程镜湖为新安书院之"首士"（也就是来自歙县的董事），后来还接替江亦安，负责公和第一圕的经营。由此可见，公和第一圕的产权，与新安书院和洪都书院都有着密切的关系。洪都书院也就是南昌会馆，是江西南昌府所属南昌、新建、丰城、进贤、奉新、靖安、安义和武宁八县的旅景同乡组织。从清界合同及所附的地图来看，这显然不是个人间

山系人文：民间文献与历史地理探研

的盘顶买卖，而是涉及商帮之间的产权转让。换言之，江亦安、程镜湖二人，实际上是代表新安书院出面承担公和圃之经营。在这一点上，以往的口述回忆颇多失真。

三、徽州会馆的管理与运作

明代以来，全国各地的徽州会馆或亦称为"新安会馆""新安书院""徽国文公祠""新安文公祠"等，而景德镇的"新安书院"也就是徽州会馆的一种别称。之所以称为"书院"，在长江中下游的不少城镇中显然是高自标置，徽商藉以彰显其"贾而好儒"的特色。不过，在景德镇，几乎所有的会馆都有"书院"的别称，而且，有的行会组织亦以"书院"的名称出现。除此之外，在《景德镇新安书院契录》中，徽州会馆又称"新安会馆"[1]、"新安文公祠"[2]等。

关于景德镇的徽州会馆，民国《重修婺源县志》卷38记载："洪大鼎字公华，虹钟坦贡生，……恤商旅，输屋地，助景镇会馆，造吴巴岭路及浮梁小里亭，捐田施茗。"洪大鼎曾捐输屋地帮助建造景德镇的会馆。不过，此处的"景镇会馆"，尚不清楚是徽州会馆还是婺源会馆。另据民国《重修婺源县志》卷41

---

① 郑乃章编：《景德镇新安书院契录》，第6页、第7页。
② 同上书，第60页、第93页。

记载：

> 詹必亮字镜心，庆源人。职监，以子启奎遇覃恩，诰赠
> 通奉大夫。幼业儒，屡试不遇，乃营趁昌江业瓷，兼擅所
> 长，众工慑服。后总理新安会馆，春秋祀事及诸公务，调剂
> 咸宜，合郡推重。浮东路圯，集议复修，亮倡捐钜数，并劝
> 六邑绅商伙助，逾年告竣，遂成康庄。其他建葺，靡不踊跃
> 赞襄①。

这是与徽州会馆相关的一条重要史料。从中可见，婺源庆源
人詹必亮，在景德镇从事瓷业，后来成为徽州会馆的主持人。此
外，民国《重修婺源县志》卷42：

> 詹士淳字亦良，庐源人。性好学，工书法，精通医理，
> 活人无算，善辞说，片言解纷。景镇创造徽州会馆，公推经
> 理，旋举为三帮会首，市廛无争②。

此一传记也指出，婺源庐源人詹士淳曾担任徽州会馆经理，
并成为三帮领袖。所谓三帮，亦即景德镇的徽帮、都帮和杂帮。
另据民国《重修婺源县志》卷46：

---

① 民国《重修婺源县志》卷41《人物十一·义行七》，"中国地方志集成·江
西府县志辑"28，江苏古籍出版社1996年版，第12页。
② 民国《重修婺源县志》卷42《人物十一·义行八》，"中国地方志集成·江
西府县志辑"28，第25页。

山系人文：民间文献与历史地理探研

戴炽昌字云客，国学生，清华人。负才应试，未售，遂托业窑器于景镇。有徽州会馆施棺木，常缺费，昌理其事，首输金，徽属各行皆踊跃，得不废弛①。

民国《重修婺源县志》卷46：

施添昺字秉初，诗春人。捐职县丞，尝业磁景镇，贩至粤东。藩宪方公联乡谊，推为商中君子。襄理徽州会馆，有条不紊。乐施与，焚借券，排难解纷，至今人犹称之②。

民国《重修婺源县志》卷48：

詹起镜字蓉卿，贡生，庐源人。……客景镇，公举新安书院总理及保甲局董、育婴堂董，每遇纷争，片言解决。创立义瘗会，修正莒溪渡章程。该渡前因争收渡钱覆舟，溺死三十余人，镜为捐款置田，给渡夫，禀县勒石，永远不准收钱。浮、婺交界大路，屡次募修。年六十四，无疾终，同乡为立主于新安书院，以昭崇报③。

同卷载有另一庐源人詹起镕，"承先人瓷业，绰有余裕，捐

---

① ② 民国《重修婺源县志》卷46《人物十二·质行七》，"中国地方志集成·江西府县志辑"28，第145页。
③ 民国《重修婺源县志》卷46《人物十二·质行九》，"中国地方志集成·江西府县志辑"28，第200页。

资建祠，卜吉葬亲，排难解纷，不辞劳瘁"。此人的行辈与詹起镜相同，应系同族甚至就是同胞兄弟。由此推断，詹起镜可能也是一名瓷商。他修正"莒溪渡章程"的作为，亦与景德镇里市义渡之运作颇相类似。

综上所见，当时，主持徽州会馆的，有很多是来自婺源的徽商。除了徽州会馆之外，在景德镇还有另外的婺源会馆。民国《重修婺源县志》卷42：

> 胡文耀字挹辉，清华人。好读书，因贫改商浮梁。粤氛起，襄办清华团练局，奖五品翎顶。……在景镇，立掩埋会，修徽州会馆，倡捐置义冢山，兴会课，筹宾兴费，建婺源会馆。景镇水灾，议停各会演剧费，以施衣食。他如桥路、茶亭，罔不捐助 [①]。

此处提及的清华人胡文耀，活跃于太平天国前后，他对于景德镇的徽州会馆和婺源会馆之建设皆有贡献。关于景德镇的婺源会馆，民国《重修婺源县志》卷7有专条较为详细地加以记载：

> 景德镇婺源会馆，光绪丁丑阖邑捐建，在景德镇小黄家衕，土名里仁都二图九保。正屋二间，左边喻义堂，并厨屋四间；右边义祭祠。外置戴家衕店屋壹堂，苏家衕店屋壹堂，又浮梁南乡长源、辛合两都等处早、晚田四十亩。经理

---

① 民国《重修婺源县志》卷42《人物十一·义行八》，"中国地方志集成·江西府县志辑"28，第51页。

詹同昌、程茂林、戴心田、齐铨芝、汪羽丰、詹立言、俞允敷①。

"丁丑"即光绪三年（1877 年），这是婺源会馆兴建的确切年代。可见，婺源会馆内亦有义祭祠，其格局与徽州会馆差相类似。另外，婺源会馆在景德镇②及浮梁南乡还置有店屋以及田产。其中的汪羽丰，据民国《重修婺源县志》卷 42 记载：

> 汪国仪字羽丰，晓起人。家贫力学，后业瓷景镇，积赀设肆，运贩粤东，以信实见称。先是，瓷器往粤，关卡留难，仅集诸商挖告，卒准示禁。旋捐巨款，建婺源会馆，手订章程，遇事开会议决，乡人德之，立长生位于厅事旁③。

从中可见，景德镇婺源会馆是由婺源瓷商捐资兴建。综合前述的记载，在景德镇，清代前期即建有徽州会馆④，及至晚清时

---

① 民国《重修婺源县志》卷 7《建置五·宫室》，"中国地方志集成·江西府县志辑" 27，第 166 页。

② 据新字第 108 号契所附地图，财神衖下街附近亦见有"婺源会馆业"。（见郑乃章编：《景德镇新安书院契录》，第 155 页）另据汪维培的回忆，婺源会馆的公房计有 81 幢，红店屋居首。（政协景德镇市委员会文史资料研究委员会编《景德镇文史资料》第 4 辑《景德镇的会馆》，1987 年版，第 193 页）

③ 民国《重修婺源县志》卷 42《人物十一·义行八》，"中国地方志集成·江西府县志辑" 28，第 36 页。

④ 石奎济、石玮编著：《景德镇陶瓷词典》，第 476 页"徽州会馆"条称"约建于清代嘉庆、道光年间"，但据《景德镇新安书院契录》，徽州会馆至迟应建于康熙年间。

期，又兴建了婺源会馆①。此外，徽州府六县中的祁门县，也在景德镇开设有会馆。之所以如此，显然是因为在一府六县之中，婺源和祁门皆与饶州壤地相接，两县前往景德镇务工经商之人为数最多的缘故。

由于人数众多，徽州府各县的人群都在景德镇建立了诸多的慈善组织。以实力较强的婺源商人为例，民国《重修婺源县志》卷 41 就指出：

> 余席珍字聘卿，沱川人，邑庠生。事亲孝，哀毁尽礼。承先人遗业，服贾景镇。其市廛为五方杂处，客死者多。徽商会馆向设义渡、义棺、义冢，赀竭难数。珍集六邑绅士，捐置田产为长久计，并倡义瘗会，每岁雇工培土，泽及枯骸。又兴惜字会，建文昌宫，筹划备极周详②。

余席珍为浙江候补道余丽元之祖父。文中提及的"徽商会馆"，应即徽州会馆。这一段史料是说，徽州会馆之下设有义渡、义棺和义冢。为了弥补资金的不足，婺源沱川人余席珍集合徽

---

① 石奎济、石玮编著：《景德镇陶瓷词典》第 476 页"婺源会馆"条称"约建于清初"，但据民国《重修婺源县志》卷 7，则应建于光绪三年（1877 年）。关于这一点，《清华胡氏统谱》卷末《贡生广耀公传》记载："在镇创建星江会馆，扩增新安会馆规程，日与商界往来，声气广通，凡商务公务皆推兄为领袖。"（转引自梁淼泰《明清景德镇城市经济研究》，第 234 页）今按：星江会馆即婺源会馆，胡广耀生于 1830 年，卒于 1908 年，显然，婺源会馆建于 1877 年是正确的。

② 民国《重修婺源县志》卷 42《人物十一·义行七》，"中国地方志集成·江西府县志辑"28，第 18 页。

州府六县的绅士捐置田产，以维持这些慈善设施的运作。此外，他还倡设义瘗会、惜字会，兴建文昌宫等。其中所提及的"义冢"，在《景德镇新安书院契录》中有详细的记载。例如，安字第31号：

> 立断卖契人里仁三图三甲蓝若弘仝侄显达、福喜、玉成、玉的，今因无钱用度，自己情愿，将祖遗分值己名下山一号，坐落土名方广社，其山东至前至山洼、后至山脊，与刘姓毗连、直到山嘴为界，西至山脚坑为界，南至山脚大路为界，北至田塝为界，四至载明，三面眼同，埋石钉界。其界内之山，央中尽行立契，出卖与新安同仁会名下为业，……其山即交买主管业，听从买主施迁义冢……①

浮梁县的里仁三图，即景德镇的新安巷一带，而蓝姓则是当地的土著。该契订立的时间为乾隆二十二年十二月（1758年1—2月），这应是最早的有关义冢之契约。可见，从1758年开始，徽商就逐渐在当地购地、修建义冢。此后，与义冢相关的契券主要有安字第32—54号契、第58—62号契。据此可知，从乾隆二十二年十二月开始，义冢陆续在加紧建设，这些义冢主要分布于河西十八渡、准提阁、董家坞一带。十八渡在昌江西岸，原称市埠渡，当地村民多以生产窑砖为业。准提阁在今薛家坞附近，而董家坞则在里村后街西北3.5公里新平路北侧，此处位于城区

---

① 郑乃章编：《景德镇新安书院契录》，第255页。

以北。

除此之外，上揭余席珍传记中还提及不少慈善设施，只是方志的记载不仅较为简单，而且在清代民国时期，景德镇的慈善组织及其相关设施还远不止这些。关于这一点，以下根据《景德镇新安书院契录》的记载依次加以分析：

1. 同仁局 [①]

同仁局又叫六邑同仁局、新安同仁局、新安同仁会，是新安书院附设的慈善组织，有关这一组织，民国《重修婺源县志》卷39记载：

> 郎兆林字永山，沱口人。……尝客景镇，创同仁局，施棺埋骼。又倡修通灵桥，以济行旅，施药煮茗，远近称德。

可见，同仁局为婺源沱口人郎兆林所创。此一同仁局，后为其子郎国忠继续维持：

> 郎国忠字汝臣，庠生，沱口人。……尝之景镇，过浮邑，见古冢暴骸，悉买棺瘗之。初，景镇故有同仁局，为忠父所创，忠承志经理。会大水，尸泛河无算，买棺殓葬，局储几罄，忠复倡输给用，至今犹裕。又喜施医药，多

[①] 关于同仁局，刘朝晖在其《明清以来景德镇瓷业与社会》一书中，曾利用方志记载作过初步的勾勒。（第125—127页）此处则利用《景德镇新安书院契录》等作进一步的探讨。

济人①。

郎国忠之父，即前揭的郎兆林。当时参与兴建同仁局的还有：

> 王章字树亭，号梅溪，太学生，城西人。……尝客江右景镇，倡立文公庙，建同仁局，恤灾济困，胥有成劳。嘉庆壬戌，浮邑饥，佥议平粜，章独力董其事，邑侯湛有"才品堪师"之奖②。

除了婺源人之外，黟县也有不少人参与同仁局的活动。如万村人韩邦，"尝客景镇，为徽属会馆董事，首倡同仁局，施棺木"③。屏山人舒崇澎"又在景德镇同仁局施棺木，掩骼埋胔，多有义举"④。四都黄村人黄善长，"在外则江西景德镇同仁局及祁门造至景德镇路，皆捐重赀"⑤。

根据以上方志的记载，同仁局之建立当在嘉庆年间以前，其具体年代无从确指。对此，《景德镇新安书院契录》则提供了进一步的详细史料。

---

① 民国《重修婺源县志》卷39《人物·义行五》，"中国地方志集成·江西府县志辑"27，第731页、第729页。

② 同上书，第731页。

③ 同治《黟县三志》卷6下《人物志·质行》，"中国地方志集成·安徽府县志辑"57，江苏古籍出版社1998年版，第115页。

④ 同治《黟县二志》卷7《人物志·尚义传》，第120页。

⑤ 同上书，第131页。

表 2 《景德镇新安书院契录》所见徽州同仁局

字号	年代	契名	立契人	产业	买卖	受者	用途	价银	页码
安字第36号	乾隆41年	断骨杜绝卖契	浮梁县长香四图吴阿王氏	祖遗土名布袋山一号	出卖	新安同仁局	为义冢	2两	第260页
安字第39号	乾隆48年	杜断卖契	袁永清	祖遗山壹号，土名邓家湾	出卖	新安同仁会	为义冢	九五色价银10两	第262页
新字第41号	乾隆52年12月	杜断卖契字	袁永清	己山一号	出卖	新安同仁局	为义冢	九七银2两5钱	第264页
新字第17号	乾隆59年12月	杜断卖契	都昌石敏黄、石敏晴兄弟	石狮埠下河衢内坐南朝北浮店六间	出卖	新安同仁局		47两	第35页
安字第40号	道光4年2月6日	杜卖山契	沈作明、耀先	董家坞山场一号	出卖	新安同仁局	扦葬义冢	纹银8两	第263页
安字第42号	道光5年7月21日	杜断绝卖契	沈耀先	董家坞内山一号，土名信塘坞	出卖	新安书院	义冢	九五串钱4千文	第264页
新字第2号	道光12年9月	批契	许士昭	景镇圣节巷店屋	捐输	六邑同仁局	收店租银，贴补义施棺、义醮使用		第8页

字号	年代	契名	立契人	产业	买卖	受者	用途	价银	页码
新字第2号	道光17年5月	杜卖契	青阳陈如川	坐落龙船衖下河上首地坦壹片，做造屋三间四列	出卖	新安书院同仁局		35两	第48页
新字第3C号	道光18年10月	杜卖契	顾凤山	中渡口上首坐山朝河店屋一重	出卖	新安书院同仁局		50两	第55页
新字第3—7号	道光18年12月1日	杜断卖契	罗海楼	里市渡上首坐西朝东楼店两间半	出卖	新安书院同仁局		134两	第12页
	道光18年12月	杜卖契	鄱昌胡思松	中渡口大街店屋一重	出卖	新安书院同仁局		102两7钱	第54页
新字第29号	道光19年7月	杜断卖契	婺县舒黄氏仝男如苍、媳王氏、孙敬如、孙媳江介主、孙法宽、曾孙法宽	景镇一图石狮埠坐西朝东土库楼屋一重，前后四进	出卖	本都书院同仁局		544两	第27页。另见第31—32页

字号	年代	契名	立契人	产业	买卖	受者	用途	价银	页码
新字第35号	道光23年12月	杜卖契	罗阿刘氏全男凤韶、际阳	景镇曹家码头坐西朝东店面土库一重	出卖	新安书院同仁局		176两	第61页
新字第18号	光绪19年2月	租楼店屋约	义大号（烛店）	新安书院同仁局名下石狮埠坐东朝西楼店屋一重	租到	新安书院同仁局		16两	第37页
新字第19号	光绪27年正月	租楼店屋	马炳文	新安书院名下石狮埠下首第二间朝东楼店屋一重	承租	新安书院同仁局		英洋14元	第39页
新字第18号	光绪27年5月	杜断卖码头顶脚契	临川王荣二、林八、贵则、起生	景镇一图六保新石狮埠下首坐东朝西（向开义大纸马店）码头顶脚一处	出卖	新安书院老同仁局		35两	第37页

字号	年代	契名	立契人	产业	买卖	受者	用途	价银	页码
新字第15号	光绪27年正月	租码头顶脚约	马炳文	新安书院同仁局名下首石狮埠第二间坐西朝东楼店屋内码头顶脚	承租	新安书院同仁局		英洋6元	第40页
	民国3年（1914年）	出顶约字	泾县董学渊、杰珊、学松等	祖遗石狮埠坐西朝东店屋内码头、家伙、晒台等件	出顶	新安书院同仁局		110两	第28页
新字第13号	民国11年11月19日	杜断绝卖屋契并码头顶脚	徐培寿	景德镇一图五保土名老石狮埠下衖土阜楼屋一重	出卖	新安书院同仁社		洋60元	第29页

从上述契约来看，新安同仁局早在乾隆四十一年（1776年）即已出现。另据道光五年（1825年）七月二十一日安字42号契：

> 立杜断绝卖契人沈耀先，今因不便，自情愿将承祖董家坞内山一号，土名信塘坞，其山新立四至，上至峰脉，下至田，左至书院山，右至山湾，以上四至之内，托中立契，出卖与新安书院名下为义冢，三面言定，时值价九五串钱四千文，其钱当日亲手收足，其山听从新安书院管业，扦葬义冢。……如有不明等情，自有卖人承当，不干买人之事。恐口无凭，立此杜断卖契，永远存照[1]。

由此可知，出卖山地的沈耀先，曾于道光四年（1824年）二月六日，与沈作明一起，将坐落董家坞的山场卖与新安同仁局扦葬义冢，故此处虽说是"出卖与新安书院为义冢"，但显然仍是卖与新安同仁局。其中提及的"左至书院山"，可见应与徽州会馆的产业毗邻。从上述的契券来看，卖与新安同仁局的山地皆是用作义冢。自此看来，新安同仁局应是徽州会馆附属的慈善组织，相当于思恭堂之于上海的徽宁会馆。

由于是一种慈善组织，故而常有同乡将自己的产业捐赠给新安同仁局。如新字第2契：

> 祁邑北乡忠庄附贡生许士睎，字晖全，号晓山，乾隆

---

① 郑乃章编：《景德镇新安书院契录》，第264页。

四十二年丁酉，在景镇圣节巷开张迎大生理，叩天默佑，诸
凡平顺。今值壬辰，年登九旬，谨将新置契内店屋，捐输六
邑同仁局为业，每年收店租银，贴补施棺、义醮使用，不另
立输契，将原契批据会内收租，悠久无疆。

 道光十二年九月 日立批契卅士暄，代书男廷栋①。

 这份契券反映的是一位年登九旬的徽州人，自感岁月无多，
遂将所置店屋捐输与徽州六邑同仁局。其中提及的施棺、义醮
等，皆是同仁局主持之事。关于这一点，新字第147号契券提
到，道光二十年十二月二十六日（1841年1月18日），浮梁
四十二都一图一甲陈协中将景德镇三图迎祥衖内承父遗阄分土库
楼屋一重，出卖与郭姓名下为业。不到一年，至道光二十一年
（1841年）九月，买主郭星如另立批输契曰：

 立批输契人郭星如，今自愿将旧岁买受鄱邑陈协中土库
屋一重，坐落景镇三图迎祥衖内，输入本会馆同仁局名下收
租管业，以贴施棺、义渡之费，不行别立输契。倘有来历不
清，为【唯】身是问。所有四至，悉照此契为凭，立此批
输，永远存照。
 ……道光二十一年九月②。

 可见，同仁局除了施棺外，也兼管义渡。关于同仁局所举办

---

① 郑乃章编：《景德镇新安书院契录》，第8页。
② 同上书，第209页。

的慈善事业，民国《重修婺源县志》中也有一些记载：

> 滕昌檀字仲煌，太学生，云邱人。……经商之景德镇，设同仁局，施棺槨，并置义冢。先是，议建新安会馆，部署难其人，众推檀，檀竭力筹画，阅十二载竣事，奉朱子入祠，礼成逾刻，檀竟卒，同郡人无不惋叹 [1]。

婺源人滕昌檀对于徽州会馆以及相关的慈善设施之建设，有着重要的贡献。据此可知，徽州会馆之建设，前后历时十二年。而朱子入祠，似乎标志着徽州会馆的最后建成。另外，同仁局的设立，要早于新安会馆之建立。衡情度理，慈善组织先于会馆的成立，这也符合一般会馆形成的规律。因为要解决一地人群的善后问题，必须首先要建立慈善组织。而只有当聚集于一地的人群达到相当规模时，才需要建立相关的会馆。

2. 徽州会馆之下的崇正、敦谊、敬圣、义醮四会

新字第109、110号契提及，歙县鲍志贤、鲍品山兄弟二人，一向在徽州会馆内帮忙，"每年逢祭之日，相帮照理多年。又因道光十四年六邑嘀议，递年租银屡被拖欠，故情身在会馆内，每年受俸，经收崇正、敦谊、敬圣、义醮四会租银"。从此一1836年的契约来看，景德镇徽州会馆之下，常年存在崇正、敦谊、敬圣和义醮四会，以下分别论述：

---

[1] 民国《重修婺源县志》卷38《人物十一·义行三》，"中国地方志集成·江西府县志辑"27，第701页。

（1）崇正会

崇正会亦称新安崇正会、新安文公祠崇正会和新安书院崇正社。关于崇正会，见诸《景德镇新安书院契录》最早者为乾隆四十年（1775年）三月，当时，休宁人陈庆五将坐落三图大街毕家衕的土库店屋（烟店），"尽行出卖与新安文公祠崇正会名下为业"①。此后，新字第21号乾隆四十九年（1784年）六月杜断卖契提及，吴绍勋将坐落景德镇石狮埠坐西朝东楼店一间，出卖与新安崇正会名下为业。新字第20号乾隆四十九年七月的杜断卖契也提到，吴茂如将石狮埠坐西朝东楼店一间，出卖与新安崇正会名下为业。以上三份是乾隆时代较早的契约。此后，新字第109、110号契为道光十六年（1836年）五月的出顶约，新字第31号为道光二十八年（1848年）二月的杜卖契，新字第32、33号为同治四年（1865年）八月的杜断绝卖契，新字第47、48、49、50、51号为同治十年（1871年）五月的杜断卖契，新字第32、33号为同治十二年（1873年）二月杜断卖基地契，新字第23号为民国八年阴历十二月二十二日（1920年2月11日）的杜断绝卖码头顶脚契，其中都提到"崇正会"或"崇正社"。

从中可见，崇正会最早见于乾隆四十年（1775年），最晚见于民国八年，前后历时近一个半世纪。它与新安书院（文公祠）直接相关，由此推测，此会应与徽州会馆相始终。

（2）敦谊（义）会

敦谊会亦即新安敦谊会、新安六邑敦谊会、新安书院敦谊

---

① 郑乃章编：《景德镇新安书院契录》，第93页，新字第58号契。

社、敦义社和新安敦义磁社。最早的一份契约为乾隆十年十二月（1745年12月—1746年1月）的杜断卖契，其中提到鲍学麟仝侄鲍时英，"因年老回籍，管业不便"，将曹家码头坐河朝山楼店屋一间，出卖与敦谊会名下为业。及至嘉庆年间，计有5份契约与敦谊会相关。新字第149号租约，是嘉庆元年（1796年）二月赵国顺租到新安敦谊会名下邓家岭坐西朝东店屋二间，开张漆店生理。接着的另一份契约为嘉庆十七年（1812年）的租约，内容是祁门人胡孔章租到"磁号敦谊社名下邓家岭店屋一间"。由于上述两契皆属于新字第149号契，而且，此处提到的"邓家岭"，与前一契"新安敦谊会名下邓家岭"相同，可见，某某"磁号敦谊社"亦即新安敦谊会。据此推测，新安敦谊会应是与瓷器经营有关的同业组织。关于这一点，亦见于以下的记载，如新字第37号租约：

> 立租约人汪于海，今托中保，租到新安敦谊磁社名下八卦图坐东朝西朱氏衔口店面楼屋一间，铺面、门板、柜台、楼跳一应俱全，凭中议定，每年交纳老苏圆银拾陆两正，官平，递年订定五月初八日一并兑楚，不得过期。倘若拖延，自愿将家伙等物搬移退店，此屋向来空店承租，并无丝毫顶脚。倘屋东自用，亦不得霸业，今欲有凭，立此为据……

此契立于嘉庆二十五年（1820年）二月十五日，其中提及的"新安敦谊磁社"，显见敦谊社与瓷业经营密切有关。此外，新安敦谊磁社，亦称新安书院磁商敦义社 ①、本郡（新安）书院磁商敦义会 ②、新安书院敦谊磁社 ③。可见，在景德镇应有不少徽州人从事与瓷器经销相关的生业 ④。

嘉庆年间的契约还有新字第 67 号契，是嘉庆二年（1797 年）二月的杜断卖契，其内容是王伟功将郑家洼板坊衢楼店屋一重，出卖与新安六邑敦谊会名下为业。另一份是新字第 11 号契，为嘉庆二十三年腊月念二日（1819 年 1 月 17 日），汪双隆托中租到新安敦谊社名下求子巷内土库栈房屋前后二重一连二进 ⑤。该份契约显示，新安敦谊社置有房产，用以出租并收取租费，作为祭费的支出。

有关新安敦谊社最晚的契约，为宣统元年十二月二十六日（1910 年 2 月 5 日）的杜断卖码头顶脚契约 ⑥。由以上可见，敦谊会目前所见最早的契约为乾隆十年（1745 年），最晚的为宣统元年，历时超过一个半世纪。

另外，敦义会的始见年份可能更早。因为从《景德镇新安书院契录》来看，新安敦谊会似亦叫"敦义会"，全称是"新安关帝庙敦义会"。关于这一点，见于新字第 149 号契：

---

① 郑乃章编：《景德镇新安书院契录》，道光二十六年十二月，第 88 页；道光二十九年十二月，第 100 页。
② 同上书，第 109 页，道光二十三年二月。
③ 同上书，第 112 页，道光四年十二月；第 115 页，道光四年十二月。
④ 目前所见的《水陆平安》抄本，即是与祁门瓷商前往广东经销景德镇瓷器相关的商编路程。参见王振忠：《瓷商之路：跋徽州商编路程〈水陆平安〉抄本》，《历史地理》第 25 辑，上海人民出版社 2011 年版。
⑤⑥ 郑乃章编：《景德镇新安书院契录》，第 23 页。

立卖契人张可爵，今因缺少使用，自情愿将父置分受己名下原买苏姓坐落邓家岭，坐西朝东店楼屋三间，……四至开明，尽行立契托中，出卖与新安关帝庙敦义会名下为业……

雍正十二年七月　日立卖契人张可爵。

此处亦提及邓家岭，而且与前揭两契（嘉庆元年二月赵国顺租约、嘉庆十七年四月祁门胡孔章租约）同属新字第149号契券，故新安敦谊会亦即新安关帝庙敦义会。倘若以上推断不误，则敦义会存在的时间长达175年以上。由此看来，敦谊会与关帝庙密切相关，而且，它也与徽州人从事瓷业生产及运输息息相关。

（3）敬圣会

新字第64号嘉庆十八年（1813年）六月万明春兄弟所立杜断卖契提及，他们将景德镇三图当铺衕内坐东朝西土库屋一重，"央中立断骨契，出卖与新安敬圣会名下为业"。关于敬圣会，《景德镇新安书院契录》中的记载不多，我们难以窥见其详。

（4）义醮会

义醮会又叫新安义醮会、新安书院义醮会、新安会馆义醮中元会、新安书院义醮社。据今人回忆，徽州会馆内有一小殿，叫义醮祠，每年冬至日敬祖做祭一天[1]。义醮会应与义醮祠有关。

① 曹时生、江锡侯、工国梁：《徽州会馆与群众团体》，载政协景德镇市文史资料研究委员会编《景德镇文史资料》第9辑《景德镇徽帮》，第231—232页。

《景德镇新安书院契录》中，最早与义醮会相关的契约是嘉庆时代，最晚的是民国时期①，历时也有一个半世纪左右。

关于义醮会，新字第 56 号契为道光四年（1824 年）正月的批约：

> 立批约人歙邑程庆余，缘身父母寄居景镇百有余年，父母及前妻之骨咸掩在斯。身今七十有二，膝下无儿，同继妻金氏夫妇相依。年老之人，风烛不定，忆思回籍，族无服亲，景镇之戚，独有外甥黄照山，年已六旬，倘伊归籍之后，路隔遥远，墓无标祀，必至遗失，是数家孤魂，成为若敖之鬼，故而深虑，是以与继妻金氏相啹，决意愿将自手买得景镇彭家衖下河基地一块，地上自造住屋一重，坐南朝北，左右己墙外为界，其屋另立批字，外加批钱捌拾千文，托凭保尊、外甥及朋友、徒弟人等，眼同批入新安义醮会内，益蒙诸桑梓照名录入，使身祖、父、叔、妻十人，日后九泉之下，岁岁叨祀标挂，俾冥冥之中不致冻馁，即永远感德无既矣。爰为立此托约，存会为据，录入歙西篁程塘祖父程余生字丹五，母胡氏旺弟，父应嵩字惟高，生母吴氏招弟，继母毛氏老贞，葬景镇叔父程廷玉，母李氏大女，己身程善字庆余，妻姚氏福弟，继妻金氏生秀。
>
> 经中 友：吴其中，胡廷显，江用和，江绍儒；
>
>   戚：刘昌季，曹治国；

① 新字第 141 号基地执照，民国十三年（1924 年）九月三日。

邻：董继昌，江复兴；

徒：吴济美，商发保；

保长　刘士铭；

代笔外甥　黄照山。

道光四年正月　日立托约人程庆余、继妻金氏。

这份批约的内容相当丰富。其中提及，歙县西乡的篁程塘人程庆余及其继妻，将基地住屋以及银钱批入新安义醮会，藉以让同乡为其祖、父、叔、妻等十人标祀。从其所列的十人来看，程庆余及其亲属皆累世在景德镇经商，而家乡倒并没有什么服亲。结合《景德镇新安书院契录》中所收的其他契券来看，义醮祠的运作极为成功。无嗣的个人或家庭，由于担心死后会成为孤魂野鬼，故而在风烛残年时就预先将财产批入义醮会，以换得后者对他们的祭祀。上述这份契约，颇为细致地反映出此类托约之形成过程以及涉及的相关中人。

类似的契约还有不少。例如，新字第 16 号契为同治五年（1866 年）六月十五日的推付顶约：

立推付顶约人祁邑洪炳辉，缘身先表伯张德生遗存景镇一图　保，土名石狮埠，坐东朝西，永美招牌、底脚、家伙俱全。生苦无后，乏人祭祀，所遗存之业，无人管理，是以身出场，托本邑中证，情愿将永美招牌、底脚、家伙，一并推付与本书院义醮会名下为业，当日面议，土逢时值净典钱柒拾五千文，其钱比将先表伯以次五亡人名入列义醮会，以图每年三节永受会内钱纸、香烟，则身与亡人两皆安益……

这份契约是祁门人洪炳辉将已故的表伯张德生产业捐入义醮会，以让张德生等五位亡者名列义醮会，得到永久的奉祀。

还有的一份输契，较上揭两契在时间上都更早：

> 立输契黔邑十都宏村汪江氏，身夫汪明远未生男育女，乏嗣祭扫。身与夫苦做勤积，裁缝生理。讵料嘉庆九年店被回禄，身夫揭债，建造彭家衖下河坐南朝北店屋一间，……今将四至开明，缘氏夫不幸殁世，临终嘱氏，托中保两邻，将店屋输入本会馆义醮中元会内管业收租，日后听凭拆毁改造，内外亲疏人等，无得生端异说，今欲有凭，立此输契存据。
>
> ……①

此契立于嘉庆十六年（1811 年）六月，所述情况也与前两契大致相同。不过，从中可见，新安义醮会也叫"新安会馆义醮中元会"。在传统时代，中元节俗称鬼节，此日有放焰口、做道场、施食孤魂野鬼的活动等。届时，打醮是常有的节目，义醮中元会显然就与此相关。此外，在《景德镇新安书院契录》中，还出现有"新安书院义醮社"之称呼：

---

① 郑乃章编：《景德镇新安书院契录》，第 91 页。

立托约人黟邑余明锦，缘因身自幼孤身一人在景镇贸易，年已六七，窃思随母下堂之堂侄天顺，浪荡游嬉，不务正业，身终不能靠其，如家外无亲。今自情愿，将自手买受景镇土地衖横街店屋一间，及店内家伙码头，尽行立约，托邻保族，批入新安义醮社内。当日将老契家伙单缴付外，立租约一纸，听凭社内收租管业。身生以为度日，死后以作祭扫。自后身亲族内外人等，不得生端异说，恐口无凭，立此托约，永远存据[1]。

该契的年代为嘉庆二十二年（1817年）七月。此份托约规定，黟县人余明锦预先将店屋等财产批入新安义醮社内，由后者代为收租管业。所得租金，作为生前的生活费以及死后的祭扫开支。此后的一契为光绪三十四年（1908年）冬月二十四日的输店屋字：

立输店屋字人黟县胡门罗氏，今将先夫自置景德镇二图州保财神衖下河店屋一间，输入本郡书院义醮社名下为业，听凭改造更租，与身无干。身与先夫福德及李松元、李成金、王氏凤鸾，同上义醮会永享祭祀，凭中输入，日后不得翻悔。今立输字，永远存据。再批：老契两纸，当日付书院经收……[2]

---

① 郑乃章编：《景德镇新安书院契录》，第152页。
② 同上书，第154页。

此处，"义醮社"与"义醮会"互见，可见两者实为同一组织。这些，都反映了义醮会的具体运作。另外，新安义醮会之控产来源除了同乡捐输之外，还有的则是通过买卖所得。如立于同治七年（1868 年）十月的契券：

> 立杜断出顶马头底脚约人何贤发仝室人齐氏，今因急用无措，自愿将己手顶受景镇土名老门头下首坐东朝西马头底脚并门外菜摊马头底脚，一并在内，凭街邻、中保，出顶与新安书院义醮社名下为全业，当日面议，土逢时值价钱拾二千文正，其钱是身亲手收足，其马头底脚比交管业，任从召租……①

从《景德镇新安书院契录》来看，新安义醮会的活动场所有固定的建筑，位于新安书院内，称"义醮祠"（见前"徽州会馆图"）。新字第 3、4、5、6 号契为光绪四年（1878 年）三月祁门人许子佩所立的杜断卖契，其中指出：他将祖遗的景德镇一图二保里市渡上首正街坐西朝东的店屋（向来系开棕索店），立契出卖与黟县王再文兄弟名下为业。民国九年十二月一日（1921 年 1 月 9 日），黄景云、吴星垣将"此业基地自愿输与义醮祠永远管业"。从契约的记载来看，原产业系王再文兄弟所有，但民国九年的经手人却是黄景云、吴星垣二人，显然是"因该主无人祭拜故也"②。换言之，因王氏兄弟过世，没有后人，所以同乡将其产

---

① 郑乃章编：《景德镇新安书院契录》，第 214 页。

② 同上书，第 10—11 页。

业捐入义醮祠，从而获得后者代为祭祀的礼遇 ①。

另据新字第 40 号光绪九年（1883 年）三月都昌人余顺景、顺藻所立的杜断卖屋契，此一契约计有两份，从中可见"义醮祠"也称作"徽州府义醮祠"。其一曰：

> 立杜断卖屋契字人都邑余顺景、余顺藻等，今因正用无措，自情愿将祖遗受得景德镇三图四保土名百子衖坐北向南土库楼屋一重，堂屋坐东向西，前后二进，东至余姓墙为界，西至新安书院义醮祠墙为界，南至大门本屋墙外衖心出路为界，北至　姓墙为界，以上四至开载明白，……尽行托中，出卖与徽州府义醮祠名下为业……

其二曰：

> 立杜断卖屋马头顶脚契字人都邑余顺景、余顺藻等，今因正用无措，自情愿将祖遗受得景德镇三图四保土名百子衖内坐北向南土库楼屋一重，堂屋坐东向西，东至余姓墙为界，西至新安书院义醮社墙为界，南至大门出入巷心出路为界，北至墙心为界，以上四至开载明白，并屋内马头、顶脚、地跳俱全，尽行托中，出卖与徽州府义醮祠名下为全业……

---

① 大同小异的契约，亦见郑乃章编《景德镇新安书院契录》，第 11—12 页。

可见，义醮祠亦有"义醮社"的名称。新字第 69 号契还提到：

> 立杜断绝卖楼店屋契约人詹元善堂、詹诒谷堂、詹守和堂等，今因公众正用，以至邀集公同妥议，将承祖遗景德镇与新安书院合业楼店屋半间，……尽行央中立契，出卖与新安义醮社名下为业……

此处的"詹元善堂""詹诒谷堂"和"詹守和堂"，应是婺源的三个公堂，由其中所提到的"承祖遗景德镇与新安书院合业楼店屋"来看，此义醮社应与主持徽州会馆的婺源商人关系密切。

义醮会的规章制度颇为严密，运作的效果亦相当显著。关于这一点，嘉庆九年（1804 年）余庆会的相关契约，也从另一侧面加以了证实：

> 余庆会创始于乾隆二十年间，经今四十余载，屡兴屡败，皆因管理不得其人，以致如此。今幸置有老衙口下河店屋三间，每年收租银拾二两六钱，以为六月十二演戏补祝关夫子圣诞。因思吾等艺业，来去无常，犹恐后人管理不善，将会废弛，因见六邑义醮会规条井井，谨慎办事，可垂不朽，是以阖会诸友公同嘀酌，将余庆会店屋三间，并原买赤契租约，付托义醮会，永远代为收租。每年六月十二演戏一本，补祝圣诞，其供献冠袍、香烛，皆依旧例，不必好班，不用包日。每年所剩些微，凑入义醮，其大小修理，亦托支

持。念在桑梓，尚望始终如一，将见此会与庙貌常新，会友叨荣于不朽矣。今欲有凭，立此托约一纸存据。

　　大清嘉庆九年八月　日立托约余庆会六邑首士人

　　歙邑程士安、章德源

　　婺邑江布良、何宾兴

　　休邑汪遂良、刘万元

　　黟邑汪永明、郑松彬

　　祁邑张君发、郑东如

　　　　周沛然、王功禄

绩邑

代笔蒋君美[①]。

　　此处提及乾隆二十年（1755年）创始的余庆会，也是徽州一府六县之人所共同发起。该会置有店屋三间，每年的租银用以六月十二演戏庆祝关帝圣诞。参与者皆是徽州的手工艺人，流动性极强，他们担心自己的会组织会消弭于无形，故此筹思良策。当他们看到徽州府六县义醮会的规章井井有条，遂将会产付托与义醮会。由此例子，亦可反衬出义醮会运作之成效。

　　另外，义醮会主要是帮助处理无嗣之人身后的标祀问题，故而与中元节之祭祀密切相关。新字第150、151号契为乾隆六十年（1795年）八月黄双全所立的杜断卖契，其中提及，将邓家岭店屋二间出卖与新安中元会名下为业。由于此契与同治七年

---

① 　郑乃章编：《景德镇新安书院契录》，第117—118页。

（1868年）十月何贤发等人所立杜断出顶马头底脚约同属于新字第150、151契，而后契则提及新安书院义醮社，可见二者应有相当的关联。从年代上看，可以推测"新安中元会"可能是"新安书院义醮社"之前身。新安中元会，亦写作"徽州会馆中元"[①]。对此，民国《重修婺源县志》卷41记载：

> 詹永樟字树滋，秋溪人。性仁厚，才卓识超。随父客景镇，适建徽州会馆，众推樟廉正，领袖督工，又举专司馆务。道光戊子蛟水横流，浮棺无算，樟雇人往援，认识者助赀异归，不识者代为埋掩。又于荒洲乱石中遍搜暴骴遗骸，给槽瘗之。嗣建中元会，展墓赈孤，在镇四十余年，力行不怠[②]。

道光戊子为1828年（道光八年）。从上述传记的表述顺序来看，婺源秋溪人詹永樟曾建中元会，时间在道光八年以后，这与前揭契约之所载颇有出入。当然，可能的情况是，除了新安中元会外，徽州府的个别县份也还有属于自己的中元会。

3. 其他

除了以上的组织，各类史料中还见有其他的一些堂、社、会

[①] 郑乃章编：《景德镇新安书院契录》，新字第11号："立杜断卖契人仇以鸿，缘手自置景镇土名求子衕上首坐东朝西店面三间，内土库屋一重，……尽行立杜契，出卖与徽州会馆中元名下为业……"（乾隆五十八年九月，第22页）。

[②] 民国《重修婺源县志》卷41《人物十一·义行七》，"中国地方志集成·江西府县志辑"28，第1页。

等，以下分别叙述。

（1）如新社

"如新社"之名，始见于嘉庆二十三年（1818年）八月初一日的租约，其中提及泾县人郑有龙，租到新安敦谊社、如新社名下求子衕上首坐东朝西店屋一重，门面三间①。其次，光绪十四年十二月（1889年1月）江荣基的杜断卖契，内容是江荣基"承父遗下景镇坐落二图四保土名董家湾钟家衕坐西朝东，向开本和面坊内马头顶脚，系与新安书院合业，身得一半"，他自愿"将身得马头顶脚、招牌、家伙，央中立契，出卖与新安书院如新社名下为业"②。此后，民国十年（1921年）夏历三月吉日的江敬达杜绝卖契：

> 立杜绝卖店屋并码头顶脚全业契人黄振氏全男燮元，批契人黟邑江敬达，因新安书院如新社名下，坐落景德镇三图二保灿子衕口，坐东朝西楼房店面屋三间，并基地及码头顶脚，又敦谊社毗连店后土库屋基地墙垣并码头顶脚全业，系均与江敬达开邦达店屋毗连，因便用起见，托中人胡仲康君向书院六邑公同情商，自愿遵章以业揉业，蒙公众许可，今特契买此业，与贵社揉换，将此契批明，全行交新安书院如新、敦义二社名下为业，以便照契管业，另补贵社英洋肆百五拾元正。其洋连同此契如数缴交，其灿子衕如新、敦谊

---

① 郑乃章编：《景德镇新安书院契录》，第26页。

② 同上书，第155—156页。

二社之业，当蒙将新、老契据共计四纸，亲手领收……①

　　江敬达为安徽黟县二都人，光绪年间创设有"江邦达号"南货店，其规模曾居景德镇南货业之前茅。由上述二契可见，如新社亦作"新安书院如新社"。如新社存续的时间较长，从嘉庆二十三年（1818年）直到民国十年（1921年），前后存续的时间长达一百多年。而且，它与敦谊【义】社有着颇为密切的关系。

　　（2）新安书院维新社

　　景德镇存在着许多的社，这些社都是行会组织。关于维新社，新字第168至169号光绪七年（1881年）九月一日的杜断绝卖店屋基地契：

　　　　立杜断绝卖店屋基地契人黟邑胡殿臣，原身家置有店屋两间，坐落二图八保小黄家衖河街外，坐北朝南店屋二间直进，东至墙西，西至墙，北至墙，南至官衖，右体四至分明，其店屋上连椽瓦，中连楼板桁条，下连基地、磉石，店门、床门、房间地脚、柜台，一应俱全。今因正用，央中保将店屋基地尽行立契，绝卖与新安书院维新社名下为业，当三面议作时值纹银伍拾两正，其银是身亲手收领足讫，其店屋即交社内封锁管业无异……

　　从"维新社"的名称来看，或是晚清新成立的组织。另外，

_____
① 　郑乃章编·《景德镇新安书院契录》，第50页。

新字第 168、169 号契末提及："此契系维新社捐助而来，即红店会于民国卅八年十月十五日由施手送来。"可见，维新社亦即红店会。契中的"红店"，是指彩瓷业的店铺，专门从事瓷器的釉上彩绘并烤花。据蓝浦《景德镇陶录》记载："镇有彩器，昔不大尚，自乾隆初官民竞市，由是日渐著盛，俗呼红店，其自称曰炉户。"[①] 在红店从事釉上彩绘的人，称为"红店佬"。1928 年，景德镇从事此业者计 1452 户，工人总数为 4251 人[②]。例如，黟县五都田段人程门，为清代著名画家，其子程言、程盈各秉庭训，得其一艺之长，均在景德镇"以画磁资生。所画磁品，迄今犹名贵也"[③]。黟县何村人何崇明也在景德镇，"善画瓷器，人争购之"[④]。这些人，应当也就是"红店佬"，亦即在红店从事釉上彩绘之人。

（3）新安仁恤堂

根据当代祁门人程振武（1926— ）的回忆，徽州会馆在童家栅门建立"仁恤堂"，作为专供旅景徽州人疗养疾病和停放灵

① 傅振伦著，孙彦整理：《〈景德镇陶录〉详注》，第 54 页。
② 此据《江西陶瓷沿革》，转见石奎济、石玮编著《景德镇陶瓷词典》，第 346 页。
③ 民国《黟县四志》卷 7《人物·艺术》，"中国地方志集成·安徽府县志辑"58，南京：江苏古籍出版社 1998 年版，第 111 页。此外，安徽博物院收藏有《景德镇河东、河西图卷》，作者即晚清民国时期的程言。这一彩色图卷类似于商编路程图中的图画部分，此类作品的出现，显然反映出当地前往景德镇人数之众多。感谢安徽省电视台王东先生，为我发来安徽省博物馆收藏的该图照片。关于《景德镇河东、河西图卷》的概述性介绍，可参见：闻悟白《〈景德镇河东、河西图卷〉赏析》，载《景德镇文化》2014 年第 1 期。
④ 民国《黟县四志》卷 7《人物·艺术》，第 114 页。

枢的善举场所，并设有专人管理①。对此，以往没有什么文献可以一探究竟，而《景德镇新安书院契录》则提供了不少进一步分析的细节史料。据1924年浮梁县公署布告，景德镇新安书院的契券被编入新字、安字二号，"凡属本书院院址及义冢山、仁恤堂等均不租者，则编入安字号"。据此可知，有关仁恤堂的契券，主要集中于安字号。其中，安字第25号契，是都昌人冯承杰等将景镇一图八保土名求子衖后街三间房屋等，出卖与新安仁恤堂名下为业。其中提及："其屋新立四至，坐北朝南，四面砖墙，二门外小院一长条，大门一座，小院南向，砖墙至炮竹店墙心为界，前至街路为界，后院东至仁恤堂业为界，南至仁恤堂后墙邵宅后墙边墙炮竹店后墙空地为界，北至求子衖后小路直上仁恤堂业为界"。可见，仁恤堂应位于求子弄附近。此外，安字第53号、安字第58号、安字第59号，皆是仁恤堂购地建造义冢的相关契约。除了安字号各契券之外，新字第133号、第154号契和第157号契，都涉及仁恤堂的店屋买卖。其中，新字第157号杜绝断卖屋契附有绘图，从中可见有三处的"厝柩处"和一处"殡殓所"，另有一处"仁寿别墅"，其北面则是仁恤堂。

有关仁恤堂的契券，目前所见最早的时间为光绪十二年（1886年）五月。另外，安字第60号契后有民国十一年（1922年）夏四月李玉书的批助：

---

① 政协景德镇市文史资料研究委员会编.《景德镇文史资料》第9辑《景德镇徽帮》，第4页。

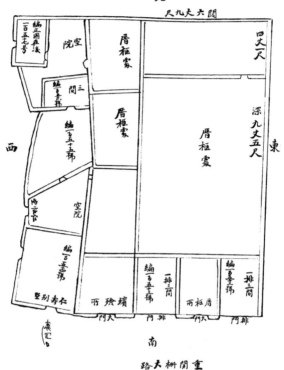

新安仁恤堂布局图

　　此山乃黟邑李德玉堂契买之己业，今将此山并契，乐输
与新安书院照契管领，以存仁恤堂内期限已满之枢，得以埋
葬有所之意耳。

　　此山原系黟县李德玉堂购买浮梁人沈义粟的祖遗己山，后由
前者乐输与新安书院。由此可见，仁恤堂也是暂时停放新安旅榇

的场所，其停放时间有一定的限制，过期倘若并无家属带归故里，则被移出，安葬于新安义冢，这与徽商在各地的慈善组织完全相同。

（4）协庆社

协庆社之名，见新字第47、48、49、50、51号契光绪三十年（1904年）八月一日谭义发的杜断绝卖旧屋、基地契，其中提及，将"自置景德镇三图九保土名哲四巷下衙转湾〔弯〕上首第四间，坐西朝东，前面基地一片，后进西边旧屋一排两间，新立四至，东至官街为界，西至墙为界，南至协庆社老业为界，北至郑姓墙为界，上至青天，下至地骨，上连椽瓦，中连穿枋梁栋，下连磉石，以及寸土尺木、块石片瓦，并基地、码头顶脚一并在内，今取一半，央中立契，出卖与新安义醮社名下为业"。另外，据该契的"再批"，当时，"义醮、协庆社各买一半，共成全业"。义醮即义醮社，故协庆社应当也是与徽州相关的会社。

（5）义祭社

新字第165至167号契曰：

> 立乐捐店屋契约人徽帮义祭社即江南茭草会代表叶春华、李元星、齐文忠等，原因我等同业先辈集资兴社，祭祀同业前辈，并置有店屋叁间，坐落景德镇，土名棋盘街，坐北朝南门面，东至墙外滴水为界，西至墙心为界，北至徐姓墙为界，南至官街出入为界，上至檐桁瓦角，中连栅枋楼板暨板壁房间，下至地骨，所是界内寸木片石砖头，明现暗藏，丝毫不留。我等营业不振，恐后失业。现因我徽人捐资

兴学，我等同业商量，愿将此叁间店屋立契，乐捐与新安小学名下为业，任凭召租改造无阻。经中言定，将本社先辈做神主附入新安义祠，又蒙津贴，补我等失业工人二拾伍万元，另有拾万元超度先辈之用。未乐捐之前，本社同人商量妥协。既乐捐之后，毋得生端异说。恐口无凭，立此乐捐店屋契字约为据。

外此当付老契壹纸。

经场人：齐文明、汪汉章、施维明、詹文华、舒鹤群、胡西垣、饶华阶、戴誉芳、汪启明、查全达、俞又生、谢文清、邵鹤泉、余勉，汪佩生。

保长：洪彬。

甲长

代笔：程云和。

中华民国三十五年十一月　日立乐捐店屋契字人　叶春华、李元里、齐文忠

上述的"经场人"之一施维明即前述的施亦济，是景德镇新安书院的"首士"之一。另外，契券中明确提及"徽帮义祭社即江南茭草会"。当时，瓷器装运必先束以稻草，名曰茭草，即以稻草和竹篾将瓷器包扎起来，另外也指茭草行业的包扎工人。蓝浦《景德镇陶录》："包纸装桶，茭草根凳，皆有定例。"[1] 茭草会亦即茭草行，是专为顾客包扎瓷器的行业。可见，此会亦由徽帮

---

① 傅振伦著，孙彦整理：《〈景德镇陶录〉详注》卷4《陶务方略》，第57页。

所把持。契券中提及的"新安义祠"，应即徽州会馆中的义醮祠。这份契约的内容是说，徽帮义祭社（江南荄草会）的经营状况不好，其成员濒临失业的境地，他们将3间店屋乐捐与新安小学。作为回报，徽州会馆义醮祠为徽帮义祭社原先所祭祀的同业前辈制作神主，附入义醮祠祭祀，并对徽帮义祭社的失业工人加以补助。

徽帮义祭社，亦称"本（徽）郡义祭社"、"安徽义醮社"等。新字第155、156号，光绪八年（1882年）十月十七日祁门人黄百花，"将承父所置景镇一图八保土名重关栅门上首土库屋一重计六间又后进土库书屋一重计三间"，出卖与本郡义祭社名下为业。从新字第157号杜绝断卖屋契所附绘图来看，义祭社应主要是处理同乡的善后问题，与仁恤堂的关系亦颇为密切。

除了徽帮义祭社外，《景德镇新安书院契录》中还见有"祁邑义祭社"。新字第139号杜断绝卖楼店屋并码头顶脚全业契，主要内容是民国十一年腊月（1923年1月或2月），浮梁郑嗣康将楼店屋五重（位于五图九保，土名厂前），出卖与新安书院义醮社名下为业。其后所附之图注明："此业坐落厂前，现县署隔壁第三间。"从图上看，其北面为"祁门义祭社界"。另，新字第157号契提及，都昌县人邵玉春等，于同治十三年将景镇重关栅门上首一图八保正址土库仓屋等，出卖与祁门黄时来名下。光绪八年（1882年），黄时来将屋转典卖与祁门义祭社为业。

（6）义渡会

据安字第22号记载，哲四巷对面基地一丈七尺，原系徽商方君素先年助入里市渡，令其取租雇募舟子，以济往米。康熙五十一年（1712年）五月关帝庙发生火灾，另买八卦图基地与之对换。当时，义渡会首为黄赤生、余于昭、刘治也、陈玉铉和方天瑞等人。义渡会应附属于徽商兴建的关帝庙，相关内容已见前述。

另外，除了一府六县共同的组织之外，还有一些与特定县份相关的组织。以祁门为例，前面就曾提及祁门的义祭社。另据新字第158号契，康熙二十三年（1684年）五月初二，浮梁景德镇三图人吴天从等，将曹家码头店地二间，出卖与祁门南路十五都芦溪汪名下为业。康熙五十六年（1717年）五月十三日，又重新立契：

> 立乐输契人祁邑十五都龙溪船会汪、周、江并杂姓人等，原买景镇吴天从、吴天德曹家马头地基二间，合众商议，自愿立契，乐输与新安会馆名下前去收租管业……
> 康熙五十六年五月十三日乐输契人汪正义、汪敦本、汪崇德、汪光启、汪振一、周敦义、江聚义。
> 中见代笔汪尔康。

由此可见，"龙溪"当即芦溪，通往景德镇的阊江（昌江）流经此地。前契中的"汪"，应是指"汪正义"等，第二份契中的乐输契人"汪正义"等，并不是个体的人名，也是祁门十五都芦溪一带各个祠堂的名称，显然，龙溪船会应是由各个族姓联合起来的地缘性组织。

明清时代，祁门与景德镇的关系极为密切，道光年间倪伟人所撰《新安竹枝词》有："梅城五月出神船，十二船神相比肩，小拍齐歌啰啗曲，大家结得欢喜缘。""梅城"亦即祁门之别称。现存有《合邑船福会规则》稿本，为光绪二十一年（1895 年）汪、王、吴三户同订，记录了当年三月二十六日至五月初五日祁门县城的船福会事。对于迎神赛会时各类名目开文、所办器物用品以及工食脚力等，都有详细的记录[①]。上述的祁邑十五都龙溪船会，应是祁门县十五都芦溪一带民众组织的船会，他们捐输给新安会馆的马头地基，是龙溪船会原在景德镇所置的产业。此外，在景德镇活动的祁门人，除了经营瓷业之外，还有从事木业者[②]，及至民国，尚见有祁门旅景木业同业公会[③]。

除了祁门之外，《景德镇新安书院契录》中还有黟县的文明社。新字第 69 号嘉庆十九年（1814 年）二月的杜断卖契，内容是黟县人胡燮和将景德镇五图老衙口上首第三间的楼店屋，出卖与黟邑文明社名下为业。不过，黟县文明社仅见此一例。

新字第 117、118 号契提及，汪溶川等人将祖遗涂家坦土库楼屋等出卖与海阳惜字会，惜字会是一种劝善组织，而"海阳"亦即休宁。据民国《重修婺源县志》卷 41 记载，婺源沱川人余席珍"承先人遗业，服贾景镇"，"又兴惜字会，建文昌宫，筹划备极周详"。可见，在景德镇设立惜字会的，不只是休宁一县的民众。

---

① 此稿本为安徽黄山吴敏收藏，收入王振忠主编《徽州民间珍稀文献集成》第 3 册，复旦大学出版社 2018 年版。
② 在徽州文书中，还见有祁门木商所立的"木商胜用会"，见《景德镇木商务胜用会簿序》（祁门杂抄，民国抄本 1 册，私人收藏）。
③ 《全国商联会电请中央令撤赣省木捐》，《申报》1935 年 3 月 15 日。

表3　清朝、民国时期景德镇的徽州会、社组织

会社 / 年代	同仁局（会）	崇正社（会）	敦谊（义）会	敬圣会	义醮会（社）（中元会）	仁恤堂	如新社	维新社	龙溪船会	祁门义祭社	黟县文明社	协庆社	余庆社	义祭社（江南茭草会）	义渡会	海阳惜字会
顺治																
康熙									O						O	
雍正			O													
乾隆	O	O	O		O								O			
嘉庆	O		O	O	O		O			O						O
道光	O	O			O											
咸丰																
同治		O			O											
光绪	O				O	O	O	O			O	O				
宣统			O													
民国	O	O			O	O	O	O			O			O		

由于资料的限制，我们对于上述社、会的了解仍然相当有限，有些社、会可能长期存在，有的存在时间则相对较短。从前述可见，义渡会早在康熙五十一年（1712年）以前就已存在，而龙溪船会也至迟出现于康熙五十六年（1717年），这两个会都与交通运输有关，可能与清初景德镇瓷业的复苏密切相关。雍正八年（1730年），浮梁知县沈嘉征以景德镇"五方杂处，无告者多失所"，遂将地藏庵改为堂舍，兴建广济堂。对此，大中丞谢

旻撰有《广济堂记》：

> 景德，江右一巨镇也，隶于浮邑，业陶制器，利用遍于
> 天下。四方远近挟其技能以食力者，趋走如鹜。顾有壮鬻其
> 技，而垂老无依者；有偶婴痒病，力不能胜，尪羸疲困，流
> 离失所者。其地偏，其人稠，其商贾率皆傲居逐末，锱铢计
> 较，遇老病者不能执业，辄屏弃之，虽平时曾资其力，亦莫
> 之或恤……。嗟此穷黎，故土既已无归，异乡又无托足，老
> 而病，病而死，此固惠政之所必先，而亦镇之人士亟宜动念
> 者也……①

揆诸实际，沈嘉征此举，是模仿京师普济堂之设而兴建。作
为官方的"惠政"之一，普济堂式的慈善事业在全国各地曾得到
较大范围的推广。不过，官方的慈善事业有其固有的缺点，特
别是对于景德镇这样流动人口规模庞大、行帮控制严密的城镇而
言，此类"惠政"实属杯水车薪。沈氏显然也看到了这一点，故
号召"贾于斯而商于外者，咸踊跃捐输无稍倦"，为此，各地商
帮的会、社组织，显然有助于弥补上述善堂之不足。

《广济堂记》一文对于景德镇手工业者的描述，与《景德镇
新安书院契录》中提及的下层民众之社会生活颇相吻合。也正是
在这样的背景下，及至雍正以后，特别是乾嘉时代，徽州的社、
会组织如雨后春笋般地纷纷建立，仅以目前所见为例，就出现了

---

① 道光《浮梁县志》卷5《公署（附养济院）》，第77页。

同仁局、崇正会、敦谊会、敬圣会、义醮会、如新社、黟县文明社、余庆社和海阳惜字会等，其中，敦谊会和义醮祠皆与瓷业密切相关，这反映了徽商与瓷业生产千丝万缕的关系。另外，太平天国前后，婺源清华人胡文耀，"在景镇，立掩埋会，修徽州会馆，倡捐置义冢山，兴会课，筹宾兴费，建婺源会馆"。每当景德镇遭逢水灾时，他就"议停各会演剧费，以施衣食"①，显然，各会与徽州会馆、婺源会馆的关系皆相当密切。

四、余论

1.《景德镇新安书院契录》计有 4 册，倘若将所录各契指涉的地点，具体落实到景德镇城市地图上，其第 1 册至第 3 册的编号序列由北向南，又由西向东，再由南向北，而第 4 册则涉及徽州一府六县的诸多公产。应当指出的是，《景德镇新安书院契录》中登录的徽帮产业，只是由徽州会馆直接控制的馆产，而在实际上，在景德镇活动的徽州人及其相关产业，还远不止这些。2014年冬，笔者在徽州就收集到数份契约，其一为租约：

> 立租约人吴来苏堂，今托中租到郭永泰号名下码头顶脚壹所，坐落陈家街五图七保，坐西朝东，前后两进，南边厨

---

① 民国《重修婺源县志》卷 42《人物十一・义行八》，"中国地方志集成・江西府县志辑"28，第 51 页。

房一间，系开张药材生理。三面言定，递年硬交租银二七官平纹贰拾捌两正，其银三节前交兑，不得短少分文。倘若短少、拖欠，听凭屋东管业，另租无阻。不能以自置家伙、账目在店生端。修整翻盖，不管【关】屋东之事。恐口无凭，立此租约为据。

　　预兑英洋拾二元，以作押租。

　　保长王长春（押）

　　中见人江启鳌（押）

此业于癸丑年十一月底□与李光铃堂管业，仰缴李姓收。

光绪二十五年二月吉日立租约人吴来苏堂（押）。

　　陈家街位于御器厂东南，街东便是十八桥，街面上有各种店铺，十分热闹。景德镇地名歌中俗有"陈家街上花似锦，十八小桥赛洛阳"之说，属于商业极为繁盛之区。租约中的"此业于癸丑年十一月底□与李光铃堂管业，仰缴李姓收"，应是后来所批。其中的"癸丑年"即民国二年，当年的十二月底即 1914 年 1 月。相关的契约即《租码头顶脚约字》：

　　立租码头顶脚约字人吴来苏堂，今托中租到李光铃堂名下，坐落景德镇五图七保陈家街下首，坐西朝东店屋壹堂，前后两进，又毗连南边厨房屋壹重，所有店内码头顶脚均全，尽归本号，托中承租，开张药材生理。凭中三面言定，每年实交租金官平二七纹银贰拾贰两正，无折无扣。其银分三节前按数交纳，不得拖延、短少。倘若拖欠租银，听凭屋东管业，另租无阻，不得以自置家伙、账目在店生端。其屋小修理，议归店客自认，毋得异言，恐口无凭，立此租码头顶脚约字为据。当付押租洋拾贰员正。

中见：黄步青（押）

民国贰年岁次癸丑阴历腊月吉日吴来苏堂押。

上述两份租约，内容都是一个吴姓的公堂，向景德镇的另一公堂（李光铃堂）承租码头顶脚、店屋、厨房等，开张药店。此外，第三份《租约》也与李光铃堂有关：

立租店屋约字人黄翔泰，今托中保，租到李光铃堂名下，坐落景镇二图七保黄家衖下首第一家，坐东朝西厂铺门面店屋一重，入深二进，又左边坐落太和衖坐北朝南厨房、碾屋一进，所有店内门壁、楼板、柜台、地板等件，本东一概装修如式，是身托中保承租，开张米业生理，三面言定，递年交纳租金英洋贰伯二拾元，内除房捐小修英洋二拾元，实交纳租英洋二伯元正，无折无扣，其洋订定三节前按数交纳，不得拖延、短少，亦不得私行贩租，如有此情，听凭本东追租管业，决无异说。其店屋倘本东自用，预先通知，理当迁让，所有自置家伙等件，即行搬去，亦不得以账目藉端，应将全业交还，决无存留、预替等情。恐口无凭，立此租店屋约字存据。

再批：言定壬戌至丁卯租六年，以后加租。

又批：其店小修，议归屋客自认；如大修理，须向屋东说明，店客不得自行开销，又照。

凭中：吴瑶笙（押）

民国十一年壬戌　月　日立租店屋约字人。

　　黄家衖和大和衖靠近瓷器街。早在清代，"瓷器街颇宽广，约长二三百武，距黄家洲地半里余。街两旁皆瓷店张列，无器不有，悉零收贩户，整治摆售，亦有精、粗、上、中、下之分"①，此一瓷器街虽然不太长，但后来却逐渐发展而为集瓷器销售及饮食服务业的著名街市。这份租约，是黄翔泰向李光铃堂承租店屋，租期自民国十一年至十六年，为期六年。此外，还有另一份《租约》：

　　　立租房屋并码头顶脚约字人李开泰号，今托中，租到舒有庆堂名下，土名陈家街，本号后进房屋壹重，坐东朝西，又北向，毗连房屋壹重，坐北朝南，并码头顶脚均全，所有门壁、房间、楼板、楼梯等件，一概装修如式，尽归本号，托中承租作用，递年硬交租金官二七银四拾两正，无折无扣，其银分三节前按数交纳，不得拖延、短少。每年修理、房捐等用，议归本号自认，无得异言。恐口无凭，立此租约为据。

　　　凭中时荫青。（押）

　　　中华民国元年阳历十二月　号立租约人。

　　这也是在陈家街一带的房屋，交易的一方应当也是商号（李

---

① 傅振伦著、孙彦整理：《〈景德镇陶录〉详注》卷4《陶务方略》，第57页。

开泰号），向景德镇的一个公堂（舒有庆堂）承租房屋。其中的"舒有庆堂"，从姓氏上看，应来自黟县。另外，中人时荫青与《景德镇新安书院契录》之序作者时霖（雨农）同姓，考虑到"时"姓在中国百家姓中实属少见，故两人当为同族无疑。

上述的四份契约，从时间跨度上自晚清迄至1922年，各契皆书写于大红及梅红色折页上，而其契约格式与《景德镇新安书院契录》中所收录者极相类似。而且，这批契约[①]的来源脉络清晰，为黟县杏墩里"履吉庭"胡氏徽商后裔所有（胡氏的先人胡墨宾在景德镇的大有恒钱庄从业）。大有恒钱庄开设于清末民初，为黟县人孙开初创办，钱庄建在麻石弄口（今中山南路70号），为全镇四大钱庄之一。据孙氏后裔回忆，大有恒钱庄的客户，多数是东北、京津、武汉一带的瓷器商号。该钱庄于抗战时期最终歇业，主要是被外埠瓷器商号的破产倒闭所拖累[②]。由此也从一个侧面说明，在景德镇活动的诸多商号，皆与瓷业产销有着直接或间接的关系。从1924年《景德镇新安书院契录》序文来看，孙开初也是新安书院公举的"清查员"之一，直接参与了徽州会馆相关产业的调查和勘测。

2. 徽州是一个高移民输出的地区，早在明代，天下的繁华都会以及山陬海隅、孤村僻壤，处处都留下徽商的足迹。及至清代，不少城市中都出现了徽商聚居区。此类相对集中的聚居区，

---

① 除此之外，同时收集到的还有一些明信片、书信原件、尺牍活套和私塾课本等。这批文书涉及的店业还有景德镇永成和布店（绸缎呢绒号）、同丰和呢绒号、恒丰裕布店、恒生顺记绸缎呢绒号和瑞丰绸缎号等，相关探讨有待于今后的进一步研究。

② 孙熙成、孙友松：《跃居福宇位的大有恒钱庄》，载政协景德镇市文史资料研究委员会编《景德镇文史资料》第9辑《景德镇徽帮》，第100—101页。

在杭州是位于钱塘江滨的江干一带,扬州、淮安集中在濒临京杭大运河的河下,而汉口则在围绕着紫阳书院(徽州会馆)的新安巷一带。与其他城市中局部范围内相对集中的情形不同,在景德镇,整个城区范围内都有大批徽州人活跃其间[①],徽州会馆的相关产业也遍布于城市的各个街区。这一事实,提供了"无徽不成镇"的一个生动例证。

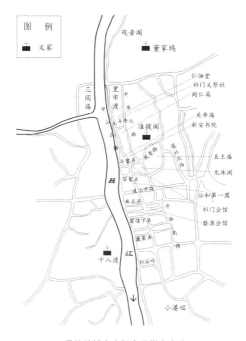

景德镇城市空间中的徽商史迹

---

① 从民国时期的徽州书信来看,"景地邑人众多"、"景埠乡人荟集,称便多多"——这是《景黟书信》抄本(私人收藏)中的记载。见书中民国十五年(1926年)十月三十日《致宝坚叔》、民国十四年(1925年)二月初十日《致光远叔祖》。

明代中叶以来，在"无徽不成镇"的长江中下游各地，徽商的活动尤为活跃。在上海、汉口等地的会馆征信录中，我们时常能看到与会馆相关的市房经营（这些产业是会馆赖以存在的经济保障），但没有一份文献像《景德镇新安书院契录》这样的资料如此细致。当时，徽州府对外的水路交通主要有两条：一条是新安江，另一条则是闾江水道。从徽州东下经新安江、钱塘江，便可到达杭州；而自祁门由闾江（昌江）经浮梁县城亦可到达景德镇。因交通上的便捷，徽州不少人外出经商的首站，往往是选择杭州和景德镇，从这一点上来看，景德镇与杭州的情形极相类似，聚集在景德镇的徽州人也相当之多。于是，除了覆盖一府六县人群的同乡及慈善组织之外，还有一些县份单独兴建了会馆，并有名目繁多的会、社等组织活跃其间，藉以照顾到不同类型、不同层次人群的利益诉求。

一般说来，徽商聚居、建立徽州会馆之处，通常都有征信录的刊行。例如在杭州，既有《新安惟善堂征信录》那样与全体徽州人相关的征信录，又有只与徽州木商或徽馆业商有关的《徽商公所征信录》《新安六安材会征信录》[①]等。至于在景德镇，徽州会馆是否刊行过征信录迄今尚不得而知，因此，我们暂时还无从获知清代民国时期会馆逐年的收支状况，不过，从《景德镇新安书院契录》的序文来看，景德镇徽州会馆的"市房杂业"多达

---

① 参见王振忠：《清代、民国时期江浙一带的徽馆研究——以扬州、杭州和上海为例》，载熊月之、熊秉真主编《明清以来江南社会与文化论集》，上海社会科学院出版社 2004 年版，第 128—152 页。

224 号，常年收入近万元，会馆运营颇为良好^①。而且，不少会、社组织的活动，对于徽州会馆的依附性显得愈来愈强。此种内附趋势，应当与景德镇徽、都、杂三帮之间激烈的竞争乃至冲突密切相关。

3. 景德镇城区三面环水，地处昌江主河道与南河、西河交汇处，素有"三洲四码头，四山八坞，九条半街，十八条巷，一百零八条弄"的说法，城区街巷里弄的分布相当复杂。在这一域土地上，曾活跃着来自四面八方的各地人群。康熙二十一年（1682 年），抚州府通判陈淯指出："景德一镇，则又县南大都会也，业陶者在焉，贸陶者在焉，海内受陶之用，殖陶之利，舟车云集，商贸为聚，五方杂处，百货俱陈，熙熙乎称盛观矣！"^②在这方面，《景德镇新安书院契录》一书，展示了极为生动的移民、定居以及产业变动不居的画面。例如，前文提到的关帝庙亦称新安关帝庙，简称新安庙。新字第 86 号契提及，乾隆三年（1738 年）八月初八，余仲益将祖传店楼屋出卖与新安庙名下为业。另外，乾隆四十六年（1781 年）十月，休宁县吕永兴购买建昌府新城县李永裕店屋一间，托付新安庙义友管理，其契曰：

> 立托约人吕永兴，原系休宁人氏，迁居浮梁景德镇数

---

① 另据今人回忆，"徽州同乡会拥有的房地产业不下 300 幢，每月房地产的租金，收入大米达 100 多石，除用于祭祀祖先和同乡会的公益事业外，尚有大量剩余"。（舒鹤群、汪水传：《新安小学》，载政协景德镇市文史资料研究委员会编《景德镇文史资料》第 9 辑《景德镇徽帮》，第 237 页）此处所指的"徽州同乡会"似非确指，而是指与新安书院（徽州会馆）相关的组织。

② 康熙《浮梁县志》序，第 14—15 页。

十余年，并无亲族人等往来看顾，今因年高老迈，有病临身，生死在于旦夕，孤寡无嗣，可怜苦撑，所积白银五拾有余，所买市房一间，坐落江家衖，有红契二张为凭，照契管业，其契交与义友等轮流管业，租银定于清明、冬至两季收租，以作永远祭扫之费。倘身故之后，休邑人来冒认家族亲戚、至此争论异说者，托众位义友，即执此托契鸣官理论。身将此房屋、家伙，泣托众位义友，原系在日相好，受此托约之契，务必始终如一，父传子，兄传弟，相传不朽。切念在日情分，勿负临死之托，年年至期，有劳诸公之舍步，岁岁登孤寡之荒丘。愧受一枚纸钱，叨沾诸公之仁德，虽瞑目于地下，亦感恩于九泉矣。立此托约八纸，各执一张，永远存照。

收托约人陈义天、陶圣万、潘君荣、程福寿、闵成一、叶宗武、沈永明、孙永锡。

大清乾隆四十六年辛丑十月　日立托约人吕永兴[1]。

这是一位叫吕永兴的休宁人，迁居景德镇已有数十年，其人无亲无后，晚年有50余两积蓄，购买市房一间，于临终前，将此交托新安庙义友，让后者为自己死后定时祭扫，以免沦为孤魂野鬼。契券中提及的"新安庙义友"，反映出上述的八位"收托约人"，与立托约者皆是以神缘为纽带形成的特殊关系。类似的例子，还见于围绕着五王庙的土夫生理。关于这一点，安字第

---

① 郑乃章编：《景德镇新安书院契录》，第128页。

57 号契载：

> 立杜卖契字人徐洪喜，兹因家中用度不足，将自手所置里仁都上三图五王庙土夫生理，上至求子衖直进白云庵为界，下至百子衖瑞州会馆大门当心下河后街龙门夫直进为界，周年分作十二股，内得五股，分派五个月，正、五、六、十、腊共五个月生理，闰月与杨元发共。自情愿托出中保，将五股土夫生理，出卖与范起良名下为业，当日凭中，三面言定，土逢时值价九八大钱拾五千文正，其钱比交卖契人亲手收足，其土夫生理，即交范起良管业任做，所买所卖，一意情愿，并无逼勒等情。未卖之先，并无重互【复】交易，自卖之后，各无悔异。倘有来历不明，并及嗣后如有内外亲疏人等，端卖契人一力承耽，不干买者之事，恐后无凭，立此断卖契字，永远存据。
>
> 保长：汪占鳌；代笔：徐凤翔；
>
> 中见人：杨元发、余三阳、余细毛、余江贡、袁镇保、谢连生；
>
> 大清光绪元年冬月　　日立杜断卖契字人徐洪喜。

瑞州会馆又名筠阳书院，坐落在中山北路八卦图，是江西瑞州府所属的高安、新昌、上高三县旅景同乡聚会、议事和寄寓的场所。五王庙始建于明代，郑廷桂《陶阳竹枝词》有："横田古庙祀华光，改替官衙事不常，到底五王灵应显，龙灯日夜闹朝阳。"据说，五王庙即华光庙，供奉华光神，它是由徽商带来的信仰。此庙原先位于御器厂东南，嘉靖年间，改庙为署，结果瓷器生产极不景气，人们遂认为是因得罪神明的缘故，故而又改署为庙。及至清代，当地的"龙灯极盛，能祈雨救旱。每岁元夕出灯，街市施放火爆，彻数日夜"[①]。在乾隆年间的"景德镇图"上，即标有里仁三图的五王庙。而从上述一契来看，当时，上至求子衕直进白云庵为界，下至百子衕瑞州会馆大门当心下河后街老门头直进为界，此一地段内的土夫生理，每年共分为十二股，其中，正月、五月、六月、十月和腊月的五股土夫生理，由徐洪喜从事。遇有闰月的年份，该闰月土夫生理则由他与另一位叫杨元发的人共同承担。光绪元年（1875 年）冬月，徐洪喜因故将此土夫生理五股，出卖与范起良名下为业。

另外，同属安字第 57 号契的另一份契券写道：

> 立断卖契字人杨天喜，兹因伯父自手所置上三图五王庙土夫生理，周年身得七股，分派七个月。又因叔父老病复发，不幸腊月初六病故，囊中用尽，无有安葬之资，在镇异地，我族无有杨姓亲疏人等，无处商议，借代【贷】无门，只得邀请庙东，与我叔父朋友人等，将我伯父土夫扛出卖，葬叔归山。七股生理内，本庙菩萨有二股，分派四月、十一月，除开自身五股，分派五个月，凭中立契，出卖与储香保、范文良异父兄弟二人名下执业。当日凭中，三面言定，

---

① 乾隆《浮梁县志》卷 11《艺文上》，江西图书馆 1960 年油印抄本，第 16 页下。

　　　　　　　　　　　　　山系人文：民间文献与历史地理探研

土逢时值时价九八厘钱拾捌千文正，当日其钱，凭中交付卖契人亲手收足；其土夫生理，即付买契人管业无阻。系是两意情愿，于中并无重互【复】交易、典押、谋买、逼勒等情。倘有来历不明，并及日后如有内外亲疏人等，无得生端异言。如有，端卖契人一力承耽，不干买契人之事。恐口无凭，立断卖契字永远存证。

外批：天喜兄弟二人周年之内，每年月将原本加利酒席中人用费田【回】续【赎】可也；周年以外，凭中订定，永不能回续【赎】。

……

外再批：上至求子衖后街白云庵，下至百子衖筠阳书院下河后街至老门头为界。

……光绪元年腊月十三日立断卖契字人杨天喜、天助。

腊月即十二月，而此前所引一契则是冬月（十一月）。前契中的杨元发，可能即此契中的杨天喜、杨天助二人之叔父。而买主之一的范文良，与前契中的范起良应即异父兄弟。此处提及，七股生理中，五王庙菩萨有二股，杨氏兄弟继承伯父的土夫生理亦有五股。这些都反映出，土夫生理可以世代继承，而这种生理与五王庙的关系极为密切。其后，契券再批曰：

光绪二年二月初七日，当中保三面找价洋钱叁元，付天助、天喜兄弟二人亲手收讫，日后乡下寻出老契不能行用，作为废纸，只此。二夫扛生理，一并付与储香保、范文良兄弟管业无阻，杨天助、天喜兄弟二人永远不能取续【赎】，只此。……

此业系唐仁发经理，歙邑储香保、范文良、范起良等之扛业，情因储、范两姓乏嗣，无人承接，兼之唐仁发生前欠债甚多，死后丧费无从措办。现本邑人等会同妥议，经投六邑首士言明，批与本书院名下为业，当日凭公言定时值，作价英洋七拾元正，并另入义醮会牌位二名，其洋即交歙邑人等开销一切费用，如数收清，其扛比交本书院照契业收租无阻，两无反悔。今欲有凭，立此批字永存为据。当收契据二纸。

本邑首士程镜湖，本书院首士　何廷芝、汪麟书、汪伯棠。

光绪壬寅年腊月吉日合郡合批[①]。

光绪壬寅即光绪二十八年，当年的腊月当为 1902 年的 12 月或次年的 1 月。可见，当时从事土夫生理的，基本上皆是单身乏嗣之人，他们以股份形式存在的扛业，可以相互让渡，等他们去世了，倘无人继承，这些股份也就归徽州会馆所有，作为交换，允许他们在义醮会内拥有若干个牌位。

所谓土夫生理，亦即码头搬运工的行当。早有清代前期，"把庄一行，凡诸路客至，必必雇定把庄头，挑收窑户。瓷器发驳，则把庄头雇夫给力送下河"[②]。文中的把庄行，即专为顾客提

① 郑乃章编：《景德镇新安书院契录》，第 280 页。
② 傅振伦著，孙彦整理：《〈景德镇陶录〉详注》卷 4《陶务方略》，第 57 页。

货（提取瓷器）的行业。当时，搬运、装卸瓷器，主要靠肩挑、身背和手抬，所以在景德镇活跃着一大批"挑脚子""箩夫""挑头"等，他们用扁担、绳索、篾筐作为搬运工具。搬运一行为把头所操纵，一般人要入行挑运，必须拿钱出来向把头购买挑运权，叫做"买扁担"。把头还要搭扁担，即抽取运费的三分之一。一年开始挑货那天，挑运工人还要拿红纸包送钱给把头，叫发市包①。以往，有人曾回忆景德镇的码头搬运工人主要分为吉安帮和南昌帮两个行帮。他们各自占据一大块码头地盘，最初以南门头的公和豫店为界，北至观音阁，划归吉安帮；南至小港嘴，划归南昌。后又协商重划，改以豆腐弄为界。两帮又在各自范围内划分若干地段，合理安排劳力，如吉安帮内部划为八卦图、中渡口和石狮埠三个地段，每个地段皆有固定的劳力配额。南昌帮内部，则有箩行和散做店之分，行店亦各自划定彼此活动的范围。此外，还有不分籍贯的窑柴帮，专门专事窑柴搬运②。揆情度理，上述歙县人从事的土夫生理，应当也就是专事窑柴搬运的码头工人。中渡口附近的八卦图、泗王庙一带，为牙侩及搬运工人的集中居住地③。类似在码头上以股份形式存在的情况，在长

---

① 景德镇市珠山区地方志编纂委员会编：《景德镇市珠山区志》，江西人民出版社 2010 年版，第 481—482 页。

② 王国梁：《码头搬运工》，政协景德镇文史资料委员会编《景德镇文史资料》第 11 辑《景德镇杂帮》，1995 年版，第 166—170 页。参见景德镇市昌江区地方志编纂委员会编《昌江区志》，三秦出版社 2008 年版，第 130 页。

③ 吴海云：《景德镇城区的兴起及其演变》，政协景德镇文史资料委员会编《景德镇文史资料》第 1 辑，1984 年版。

江中下游各地普遍存在^①。此处的几份契券，为研究景德镇城市中下层民众的生存状态，提供了极佳的案例。

正是因为前来谋生的人群来自各个阶层，故而景德镇的会、社组织纷繁复杂，其组合方式亦各具特色。有的是以地缘，有的是以血缘^②，有的是以业缘，有的是以神缘，有的则是数者兼具，^③其性质亦各不相同。据今人回忆，从农历二月份开始，徽帮的每个行业轮流在会馆内做会三天，每个行业都有自己的"社"，如钱业称大成社，布业称聚建社（老板组成）、聚成社

---

① 如浙江兰溪市地方志编纂委员会所编《兰溪市志》（浙江人民出版社2013年版）中，就收录有《西门码头号簿》刊本，其中也反映了类似的情形。

② 在这方面，黟县西递胡氏明经会是一个典型例子。据曹时生等人的追溯，咸丰年间，胡氏族人赴景经商者渐多。及至20世纪30年代，从业者已有一二百人之多。当时，在金融、南货、酱行、绸布行、纸烛爆行、药材行诸业，都有胡氏商人。后来，族人购得求子弄房屋一幢，并在莲花塘修建总祭一处，于1930年召集族众，正式成立"西递旅景胡姓明经会"。此种以血缘为基础的同姓组织，在景德镇应当并非特例，其血缘色彩亦并未因时代的变迁而有所淡化。以上例子，详见曹时生、汪锡侯、王国梁《徽州会馆与群众团体》一文，收入政协景德镇市文史资料研究委员会编《景德镇文史资料》第9辑《景德镇徽帮》，第234页。

③ 据汪士泾等人的追溯，康熙以后景德镇出现釉上粉彩瓷，此种粉彩需要的重要技术为细金。当时，歙县洪琴汪家赴景开设细金店，最兴旺时有十多家。据说，他们曾从南京请来一名师傅专门教授描金工艺，其人后老死于景德镇，被安葬于江家山。汪家为了纪念其传艺之恩，遂组织了一个"诚善会"，每年春秋二祭，徒子徒孙都要上坟祭扫，以示纪念。清明上坟时，参与者每人发猪肉2斤，冬至上坟，则每人发饼1斤。九九重阳节，还要为另一祖师葛仙翁生辰祝寿。以上参见汪士泾、汪荣生《瓷城特有的细金业》一文，载政协景德镇市文史资料研究委员会编《景德镇文史资料》第9辑《景德镇徽帮》，第87—88页。

（伙计组成）[①]。总体说来，以设于徽州会馆内的义醮会最为稳定而重要。之所以如此，是因为各个阶层都关心自己身后的世界，孤立无援的下层民众尤其如此。

4. 清末以来，随着时代的变迁，也出现了一些新兴的组织[②]。而原先的徽州会馆及相关的会、社，在景德镇还陆续建立了教育、医疗等相关的组织。例如，徽州会馆、婺源会馆和祁门会馆等，后来都成了办学的场所。1907年，鉴于"自科举停后，学会、学堂到处林立，景德镇风气较迟，旧冬绅士何廷芝等起而倡之，禀请江西景德镇徽帮教育分会浚哲两等小学堂成立"[③]。1942年9月，景德镇私立新安小学成立，学校设在前街（中山路）徽州会馆，此处位于曹家码头、湖南码头的中段，上首是瑞州会馆（筠阳书院），下首是祁门会馆。由新安书院拨给房产20幢，以其租金作为新安小学辅助基金，房契交由理事会保管。这个学校的学生，徽商子弟占了90%。毕业生考试成绩优良者，由学校保送，免试升入紫阳中学（婺源人创办的学校）[④]。1946年，徽帮义祭社（江南菱草会）将店屋三间，立契乐捐与新安小学[⑤]。而在医疗方面，1924年，旅景徽商张启东、吴星垣等，"以

① 曹时生、汪锡侯、王国梁：《徽州会馆与群众团体》，载政协景德镇市文史资料研究委员会编《景德镇文史资料》第9辑《景德镇徽帮》，第232页。
② 如1922年由商界店员组成的黔山青年励志会，该会系总会设于上海的黔山青年励志会之分会。
③ 《申报》1907年9月13日。参见《各省要闻·旅居景镇的安徽人特色》，《安徽白话报》1908年第3期。
④ 舒鹤群、汪水传：《新安小学》，载政协景德镇市文史资料研究委员会编《景德镇文史资料》第9辑《景德镇徽帮》，第236—238页。
⑤ 郑乃章编：《景德镇新安书院契录》，第222—223页。

徽帮在景商务日形发达,同乡亦日见其多,……贫病苦无归宿乡人,无处资养,特在新安书院附设养病所",吴星垣倡捐 2 千元,并开会筹议,实行募捐 ①。这些,都在一定程度上反映了晚清以来传统商业组织的嬗变与调适。

---

① 《申报》1924 年 4 月 22 日。

方志及相关史志研究

从万历《歙志》看明代商人、商业与徽州社会

方志是区域社会史、历史地理研究的重要资料来源，近数十年来，各类方志丛刊纷纷出版，方志史料得到了极大的发掘和利用。不过，仍有一些珍稀方志未曾得到整理或影印刊行。以徽州为例，万历《歙志》就没有列入此前出版的各类方志丛刊①，这在一定程度上制约了对该书的发掘和利用②。本文拟从历史文献学的角度，以万历《歙志》为中心，较为系统地研究该书所见的明代商人、商业与徽州社会。

---

① 按：此一部分内容最早发表于上海社会科学院历史研究所主办的《传统中国研究集刊》第5辑（上海人民出版社2008年版），在当时，国内学者大多是利用日本所藏万历《歙志》之复印本。直到2011年国家图书馆出版社出版的"上海图书馆藏稀见方志丛刊"，才收录万历《歙志》，特此说明。

② 关于万历《歙志》，管见所及：刘尚桓《徽州府方志述略》（载氏编著《安徽方志考略》，吉林省地方志编纂委员会、吉林省图书馆学会，约1985年）仅提及书名、作者；宫为之对此稍有评述（见金恩辉、胡述兆等编《中国地方志总目提要》，汉美图书有限公司1996年出版，12—65"［万历］歙志三十卷"条）。陈智超较多地利用万历《歙志》中的相关资料，考证美国哈佛燕京图书馆所藏的方氏信札。（《（美国哈佛大学哈佛燕京图书馆藏）明代徽州方氏亲友手札七百通考释》，安徽大学出版社2001年版）。另，日人富平美波作有《明末の文字学者吴元满の著作と周边の人人——万历〈歙志〉の吴元满传から》，载《山口大学文学会志》第42卷，1991年。

▲黄山

瀛洲　　　　　清凉峰 ▲

大谷运　　　华阳　　　　　　　昱岭关 ✕

溪头　　　　　　　　　　三阳
许村　上丰　　　　　临溪　　　　　　竹铺
　　　　　　　　　白杨　霞坑　苏村 杞梓里
桂林　　　　　　　　　　昌溪　　　　　金川
富堨　　　　北岸
棠樾　　　歙县　呈村降　　　周邦头　岔口
　　　郑村　浦口 南源口　　深渡　周家村
西溪南　义成 大梅口 绵潭　　武阳
　岩寺 岑山渡 雄村 漳潭　　小川
安　　　　坑口
王村　森村　小洲　　　街口
屯溪　　　　　　　　璜田
　　绍濂　长标
新　　长陔　　璜蔚　　　　江

璜尖　白际

当代歙县地图 ①

一、万历《歙志》的作者及其编纂

万历《歙志》的全称应作"《草创歙志》",作为县志之一

种，这并非典雅的称呼。其中的原因可能有二：一是由于在此之前，歙县一域未曾有过独立的方志，"今肇志，故称草创"；二是该书应是在私人撰述的基础上修订而成，故与通常的县志仍有差别①。万历己酉（三十七年，1609年）歙县县令张涛作有《草创歙志序》，对万历《歙志》之缘起，作了细致的说明。根据《草创歙志序》称，万历《歙志》以"戊申嘉平月念之四日，越己酉暮春书成"，"戊申"亦即万历三十六年（1608年），"嘉平月"也就是十二月，到次年暮春完成，前后不过数月时间。

万历《歙志》的作者为谢陛。谢陛字少连，一字少廉，歙县人，父亲曾经过商。本人生于明嘉靖二十六年（1547年），卒于万历四十三年（1615年），早年为邑诸生，乡试屡试屡挫，遂专攻古文。出游四方，所至苏州、杭州、宣城、真州和南京等地，均参加当地诗社活动，为诸社社长②。隆庆四年（1570年），他参加汪道昆组织的丰干社诗会，为丰干社七君子之一③。传载，其人"于书无所不窥，尤攻于史。千古之上，六合之外，如指诸掌。所著《闺典》《酒史》《花乘》《品藻》《开黄稿》诸书，海内脍

---

① 万历《歙志》分纪、考、表、传、载记、艺文和杂记七门，其体近史，历来颇有混淆史、志体例的批评。此外，卷帙的冠名及编排体例多有讹误，较为草率。如传卷8《列女》中，除有第81页外，另有"又81"。该卷终后，又附"列女"及"烈女"传2页3面，这些，明显皆为完稿之后的临时插入。"艺文卷八"接在"艺文六卷"之后，该卷卷末则作"艺文卷七终"。

② 参见：韩开元《方弘静交游考述》，载黄山学院徽州文化研究所编《徽州学研究》第1卷，中国文史出版社2006年版，第299—300页。

③ 见汪道昆《太函集》卷72《丰干社记》，黄山书社2004年版，第1481页。参见：徐朔方《汪道昆年谱》，载《徐朔方集》第4卷，浙江古籍出版社1993年版，第42页。

炙，而《季汉书》尤盛传"。^①关于谢陛在史学方面的成就，乾隆《歙县志》亦云：谢陛"博综典籍，尤精史学，尝以陈寿《三国志》失春秋大义，更为《季汉书》。又作《定唐书》数卷，并名于时。"^②

具体到编纂万历《歙志》，谢陛"旁搜博缉，不数月而告成书，凡三十卷"^③。作者在《凡例》中声称："凡志浮套甚多，每条必具首尾，然皆套语，如城者盛也、官者观也、墓者慕也之类，十部而七，殊为可厌！创者一概不用，当详则详，不妨滔莽长篇；当略则略，不嫌寂寥短简。如无所建明，则一语不下，亦不为缺。"比如分野、祠堂等，都削之不录。对于万历《歙志》之编撰，谢陛在《歙志草创自序》中写道：

> ……楚黄张大夫正色立朝，敢言拂主，家食者久矣，天惠吾邑，主上惠吾邑，忽以大夫临之，褪岁穷民，举有生世之乐。大夫焦劳之外，念及于此，遍诹乡衿绅，谬召小子而庭诏之曰："惟兹草创之役，子其先为吾独任之，以待夫三卿者考成焉。"余固辞弗获，则以大夫之命，往请于方司徒公。公曰："老夫耄矣，何任丹铅？吾有所以坐进子者，吾子勉旃！要在冰心铁面、鉴空衡平而已，属辞比事，子故智耳，老夫何赘焉！"

---

① 李维桢：《大泌山房集》卷70《谢少连家传》，《四库全书存目丛书》集部152册，齐鲁书社1997年版，第217页。
② 乾隆《歙县志》卷12《人物志·文苑》，"中国方志丛书"，成文出版社1975年版，第816页。
③ 〔明〕洪文衡：《歙志序》。

可见，谢陛撰著《歙志》，得到了方弘静（即文中之"方司徒公"）的支持。在该书卷2的"通传"中，有张涛撰写的《百岁方司徒》条："邑乘生存而贤贵者，俱不及传，独司徒享年几百，盖人仙。又国大老也，且始志以'铁面冰心'四字赠谢山人，故山人得奉为志，宜为司徒微表之。……司徒所至累宦迹，乡居堵户扫轨，仅子若孙得定省，其与共节序、抚云月、玩花鸟，二三骚客已耳。司徒名弘静，号采山，著《千一录》《素园稿》已梓行，余俟另传。"[①] 由此看来，万历《歙志》应曾利用到方弘静的《千一录》和《素园（存）稿》，故本文在对万历《歙志》的研究中，间引方氏之《素园存稿》为证。另外，此处称谢陛为"谢山人"，并说"其与共节序、抚云月、玩花鸟，二三骚客已耳"，这或许可以说明，谢陛当出自方弘静门下，本身为山人清客之流[②]。

在万历《歙志》中，谢陛自称"外史氏"，志中每一部分的结尾或段落之后，都有"外史氏"的评论。如在《恩命》中他就指出："区区下士草创之志，岂得妄干誉命，而轻置一喙于其间哉？非狐裘而羔袖，则狗尾以续貂耳，断有所不敢也。"[③] 但也有直接以"谢陛曰"出现者，如《歙志》传卷1《令宰》张涛传之后，就有谢陛的一段评论[④]。

---

① 万历《歙志》传卷2《通传》，52上—下。
② 方弘静：《诗诠小序》云："《千一录》始于邮台斋中，……友人谢君少连好之，以为必传，且曰：'《录》之目五而谈之及史者且半，若别以诠史，则文从其类而卷帙之匀。'余曰：'善，君幸遂为正之。'"
③ 万历《歙志》表卷2《恩命》，6下—7上。
④ 万历《歙志》传卷1"令宰"，17上—17下。

万历《歙志》卷末有"《歙志》裁校名氏"，从中可见，《歙志》的总裁有两人：一是县令张涛，另一为前述的方弘静。对于前者，万历《歙志》张涛传，提及传主对于歙县的"土风习俗、民瘼时艰、利害淳漓，无不饫闻而洞晰"①。《歙志》中时常可见的"张子涛议"，亦即县令张涛的文字。如考卷 3《户赋》中有《供需议》，提及他对赋役的改革。此外，参与《歙志》分裁的，还有鲍应鳌、潘之恒、汪道会诸人。这些人中，有不少都对当时的徽州社会有着相当细致的观察②。而缮写者四人（黄锵、黄应嵩、黄应缵和黄应济），则应为著名的歙县虬村黄姓刻工。

二、徽商与徽州的商业

从明代前期（洪武至天顺年间）起，以歙县和休宁为主的徽州人就已开始外出经商，这些徽州商人的活动，奠定了明代中叶徽商勃兴的基础③。而徽商崛起于明代中叶，除了外部环境之外，还与当地官府的赋役制度有着密切的关系。嘉靖年间休宁吴子玉即曾指出：

---

① 万历《歙志》传卷 1 "令宰"，16 上。
② 如鲍应鳌，其人的《瑞芝山房集》（见《四库禁毁书丛刊》集部第 141 册，北京出版社 1999 年版）中，有不少徽商的传记，也有反映徽州社会、风俗和文化方面的内容。
③ 最近的研究，参见于裕明：《明代前期的徽州商人》，载《安徽史学》2007年第 4 期。

徽役夫丁则，丁口算秋米灌输。丁五口算米一石，出口赋钱，傜役故令甲也。嘉靖十七年，休宁县知县傅灿，从巡抚都御史欧阳钵会计。傅建白，以休、歙二县民多贩贾，减丁二，以三丁折米石，而婺、祁、黟、绩四县，五丁折如故①。

对于这条史料，笔者在此前的研究中曾指出：当时官府的赋役制度对于徽州人的经商活动，如果不是重要的政策导向，那至少也起着推波助澜的作用②。类似于此不公平的赋役负担，在明代并非绝无仅有。③对此，万历《歙志》亦有生动比喻："田舍翁有六子，长而腴者，冬多输一裘，夏多输一葛，于心宁独无忿，何必挟五子而画一为也？"④此处的"田舍翁"指徽州府，其"六子"为属下的六县，而"长而腴者"（富裕的长子）则为附郭首县歙县。

由于对歙、休一带的特殊政策，更刺激了当地人纷纷外出经商。方弘静《程氏孺人传》记载："歙俗罕树艺，其秀民多业贾，贾必走都会辐辏之地，靡惮远近者。……今徽歙在江以南号为名

---

① 〔明〕吴子玉《大鄣山人集》卷31《志略部》，《四库全书存目丛书》集部第141册别集类，齐鲁书社1997年版，第606页。

② 参见王振忠《〈复初集〉所见明代徽商与徽州社会》，载《徽州社会文化史探微——新发现的16至20世纪民间档案文书研究》，上海社会科学院出版社2002年版，第28—29页。

③ 从隆庆至万历初年，徽州府发生的"丝绢分担纷争"，即围绕着作为税粮项目之一的丝绢8700余匹（折银6000两）应当如何负担的问题而产生的纷争，当时也是以歙县负担最为繁重。参见日本学者夫马进《试论明末徽州府的丝绢分担纷争》一文，载周绍泉、赵华富主编《'98国际徽学学术讨论会论文集》，安徽大学出版社1997年版。

④ 万历《歙志》传卷7《良民》，12下。

郡，民以富相矜，转毂天下，家有金穴，至比千户侯，而上者比落附郭，不可枚数……"①他在另一篇《汪母八十寿序》中亦指出："今大江南北称素封家者，则归歙、休矣。"②而万历《歙志》提及的一个诉讼案，则颇有故事情节：

> 商人往外，先日顾船，次日五鼓赴之，而舟人敲门呼曰："二娘子，二娘子，胡不催二官人上船？"妻出应云："早已去久！"一时齐讶，经官坐妻谋杀成狱，后经大理寺详允时张芝驳曰："敲门便叫'二娘子'，已知房内没官人，此舟人谋死无疑！"舟人立服。盖妻数日前与夫小闹，而是日夫携谩藏，舟人杀之，邻人不察而轻诬之，反为藉寇兵也。③

此一诉讼官司，与三言两拍中的故事颇相仿佛，从中可见商人外出务工经商的悲喜剧。

在明代，商业发展受到了世人重视。正是在这种背景下，《史记·货殖列传》再度引起史家的高度关注。万历《歙志》传卷10《货殖》指出：

> 太史公传《货殖》，班氏非之，谓其失受命之旨，乃亮之者，则曰太史公得罪，而汉庭诸公卿无有能为端木、子皮

---

① 方弘静：《素园存稿》卷13，《四库全书存目丛书》集部第121册（下简作"集121"），第231—232页。
② 方弘静：《素园存稿》卷9，集121，第161页。
③ 万历《歙志》杂记卷1，14上—下。

其人者，故发愤而为此，以为若皆白圭、乌倮耳，岂可与圣门高弟、霸国英臣等埒哉？其然是或然矣，凡史与志不必有此，而邑中不可无此，因尝反覆《货殖传》，而以当今之世与邑中之人比之，盖亦有同与不同焉。

《史记·货殖列传》将全国分成山东、山西、江南和龙门碣石以北等几个区域，概述了各个区域的经济特征，并详细阐述了各地的土壤、气候、物产、耕作方式、种族差异、人地关系、社会风俗以及当地经济实力在全国的地位，分析了形成各区经济文化差异的自然及历史人文背景，这是历史人文地理方面的一篇名作。不过，司马迁之后，类似的著述传统并没有得到很好的延续。及至明代，随着商品经济的勃兴以及商人阶层之活跃，出现了一些以《史记·货殖列传》为范本的著述。比较典型的例子是嘉万时人张瀚的《松窗梦语·商贾纪》，其中就较为详细地论述了当时的经济地理格局、人文社会风气及其变迁。而何乔远的《名山藏》中，更有以《货殖记》为名的篇章，该篇卷首指出："太史公传《货殖》，本富为上，得非勤力治田亩，躬行孝弟，笃于仁义者耶！……余览传记，得富者数人，仿太史公作《货殖传》而为之，而指归则异焉。"[1] 因此，万历《歙志》亦为《货殖》列有专节论述[2]，并不令人诧异。在谢陛看来，为歙县修志，

---

① 明何乔远辑，明崇祯十三年（1640 年）刊本，成文出版社 1971 年版，第5879—5880 页。
② 此文后为著名画家黄宾虹（1865—1955）的《新安货殖谈》(上海书画出版社、浙江省博物馆编《黄宾虹文集·杂著编》，上海书画出版社 1999 年版，第 101—103 页）所抄袭。

不能没有"货殖"各传，他仔细研读了《货殖列传》，并将歙县的现实与之相对照，详细分析了两者的不同。

具体言之，从物产方面来看，《史记·货殖列传》中说：山西饶材、竹、谷、纑、旄、玉石，山东多鱼、盐、漆、丝、声色，龙门、碣石以北多马、牛、羊、旃裘、筋角、铜、铁，江南、番禺及巴蜀地区，则出楠、梓、姜、桂、金、锡、连、丹砂、犀、瑇瑁、珠玑、齿革之类。但到明代，"燕、齐、秦、晋之所有者，江南亦多有之。而龙目兔丝、蜂脂雀舌、酿靛回青、凝烟铺雪诸货，则又江北之所罕伦"，这是不同的一点。显然，随着南方开发程度的提高，就物产及商品之丰富性而言，北方只能是瞠乎其后了。从城镇方面来看，《史记·货殖列传》中所谓的都会，有邯郸、勃、碣、临淄、宛、陶、睢阳和寿春等。而明代的都会，则大的如两京、江、浙、闽、广诸省省会，其次的为苏、松、淮、扬各府，临清、济宁诸州，仪真、芜湖诸县，瓜州和景德诸镇。这是第二点不同。以上两点涉及一千多年间经济地理布局的变迁。从人地关系来看，《史记·货殖列传》中所谓地小人众的地方，有长安、三河、中山、邹鲁、沂泗，而明代所谓地小人众的地方，"则莫甚于新安"。这是第三点不同。关于徽州的地小人众，谢肇淛亦曾指出："吴之新安、闽之福唐，地狭而人众，四民之业无远不届，即遐陬穷发、人迹不到之处往往有之，诚有不可解者，盖地狭则无田以自食，而人众则射利之途愈广故也。"[1] 从商人的构成来看，《史记·货殖列传》中所谓的大贾，猗顿、郭纵、程郑、

---

[1] 《五杂组》，"历代笔记丛刊"，上海书店出版社 2001 年版，第 78 页。

山系人文：民间文献与历史地理探研

刁闲、师史、桥姚、任、田、桓发、雍伯等人，都是燕、齐、秦、晋之人。而明代的大贾，"宜莫如新安，虽秦晋间有来贾淮扬者，亦苦朋比而无多"，这是不同的第四点。明清时期，徽州及秦晋等地商帮的出现，标志着商人以群体的力量登上了历史舞台，这与此前分散经营的个体商人迥然不同。万历《歙志》专门比较了淮扬一带徽商西贾的盛衰，显然是对明代中叶以来歙县盐商势力之盛衰递嬗有感而发。第五点不同的还在于社会观念和价值观的变化，《史记·货殖列传》中说"本富为上，末富次之，奸富最下"，而明代的"一切反是"。前揭《风土考》就曾指出，嘉靖末、隆庆年间，歙县"末富居多，本富尽少"。最后一点最大的差异则是——《史记·货殖列传》说江淮以南无冻饿之人，亦无千金之家。但明代"无论江东诸县，姑论吾邑，千金之子，比比而是，上之而钜万矣，又上之而十万、百万矣。然而千金则千不能一也，钜万则万不能一也，十万、百万可知。乃若朝不谋夕者，则十而九矣，何云无冻饿之人哉！"这说明——在明代，随着商品经济的空前繁荣，从商人数的增加，南方各地的贫富差距程度更为悬殊，而歙县的情况尤为典型。

在明清经济史和人文地理研究方面，徽商及徽州风俗历来是令人瞩目的一个重要问题。张瀚在《商贾纪》中就指出："商贾之子甘其食，美其服，饰骑连辔，织陆鳞川，飞尘漲天，赭汗如雨。儇巧捷给之夫借资托力，以献谀而效奔走。燕姬、赵女品丝竹，搊筝琴，长袂利屣，争妍而取容。……自安、太至宣、徽，其民多仰机利，舍本逐末，唱棹转毂，以游帝王之所都，而握其奇赢，休、歙尤夥，故贾人几遍天下。良贾近市利数倍，次倍之，最下无能者逐什一之利。"① 而在明人归有光的笔下："今新安多大族，而其地在山谷之间，无平原旷野可为耕田，故虽士大夫之家，皆以畜贾游于四方。猗顿之盐，乌倮之畜，竹木之饶，珠玑、犀象、玳瑁、果布之珍，下至卖浆贩脂之业，天下都会所在，连屋列肆，乘坚策肥，被绮縠，拥赵女，鸣琴跕屣，多新安之人也。"② 徽商的活动除了以往人们习知的长江中下游的"无徽不成镇"之外，随着新史料的不断发现，徽商在全国范围内（特别是在北方地区）的活动及其广泛影响，也逐渐为学界所重视。有鉴于此，徽商及徽州风俗的影响，也就更值得我们予以特殊的关注。对此，万历《歙志》从自然及生存环境的角度分析了徽商之出现：

> 夫吾邑之不能不贾者，时也，势也，亦情也。太史公之时，江淮以南地广人稀，食土之毛，人足自给，无事贾也。乃今邑之人之众，几于汉一大郡，所产谷粟，不能供百分之一，安得不出而糊其口于四方也。谚语以贾为生意，不贾则无生，奈何不巫巫也！以贾为生，则何必子皮其人，而后为贾哉！人人皆欲有生，人人不可无贾矣。故新安之贾，岂惟如上所称大都会者皆有之，即山陬海壖，孤村僻壤，亦不无吾邑之人，但云大贾则必据都会耳。

因地狭人稠，粮食供给严重不足，歙县人不得不外出经商，

---

① 《松窗梦语》卷 4，上海古籍出版社 1986 年版，第 71、74 页。
② 归有光：《震川集》卷 13《白庵程翁八十寿序》，《景印文渊阁四库全书》，商务印书馆 1983 年版，第 1289 册。

以开拓更多的生存空间。万历《歙志》指出，当时的商人大略言之，有五种类型：一是走贩，也就是太史公所谓的周流；二是团积，也就是司马迁提及的"废著"；三是开张，也就是司马迁谈到的"陈椟"；四是质剂，也就是司马迁笔下的"子母钱"；五是回易，也就是司马迁说过的"以所多易所鲜"。"而下贾、中贾、大贾、贪贾、廉贾，皆在其中矣。总之，则其货无所不居，其地无所不至，其时无所不鹜，其算无所不精，其利无所不专，其权无所不握"——这是说徽商的类型有多种多样，他们在全国各地随处可见，掌握着各地的经济利权。这与民谚俗语中的"无徽不成镇""无徽不成典"等，恰可比照而观。而徽商中的富商大贾，则当首推淮扬盐商。有明一代，歙县的盐商大贾甲于天下，起初有黄氏（即潭渡黄氏），后来则有汪氏、吴氏（即西溪南吴氏），"相递而起，皆由数十万以汰百万者"，万历《歙志》认为：这些人比起"刁闲、师史则不足，切恐程郑诸人无以过也。"据笔者研究，以《四库全书》收录文献的情况来看，"徽商"一词在文献中出现的时间，较早的是在明代正德年间（十六世纪初），比以往所认为的十五世纪后期的成化末年要晚几十年。综合其他史料分析，至万历年间，"徽商"一词在社会上的使用已极为普遍 ①。换言之，及至万历年间，徽商引起了世人的极大关注，而万历《歙志》之出现，恰好记录了此一时段的徽州社会。

以下，仅以万历《歙志》"孝友""良民"和"列女"三传所

---

① 王振忠：《明清文献中"徽商"一词的初步考察》，载《历史研究》2006 年第 1 期。

载，将歙县各地的徽商及其从商地点列表于下^①：

万历《歙志》所见歙人经商地

编号	姓　名	住　地	经商地	出　　处
1	朱福德仲兄	浯村	闽中	传卷7《孝友》，6 上
2	吴鼐、吴鼎、吴珊	岩镇	黄州	传卷7《孝友》，8 下
3	黄志礼	东关	黄州	传卷7《孝友》，9 下
4	程仁	临河	辽阳	传卷7《良民》，1 上
5	汪泰护	稠墅	毗陵（常州）	传卷7《良民》，4 下
6	汪通保	岩镇	上海	传卷7《良民》，4 上
7	吴荣让	溪南	桐庐	传卷7《良民》，4 下—5 上
8	佘长者	？	汴城（开封）	传卷7《良民》，7 上
9	方音	岩镇	淮阴	传卷7《良民》，7 下
10	徐氏	朱坊	临清	传卷8《列女》，19 上
11	汪振琪	信行	清源	传卷8《列女》，31 下
12	方大法	岩镇	真州	传卷8《列女》，42 下
13	黄九叙	潭渡	湖阴（芜湖）	传卷8《列女》，47 下
14	汪茂沂	西沙溪	鄱阳	传卷8《列女》，50 上
15	洪汝沂	洪源	太平	传卷8《列女》，50 下
16	吴宠锡	泽富	沭阳	传卷8《列女》，51 上—下
17	叶茂榴	梅村	寿春	传卷8《列女》，53 上
18	项泽	小溪	濮阳	传卷8《列女》，53 下
19	郑策	岩镇	瓜洲	传卷8《列女》，76 上
20	程汝荣	槐塘	淮阴	传卷8《列女》，79 上
21	王文化	新安卫	锦城	传卷8《列女》，82 上

---

① 　按：根据徽学研究的一般认识，徽州人外出经商之人极多，故此处凡客死某
　　地者，均作商人计。

从迁出地来看，岩镇计有 5 例，占到近四分之一。"江以南徽号为繁郡，歙、休之间闬相比也，而岩镇要其道，盖万家之市矣"[①]，可见，岩镇一带的经商风气极为深厚，故而上述出自岩镇者为数最多[②]。

而从迁入地来看，徽歙人所到之处极广，其中，值得注意的是河南一带。万历《歙志》提及嘉靖年间歙县县令史桂芳，"寻迁去，历官河南汝南道参政，卒官，无以为殓，邑人多贾于其地，闻之凄然，醵金赗之，临发，设祭于郊，号哭而送，公之清白，可以见矣"[③]。可见，歙县人在河南者为数甚多。其中，尤其是开封，更是徽歙之人麇居之处。[④]

徽商对于侨寓地的社会生活有着重要的影响。歙县托山人程本中，就试南京，"为檄遍召海内诸名士，燕集雨花台，分体分

---

① 方弘静：《素园存稿》卷 12《汪长公行状》，集 121，第 211 页。

② 关于这一点，在一些乡镇志（如《岩镇志草》）和族谱中有更多的例子。另，方用彬即岩镇人，从方氏亲友信札中亦可看出这方面的讯息。（参见陈智超《〈美国哈佛大学哈佛燕京图书馆藏〉明代徽州方氏亲友手札七百通考释》）

③ 万历《歙志》传卷 1 "令宰"，11 上。参见万历《歙志》表卷 2《官师表》，9 下—10 上。

④ 万历《歙志》传卷 7《良民》："窃闻郑亚中募佘长者之为桥也，或一洞、二洞耳，而长者概〔概〕以一人肩之，大出亚中意外。于时长者费七千金，则已垂囊矣，及桥成，而汴城之业骤起，几偿其所出，是盖有天道哉！"（6 下—7 上）这里也提到了"汴城之业"。另，明末清初张怡《玉光剑气集》卷 17《豪爽》："歙郑宜叔作，读书方山上，自号方山子。已，弃去为商，往来梁、宋间。时多从侠少年，轻弓骏马，射猎大梁薮中，获雉兔，则敲石火，炙腥肥，悲歌痛饮，垂鞭而去。为诗敏捷，一挥数十篇。李空同流寓汴中，招致门下，论诗较射无虚日。周王闻其名，召见，长揖不拜，王礼而遣之。"（北京：中华书局 2006 年版，第 653 页）关于明代徽商在开封的活动，参见拙著《〈复初集〉所见明代徽商与徽州社会》，载《徽州社会文化史探微——新发现的 16 至 20 世纪民间档案文书研究》，第 35—44、66—68 页。

韵，分赋金陵诸名胜，悉引桃叶诸名姬，倾国而出，授简催诗毋论已，所拈者速成，而次日已遍韵人所拈者分布邮筒，人人骇服，盖一日而倾海内士矣"①。程本中去世时仅三十八岁，有此大手笔，显然是财大气粗的徽商之子。另一位籍贯临清的歙人方元焕，被"州守成宪延作《临清志》"②。关于临清，明人谢肇淛曾指出，临清城中"十九皆徽商占籍"。③方元焕之被聘为《临清志》之编纂，反映了侨寓徽商土著化的深入。此外，方弘静在《与萧兵宪》一信中指出：

> 敝乡亲族侨寓亳州者颇众，该州俗向犹近朴，近年有司传闻江南迎春之戏，有所谓平台者，责令铺行妆扮供玩，乃至各乡官家亦押送玩遍，所费几百金，有昏暮混失首饰者，此本放荡恶少之事，为人上者不能禁之，而反以虐刑驱使为之，曾有以礼坊民、示之以俭之意乎？今其期且近，贵道早严行革止，其于德化所系非浅也，风俗之日下，乃由在位者道之，可为太息！④

此条资料说明，徽歙人侨寓亳州者为数众多，以致亳州一带的官府责令铺行摹仿江南迎春之戏"妆扮供玩"，这从一个侧面反映了江南（包括徽州）风俗对于江北的影响。类似的例子，亦见于贵州。直到当代，贵州屯堡仍有汪公地戏，这显然与徽州人

---

① 万历《歙志》传卷5《文苑》，43上—44上。
② 同上书，29下。
③ 谢肇淛：《五杂组》卷14《事部二》，第289页。
④ 方弘静：《素园存稿》卷16，集121，第288页。

的影响有关①。

当然，徽州与外界的频繁交往，其影响是双向的。以徽商与开封的关系为例。歙县临河人程诰，"幼负奇气，好读古书，肆力诗文，遍游海内名山，过大梁，谒李献吉，献吉一见如旧识，晚归，与所善郑玄抚辈结社天都峰下，吟咏自适，所著《霄城集》二十四卷"。②李献吉即著名文学家李梦阳，为当时文坛"前七子"之魁首。双桥人郑作，"以诗见知李空同、何大复之交，相与倡和甚多，而性喜任侠，二公壮其为人，方司徒云：郑诗、程自邑并称，而豪迈过之，著《方山集》"③。文中的"李空同"也是李梦阳，而何大复亦即何景明，亦为"前七子"之一。显然，徽商与士大夫的交往，极大地提升了徽州文化的品位。万历《歙志》称："近有谓歙本无诗，有之自太函始，固过。又有谓歙已有诗，先之自空同之门始，亦过。"④所谓"歙本无诗，有之自太函始"，出自王世贞的《潘景升诗稿序》⑤。而"歙已有诗，先之自空同之门始"的说法，无论是否确当，但至少也反映了徽人之交游对本土文化品位的提升。此外，一些异地物产之引入徽州（如下文提及的"白木槿自汴梁移种，有牡丹、芍药自亳州移种"等），应当也与徽商的活动有关。

---

① 关于徽州移民与贵州的关系，参见万明《明代徽州汪公入黔考——兼论贵州屯堡移民社会的建构》，载《中国史研究》2005年第1期。
② 万历《歙志》传5《文苑》，28下—29上。
③ 同上书，29上—下。
④ 同上书，32下。
⑤ 《弇州四部续稿》卷51，原文作："歙故未有诗，有之则汪司马伯玉始。"上海人民出版社、迪志文化出版有限公司《四库全书》光盘版。

三、明代的徽州社会

晚明汤显祖有"欲识金银气，多从黄白游，一生痴绝处，无梦到徽州"之诗，将徽州与"金银""黄白"相提并论，可见徽州素有富名。关于这一点，在万历《歙志》中亦有反映。"高节，……即完报上官，每后他县，云不如是，上官以歙民富易办，将来派无艺，重困民"①，这是县令高节保护歙县百姓的一个策略。前述人将徽州府比作"田舍翁"，而将属下六县中的歙县，比喻为六个儿子中的"长而腴者"，说的也是同样的道理。上述这些说法或比喻虽然立场各异，但有一点却可以肯定——大批商业利润的回流，促进了徽州社会的变迁。

1. 社会变迁

明代中后期的徽州社会，处于一个剧烈变迁的时代。万历《歙志·兵防考》指出当时的十项"急务"，其中有数项与徽州社会变迁有关。如第一项的"严防缉"，"一乡之中，富者吞噬间左，贫者搏击间右。兵凶交值，各行其暴，内相戕贼矣，故养马者先去害马，安人者先去恶人"②。第五项的"恤穷困"，"鸟穷则攫，人穷则盗，穷之众则什什伍伍，朝谋夕虑，宵穿昼掠，势所

① 万历《歙志》传卷1《令宰》，9下。
② 万历《歙志》卷4《兵防考》，3上。

山系人文：民间文献与历史地理探研

必至，惟时其空乏，慰其饥寒，人孰不欲生，乃甘罹法网也？"①这两项都反映，贫富悬殊是徽州社会变迁的症结所在。

关于贫富分化程度的加大，当时的许多人都有直观的感觉。洪文衡在《歙志序》中就指出："余犹及见长老称说：成弘以前，民间椎少文，甘恬退，重土著，勤稼事，敦愿让，崇节俭；而今则家弦户诵，夤缘进取，流寓五方，轻本重末，舞文珥笔，乘坚刺肥，世变江河，莫测底止。"②此处提及，明代的成弘年间，是徽州社会变迁的一个分水岭。对此，《歙志·风土考》有更为生动、具体的揭示：

> 国家厚泽深仁，重熙累洽，至于弘治，盖綦隆矣。于是家给人足，居则有室，佃则有田，薪则有山，艺则有圃，催科不扰，盗贼不生，婚媾依时，闾阎安堵，妇人纺绩，男子桑蓬，臧获服劳，比邻施睦，诚哉一时之三代也，岂特宋太平、唐贞观、汉文景哉！诈伪未萌，讦争未起，芬华未染，靡汰未臻，此正冬至以后、春分以前之时也。寻至正德末、嘉靖初，则稍异矣。出贾既多，土田不重，操资交捷，起落不常，能者方成，拙者乃毁，东家已富，西家自贫，高下失均，锱铢共竞，互相凌夺，各自张皇，于是诈伪萌矣，讦争起矣，芬华染矣，靡汰臻矣，此正春分以后、夏至以前之时也。迨至嘉靖末、隆庆间，则尤异矣。末富居多，本富尽少，富者愈富，贫者愈贫，起者独雄，落者辟易，资爰有

---

① 万历《歙志》卷4《兵防考》，4下—5上。
② 〔明〕洪文衡：《歙志序》，4下—5上。

属，产自无恒，贸易纷纭，诛求刻核，奸豪变乱，巨猾侵
牟，于是诈伪有鬼蜮矣，讦争有戈矛矣，芬华有波流矣，靡
汰有丘壑矣，此正夏至以后、秋分以前之时也。迄今三十余
年，则夐然异矣，富者百人而一，贫者十人而九，贫者既不
能敌富，少者反可以制多。金令司天，钱神卓地，贪婪罔
极，骨肉相残，受享于身，不堪暴殄，因人作报，靡有落
毛，于是鬼蜮则匿影矣，戈矛则连兵矣，波流则襄陵矣，丘
壑则陆海矣，此正秋分以后、冬至以前之时也。

此段令明清史学者耳熟能详的记载，将明代中叶以还的徽州
风俗类比为一年的春夏秋冬四个季节，其中的"冬至以后、春分
以前"的那段时光，便是开初的弘治年间。其时，徽州风俗"诈
伪未萌，讦争未起，芬华未染，靡汰未臻"，一派恬静朴实的田
园风光。此后，经过正德末嘉靖初，以及嘉靖隆庆时期，再到万
历年间，徽州社会状况变化剧烈。这一比喻不仅形象，而且也切
合事实。因此，一向成为明代社会风俗研究中的一个指标性资
料，这一段史料，因被顾炎武抄入《天下郡国利病书》，而极受
明史研究者重视。

除了历时性的考察外，《风土考》还作了共时性的区域透视：

　　……考其风俗，则东、西、南、北四乡，西乡为独盛
矣，虽广袤相联，而山川隔阂，夐然不同。东近昌化、绩
溪，其土瘠而粗；其北近太平，其土硗而确；南近淳安、遂
安，其土疏而斥，大都其境阨塞，其人木强无文，然近则稍
趋靡矣；西乡三面辖本县，而西一面辖休宁，其土沃衍，其

人轻扬。夫风俗钟于山川，而亦宥于山川。川则通流，似分而合也；山则阻碛，似合而分也。西浙、东吴诸郡山少水多，大都泽国，故其风俗无甚县殊，淳浇仿佛，递降听其语音而可知也。郡中无论各县，语言殊甚，即一县四乡，一乡各里，亦微有殊，此无他，隔水尚诵声，隔山则隔气耳。细考疆域，六县盘互，万山四塞，绾毂惟邑之西与休宁之东，周遭百里，平阳沃野，共为俵收。而西乡独盛，广不过四十余里，为落百区，井闬相望，鸡鸣犬吠，隐隐脉脉，约略而数，朝内缨绅，橡间管库，闺中环珮，市上绮纨，若聚为一区，则岂止大郡大藩，即五陵三辅，亦所未敌也。其余三乡，非崎岖局隘，则瓯脱萧凉，中固不无巨聚，然皆旷远绵邈矣，则西乡之昌明靡丽，雄视三乡也固宜。虽然，风气先开，混沌尽凿，西乡是也。而儵忽之帝，则犹有存也哉。士则郡城有斗山会，自郡而西，岩镇有南山会，其余巨族，间亦有之。其置会有地，进会有礼，立会有条，司会有人，交会有际，大都进德修业，由来尚矣。迄今百十余年，人文郁起，为海内之望，郁郁乎盛哉！农则西乡少而三乡多，刀耕火种，浴汗涂肌，病历夏畦，仅成秋稔，螟蝗水旱，更复为灾，亦良苦矣！倘然得天，则又莫知其硕，抑或歉岁，遂将全利其蓄，恕者宽收，彼全不报，苛者督索，彼始甘偿，无惑乎田价日低，而本富日少也。工则本县之人少，而外县之人多。商则即本乡者少，而走外乡者多……

这是对歙县境内四乡微观地理的分析，具有很高的史料价值。其中揭及，歙县四乡方言迥异，尤其是西乡与其他东、北、南三乡形成强烈的反差。"绾毂"是指车辐所聚之处，比喻处于中枢地位，对各方面起联络、扼制的作用。此处以"绾毂"形容歙县西乡，就是指西乡地理位置的重要。关于这一点，万历《歙志》考卷1《疆域》称："考东、南、西、北四乡，勾股算之，则西乡广不满四十里，而袤稍羡之，于歙分土仅七分之一耳，其余三乡各得本分，乃人文贵富，四居其三，合彼三乡，仅居其一，则以徽居万山之中，四塞甚密，歙又居徽之中，西乡又居歙之中，固宜其独盛矣！"而《歙志·邑屋表》则对西乡的范围有着明确的界定：

万历《歙志》所见西乡地理范围

都	图	村
十六都	五图	溪南，芝黄，临河
十七都	五图	临塘，竹坞，竦塘，石桥，琶塘，琶村
十八都	六图	郑村，过塘坞，排充，托山，长龄桥
十九都	十一图	梅村，鲍屯，路口，芭蕉坦，黄村，岩镇，丛睦坊，下临河，茆田，光山头
二十都	七图	路村，朱方，信行山，王充，堨田，联墅，余家山，信行，厚美
二十一都	六图	山泉，叶村，塘模，坤稍，塘美，仇家塘，甸子上
二十二都	十一图	灵山，东山，范坑，蜀源，稠墅，大里，槐塘，棠樾
二十三都	十四图	向杲，张潭，仇村，郑村，潭渡，后村，牌边，黄屯，七里湾，后坞，□芳村
二十四都	九图	环山，石岭，石田，罗下田，忠堂，洪良堨，杨村，烟村，堨头
二十五都	十图	旃田，石门，黄坑，篁墩，溪南

上述十六都的溪南（即今西溪南），十八都的郑村、长龄桥，十九都的岩镇、丛睦坊，二十一都的塘模（即今唐模），二十二都的稠墅、槐塘、棠樾，二十三都的郑村、潭渡，二十五都的溪南（即今南溪南），都是明清时代徽商巨贾辈出之地。歙西为盐、典巨商麇居之处，风俗独特，清代乾隆年间有《歙西竹枝词》，即专门吟诵此处的风俗文化，譬如，其中一首提及："人家十户九为商，积累盈余返故乡，捐却功名娶过小，要开风气造华堂"①，此种风俗，应源自17世纪初的万历《歙志》时代。

上揭《歙志·风土考》指出："农则西乡少，而三乡多"。从其他史料来看，从商人数的增多，导致歙县西乡业农者人数骤减，并进而引发水利设施的隳坏。万历十七年（1589年）歙人郑献夫在《跋水利图后》指出：

> 革墟碣，未知肇于何时，或曰有土有名，而后水利兴焉，由来邈矣。宋元以前皆绝流为堰，引水入渠，比及洪水奔冲，木仓石砦，荡漾无遗，岁岁兴工，农民成病。大明治世首重农事，屡下诏令劝民务本。于是黄子容、汪自明仗义捐资，相地之宜，率众创立碣址，自沙溪渡沿岸甃石为堰止，接竹溪之沙石滩中，收小支流，临流治闸，启闭有时，众心咸悦，可谓一劳久逸，暂费永宁也，时人称曰德翁云。自后沃野千里，复利累世。至弘治中，益重其事，岁举碣首

---

① 载《徽学》第二卷，安徽大学出版社2002年版，第373页。

六名，董治崩塍，毋令堕坏，作图编号，灌溉有条，正其经界，杜绝争端，其虑远矣。郑、汪、黄、许四族实有其地。无何，子孙骄溢，不事农业，咸慕陶朱之术，靡然易俗，冀于一掷，间有赢羡，旋亦倾覆，迷而忘返，比比皆然，致使渠堰败，田利不兴，迄今几百年，无片石存者。呜呼！舍本逐末，圣世所禁，力耕遗安，庞公为贤，人之生也，衣食以养之，礼义以教之，富而知礼，本立道生……①

上述的"莘墟堨"亦名西溪堨，属歙县二十三都，正位于歙西平原，文中提及的郑、汪、黄、许四姓，有三姓之地望可以确认（亦即郑村之郑，西溪之汪，潭渡之黄），这些家族成员中均徽商辈出。由此可以推断，因商业发展导致歙西平原部分水利设施的衰落，从而引发灾害频繁，并进一步导致歙西一带业农人数的锐减。这与《风土考》前揭提及的正德末、嘉靖初"出贾既多，土田不重"以及嘉靖末隆庆间"末富居多，本富尽少"之描摹亦相吻合。

除了歙西之外，应当指出的是，虽然《歙志·风土考》指出西乡之"昌明靡丽，雄视三乡"，但从稍早于万历《歙志》的《复初集》来看，随着徽州经商风气的逐渐蔓延，歙县南乡的社会风俗也多有变化②。

---

① 道光二十九年（1849 年）补刊《西溪汪氏家谱》卷 12，页 72 上—72 下，麟书堂藏板。安徽省黄山学院徽州文化资料中心藏复印件。
② 参见《〈复初集〉所见明代徽商与徽州社会》，载王振忠《徽州社会文化史探微——新发现的 16 至 20 世纪民间档案文书研究》，第 20—92 页。

汪道昆在《知县题名碑记》中指出:"歙故名州,今以岩邑当南辅,其地方三百里而羡,视子男过之,其民出糊口者遍四方,即食土之毛,无虑万万指,其业诗书礼乐、修正业者什二三,大半以贾代耕,习心计。"① 由于商业风气浓厚,"休、歙右贾左儒,直以九章当六籍"②,休、歙一带人们的算学头脑非常灵光。如新安卫人帅嘉谟"少有心计,析入毫芒,精通巧历,稍稍猎经史诸书,略知梗概,常曰:文不能冠士,武不能冠军,则当以他长。见九章勾股,吾庶几可充算博士乎。"休宁率口程大位,则有《算法统宗》。甚至闺阁中人,也会书算,如歙县城东人许孝女(叔玄)"稍长,能书算名数"。③

商业的发展,使得健讼之风愈煽愈炽。万历《歙志·令宰》指出:"歙邑素称难治,以其民好刚健讼,自昔已然。而迩来贫富不均,又非畴昔之比。贫者支力谷丸,富者膻薰,吏兹土者,非有冰蘗之操,难以廉也。非有干将之锐,难以刜也;非有江河之沛,难以决也;非有砥柱之坚,难以持也;非有琴瑟之调,难以改拨而更张也;非有肝胆之肫,难以潜销而嘿化也;非有日月之引,难以沦浃而敦庞也。盖污者之所甘,而洁者之所苦;通者之所甘,而介者之所苦;圆者之所甘,而觚者之所苦;雕者之所甘,而朴者之所苦。呜呼难矣!新安故清流也,今成陆海矣,而不无贪泉也。"④ 这是从为官一方的角度,分析歙县"难治"的

---

① 万历《歙志》卷4《艺文·碑记》,22下—23上。
② 汪道昆:《太函集》卷77《荆园记》,第1579页。
③ 万历《歙志》传卷8《列女》,41上。
④ 万历《歙志》传卷1《令宰》,2下—3上。

原因——徽州人好讼由来已久①。及至明代中后期，因贫富悬殊，此种健讼的风气更为炽盛。当时，徽州多巨商大贾，他们往往以财力左右诉讼。方弘静在《易治篇赠徐使君之山东》一文中就提及："今大江之南畿辅之间，则称徽为难治矣。……夫所为称徽为难者，曰：其山川峭激，其民尚气好讦，即一狱，或十余年、历数守莫能决也。盖比屋为梗阳也，其间右豪猾，往往依结权有力者横其邑，里中一有所取，则移书且旦夕至，即都门视郡阁犹堂阶耳。"②

除了富室勾结权贵影响诉讼外，民间一般的诉讼也呈上升趋势。万历《歙志·风土考》曰：

> 谚云：鸟穷则攫，人穷则争。此非颛论兄弟也，而兄弟亦在其中。邑之兄弟，其在穷者，无田地、资斧、契券相关，故反无争。夫惟富家兄弟，幸承先烈，方其始析，产阃俱定，已杜争端矣。其后寝浮，能者辐辏，拙者瓦解，而荡者土崩，则手足之间，不无肥瘠，于是瘠者求充于肥，或告于官，张皇其数，求不以情与不知足，此瘠者过也。若肥者果能推念一体，割肥充瘠，固曰大善，不则以己之资，取收其产，亦无不可。而肥者反是，始则坐视之，既则预防之，及其有求，则固辞之，听其告则雄应之，不曰端不可开，则曰渐不可长。宁行重赂以输官贿，强援以请托，即俱

---

① 万历《歙志》传卷1《令宰》指出：在宋代，"深山穷谷愚民，因小忿疾，辄毒草挼酒饮之，以为诬诈张本。"（6上）
② 方弘静：《素园存稿》卷10，集121，第164页。

至于瘠而困恤，此亦肥者过也。嗟乎！此令兄弟绰绰有裕，不令兄弟交相为瘝，可胜叹哉！虽然，兄弟之偏，起于阿母爱少子，而更起于阿翁恶荡子，盖阿翁辛苦为生，长男犹及见之，则知稼穑艰难，而少子则多伤阿翁心，故反有偏于长男，未可知也。一及身后，而争起矣，盖亦贻谋者过欤！①

上引的俗谚"鸟穷则攫"，亦见于万历《歙志·兵防考》。此段文字涉及的是家庭中兄弟因贫富悬殊而发生的纠纷，其中指出：富家兄弟有家产继承，因后来各自经营的状况不同，反而容易产生争执。并认为：长男与少子，由于成长的环境以及父母对他们的态度不同，也常常会在父母身后发生纠纷。此一分析细致入微，应当符合当年的实际状况。

由于诉讼案件增多，讼师在民间社会中的活动极为活跃。嘉靖年间，歙县县令刘庭梅到任后，地方上的"乡大夫"即首先请求他下令逮捕讼师。②

从万历《歙志》的内容来看，明代中期以还的徽州社会，还反映出了三种倾向：

（1）徽州人注意对桑梓故里及家族形象的塑造。徽州巨姓大族林立，"吾乡氏族之蕃，无如忠壮、忠烈两派，而其最远，则无如郑氏"③。此处的"忠壮"和"忠烈"，分别指的是程氏和汪氏。关于程氏，"洛党诸君子往来笔札中，逢两程先生之牍，必

① 万历《歙志》卷5《风土考》，6下—8上。
② 万历《歙志》卷1《令宰传》，9下—10上。
③ 万历《歙志》杂记卷1，14上。

有忠壮公裔印，……余以忠壮公乃吾郡程氏始祖，而两程先生则自吾徽迁河南数世矣，其不忘本如此，与朱子一心云"，①这是将新安程氏与理学家二程联系起来的说法。另外，魏国徐公俌跋武安郑公谱云："太祖高皇帝，相传出于篁墩，以迁句容，再迁濠上"，②又将徽州与朱明皇室的谱系相联系。③

在对家族形象的塑造方面，各个家族的孝行事迹均相当丰富。明代提倡孝，"孝为百行之首"，有关孝的主题被反复发掘。万历《歙志》收录有方静的《孝感录序》④、张文的《程孝子行》⑤等。该书的传卷7《孝友》，列举了具有孝友事迹的共27人，其中唐1人，宋2人，元1人，明23人。由于明朝规定，"刲股卧冰，俱属不孝，有司不得举闻"⑥。所以，若除去"割股疗亲"的12人，宋、元、明三代共有15人，其中棠樾鲍氏计有3例，竟占了五分之一，显得特别突出，似可稍加分析。根据万历《歙志》记载：

> 元鲍寿孙字子寿，棠樾人，父宗岩，字傅叔。寿孙早慧，咸淳丁卯中江东漕解第一，时年甫十八。至元丙子，郡将李世逵军叛，西北乡群贼窃发，富者皆不能免。或拽寿孙

---

① 万历《歙志》杂记卷1，5下—6上。
② 同上书，13上。
③ 万历《歙志》总纪卷1：嘉靖二十八年（1549年），"南京大珰入郡，采矿抽税，一时骚然。有司以徽乃孝陵祖龙，岂可创脉？苦议包贡，自二十九年起，至三十四年罢"。（13下）这是从风水的角度，将徽州与明孝陵相联系。
④ 万历《歙志》艺文卷6《杂著》，11上—13下。
⑤ 万历《歙志》艺文卷8，七言古，1下—2下。
⑥ 万历《歙志》传卷7《孝友》，13上。

父子至贼魁前，子愿代父死，父愿代子死。贼魁醉，亦心哀之，顾求索不已。忽大风起丛林间，疑有骑军至，贼骇散，父子俱免，乡人称为慈孝①。

鲍灿字时明，棠樾人，读书通大义，不求仕进，性至孝，母佘氏年七十，两足俱病疽，医药经年不效，腐秽流溃不止，灿忧悸，旦夕焚香告天，亲为吮之，不浃旬愈，乡邦传其诚孝，后以孙象贤诰赠兵部侍郎②。

鲍元凤，棠樾人，事亲凤以孝闻。元季寇至，邑尽奔窜，凤与妻子诀曰："吾有母，不能尔恤。"遂躬负母深避岩穴，艰苦备尝。乱定归，近暮，恍若神导，与妻子遇，母喜极泣曰："吾儿弃妻子，脱我于难，乃俱获全，天也!"③

上述的鲍灿也作鲍邦灿，鲍氏族谱亦有相关记载。④ 根据族谱的相关记录来看，其人与两个儿子鲍光宇、鲍光祖都是在开封经商的徽商，他们与开封的藩王、文人士大夫（如李梦阳等）过从甚密，通过这种交往，不遗余力地塑造个人以及家族的形象。

徽商对家族形象的塑造，有时亦会引发激烈的族姓纷争。吴修撰《复篁墩记》："唐之季侈用厚敛，结怨于民，一旦黄巢乱起曹、濮间，率其徒横行天下，所过残灭，殆无遗类。前此虽安

---

① 万历《歙志》传卷7《孝友》，5下。
② 同上书，7上—7下。
③ 同上书，9上。
④ 《棠樾鲍氏三族宗谱》卷95"万善公派"，第4页上—第5页上。第8页上—第9页上。〔清〕鲍光纯纂修，乾隆二十五年（1760年）刻本，上海图书馆谱牒研究中心藏。

史之乱，泾、淮之扰，不至此极。当其攻剽时，相传凡地以黄名者，兵辄不犯，盖谓己姓也。若新安之黄墩，其可见者。黄墩旧名篁墩，乱者以黄、篁声同，改而从之，竟免于祸。考之史，僖宗乾符六年，巢陷鄂、宣、歙、池四州，歙新安也，实巢所蹂躏地，其事不诬，于是'黄墩'习称于人凡七百年，于此莫有复之者，而复之则自今太子谕德程君克勤始。……盖尝读家乘，而得黄墩之说，愤而叹曰：此吾家循吏忠臣第宅、庙貌之所，贼姓敢尔污之！会得旨归省，躬访其地，乃大书'篁墩'二字，揭于故庐，父老惊叹以为美事。壤地增重，里门若新。"① 文中的"克勤"即程敏政。在这里，"黄墩"抑或"篁墩"，被上升到名教的高度，将"黄墩"改易为"篁墩"，更被涂饰成"除羞涤耻"、关乎大义的一种举措，于是，家族的私利，为士大夫冠冕堂皇的光环所笼罩。"程黄争墩"成了明清时代歙县程氏与黄氏聚讼纷纷的重要地名事件。

（2）对义仆的表彰，反映了佃仆制度的微妙变化。万历《歙志》传卷7《良民》附有"义仆"传：

> 小黑，开黄里人。主母老而贫，其子弱而病，小黑樵苏以供二人，朝夕拮据，不遗余力。里中有羡动其勤者，讽以胡不赘于富厚之家，而乃自苦为也。答曰：吾命即主命也，生则养其身，死则事其鬼，何复有力以事娶妇，冀他日埋于主之侧足矣。兀兀三十余年，主母与子殁，而近属有力者觅

---

① 万历《歙志》卷5《艺文·碑记》，6上—6下。

一地为三坎以待之，未几亦殁，遂与归骨，至今称"义仆家"云①。

小二，在城俞标之仆，原山东郯城县人，年荒，父母凶终，流离道路，标为收敛，而携以归，仅七岁耳，即知以报恩自誓。及长，欲与娶妇，固辞不可，惟愿以孤身事主，没身而已，标从之。后标出贾，遇辽兵掳掠笞标，小二以身捍蔽，几无完肤。标生毒疽，夜拜北斗，祈以身代。医云须吮之，其毒乃去，小二即为吮之，久之乃愈。其后历事五代，尽瘁无倦，殁年七十五，异香满室，惊动邻里，俞氏以主祔家庙，春秋陪祀焉②。

第一个例子中的"小黑"，为谢陛所在的开黄里人，主家已贫困衰落，从文中的描述来看，在这种状态下，有的佃仆会出赘于其他"富厚之家"，另投新主（这在明清契约文书中时常可见）。而他却对穷困潦倒的主子不离不弃，最后埋葬在主母和小主人的身边。第二个例子中的"小二"来自山东，后来又随主人外出经商。这位小二，服侍主人家五代，前后共六十余年，应是世仆无疑。他最终得以木主祔于余氏家庙，春秋陪祀。除了这两位义仆外，王世贞也有《纪胡佥事二义仆事》：

胡佥事者讳大全，徽州歙邑人，尝举进士，为尚书郎，其佥事而得贵州，则以道远，故不携家，而所从苍头，曰胡

---

① 万历《歙志》传卷 7《良民》附"义仆"，14 上—14 下。
② 同上书，14 卜—15 上。

文训、文学者，为书室掌故最近，能得其意。金事所按部曰毕节，尝以早暮撬行瘴雾中，遂感脾疾，久益赢削且殆，文训忧之甚，曰："吾故闻之老长者言，寝瘵非人肉不得起。"乃斋沐，刲股肉血，杂粥药进之，金事病为小损，居月余益笃，且易箦，而时文训方以股创卧疾，文学痛，不忍见金事死，曰："死而倘可代也，吾此六尺，直鸿毛耳。即不获代，而主君卒不讳，孤鬼在万里外，谁与从者？有先死以俟而已。"遂自刭，其喉咽所不合者仅指许，然竟不死，而金事死矣。

对于胡文训、胡文学二位"义仆"，王世贞发了一通感慨："嗟乎！人子之于亲，有刲股而药者；人妇之于夫，有以死殉者。此皆缘于深爱至契，发于不得已之痛，而始捐其所不易捐，是二苍头事金事非久，宁复有以固系其心，又岂有诗书礼教为之摩浃于胸腑，而一旦慨然争先而赴义，若此人心，固不与末俗而俱死也。"①按照王世贞的说法，两"义仆"的事迹，与当时之"末俗"恰好形成强烈的反差。

除了对"义仆"的表彰外，还对"义婢"也加以表彰。如万历《歙志》传卷8《列女》记载：

> 冬梅，东门许世达使女也，年十三，而世达殁，遗子植未周，主母亦病且笃，谓之曰："吾夫妇死，仅遗此儿，中

---

① 万历《歙志》艺文卷6《杂著》，24上—26上。

外无以为托，奈何？"冬梅泣曰："万一不幸，婢子愿辅幼主，岂忍舍而他适。"主母寻殁，冬梅含哺幼主，保护逾年。家人利其资，计先嫁婢，而后杀孤，有媒搆矣，冬梅度不可脱，慨然登舆，途经世达故人汪某之门，绐客曰："曩有衣饰寄此，请入索归。"竟下舆，入门泣诉于汪，情词哀切，誓以死报其主，汪义之，乃留冬梅于室，而款谢客。因同往许家，谯让迫嫁之人，取资还客，始归冬梅。以后百计保护，植始成人，娶妇生子。宗人高其义，相率事以主妇之礼，而冬梅固让："事幼主职分也，何敢自功？安婢子名分也，何敢僭妄？"宗人无以夺，愈益贤之，年八十二，以处子终。①

对此，谢陛指出："东门媛之懿也，多乎哉！苦心辅主，忠也；绐客脱身，智也；辞宠不居，让也；全躬以寿，贞也。尽美矣，而又尽善矣。"②

万历《歙志》中的这些表彰，实际上反映了明代中后期佃仆制度所发生的一些变化。对此，方弘静在《郡语下》中指出：

郡之义安也，非徒以险阻足恃也，亦由内之纪纲不弛足以维之耳。纪纲之系于治乱，非世所习言乎？天下者，国之积也；国者，家之积也。由家国以及天下，其不可弛一也。盖郡之俗重土著，其来远矣，其远者当西汉之末，吾

---

① 万历《歙志》传卷8《列女》，39上—40上。
② 同上书，40上。

家太常府君之墓，世犹守之。其在晋之东以及梁、陈之际者，比比可纪也。其姓之著者，即一墟落，而所聚盖不啻千人矣。即千人者之中，宁无数十人思逞者乎？然以九制一，固足以维之，犹麻中之蓬，无俟于扶也。以千人之家，其仆佃之数，不啻如之矣。咸臂指相使，非一朝一夕也。有事则各为其主，主则饮食之，以为恃此皆子弟父兄之兵也。……嘉隆以来，俗渐漓矣，圭窦雕梁，纨绮敝缊，非有恒心，鲜不求忮，夫使于下，不可以无礼也。南面之君无以守位，况庶民乎！于是乎有主仆之狱矣，为政者不察其原而矫之过，则或以鸷击为名，曰：是皆豪强梗吾治者，无论冠之敝、履之鲜也，一切齐之，即千金之家，以一纸倾之，犹瓦缶耳。民之无良，其悍者或反凌其主，则右之曰：此细民也，莫非民也，恶有乎仆也？夫猱之于木也，既教之升矣，其言朝出于堂上，夕达于四境，彼野心若狼非鲜也，咸曰：上之言固然，莫非民也，吾胡然而仆也？夫民也，不有驯谨而怀刑者乎！则相戒曰：吾何以仆为哉？如天之福，一人之有庆，吾幸无填沟壑也，吾刻木而不愿对，吾何以仆为哉？其心离，其力不足以相继，仆不有其主，主无以有其仆，冰涣之势也，纪纲乱矣，所谓脉病而貌特未瘵，其足恃乎？设有缓急，则向之亲上死长者皆入室戈矣。……故曰：厝火积薪而寝其上者也，此善喻也[1]。

---

[1] 《素园存稿》卷17，集121，第311—312页。

由上揭的描述可见，在徽州，佃仆的反抗已经出现，社会上出现了同情佃仆的舆论，而类似于开豁贱民那样的言论亦由来已久。这些，在方弘静这样的士绅看来，显然是社会失序的一种表现。他另有歙县十九都四、五、六、七图约正副等的《谕里文》："盖闻国有君臣，家有主仆，上下相维，纪纲不紊，是以久安长治也。吾郡冠履之分素明，主无忮求，仆无逾越，海内推为笃厚尚矣。近者风习日漓，浸益陵替，倒悬之势，可为太息。……乃若骄悍之不有其主，则有由来矣。钱帛傥来，既挟高赀，视主之窭之何有也；机械交结，实繁有徒，视主之孱弱何有也。是争阋之讼，匿名之词，相疑相轧，何所底息？衰耗之由，胡可不深省欤！"① 歙县十九都共有十一图，其中就包括岩镇所在的村落。可见，商业的发展，使得旧有的社会阶层发生了剧烈的变化，一些富裕了的佃仆纷纷起来，以各种方式摆脱主家的控制 ——这大概就是王世贞笔下的"末俗"吧。正是在这种背景下，万历《歙志》才更需要特别表彰那些"义仆"。

（3）对于贞节的提倡，以及对徽州妇女形象的回护。万历《歙志》卷7收录了胡次焱的五言古诗《媒嫠问答》，这首长诗先是极言寡妇衣食无着、劳碌生活之凄惨，接着谈及媒人藉此诱导孤嫠再婚，其后则缕述寡妇的回应，着力渲染了妇人对守节的坚定信念。此外，万历《歙志》艺文卷7中还有吴明謏的《咄咄行》②，也是长篇叙事诗。王寅的《谢烈妇断石吟》③，亦反映了烈

---

① 《素园存稿》卷19，集121，第349页。
② 万历《歙志》艺文卷7《七言古》，8上—12下。
③ 同上书，4上—5上。

妇贞女的事迹。

对于徽州的节烈之风，谢陛指出："吾乡妇人，秉山水之淑气而为贞，亦秉其乖气而为亢，大都以为匪贞则不可立于世，而再醮则不得齿于人，故烈者以死为生，节者以生为死，其苦一也，其难一也，其心一也，其贤一也。独怪嘉靖志数百年间，仅得一百三十余人，丙寅以下四十三年耳，其牍已至满千，牍中又非止一，竭力披翻，苦心矢誓，烈者何所复疑，一一而收之矣。但于节者，则除其事迹之可疑者，岁年之未的者，无疑已【已】的而见存者若干人，则已满百数矣。又怪四乡之中，西乡十居其七，而三乡未满其三，则以风气大开，文明独盛，毋论女子固皆幽闲于环珮，而丈夫更益标榜于丹铅，其多也固宜。而三乡则丈夫生者椎鲁少文，以教女子，死者湮沦未著，其少也亦宜。局中则已深念乎此，姑付之于无可奈何，出局之后，幸有余生余力，贾勇微行，周咨遍访，尚有志焉恐未逮耳。"[1] 文中的"嘉靖志"，应指嘉靖《徽州府志》，是志为徽州知府何东序所修，成书于嘉靖四十五年（1566年，即上揭的"丙寅"）。丙寅以后，迄至万历《歙志》的年代，为时不过四十三年，但节烈事迹的数量却有极大的增加。除了总体数量的增加，谢陛还特别指出歙县四乡的地域差异，他发现，西乡尤为突出。无论是从嘉靖以后的时段来看，还是从歙县地域的差异来看，节烈事迹的盛衰及其地理差别，显然都与徽商的发展息息相关。

值得注意的是，万历《歙志》传卷8《列女》，"分节烈诸

---

① 万历《歙志》传卷8《列女》，84上—85上。

科，而附以义妾、义婢，以妒妇终之"①。其中，包括有一些义妾的事迹。譬如，县城江东鸣病卒，其妾郑氏"视殓及沐，自纫襚衣，仰药而死"。②歙县东南隅刘昌妻洪氏，年二十而寡，妾春香有姿色，洪氏父德润念其年少，欲嫁之，春香不从，缢死。洪氏怜妾有志，绝谷十日亦死。对此，谢陛指出："历稽往牒，以节烈称者，女多士族，妇多名门，求之侍妾之中，不少概见。……以今观于吾乡，则烈妇几百人矣，而侍妾亦有六人焉，盖二十分中，止得一分耳，然而硕果独尊，三卿为众，则此六人者，吾欲以殿彼百人矣，不为少也。"③这些史料说明，随着徽商经营的无远弗届，徽州人的婚姻圈也在扩大，因此，对于姬妾的道德约束也在加强。

除了"义妾"外，《列女传》最后还附有徽州妒妇的事迹，根据谢陛的说法，是希望与烈女节妇放在一起，"一劝一惩"，从正反两方面加强对徽州妇女道德的约束。对于徽州的妒妇，明人谢肇淛曾指出："美姝世不一遇，而妒妇比屋可封，……江南则新安为甚，闽则浦城为甚，盖户而习之矣。"④妒妇与贞女节妇，成为徽州妇女一体两面的特色。对此，谢陛指出："海内之推贞妇固惟吾乡，而推妒妇亦惟吾乡。王弇州传吾乡之贞妇而曰：以从一之道自律则为贞，以从一之道律人则为妒，其相因而有也固宜尔矣。以余品之，贞而不妒者上也，妒而贞者次也，淫而妒者

---

① 万历《歙志》传卷8《列女》，2上—下。
② 同上书，23上—下。
③ 同上书，23下—24上。
④ 《五杂组》卷8《人部四》，第147页。

斯为下矣。吾乡固多次者，不少上者，而下者则无，故以妒闻者，皆悍也，而非淫也。……"①王世贞的说法见于其人所作的《节孝汪吴传》："吾闻之：徽俗奇妒，妒至不可闻。自汪司马伯玉之传七烈妇，于是妒之风小敛，而转为节若烈者，此何故也？夫静而专者女德也，以从一之道责其夫，则为妒；以从一之道自责，则为节若烈也。"②由此可见，徽州的士大夫通过表彰贞女烈妇，殚精竭虑地努力改变风气③。

徽州妇人"工妒"之外，还有的表现就是"悍"，就像此前谢陛提及的"吾乡妇人秉山水之淑气而为贞，亦秉其乖气而为尢"。对此，万历《歙志》传卷8《列女上》指出："吾乡山水峭激，故男女之秉受也，大略相同，一往坚贞，半生勤俭，如孤松独挺而乏余蓊，飞瀑迅流而乏余润。勤俭之固不免悭贪，则贤明仁智有所不足矣；坚贞之固不免尢厉，则节义有余而婉顺亦有所不足矣。剜其究也，不将为悍为妒乎！盖至于悍妒，则上之事姑嫜，相夫子，中之和妯娌，下之驭臧获，亦皆有所不足矣。……总之，妇人之坚贞，犹之丈夫之忠孝，此其大节，既已不逾，则其余皆第二义矣，可以恕矣。"④文中提及徽州妇人悍妒之种种表现，如"驭臧获"的"有所不足"，实际上是指徽州民间根深蒂

---

① 万历《歙志》传卷8《列女》，87上—88上。
② 王世贞：《弇州四部续稿》卷69。
③ 当然，其实际效果如何颇值怀疑。谢肇淛《五杂组》卷8《人部四》："宋时妒妇差少，由其道学家法谨严所致，至国朝则不胜书矣。……汪司马伯玉锦心绣口，旗鼓中原，而令不行于闺内，胆常落于女戎，甘心以百炼之刚化作绕指也，亦可怪矣。昔人云：'禽之制在气。'然则妇之制夫，固有出于勇力之外者矣。"（第150页）此处的"汪少司马伯玉"，亦即王世贞笔下汪道昆。
④ 万历《歙志》传卷8《列女》，2上—下。

固的虐婢习俗，这突出表现了徽州妇人亢悍的一个方面①。不过，万历《歙志》作者接着为之辩解，说妇人之坚贞，与男子之忠孝是做人的大节，其他的缺点都可以宽恕。

在徽州的社会变迁中，应当特别注意商人和士大夫的影响。以宗教为例，明代中叶以还，徽州当地的宗教亦发生了重要的变化："吾乡之僧，初不知有教律讲禅；吾乡之士，亦不知有檀樾布施。惟富媪徒知有福田利益，往往用瑜伽教，设坛场，为法事，以媚神徼福。事完，罗列膻腥，诸髡大飨，轰饮狼藉而去，比之金陵，则其厨子牙人土工木屑类耳。自汪司马始创肇林，广招海众，设无遮大会，十方名德飞锡而来，其后始知有拜谶、奉经、召孤、施食诸科丁焉，瑜伽之教渐衰，而求利者浸淫经谶事矣，诸髡亦改其故技以应役焉。乃今衿绅者流渐发信根，放生、戒杀诸缘递起，小构团焦，在在而是，然清斋结制，不可谓无，而何肉周妻，亦未免其弊。则有斋婆一种，频串浚闺事为叵测，回视曩时，瑜伽教中，酒肉罴神，更为地狱种子矣。至于宫观原少，不能当寺五分之一，人亦如之。然数十年前，富媪祈禳，非设清斋则陈净醮，于时僧、道离立中分，自沙门经谶教兴，而净醮与瑜伽并为衰寝，僧可改技，道则无技可改，困可知矣。然僧有斋婆之串，而道无道婆之串，则富室之弊，吾不忧道而忧僧也。"② 从上可见，在民间信仰中，富媪、富室的影响巨

---

① 参见王振忠：《18世纪一个贡生眼中的徽州社会——关于〈澄潭山房古文存稿〉的史料价值》，载《天津社会科学》2007年第1期；《两地书：从敦煌到徽州》（上、下），《读书》2007年第2期、第3期。
② 万历《歙志》考卷6《寺观》，11上—12上。

大。而士大夫的移风易俗亦不容忽视，尤其是像汪道昆这样的人物。

2. 文化发展

明代大批商人的外出，以及商业利润源源不断地输回到徽州本土，造就了徽州的富庶，也使得徽州的文风愈益昌盛。方弘静在《尊经会录序》中提到："岁庚子，邑之士应试者几三千人，有司者三试之，三选之，其进而肄业于庠者七十有五人耳，盖其难也。吾里之与者十有一人。"[①] 序中的"庚子"，亦即万历二十八年（1600 年）。当时，参加考试的歙县生童接近 3000 人，而最终被录取的只有 75 人，仅占总数的 2.5%。方弘静在另一篇《辅仁文会录序》中还指出："万历丙申，邑之应试者凡二千人，邑试之，府试之，台使者又严试之，其得进于庠者仅七十有二人，难矣！吾里邑西一村耳，而进者十人，人以为夥焉。"[②] 此序提及的"万历丙申"，也就是万历二十四年（1596 年），当时参与科考的 2000 人中，仅有 72 人入庠，占 3.6%。对于歙县文风的昌盛以及中式之难，方弘静在《素园存稿》卷 18《跋》中指出：

> 世际休明，邑之应试者几三千人，其与进于庠者七十人耳，而有力者求之且数倍，寠人子幸遇者，间亦什一，非卓尔不群，神明所助，不可冀也。被褐怀宝之士，无能自达，

---

① 方弘静：《素园存稿》卷 10，集 121，第 179 页。
② 方弘静：《素园存稿》卷 9，集 121，第 160 页。

则弃而易业，与朽木同沟壑耳[1]。

由于科举竞争的异常激烈，一部分人只能弃儒就贾，而他们的子弟常常就在异地求学，从而造就了许多异地进士、举人。对此，万历《歙志》指出："……照得客籍举人、进十一款，旧例客籍中式，已在客籍领有坊银，比及回家祭祖，又呈领银，是一中式而两冒坊银，百姓膏血可能有几，堪此剧派？此在别县亦当议革，况歙县在外客籍中式者，每与在籍中式者多寡名数相等，盖九州四海尽皆歙客，而寄籍者十之五六，区区一歙，山多田少，正赋难供，又可能额外办此重冒之科派乎。"[2] 这是作者就领银建坊所发的议论，其中揭及"歙客"（歙县商人）与客籍进士、举人的关系。以下，根据万历《歙志》的记载，列表如下：

歙县客籍举人简表

年　代	姓名	里居	籍	履　历	出　　处
成化十年 （1474 年）	江衷	在城		顺天乡试	表卷 3《贡士》，5 下
成化二十二年 （1486 年）	汪瓒		顺天籍	金华知县	表卷 3《贡士》，6 下—7 上
弘治二年 （1489 年）	江韶	在城		顺天乡试	表卷 3《贡士》，7 下
弘治十一年 （1498 年）	汪贤	西沙溪		顺天乡试	表卷 3《贡士》，7 上
	程源	槐塘		顺天乡试	表卷 3《贡士》，7 下

① 方弘静：《素园存稿》卷 18，集 121，第 336 页。
② 万历《歙志》卷 4《户赋》，4 上—4 下。

年　代	姓名	里居	籍	履　历	出　处
嘉靖十六年 （1537 年）	汪一中			顺天乡试，甲辰进士	表卷 3《贡士》，13 上
	方元焕	信行		山东乡试	表卷 3《贡士》，13 上
嘉靖二十二年 （1543 年）	王天爵	王干	苏州籍	己未进士	表卷 3《贡士》，12 下
嘉靖二十五年 （1546 年）	胡汉	方塘	浙江籍	郴州知州	表卷 3《贡士》，14 上
	尹校		锦衣卫籍	丙辰进士	表卷 3《贡士》，14 上
嘉靖三十四年 （1555 年）	李汝楫	溪南	嘉定籍	乙丑进士	表卷 3《贡士》，14 上
嘉靖四十年 （1561 年）	张一桂			河南乡试，戊辰进士	表卷 3《贡士》，14 下—15 上
	潘侃	岩镇		顺天乡试	表卷 3《贡士》，15 下
嘉靖四十三年 （1564 年）	吴希周	溪南	江都籍		表卷 3《贡士》，15 上
隆庆元年 （1567 年）	胡文衢	琶塘	扬州籍	永州府通判	表卷 3《贡士》，15 下
万历四年 （1576 年）	谢谏	伦堂		顺天乡试	表卷 3《贡士》，17 上—17 下
	程德新	东山	江都籍		表卷 3《贡士》，17 下
万历十年 （1582 年）	李先芳	溪南	嘉定籍	己丑进士	表卷 3《贡士》，18 上
	汪居贞	潜口	顺天籍		表卷 3《贡士》，18 上
万历十三年 （1585 年）	汪一元	丛睦		顺天乡试，主事	表卷 3《贡士》，19 上
	江大鲲	在城	云南籍		表卷 3《贡士》，19 下
	李大畏	岩镇	扬州籍		表卷 3《贡士》，19 下

年 代	姓名	里居	籍	履 历	出 处
万历十六年 （1588 年）	黄日升	潭渡		顺天乡试	表卷 3《贡士》，19 上
	潘之星	岩镇		顺天乡试	表卷 3《贡士》，19 下
万历十九年 （1591 年）	李名芳	溪南	嘉定籍	壬辰进士	表卷 3《贡士》，19 上
	鲍介贤（棠樾）		临清籍		表卷 3《贡士》，19 上
	赵宗时	赵村		顺天乡试	表卷 3《贡士》，19 上
万历二十二年 （1594 年）	吴应鸿	溪南	北监		表卷 3《贡士》，18 下
	洪良范	在城	山东解元	戊戌进士	表卷 3《贡士》，19 上
	程元瑜		湖广籍	应天乡试	表卷 3《贡士》，19 下
	程云鹏	岩镇	仪真籍		表卷 3《贡士》，20 上
万历二十五年 （1597 年）	姚之典	几沙	扬州籍		表卷 3《贡士》，20 上— 20 下
	汪献忠	临塘	江都籍		表卷 3《贡士》，21 上
	黄公敏		昌化籍		表卷 3《贡士》，21 上— 21 下
万历二十八年 （1600 年）	蒋学纯		含山籍		表卷 3《贡士》，20 下
万历三十一年 （1603 年）	程国祥	古关	应天籍	甲辰进士	表卷 3《贡士》，20 下
	黄应宫	竦塘		顺天乡试	表卷 3《贡士》，21 上
万历三十四年 （1606 年）	汪元征	潜口	仪真籍		表卷 3《贡士》，20 下
	李流芳	溪南	嘉定籍		表卷 3《贡士》，20 下— 21 上
	吴士忠	溪南	北监		表卷 3《贡士》，21 上
	吴逵	石桥头	浙江籍		表卷 3《贡士》，21 上
	潘文龙		浙江籍		表卷 3《贡士》，21 上— 21 下
	赵宗和	赵村	顺天籍		表卷 3《贡士》，21 下

以上是自成化迄至万历歙县客籍举人的名单。谢陛认为："邑中举人会试赴礼部者约三十以外，五十以内，其名惟让晋江、南昌、余姚数县而已，吴下诸大县皆在其后。"① 可见，歙县举人赴会试者仅次于福建的晋江、江西南昌和浙江余姚数县。至于客籍进士，亦见下表：

歙县客籍进士简表

年　代	人名	里居	籍	履　历	出　　　处
宋宝元元年②	吕溱	岩镇	扬州籍	状元	表卷 3《进士》，2 上—2 下
明正德三年（1508 年）	鲍说	赤坑	大兴籍		表卷 3《进士》，12 上
嘉靖二年（1523 年）	许琯	许村	当涂籍		表卷 3《进士》，12 下
嘉靖二十六年（1547 年）③	汪镗	上路	鄞县籍	官至礼部尚书	表卷 3《进士》，13 上
嘉靖三十五年（1556 年）	尹校	上丰	北京锦衣卫籍		表卷 3《进士》，13 下
嘉靖三十八年（1559 年）	王天爵	王干	苏州籍	按察使	表卷 3《进士》，13 下
万历五年（1577 年）	朱朝聘		临清籍	海宁按察使	表卷 3《进士》，15 上
万历十七年（1589 年）	李先芳	溪南	嘉定籍	四川参议	表卷 3《进士》，15 下
万历二十六年（1598 年）	洪良范	在城	山东籍		表卷 3《进士》，15 下
万历三十五年（1607 年）	汪三益	西沙溪	山东籍		表卷 3《进士》，16 下

---

① 万历《歙志》表卷 3《贡士》，21 下。
② 因前后是皇祐五年和嘉祐四年，其中间应为至和。
③ 汪镗虽列在嘉靖二十九年之下，但旁注"刂"未进士，故应为二刂六年。

谢陛概括说："本府进士，概而计之，一科当得八人，而歙居其半，但及第不多，而馆选亦不畅……"①

科举仕宦的兴盛，应当有助于商业的拓展。许国，"凡进退人才，引当不不（引者按：原文如此）奥援乡党，乡人不能无少望"②；程烈，"除工部主事，榷木干杭，以廉称"③，方良曙，"授工部主事，榷木荆州，关吏兼请算舟充额，良曙以受命榷木，不闻榷舟，不许"④；程子钛，"司理杭州，杭故邑邻境，邑人廛市其间者，无敢以私谒，大有治声"⑤。虽然上述诸人都是以正面形象出现，但徽州家族成员官商一体的情况在徽州比较普遍。徽人为官一方，本地人随之前往务工经商在所难免。关于这一点，万历《歙志》中的一条记载不经意间也为我们提供了佐证。歙人潘侃，"为诸生时，负奇任侠，善天官书，遍交名流，令光泽县，经流贼劫破之余，凋敝已甚，堂治倾圮，侃谬云：歙工良，募以更建，实囊家帑数百金佐之"⑥。潘侃为福建光泽县令，拟募歙县工匠更建县衙，显然难避裙带之嫌。

3. 日常生活的精致化

徽州人大批外出，也引起日常生活的重要变化。以物产为例，不少外地的品种被引进徽州：

---

① 万历《歙志》表卷3《进士》，17下—18上。
② 万历《歙志》传卷2《通传上》，18上—18下。
③ 同上书，27上。
④ 同上书，33下。
⑤ 万历《歙志》传卷2《通传下》，41上。
⑥ 同上书，44上。

若夫畜扰，则骡、马、牛、羊、鸡、犬、鹅、鹜等物，多自外售，以邑内无水草，匮粮谷也。尝考寰宇物产，各因其地，邑中土浅山深，谷粟之属，曾莫给月。蔬菜果药，种类无多，有通都大邑之常品，即视为家珍，踊值倍蓰者。至花鸟禽鱼，诸凡耳目之玩，则山谷之民垂老未睹。唯富商大贾走闽、粤、吴、楚间，护根袭趾而至，习其土之栽灌饲刍，历数祀后，间一繁其族类，犹夫徙迁之民，久成土著也①。

上文提及——周流天下的富商大贾（当然，还应加上为宦各地的徽籍官僚），从全国各地引进花鸟禽鱼等耳目之玩。以花卉为例，徽州人在当地建了不少园亭，其中栽种了来自全国各地的花卉。如"江方伯解组云南，仲子可章携五钗松一盆，仅尺有咫，则以植之涉园，其后干云蔽亩，葳蕤四垂，有如步幛，可谓奇绝。仲子婆娑其下者，将四十年矣"。②又如，方弘静亦建有适园，他在《素园存稿》卷4《适园杂咏（并序）》中写道："儿以蒙卜园于里之北，以适余老，……余以春日偕群从至，自后月一二至，或日一至焉。盖有携榼而至者，大都词人起予者也。至必小饮花下，一觞一咏，觞不及醉，咏不求工，惟适也。"《适园杂咏》计有108首，后又作《适园续咏》49首，所咏的花卉植物分别是：池上红梅，碧桃，碧桃间与红梅同开，斋中木

---

① 万历《歙志》考卷5《物产》，13上—13下。
② 万历《歙志》杂记卷1，32上。

犀，幽兰，海棠，莲花，蔷薇，萱草，海榴，芙蓉，芍药，紫薇，橘，杜鹃，葵，木槿，玉兰，枣，樱桃，玉簪，牡丹，菊，菖蒲，斑竹，雪毯，芭蕉，李，梨花，荷，细菊，月月红，吉祥草，凤尾蕉，杨梅，满冬，迎春花，水仙花，桂，鸡冠，鸳鸯菊，芝，凤尾竹，芰，牵牛，白牡丹，梅花，虞美人，玫瑰，凤仙花，金蝴蝶，桑葚，栀子，佛见笑，韭，葱歹韭，金钱花，垂丝海棠，醉芙蓉，佛面竹，七姊妹，垂槐，杜鹃，春鹃，滴滴金，腊梅，夜合，蔓菁，落花生，黄精，银杏花，苦珠，薇蕨，芋，决明菜，苦苣，莴苣，苋，马齿，莼，蒲萄，苜蓿，白宝珠，宝珠花，十样锦，颇稜菜，木瓜，芹，映山红。[1] 其中，提及海榴，吟作："昔从海外移，今向庭中吐，绛萼辉孔扬，珠房莹堪数。"对于类似于此的外来品种，万历《歙志·物产》记载：

> 花有学士莲、罗汉莲，俱十八瓣者，此正品也。娇容三变，则奇品也。其余丛瓣、碎心、品字、器字、金莲、宝相之类，翻为杂品。有梅花、白梅五瓣，其本色也。近有以磬口蜡梅接之，不改其瓣，而改其色，更添其香，可谓夺天巧矣。间有台阁梅花，如玉蝶而丛瓣，叠舒绿萼，则亦有重楼者，不多见也。红梅最下。有菊，惟岩镇潜虬山下莳至数亩以售者，将开之时，一片杂英，隔水望之，不减王、石两家步障。多兰蕙，间有建兰、吊兰、珍珠、白兰，如玉种不易

---

[1] 方弘静：《素园存稿》卷4，集121，第65—74页。

分多。鸡冠花向为劣品，而近来夐自不同，低则五寸，高则丈寻，杂色千态万状，亦移自闽中。……有木芙蓉，红、白二种，有不变者，而红则有再变者、三变者，俱佳。有一种白上洒红，不一其状，或周遭一道，一在裔，一在腰，或单在顶，或乱在瓣。又有名仙人掌上玉芙蓉者，盖花如芙蓉，心中抽出一葶，乃红中起白，绝奇，此自闽中移至。有紫薇，亦名百日红，有浅红、深红、朱殷者，更有一种似落苏花，兔睛子，色固非红紫，亦非翠也。有杜鹃，土人编为盖，至七层，高挺寻丈者。间有白杜鹃，多山鹃，俗为映山红。间有宝珠茶，自四川移来者，花繁于叶，真如绿鬓朱颜，秾艳之甚多。玉簪亦名白鹤仙，惟北京移来者，视南本独香。间有紫丁香、青石榴，亦自北京移种。白木槿自汴梁移种，有牡丹、芍药自亳州移种，海棠则自安南国王羁管嘉兴，从其国中携来，遂遗种于此，大倍于西府，而色少亚之，名曰安南海棠。以上诸花，皆来自境外，今土颇宜之。①

综上所见，当时歙县人运用一些技术（如嫁接），将引进的品种加以改良。在岩镇潜虬山下，还有商业性的鲜花种植业，这显然与当地人的园林兴建、居家观赏密切相关。文中对各类新品种之移入地有着详细的说明，兹择要列表：

---

① 万历《歙志》卷5《物产》，8上—10上。

植物新品种的移入

编　号	花　名	移入地
1	鸡冠花	闽中
2	仙人掌上玉芙蓉	闽中
3	宝茶花	四川
4	玉簪（白鹤仙）	北京
5	紫丁香、青石榴	北京
6	白木槿	汴梁
7	牡丹、芍药	亳州
8	（安南）海棠	嘉兴（？）

　　从上述各类花卉的移入地来看，这些地点显然都与徽商的商业经营所至密切相关。万历《歙志·物产》还记载："花红佳果，近有自白下移种者，殊不畅王［旺？］。有柑不如乳，橘不如福，橙不如蜜，皆不足数也。间有橼花已奇香，而累累之实如天仗流苏，皆自吴、闽移种多。"这说明，由于自然地理条件的不同，引进的品种并不一定能够顺利地成长。不过，尽管有诸多失败的例子，但新物产的引进，还是引起徽州人日常生活乃至谋生手段方面的一些变化。除了休闲娱乐之外，对花卉栽培的精益求精，使得徽派盆景异军突起，此后的一些徽州人，即以擅长盆栽而得以前往四处营生①。

　　明代中叶以来，富商大贾鉴藏之风盛行，清人吴其贞《书画

---

① 以扬州为例，清代就有"吴履黄，徽州人，方伯（江春）之戚。善培植花木，能于寸土小盆中养梅，数十年而花每系如锦。"（李斗《扬州画舫录》卷12，江苏广陵古籍刻印社1984年版，第266页）

记》曾追溯往迹："忆昔我徽之盛，莫如休、歙二县。而雅、俗之分，在于古玩之有无，故不惜重值，争而收入。时四方货玩者闻风奔至，行商于外者搜寻而归，因此所得甚多。其风始开于汪司马兄弟，行于溪南吴氏，丛睦坊汪氏继之，余乡商山吴氏、休邑朱氏、居安黄氏、榆村程氏所得，皆为海内名器，至今日渐次散去。计其所得失不满百年，可见物有聚散，理所必然。"① 其中的"汪司马兄弟"，也就是汪道昆、汪道贯兄弟。而"溪南吴氏"，亦即西溪南吴氏。关于后者，在万历《歙志》中亦有记载："吴守淮，字虎臣，溪南人，负绝异之资，父故饶，虽少孽，犹分钜万，即挟资豪游江淮吴越间，斥买重器，珍藏法书名画，橐垂罄矣。……又斥买经子史集千余卷以归，橐若洗矣。……寻知交于太函二仲以及丰干诸子，结有社矣。先所斥买者，业已散尽。……寻从广陵还里，……竟以穷死。常自言曰：摩挲彝鼎，亲见商周，咳唾珠玑，代宣纶綍，沉酣杯勺，梦入洪濛，虽有南面王，乐不以易此。"② 类似于吴守淮这样致力于古玩鉴藏的徽商巨子尚有不少。当时，歙县出现了一些鉴定专家，如"杨明时，字不弃，县城上路人，仲宽族弟也，聪明妙悟，而于诗于书于画，事事摩古，不肯少落时调，不无矜局，然至其合处，则亦今人所无。上路杨氏故富家，而如仲宽诸君，并多好事收藏，不弃晚出，犹及寓目，则已当其散佚之余矣。濡染赏鉴，为吴景伯、

---

① 辽宁教育出版社 2000 年版，第 62 页。
② 万历《歙志》卷 5《文苑》，40 上—41 上。

用卿兄弟所知，拉入都门，吴兄弟亦负博雅名，不弃虽孤狷，独与交深，物物为其鉴定，一时名噪都下，寻殁于其寓中，吴氏归衬而恤其家，仲宽孙复光、仲武能摄其胜。"①此处提到的杨明时，为人工诗词，擅书画，又善鉴赏。而吴景伯亦即吴国逊，吴用卿则为吴廷，兄弟二人出自歙县西溪南，都是当时著名的文物鉴藏家，家藏晋唐宋元名迹甚富，藏于余清斋，请杨明时双钩入石，名噪一时。

诚如吴其贞所指出的那样，徽州人认为"雅、俗之分，在于古玩之有无"，流风所及，不少人皆以古玩点缀家居。当时一些分家书罗列的财产中，均可见到书画古玩②。

4. 各类职业的专精化

商业的兴盛，使得徽州社会的生活日趋精致化，当地的各类职业愈益专精。如"新安医学"之崛起，便是明代中后期一个突出的现象③。对此，万历《歙志》曰："吾乡之医甲于海内，远则罗鄂州志张扩，近则汪司马传世医，详哉其言也！"④此外，其他的各类职业，也出现了家传户习、子孙世袭的现象。

---

① 万历《歙志》传卷9《文艺》，2上—2下。
② 有关明代徽州分家书的相关内容，最近的成果可参见巫仁恕《品味奢华——晚明的消费社会与士大夫》，"中央研究院丛书"，"中央研究院"、联经出版公司2007年版，第225—233页。
③ 有关"新安医学"的近期研究成果，参见张哲嘉《明清江南的医学集团——"吴中学派"与"新安医学"》，载熊月之、熊秉真主编《明清以来江南社会与文化论集》，上海社会科学院出版社2004年版，第256—267页。
④ 万历《歙志》传卷9《奥艺》，6上。

各类职业之专精与传承

门 类		姓名及其基本情况	备 注
医家	妇人科	医博黄孝友至黄天爵，盖数十世矣。别为江子振、应龙、应凤，亦再世矣①	
	小儿科	刘氏、丁氏、夏氏、杨氏、程氏、陈正道	
	痘疹	郑应娄、刘尚文	
	外科	洪廷镇、洪钦铭、洪文衢	
形家		彭令君、谢家二可、陈正言	
星家		充山巷失视少年（吴石父子）	
阴阳家		笙桥谢氏	
奕		程汝亮、吕氏、汪氏	
投壶		方以策	
墨		方氏父子，罗龙文，方氏父子，程氏	先后有两方氏父子
梓人		仇村黄氏	

万历《歙志》记载："形家则往时一听江西诸青乌，而近日吾乡人谈之，终非习者之门。彭令君、谢家二可，俱至开黄里分画山川形胜，如指诸掌，非行术者心胸。而吾乡之真精于此，实陈正言一人而已，所著有《下察编》。星家茂才中知案占者颇多，而默究子平，无如充山巷一失视少年，大是奇中，即吴石父子也。阴阳家则笙桥谢氏独为专门……"②笙桥谢氏，直到晚清民国时期仍颇负盛名③。旱罗始创于岩镇王氏，其人擅长于青乌之术，因先

---

① 万历《歙志》传卷9《奥艺》，6下。

② 同上书，7上—7下。

③ 有关阴阳家笙桥谢氏的文书迄今所见颇多，如《故纸堆》丙册，就收有同治六年（1867年）八月初五日芝兰轩出具的一份命相文件，北京图书馆出版社2003年版，第28—29页。类似的文书，笔者亦有收藏。

前所携的罗盘系磁针水滴，颇为累赘，于此创制旱罗。最初"以一罗易金一两"，后来因制作者众多，价格也变得便宜了。

万历《歙志》将"艺能"分为几种，即"文艺""奥艺""雅艺""清艺""绝艺""巧艺""奇艺""精艺"和"幻艺"几种。"文艺"是指书法、绘画等，"奥艺"则指医卜星相，"雅艺"包括弈棋、投壶之类，而"清艺""绝艺""巧艺""奇艺""精艺"和"幻艺"则主要是手工技艺。如"清艺"中的制墨，"吾乡近世先有方氏父子如正、如冕，后有罗龙文，近又有方氏父子以暨程氏，争妍角胜，肤泽极矣。……吾乡中下之墨，尚可供海内之用，不必其至精也"①。又如，歙县之墩扇于嘉靖年间传入宫禁，"一执细骨百茎，摇则有风无声，遂令其值暴踊"。当地还有"编竹如发之丝，裁以成扇，或团或掌，其工可画可书，可以押印"，做工之精巧，被人称作"扇妖"②。再如，版刻工艺为仇村黄氏独擅，"毋论刻字，细书小楷，行草波磔，坟脚蛛丝之工，即刻白描郭子，花卉禽虫，烟云山水，人物楼台，苔皴界画，如出毫端，非谛视之，不知其为剞劂也"③。对此，当代学者郑振铎认为：晚明徽派版画家以其完美的作品，创造了一个古典的木刻画时代。

除了"清艺"外，万历《歙志》还谈及当时的"绝艺"：

> 吾乡王妇吴氏绣大士像，惟以一丝纵横，不知其所止，

① 万历《歙志》传卷9《清艺》，10下—11上。
② 同上书，11下。
③ 同上书，11下—12上。

毋论衣裳花蔓，而颜面具有慈悲欢喜各种相。好绣玄帝像，须发如生，固亦不论，所披金甲隐起，连环锁子，望之似有凹凸，而拂之无毫掀手，是何神也！……四塑之外，则有脱沙一种最奇，生平惟见金陵衡阳寺一佛二菩萨，约三尺高，问之古德，云：先以极细如面之沙塑成其像，耳聊目睛，指甲唇齿，以暨衣角胜珠，悉其精美。然后用细纱涂膏蒙之，俟其干透，而后细细褪去其沙，举体玲珑，仅见霏微瀠濛，躯壳似有似无，可谓不住相之空王矣，谓之脱纱亦可。诸刹皆所未有，吾乡鲍氏闻此，以意揣摩，屡试屡废，究竟入寺细观，始得其诀，仿佛为之，别有一法，不必如古德所云，又何神也！鲍氏许多艺能，如裁翦、雕香等类，又在别部。[①]

此处提及王妇吴氏所绣观音大士、玄天上帝之像工艺精湛，惟妙惟肖。而鲍氏对于各种技艺用心揣摩，尤其是历经多次试验，终成独具特色的脱沙一艺。

"绝艺"之外，还有所谓的巧艺。开黄里谢氏擅长织补，独创一法，后因顾客众多，应接不暇，能其技法者渐众。堆纱始于吴中，但仍有缺陷，前述独创脱沙法的歙县鲍氏，对之加以改良，名曰"累绣"，更胜一筹。鲍氏还能取竹皮为冠，为匣，为小香盒，都相当精致。又能"雕奇楠诸香为芝、鱼、环玦等物"，亦皆极为细巧。"花食则始而禽虫人物，犹为易肖，不免重浊，且易僵裂"。歙县东门许氏制作像生花卉，"有法为胚，鲜华淹润，插置胆瓶，天然生色，久而不痿"。还有对金鱼品种之改良，

① 万历《歙志》传卷9《绝艺》，13上—14上。

　　　　　　　　　山系人文：民间文献与历史地理探研

"取纯色朱白之鱼，巧作别色文鱼，如卦画衣、蝴蝶背、紫袍、玉带、金索、银瓶之类，可供富儿一玩"。这里明确指出，各色金鱼的出现，与徽州富商之鉴赏有着密切的关系。由于需求量很多，故而专营此类金鱼者不少。另外，早在南宋时期，"灯品苏、福为冠，新安晚出，精好绝伦"。及至明代，用扇竹丝改制为灯，较云南材料制成的灯品更佳①。

明代中后期，随着商业利润的源源输入徽州，当地的神灵祭祀和迎神赛会愈演愈烈：

> 乡之有社，祭先啬，祝丰年，此农事耳，大都以社稷为主。其次则程忠壮、汪忠烈，是皆生为本乡英杰，殁为本乡明神。又次则关公，海内皆祀之，邑中亦多为之祠。至张、许二帝，与周翊应侯诸凡敕赐庙额，列之祀典宜也。今则淫祀蔓衍，各乡赛神，诚为可笑。正月、三月、四月间，则乡人或以马，或以舆，奉神出游，旗旄鲜丽，仪卫庄严，已为媚神矣。乃有为珠翠金银之冠，盘龙蔫凤之饰，旌幢蔽野，箫鼓连天，彼此争妍，后先相望，则又可诧也！更有降神之人，披发袒臂，持斧自斫，破脑裂胸，溅血数步，名曰降童，蓦见恶状，令人吐舌。……乃邑中甚有为五寸之神，美其衣冠，华其舆马，役此降童，喧轰街市，罢则褫其衣冠，裸而置之，至于次年，出诸尘坌，又复为此。……又有二十八宿为旗以前导者……②

①　万历《歙志》传卷9《巧艺》，17下。
②　万历《歙志》考卷5《风土》，8上—9上。

在迎神赛会中，平台、台阁以"金玉珠翠装成掌故人物"，备极华奢，堪称"奇艺"。尤其是在号称"万家巨聚，五里长街"的岩镇，"辏集簪珥珮环，构成一座楼观，如瑶池王母、画舫观音、诸葛风台、子胥渡马等事。又有唐文皇东征，而辽左凤凰城，乃析玉带以为雉堞，瑰玮极矣。镇中之人精心巧思，惯作如此伎俩，斯固当今寰宇所无，而亦宋室官家所未有也"①。与此同时，因岁时节俗、迎神赛会的需要，徽州的烟火之艺也极为精湛。歙县的"江氏、黄氏两各擅场，黄氏曾目击之，如火烧越国庙、炮打襄阳城之类，虽亦巧矣，未极大观。闻诸故老，江氏数十年前曾作烟火，为时许久，屡试不贳，隔年方出于旷落中，东、西、南、北各顿数座，首之以皇祖天兵渡采石、下金陵，水陆之师两队，其次陈友谅大陈舟师鄱湖中，皇祖亦以龙舟冲之，顷有流星飞度，而刘诚意急扶皇祖易舟，则一炮自东南突来碎舟矣。少选伪汉兵败，湖水尽赤，此一座也，装成两日鏖兵之事，于顷刻之间，如在目中。由是而东灭张士诚一座，西灭明玉珍一座，北驱王保保一座，然后即真宝位，大封功臣，庆贺太平而熄。无论其艺，此工有如许心胸，却又是一篇绝好文字"②。这些烟火之艺，被称为"幻艺"。

此外，"精艺"部分提及："妇人首饰之巧，至于吾乡而极矣"，"始有实凿，未为轻脱，乃今尽革不用，惟剪雀缕丝二种，大都烹上金为质，幕而装以珍珠、玉石、翡翠、珊瑚、花草、禽

---

① 万历《歙志》传卷9《奇艺》，18上—下。
② 万历《歙志》传卷9《幻艺》，21上—22上。

虫，无所不有，难以枚举"，也就是说，金银首饰上的装饰性元素愈益增多。器皿崇尚古状，"此皆方氏、吕氏世习擅场"。锡器如燕釜、燕鼎、燕碗、湘妃壶、宓妃壶、巫女壶之类，"将作精工，制名都雅，惟洪氏独擅"。铜器则胡氏独擅，工艺愈出愈巧。竹器多出篁墩、半沙诸氏，"如匣，如厨，如帘，如轿，各极其工，而又各适于用"。"髹器则余氏、汪氏俱精，有退光罩、漆胎锡、雕红泥、金螺钿诸种，其上者欲追果园厂，而旁之窜入日本国，盖亦无所不有也"。今按：果园厂是明永乐年间在北京皇城内建立的御用漆器生产作坊，制作工艺代表了明代早期（永乐、宣德时期）漆器杰作的高超水平。高濂《燕闲清赏笺·论剔红倭漆雕刻镶嵌器皿》载："穆宗（隆庆）时，新安黄平沙造剔红，可比园厂，花果人物之妙，刀法圆活清朗。"[①]清吴骞《尖阳丛笔》载："明隆庆时，新安黄平沙造剔红，一合三千文。"[②]黄平沙即黄成（号大成），作有《髹饰录》，此书是明隆庆年间的著名漆器著作，代表了当时漆器工艺发展的最突出成果。歙县漆器"欲追果园厂"，显然说明了制作水平的高超。日本学者藤井宏曾引万历《歙志》中有关歙县漆器的记载进而推断，徽州的漆器曾输往日本。[③]

万历《歙志》提及的"精艺"中，还有一种是"装池"，亦即古籍书画之装裱和装潢。在歙县，此一"精艺"为柳氏所独

① 黄宾虹编：《美术丛书》第3集第10辑3册，江苏古籍出版社1997年版。
② 转引自张荣《漆器型制与装饰鉴赏》，中国致公出版社1994年版，第162页。
③ 《新安商人的研究》，原文载《东洋学报》，傅衣凌、黄焕宗译，收入《江淮论坛》编辑部编《徽商研究论文集》，安徽人民出版社1985年版，第155页。

擅，一度作为"海内良工"被召入内廷，为皇家裱褙名画，被授以文思院官，"遂令世习此艺"。及至成化十年（1474年），柳真保被委任为文思院副使，住司礼监。到万历《歙志》成书的年代，柳氏后裔柳永照诸人，仍以此艺擅长。[1] 装池一艺在歙县的一枝独秀，显然与明代中后期徽商的古玩及书籍鉴藏之风密切相关。据载，当时在歙县及徽州各地，有不少藏书家。譬如：

> 方大治字在宥，岩镇人，家故饶，父鸢、祖富祯，累世积书，唐太史常借翻之，里中称"万卷方家"，至大治愈益拓买，更倍畴昔，藉故资，前以仗父，后以付子，一切不问，惟楼居摊书，四部靡不周览，悉以丹铅乙之，常曰：南朝名士有云：拥书万卷，何假南面百城？余今何减南朝也！……书外，则喜图章，工此技者一时重王少微，大治与溪南好图书之士吴良琦，各得千余方，常出以相角。其所蓄书，良琦则重宋元古本，而大治则取备览而已。王寅并与二人善，乃品之曰：在宥书淫，无怀书癖，并高格雅士，不愧吾友也[2]。

岩镇、溪南均位于歙西平原，这一带为徽商的桑梓故里，方大治"家故饶"，显然亦出自经商之家。藏书家的大批出现，带动了相关技艺的发展。

正是在上述的背景下，歙县出现了许多手工业的专业户，工

---

① 万历《歙志》传卷9《精艺》，20下。
② 万历《歙志》传卷5《文苑》，37下—38下。

艺愈益精湛。王世贞曾经说过："今吾吴中陆子刚之治玉，鲍天成之治犀，朱碧山之治银，赵良璧之治锡，马勋治扇，周治治商嵌，及歙吕爱山治金，王小溪治玛瑙，蒋抱云治铜，皆比常价再倍，而其人至有与缙绅坐者，近闻此好流入宫掖，其势尚未已矣。"[①] 可见，歙县一些手工业的制作工艺极为高超，制造者深受士大夫的尊重，制作的产品也流入宫掖，流行的趋势方兴未艾。

四、余论

本文以万历《歙志》为中心，结合明人文集、族谱等资料，对明代的商人、商业与徽州社会，做一微观的透视。从中看出，万历《歙志》的史料价值极高，尤其是《风土考》和《货殖传》更是极具特色。《风土考》在对社会变迁做出生动描述之后，编者谢陛发了一通感慨："嗟夫！后有来日，则惟一阳之复安，得立政闭关，商旅不行，安静以养微阳哉！"可见，作者对于明代中叶以还的社会变化颇有微辞，他所提出的应对方法亦极为保守——谢陛认为，只有"立政闭关，商旅不行"，才能恢复徽州社会的秩序。

从万历《歙志》的取材来看，它参考过同时代诸多学人的著

---

① 王世贞：《觚不觚录》，见《景印文渊阁四库全书》第1041册，台湾商务印书馆1983年版，第440页。

作。譬如，方弘静著有《素园存稿》，对于当时徽州社会之变动有着细致入微的观察和描述，此处试举《谕里》一例以概其余："岩镇三、四、五、六、七、十等图约里敬白：吾镇俗称醇厚，嘉靖中年以前，人耻非礼，虽富不及各乡，而贫者亦不至甚，由俗尚俭约、量入为出故也。迩年以来，颇效都会侈靡之习，虚而为盈，亡而为有，室或屡空，而宾筵未减，市鲜藏货，而阛阓孔华，如人貌充然而脉已索，良医所为望而走也。富者不及十一，贫者不止十九，道上歌呼，闺中愁叹，安得含哺鼓腹，复如曩时哉！"① 上述这段文字，与万历《歙志·风土考》的观察如出一辙。结合前述的引证，我们可以推断，万历《歙志》应当参考过方弘静的著作。

方弘静的交游极广，与他过从的徽州文人，主要有汪道昆、许国、程金、毕懋康、程嗣功、江珍、汪元功、潘之恒、吴子玉、詹景凤、潘纬、方策、王寅、陈有守和江瓘等②，徽州之外的文人则有顾起元、王世贞等。其中，汪道昆著有《太函集》，如今被视为徽商研究和明代中叶前后徽州社会变迁的绝佳史料③。潘之恒后来编成《亘史》一书，其中有不少系作者根据亲

① 方弘静：《素园存稿》卷19《杂著》，集121，第354页。
② 参见：韩开元《方弘静交游考述》，载黄山学院徽州文化研究所编《徽州学研究》第1卷，第293—306页。
③ 万历《歙志》传卷7《良民》，曾提及太函、弇山二集。(16上）艺文卷4《碑记》部分，收录了汪道昆的不少著述（如《重修紫阳书院记》，《知县题名碑记》，《师偃室记》，《肇林社记》，《游城阳山记》）。传卷9《艺能》中的"奥艺"曰："吾乡之医甲于海内，远则罗鄂州志张扩，近则汪司马传世医，详哉其言也。"艺文卷6《杂著》，收录了王世贞的《纪胡金事二义仆事》。这些都说明，汪道昆、王世贞等人的著作，对于万历《歙志》有莫大的影响。

身经历和当时的社会传闻创作而成①。吴子玉作有《茗洲吴氏家记》《大鄣山人集》等，亦是反映同时代徽州社会变迁的重要史料②。而徽州之外的顾起元，著有《客座赘语》，其中有《建业风俗记》《俗侈》等，对于明代中后期的社会观察颇为细致。王世贞的《弇州山人四部稿》，则对徽州社会也有相当深入的描写③。而这些人中，有不少与谢陛亦有交往。有鉴于此，以万历《歙志》为切入点，可以比较准确地把握明代中叶以还徽州乃至中国社会的脉动。

就15—16世纪的徽州社会而言，徽州与吴中一带的互动尤

---

① 参见：韩结根著《明代徽州文学研究》附录《〈亘史〉与"两拍"——"两拍"蓝本考之一》，复旦大学出版社 2006 年版，第 454—488 页。
② 关于《茗洲吴氏家记》，详细的研究可参见日本学者中岛乐章《围绕明代徽州一宗族的纠纷与同族统合》，李建云译，王振忠校，《江淮论坛》2000 年第 2、3 期；台湾学者朱开宇：《科举社会、地域秩序与宗族发展——宋明间的徽州，1100—1644》，台湾大学出版委员会 2004 年版，第 249—348 页。
③ 万历《歙志》传卷 7《良民》："外史氏曰：王弇州云，太史公游侠不传，取货殖不传，与其然，岂尽然也。……许长公货殖人也，而与人也不胜夥矣，次公游侠人也，而三取于长公矣，又代为长公与矣。邑城之役，次公倡其议，而长公倡其资，此又吾邑百世之伐，岂特乡党宗族恃赖而已哉！盖二人手足而一体也，货殖、游侠而一心也。函、弇分传，各诩所长，乃合之，则双美矣。"（10 上—10 下）传卷 8《列女》："吴氏聘西沙溪汪时暾，将归，而暾瘵，父难之，吴执不可。及归，而暾病笃矣，以女身而执妇道劳谨。暾死，不得殉，苦事嚣顽姑嫜，调谐苛悍妯娌，无不允若。小叔早死，妇凌贫而矢志，吴资以囊，而使其坚，内外家共推为宗女师。王弇州为传，谥曰孝节汪吴。"（又 81 上）传卷 7《良民》："外史氏曰：……太函、弇山二集所载英哲千百其曹，而函中则仅一庖人三五，弇中则先有韩、杨二人，续有胡金宪二馆人，二公非忽此辈，乃广求而不多得也。"（15 下—16 上）传卷 8《列女》："外史氏曰：吾乡节烈多矣，间有盛气，弇州每击节。"（又 81 上—下）可见，《弇州山人四部稿》中丰富的徽商资料，成为万历《歙志》的重要来源。

其值得关注。万历《歙志》经常将歙县与三吴一带相比，①张潮在《歙问小引》中提及：

> 王弇州先生来游黄山时，三吴、两浙诸宾客从游者百余人，大都各擅一技，世鲜有能敌之者，欲以傲于吾歙。邑中汪南溟先生闻其至，以黄山主人自任，僦名园数处，俾吴来者，各各散处其中，每一客必一二主人为馆伴。主悉邑人，不外求而足。大约各称其技，以书家敌书家，以画家敌画家，以至琴、弈、篆刻、堪舆、星相、投壶、蹴鞠、剑槊、歌吹之属无一不备。与之谈，则酬酢纷纭，如黄河之水注而不竭。与之角技，宾时或屈于主。弇州大称赏而去②。

此处谈到，汪道昆与王世贞各派一批人，在书、画、琴、弈、篆刻、堪舆、星相、投壶、蹴鞠、剑槊、歌吹等各种技艺方面相互角力，结果，三吴宾客有时还要甘拜下风。而万历年间徽州休宁人詹景凤《东图玄览编》中，也记载了他本人的一段亲身经历——这同样也是一个徽人与吴人争强斗胜的故事，只是徽人

---

① 如万历《歙志》传卷9《艺能》："吴宫三绝，绣其一也，未闻所绣之像，及观广州列女外传，南海卢女天巧针指，能于一尺绢素绣作飞仙，以一丝一缕为盖，五重中有十洲三岛，是何有于吴宫！"（13上—14上）"堆纱始于吴中，不免以纸为胎，软中有硬，殊不帖帖。吾乡鲍氏即结纱其上，名曰累绣，始蹒跚矣。又能取竹皮为冠、为匣、为小香合，俱精。而雕奇楠诸香为芝鱼环玞等物，无不极微，此即为脱沙佛之人也"。（15上—15下）

② 清张潮、杨复吉、沈懋惠等编纂：《昭代丛书》，上海古籍出版社1990年版，第1册，第49页。

的领袖换成了方弘静，但吴人的一方仍然是王世贞。从中可见，方弘静喜形于色："昔者但称吴人具眼，今其眼非吾新安人耶！"对于此一说法，王世贞只能默然以对。

上述的两份记载都出自徽人之手，虽然不免有所自夸[1]，但徽人在各方面穷起直追的态势，却是不争之事实[2]。两造之一的王世贞，对于徽歙风俗极为关注，在他的文集中，有多处提及"徽俗"和"歙俗"：

> 新安僻居山溪中，土地小狭民人众，世不中兵革，故其齿日益繁，地瘠薄，不给于耕，故其俗纤俭习事。大抵徽俗，人十三在邑，十七在天下，其所蓄聚，则十一在内，

[1] 譬如，上揭张潮《歙问小引》提的王世贞一行曾至徽州与汪道昆等相聚论艺之事，汪世清即据《汪司马年谱》认为，此事实属子虚。（见姚邦藻、鲍义来、方利山、俞乃华主编：《汪世清谈徽州文化》，当代中国出版社 2004 年版，第 422 页）

[2] 万历《歙志》将艺能分为几种，文艺、奥艺、雅艺和清艺。其中的雅艺，如弈棋，"盖海内四派，而永嘉、京师二派，俱吾乡之下，闽中一派，所不足言，则吾乡此艺，当甲天下矣"。（8 下）又如投壶，"松江最重此艺，而亦最精，曾见莫廷韩，可谓精绝，即彼中今日未见其俦，而吾乡方氏名以策，岩镇人，独精此艺，种种变态，俱各命中，无一虚矢。曾置壶上渡桥心，一人自投，无与对者，但令观者如堵而已，恨不令廷韩见也"。（8 下）由于精益求精，一些技艺遂后来居上。县城黄家坞人黄尚文，"工书小楷，行书、草书无所不工，而于《兰亭圣教序》深得其妙。工画：宋元近代诸名家，无所不临摹，而自有一种天趣，超然尘外"。当时评价说"吾乡丹青素逊吴下，一出而与之抗者，自无文始也"。（1 下—2 上）"装池则柳氏独擅，章皇帝天纵睿资，精于鉴赏，上方名画，召海内良工裱褙，有司举以上闻，而柳氏一门称旨，授以文思院官，遂令世习此艺。全成化甲午，而裔人柳真保为文思院副使，住司礼监，乃今柳永照诸人，皆其子孙，然则此艺之精，不独吴人也"。（20 下）

十九在外。①

徽俗多狗贾，务以赀相高。②

徽俗之月旦人，往往用赀甲乙。③

徽俗既赀相高，……④

徽俗贵素封。⑤

吾闻之：徽俗奇妒，妒至不可闻。⑥

徽俗故重贾。⑦

徽俗纤啬，精于入计，其俭在施予，而侈在狭邪。……妇女妒⑧。

徽俗纤啬，以訾相雄长，至嘉、隆间，而始晓有文事，即慨然有剞劂之役，不以事搢绅大人，则粉饰其所自撰述，而籍以市姓字于达官长者。⑨

徽俗妇工妒。⑩

徽俗妒。⑪

歙俗贵姓，而吴最甲；吴谱以十数，溪南最甲。⑫

① 《弇州四部稿》卷 61《赠程君五十叙》。
② 《弇州四部稿》卷 84《孙义卿传》。
③ 《弇州四部稿》卷 95《明故征仕郎仁斋程君墓表》。
④ 《弇州四部续稿》卷 33《潘次公吴媪偕寿九十序》。
⑤ 《弇州四部续稿》卷 43《汪禹乂诗集序》。
⑥ 《弇州四部续稿》卷 69《节孝汪吴传》。
⑦ 《弇州四部续稿》卷 79《汪山人传》。
⑧ 《弇州四部续稿》卷 92《毕处士暨配吴孺人合葬志铭》。
⑨ 《弇州四部续稿》卷 98《程于行墓志铭》。
⑩ 《弇州四部续稿》卷 107《潘配吴伯姬墓志铭》。
⑪ 《弇州四部续稿》卷 116《处士汪次公继妇许孺人合塟志铭》。
⑫ 《弇州四部续稿》卷 36《佳山吴鸿胪七十寿序》。

歙俗不恤媵姬。①

歙俗以姓相甲乙，而程与汪最为甲。②

　　综上所见，王世贞对于徽歙之风俗有着较多的关注和了解。此外，出自太仓的王世贞，对于活跃在江南各地的徽商，也有深刻的印象。他在《重修南翔寺记》中指出："徽俗以訾为命。"此处的"訾"同"赀"字。当时，在嘉定南翔一带活动的"歙之公乘里士行贾，不可指数"③。而对徽州人的文化活动，王世贞曾经说过：明初绘画崇尚宋人，但自嘉靖后期以来忽重元人手笔，以致从倪元镇到明人沈周的画幅，陡然间增价十倍；瓷器原先以五代宋朝的哥、汝诸窑为珍，隆庆末年以还，"忽重宣德以至成化，价亦骤增十倍"。他认为，究其原因，"大抵吴人滥觞，而徽人导之"④。显然，王世贞也肯定了徽人在这方面的努力。而从万历《歙志》的记载来看，总体上看，明代中后期的徽州，是个在各方面均努力向着江南核心地带靠拢的地区。

---

① 《弇州四部续稿》卷106《黄母吴太孺人墓志铭》。
② 《弇州四部续稿》卷122《程处士惟清墓志铭》。
③ 《弇州四部续稿》卷61。
④ 王世贞：《觚不觚录》。

日常与非常：康熙《上溪源志》抄本所见 15 至 17 世纪的徽州社会

　　将近二十年前，我在上海旧书摊上收集到《新安上溪源程氏乡局记》抄本一册，后又获读安徽省图书馆特藏部庋藏的同名抄本，两种抄本成书的年代以及内容皆稍有不同。对此，笔者曾撰长文予以较为细致的探讨①。

　　数年前，我又在徽州收集到一册《上溪源志》抄本，后将该书编入本人主编的《徽州民间珍稀文献集成》一书中②。《上溪源志》抄本之封面及前部略残，全书辑录了明代中叶迄至清康熙

---

① 王振忠：《徽州村落文书的形成——以抄本〈新安上溪源程氏乡局记〉二种为中心》，载［日］渡边浩一：《"历史档案的多国比较研究"成果年次报告书平成 16 年度》，日本，平成 16—19 年度科学研究费补助金基盘研究（A）（2）［课题番号：16202013］，大学共同利用机关法人人间文化研究机构、国文学研究资料馆档案学研究系，2005 年 3 月。后收入王振忠著《明清以来徽州村落社会史研究——以新发现的民间珍稀文献为中心》，上海人民出版社 2011 年版，第 1—50 页。

② 王振忠主编：《徽州民间珍稀文献集成》第 19 册，复旦大学出版社 2018 年版，第 3—135 页。

二十八年（1689 年）前后 ① 有关上溪源村落的文书资料。

从内容上看，《上溪源志》的资料价值是多方面的，以下试举"日常"与"异（非）常"的一些例子，略作论述。

一、《上溪源志》所见婺东北村落社会

上溪源即上溪头，亦称溪源上村，位于婺源县东北部的武溪水沿岸，在清代属当时的十都。南宋时期婺源长径人程护始居于溪水源头，后繁衍成为片村。具体说来，可分为上溪头和下溪头两个自然村②，其中的上溪头，亦即上溪源（"溪源"当为"溪头"一名之雅化）。从内容上看，《上溪源志》以编年体的方式，概述了上溪源一带的历史。它首先追溯了家族迁徙的历史：宋代程仁愿迁本里里村，元代程万三迁曹溪寺东，名曹村（又名中溪源）。明正统年间，程志诚迁居上溪源。

及至十六世纪末年，上溪源村落的发展进入了一个新的阶段。在这一时期，当地有一些读书人通过科举及第步入宦途：

---

① 《上溪源志》正文编年至康熙二十八年（1689 年），但书中另有一处提及"康熙庚午"（《徽州民间珍稀文献集成》第 19 册，第 43 页。按："庚午"即康熙二十九年，1690 年）。

② 关于下溪头，婺源文史学者程剑峰撰有《下溪村的村落文化、社公坛与社祭》一文，载卜永坚、毕新丁编《婺源的宗族、经济与民俗》上册，见［法］劳格文、王振忠主编"徽州传统社会丛书"，复旦大学出版社 2013 年版，第 320—348 页。

万历二十五年丁酉，汝继乡试，以《易经》中举人，舒城籍；希道乡试，亦中举人。

万历二十六年戊戌，舒城籍希道会试，中进士。

万历二十九年辛丑，汝继会试，中进士第二百四十三名。

由此可见，此前有一些上溪源程氏族人曾迁往庐州府的舒城一带，他们应在当地落地生根，由客居而为土著，并在侨寓地参加科举考试。万历三十年（1602 年）以后，程汝继任禹航县令，"有苕溪三瑞之兆，于是门人制轴以颂之。轴首画苕溪三瑞图，扁【匾】额'苕溪三瑞'（汤焕），'苕溪三瑞图颂'（有序）"。程汝继后来官至江西袁州知府，卒于万历四十年（1612 年）。这些外迁的族人，与桑梓故里仍保持着密切的关系。万历年间，程汝继立曹溪寺义冢，原曹溪寺一带改为平政急递铺官路。

及至清代，婺源县以下建制单位有所调整。清初"因安庆操江李公，示所属府、州、县地，有图内粮少，扒凑粮多之图，共甲充里役，名曰均图"。顺治八年（1651 年），婺源县令马元以程族三图粮少，均入九都桃源图内。不过，上溪源程氏宗族却表示，"我族图甲以粮虽少，愿独充里役，不愿均入他图，屡呈不准"。后"适本府理刑胡公临按邑内查军田"，上溪源族人程沛等具名进呈，"以申明亭、官仓俱在我三图内，万不可均。蒙准申详操江李公，即将我族呈词给示，我族图甲得以照旧不均焉"。关于程沛提及的申明亭及官仓，在《上溪源志》中另有一处记载："□□□□□□□民间清丈，每都择大族人烟稠处，空出官地□□□□□□善二亭，通都有干风化不法之事，悉凭乡约老

□□□□□处断，或有善行、节烈人，公举给扁【匾】扬之。今十都惟□□□，故建立于是焉。又空官地一局，造官仓。"从原书内容编排的顺序上看，此一条目反映的年代应在明初。当时，官方在上溪源设立了申明亭和旌善亭，又建立了官仓。由于申明、旌善二亭始建于朱元璋时代，它与官仓一样，都是明初在乡里独立的空间单位内兴造的标志性建筑[①]。程氏也正是以此为由，请求不被均图，几经波折，终得如愿以偿。

除了图甲，这一带还有乡约、保甲之编立。根据康熙十四年（1675年）闰五月十八日《与下村争曹村上屋充当差派合同》："向奉上司明文，以近附近，编立乡约、保甲。"图甲和约保在地方钱粮征收和劳役差派方面具有重要作用，上纳钱粮，"照图催征"；约保差派，"照约供应，各自完公"。

1. 村落与宗族

上溪源村落自身的发展，有着一些重要的节点。《上溪源志》明正统四年（1439年）六月十五日条，收录有一份"通族立水口横山坎封禁合同"，其中提及要"同共管业，遮庇水口"。此外，社坛及社庙之兴建，对于村落也相当重要。程氏迁居上溪源

---

① 在明代，申明亭是以都为单位设置、运作的。弘治《徽州府志》卷5《公署》婺源县条："申明亭：国初始建，在县治南偏，堂屋三间，小门一座。各都四十所。"（"天一阁藏明代方志选刊"第21册，上海古籍出版社1981年版，第9页下）另据该志卷1《地理一·厢隅乡都》婺源县条："定制八坊厢、六乡、三十里，统五十都，洪武二十四年编户百六十四里，后渐归并，实计百二十九里、四十都……"（第53页上）申明亭的数量与都之数量完全吻合。参见日本学者中岛乐章所著《明代乡村纠纷与秩序》第四章第三节《"值亭老人"与申明亭》，江苏人民出版社2010年版，第126 134页。

上溪源及周遭村落形势图

后即建有社坛，及至明成化八年（1472年），徙建于环拱坦，当时为崇兴上社境神庙（即环拱殿）。正德十年（1515年），通族立后龙、朝山、水口封禁合同，规定"后龙、护龙、水口、朝山四处山场，不拘各家契税，并将公同新立四至，栽植杂木，荫庇乡局，日后毋得徇私执契、执税砍斫，以违规画。违者，罚银一两公用"。此后，又多次明文加禁。通族后龙、朝山、水口封禁合同之订立，以书面契约的形式，强化了上溪源村落的境界范围。

　　在《上溪源志》中，有一些编纂族谱方面的内容。从明代前期开始，上溪源就曾多次编纂《势公支谱》，最后一次为嘉靖三十九年（1560 年）九月自号"牧羊山人"的程玧[①]所修，共 6 卷。嘉靖四十一年（1562 年），程玧又修成《新安程氏统宗迁徙注脚纂》1 卷。在修谱过程中，上溪源程氏特别重视对"伪谱"之排斥。例如：

> （康熙二十四年）十二月，下溪头士培（即笃生），因其祖携历来见绝于我上溪头谱，遂借补正二字，至休邑魁地妄行修程氏统宗伪谱，希图插入。后率口质夫等，见有出湘公二十四派公帖责在贤，因而忿激闻公，销其所刻伪板，押令士培等立服约，以绝其念。又于篁墩祠门竖立巍碑，公行严禁。今又编刻《维宗录》，普送各派，以共维持宗绪。

篁墩位于徽州府歙县，当地的世忠庙是新安程氏之统宗祠，上揭的"篁墩祠"应即世忠庙。上溪头程氏不仅销毁伪谱伪板，而且还在篁墩统宗祠门前竖碑和刊刻《维宗录》，这些，显然是要昭告天下，以维护程氏血统之纯正。其时，婺源溪头程氏与篁墩程氏始终保持着密切的关系：

> （康熙二十年二月）二十五日，势公支立篁墩祖墓标挂

---

① 程玧，在《上溪源志》中有时作"程玧堇"。今按：许承尧《疑庵诗》续集二有《读程玧诗》，其注曰："玧字谨之，号清溪，嘉靖时婺源上溪源人，所居室旁多白石如羊，又号牧羊山人。"（《疑庵诗》，黄山书社 1990 年版，第 298 页）则其名当以程玧为是。

议墨：立议墨势公支孙仁昌公派、仁愿公派、仁晓公派，篁墩始祖元谭公、显祖忠壮公，标挂原立有户，名程仁祀。此系大典攸关，每年标挂，三股均充，仁昌公支、仁愿公支认一股，仁晓公支认二股。内计支费一两二钱，仁昌公支认一钱三分，仁愿公支认二钱七分，仁晓公支认八钱，出身标挂，每阄一年，仁昌公支、仁愿公支拈得第二阄，仁晓公支拈得第一阄、第三阄，周而复始。其标挂须择才能威仪出众者，带仆一人，铺陈同往，毋得以村陋贴玷宗派。其轮当篁墩标挂头首之年，不在此论。支费照依三股均充，每股着二人同往办事，内着斯文一员为主祭大观。康熙二十年二月二十五日，势公支孙仁昌公派程道孙等，仁愿公派程天与等，仁晓公派程嘉祄等。议墨一样三张，各执一张存照，交牙。

由上可知，婺源上溪源程氏将程元谭、程灵洗分别尊为篁墩始祖和显祖。揆诸史实，早在明嘉靖三十年（1551年）正月初七日，上溪源程项就邀集族众创立追远会，于正月十三祭祖；还有庆生会，在正月十七祭境神。节仪制成，由程其琮作序曰："忠壮公灵洗府君，篁墩神明显祖也，上元前二日悬弧之辰，为其后而散居四方者，莫不祠而祭之。我溪源附祭境神，于上元之后二日，传以为常矣。噫！祭祖而附夫，岂尊敬之诚哉！因会议其事：盍以始居歙、婺、长径、溪源及兹上溪源五祖，合祭于显祖悬弧之辰焉？夫祭显以著开先起后之功，祭始以报择仁裕后之德，从源达流，匪惟尽反始报本之诚，抑亦得继志述事之孝，追远归厚，不在兹乎？""悬弧之辰"一语典出《礼记·内则》，意指男子生日。程氏各派在程灵洗生日那一天合祭，以展示其慎终追远之心。在上溪源，此后是照甲轮办礼仪，立定规条。揆诸实际，婺源县上溪源程氏之所以要上溯歙县篁墩始祖及显祖，并历年屡屡跋山涉水前往篁墩标挂，显然是为了对接徽州地域的名族，于人族坐标上占有一席之地，以便在地域社会竞争中立于不败之地①。

在族谱编纂之同时，对祖先坟茔的整理也在陆续进行。对此，《上溪源志》记载：

> □□□□辛未十月十九日，吴村住后渐公同妣胡氏墓被人侵□，木石秽土塞坋域，立合同清理：窃谓人之有祖，犹如水木□□本源，浚其源则流益长，培其本而枝益茂。为子孙者，可不□□□为重，而以尊祖敬宗为念哉！吾祖三二公（即渐公行）坟在本村住□□阴地段，累被外人侵占，或将木石秽土塞坋域上。上年节次具告，因支下子孙繁众，人心不一，未曾结讼。今有支孙程廷等赴县状告，清理地界，诚恐人事难齐，不能终讼，合众立合同四本，每门着二人为首，照依人丁，敛率钱谷，雇倩人夫砌做墙垣，与之理决，以为保守祖墓攸久之计。如有破计拗众者，罚出白银三两公用，仍行赍此闻官，以不孝罪论，以杜徇私之徒，□□无愧

① 关于这一点，拙文《大、小姓纷争与清代前期的徽州社会——以〈钦定三府世仆案卷〉抄本为中心》有专门的讨论，载《明清以来徽州村落社会史研究——以新发现的民间珍稀文献为中心》，第134—137页。

祖宗于地下，而免贻不孝之讥，使后之子孙视之亦□□云，故此通公合同为照者。立议合同人：程晓、程厚、程廷、程焀、程炀。

从编年纪事的顺序来看，上揭的"辛未"当为正德六年（1511年）。另一处记载指出：万历二十九年（1601年），"原溪源自始祖护公以下各处坟墓，俱未有碑，于是汝继因起孝思，领牌坊银，遍打石碑立焉"。当年，程汝继刚刚参加会试，中了进士第二百四十三名。其人大概是觉得自己科举及第，完全是仰赖祖德宗功之庇荫，故而出于感恩，对先人墓碑做了系统性的整理。关于这一点，稍早于婺源理坑名族余氏的类似作为[1]，应当反映了婺源一地较为普遍的社会风气。

在整理墓碑之后，宗祠的兴建也随之展开。《上溪源志》中收录的万历三十年（1602年）三月初四日立扦祠基合同指出："予弟志初先是领乡书之岁，用青乌子言，率族众老成，议立宗祠于本里水口下边山之麓，计五门，买田八亩以辟祠基，沿溪筑埂以为藩屏。""领乡书"是指中举，而"用青乌子言"则是说听

---

[1] 万历四十二年（1614年），沱川余氏在余懋衡等人的主持下，对余氏先祖的坟茔禁碑，作了重新的整顿。哈佛燕京图书馆收藏的徽州家族文书《婺源沱川余氏族谱》（此书实际上非族谱，而是家族文书汇编）中就收录了诸多坟茔禁碑，如《余氏始祖宋进士、迪功郎希隐公墓禁碑》《希隐公墓左右二边禁碑》《余氏始祖妣孺人张氏墓禁碑》《余氏第三世祖君辅公墓禁碑》和《余氏第四世祖妣孺人张氏墓禁碑》等。参见拙文《明以前徽州余氏家族史管窥——哈佛燕京图书馆所藏"〈婺源沱川余氏族谱〉"及其史料价值》，载安徽大学徽学研究中心编《徽学》第6卷，安徽大学出版社2010年版，第95—107页。

从堪舆家的建议，在本里水口一带兴建宗祠。不过，可能是因为资金筹措的原因，直到崇祯十六年（1643年）才由族人捐输银两，作为"造祠根基"。清顺治四年（1647年）正月十一日，公举程国衡等人协同督理，"生殖造祠，议立文簿"，也就是将先前筹措的资金用以放贷生息，积累财富，为建造祠堂做准备。为此，程氏族人还专门制作了文书簿册，随时登记与建祠相关的进展以及账目。康熙元年（1662年），"南省"程时阳输银20两，购买五甲程炽先大坑田七号入众生殖，建造本仁祠。所谓南省，应指程时阳当时已迁居南京一带，他虽然侨寓异乡却仍桑梓情深，出资购买土地作为公产，召人佃耕，并以其收入作为建祠资金的来源。康熙二年（1663年）正月廿二日，族内又公举程嘉砂等人"协同督理，生殖造祠"。此后，还陆续接受族人捐资。康熙九年（1670年）正月，"收月池公支输银一百两生殖造祠合同"指出："建造祠堂以奉祀萃涣，吾族钜典重务也。"康熙十三年（1674年）后，上溪源程氏指定了"总理""管银两""管收支账""管工账""督造"和"走动催工"等任事人员，各司其职，并择吉筑造祠堂。康熙十六年（1677年）九月初四日，"上本仁祠正梁，抛馒头三担"，这标志着程氏宗祠之正式建成。

明代中叶以后，徽州逐渐形成为宗族社会。在日常生产和社会生活的诸多方面，佃仆被广泛地使用。对此，学界相关的研究已颇为丰硕。不过，《上溪源志》提供的一些新史料，有助于我们探讨佃仆的相关组织。具体说来，在当时的图甲体制下，佃仆另被编成"小甲"，"小甲"包括一个一个"家头"，由"小头"统率。

关于"家头",在此前披露的史料中,稍晚于《上溪源志》的《畏斋日记》中有 6 条记载,其中出现过"宗祠家头银""家头保甲银"(2 例)、"家头银"和"家头众银"的名目。此外的一条是康熙三十九年(1700 年)三月十二条提及:"通、规、友三派不愿递年敷家头银。"在徽州文书表述的语境里,"敷"与"斗"字皆是出(资)之意。显然,"家头银"应出自家族内的各个支派。对此,《新安上溪源程氏乡局记》中亦有记录。当时,在村落中搭桥、修碣等劳作,皆由程氏族内的佃仆(上、下桥仆人)承担,"搭桥田租及作池水工食,上、下桥仆分领,则家头多寡不同;照家头分领,则丁口老弱多寡不一,劳逸不均,恐生废弛。今众议:无论私仆、众仆,二十岁以上、五十岁以下住居村内者,匀领供应,小头递相总理,庶劳逸适均,永无废弛之患"。可见,佃仆各户即"家头",他们由"小头"统率。

关于"家头"与"小头",《上溪源志》中计有 5 处记载。其中,康熙八年(1669 年)正月初四日指出,历年浚池清圳,"其作水责在小头催促现在家头轮充,其浚水圳上、下水池,议定回工,递年定期在立秋十日内,隔水清浚。如再怠惰,以小水搪塞者,罚艮【银】二钱,绝不容恕。……编上、下桥家头作水,如分家,长子当父家头,庶子当新家头"。根据此处的描述,"家头"也就是佃仆分家形成的人户,由"小头"督促。另外,当年七月初十日上午,"下村头首程文甫、社子应瑞等八人,同道士一人,鼓手六人,小头一人,上来主本境许佛"。下午,"本村头首八人,醮官一人,同道士一人,鼓手十二人,小头二人,齐往莲堂许佛,亦领下村头首棹盒茶"。可见,在许佛的过程中,溪源上、下二村，"小头"皆是一个颇为重要的角色。

之所以称为"小头"，可能与图甲体制下"小甲"之设立有关。有一份道光二十八年（1838年）的合墨记载：

> 立复议合墨人鸿源吴凤华仝江法新，祖葬吴村，土名施姑坞，桌西两培凤、莫一号山场，锄种扦苗，以供国课，来有六十余载。所是官差临查门牌烟户，均系吴姓约内照应。……江姓递年规例□于天贶节日请神之期，是以备席，以感乡约业主照应之劳。今因吴姓业主众多，尤恐照应不到，反为照□，只得两相嘀酌，江姓办足钱四千五百文，付入乡约会内。此项以为永远折席之仪，无得异说。其于吴姓新年演戏，照依家头。日后兴旺，均照多寡，江姓不得推躲。其门牌讲约之费，每家原照老规，递年付与乡约收领。立此合墨一样二张，各执一张，永远存照[1]。

这是婺源秋口镇鸿源吴家的一份复议合墨，从中可见，吴、江二姓共为一个乡约，但吴氏为"乡约业主"，官府"临查门牌烟户"都是由吴姓在"约内照应"。按照惯例，江姓应在每年六月初六的天贶节日请神之期备席招待，以示对吴氏的感激。后来经过双方商议，以纳钱4500文代替。所谓折席，是指本应备席款待的费用，折成钱文直接送交被宴请者。另外，江姓在新年时还要为吴姓演戏，可见他们显然是依附于后者。其中也提到"家

---

[1] 黄志繁、邵鸿、彭志军编：《清至民国婺源县村落契约文书辑录》第4册《秋口镇（三）》，商务印书馆2014年版，第1238页。

头"，这种情况，也与上溪源一带佃仆与程氏之关系极相类似。虽然所述对象不完全相同，但这显然有助于我们从一个侧面理解"小甲"设置的情境。

至于有关"小甲"的直接记载，道光十二年（1832年）的《雨坛总账》抄本中，谈及婺源沱川一带的求雨活动。七月二十一日，东山寺起坛祈雨，沱川一、二、三图鸣锣通知集议祈雨。二十三日早晨，行香至庙，即"出票唤各小甲"，于本月二十四日激龙请水。当时的票文曰：

> 一、二图现为祈祷事。票唤△图△甲△处小甲，即晚自办水筒、小锣，至南源祖殿伺候，激龙请水，毋得迟误，须票。道光十二年七月廿三日，申明亭票。

此票由申明亭发出，并注明票文"悉照旧规，在庙上分发，一、二图现年办理"，可见此一惯例应由来已久，基本上可以上溯到明初。从"△图△甲△处小甲"的表述来看，"小甲"是图甲体制下的特殊编制。根据《雨坛总账》的记载，激龙请水时，"其小甲去者，自带小锣一面、水筒一只，领纸旗，坛内用饭起身，并装饭一袋"。同书还记载，一图小甲拈阄请水，"其众情充当所赎小甲接水者，每人给工钱八十文"。另外还提及"其已赎小甲"、"二图四甲上门新添小姓小甲半名"。所谓已赎小甲，是指已摆脱佃仆身份者，而"新添小姓小甲"，则应当是刚刚沦为小姓，被编入小甲者。这显然说明，小甲是由佃仆组成。"小头"之名，可能也就因"小甲"而来。此一问题颇为重要，有助于我们更为深入地理解徽州佃仆的生存状态，不过，由于目前所见的史料还颇为有限，显然尚待发掘更多的文书加以探讨。

2. 围绕着阆山的迎神赛会

除了宗族发展之外，跨宗族的迎神赛会亦值得特别关注。

在与卜溪源程氏相关的迎神赛会中，阆山尤为重要。阆山亦称朗山，在婺源县北八、九十里，"西连回岭，趋府城捷径"①。根据方志的记载，宋时在山上建有香岩寺②。元代至正年间，行枢密院判汪同建有阆山书院，延请休宁名儒赵汸为师，以教乡之俊秀③。赵汸曾作《阆山香岩院》诗："千峰四面碧参差，十顷水田展玉池。下界风生尘似海，半山云合雨如筵。雷师降笔留丹篆，佛祖开基见白龟。宝殿重新煨烬后，可怜无处觅残碑。"④在此前的研究中，我已初步探讨过围绕着阆山的迎神赛会，指出："阆山位于今庆源、段莘的东北，是方圆数百里范围内的一座名山，其上的阆山古佛也是婺东北方圆数百里内民众信仰的中心。"⑤对此，抄本《入清源约出晓起约记》中有一份康熙五十年（1711 年）的议墨，是"因康熙丁亥年请佛之后，人心不一，元宵不出，各神醮俱废，以致时岁不丰，故有此议墨"。"康熙丁亥"

---

① 〔清〕穆彰阿、潘锡恩等修纂，王文楚等点校：《大清一统志》第 6 册"安徽"，卷 112《徽州府一·山川》，上海古籍出版社 2022 年版，第 3468 页。
② 道光《徽州府志》卷 4 之四《营建志·寺观》，《中国地方志集成》安徽府县志辑第 48 册，江苏古籍出版社 1998 年版，第 357 页。
③ 弘治《徽州府志》卷 5《学校·书院》，第 25 页下。
④ 〔元〕赵汸：《东山先生存稿》卷 1，引自"爱如生中国基本古籍库"。
⑤ 王振忠：《明清以来徽州村落社会史研究——以新发现的民间珍稀文献为中心》，第 30 页。

即康熙四十六年（1707年），当年因迎神赛会发生纠纷，遂于四年后订立议墨：

> 香岩禅院志来远矣，龙尾上社自昔于兹，民俗贫朴，耕务为生，所供阆峰七佛如来，乃本家万年香火，纪年一请，福国祈丰。每逢轮请之期，庙前演戏六十台，俗子还戏两棚，不花不彩，惟敬惟诚，敷掠轻而费用廉，并无外侮之欺扰，此古人经制之美，立法之常如此，故能悠久而无疆。……数年以来，散慢神祇之弗福，追思古意之攸存，是以通村佥议：以方以社，爰立春祈秋报之常典；祈丰祈保，永咸乐育之神庥。庶遂人心，莫安神座，众议成规，分班轮首。
>
> 康熙伍拾年正月十五日全会议人胡佲让（押）
>
> 时元（押）
>
> 佲相（押）
>
> 时行（押）
>
> 佲熊（押）
>
> 时早（押）
>
> 时富（押）
>
> 士鸿（押）
>
> 洪观护（押）

龙尾地处下溪头西偏南十公里、段莘水西岸龙形山的尾端，故而得名。此后又过了四年，康熙五十四年（1715年）正月另立合同再次指出："龙尾上社立议合同人胡佉让、大贵、时行、茂富等，原有阆山古佛，同宋、詹、陈、叶、汪众姓纪年一请，祝国保民，历守无异。"上述两条资料，亦可作为上溪源周遭村落与阆山古佛关系的一条重要佐证。

关于阆山古佛、香岩寺（院），《上溪源志》一书又提供了一些新的史料。

自宋代以后，历经元朝以及明代前期，因史料之缺失，我们并无从了解香岩寺（院）的具体情形。直到万历元年（1573年）五月初九日，才见有《本族复助造阆山香岩院合同》：

> 立议合同人程时讃、程琏、程庄、程凤、程世泽、程涌、程元英等，缘阆山敕建香岩院，实系本里香火，历代迎请祈祷。近因古寺颓坏，且旧基欠利，住持难安，致香火缺奉。今众议择吉，新买十二都汪可大田一亩，扦做寺基，起屋殿宇，与下村两半出价买讫。又，原香岩院户额，在十八都官坑汪敏甲下，多被搅扰。众议收割原户过本都程时讃名下供解粮差，其津贴汪敏上年赔赇及书手纸笔立案等用，与下村并照原买寺基两半均出，立有合同照证。本村原买寺基及今收户二项所费，并作六股半算派出备，每股共出银一两一钱五分公用。其造殿木料、圣像、器皿、田产等项，在各善信喜助，多寡不在此例。今恐无凭，立此合同七本，各收存照……

从合同文字描述的内容来看，香岩院应颓坏已久，此次程姓族人共立合同，以股份方式筹措资金重建寺庙，并由各善信自愿添置圣像、器皿以及相关田产等。

之所以重新重视起香岩院，可能与明代中叶以后徽商利润之回输，村落社会生活渐趋活跃息息相关。当时，一些人在温饱之余，需要追求更为丰富的精神生活，于是，迎神赛会遂渐趋频繁。《上溪源志》中，收录了顺治十二年（1655年）七月二十六日石镇源接佛祈雨议约：

> 立议人胡参、洪尚等，原阆山古佛四社相共。今因上溪源程姓祈雨，和尚借言推阻不发，致上溪源程姓众忿，自今洪、胡二议，凡遇祈祷，先至先请，不得生情阻挠，立此存照。

此一议约，亦见于安图本《新安上溪源程氏乡局记》。由此可见，阆山与周遭民众之祈雨活动密切相关。在十七世纪，因迎神赛会也引发了不少纠纷。康熙元年（1662年）八月十五日的一份合议指出："阆山敕封香岩院，金佛庄严，为诸姓香火基。踞万山之顶，平畴一望，诸峰环秀，诚为名山古刹，载在志书，唐宋迄今，传灯远矣。原各檀东输租若干，付戒僧住持。历来本山衣钵相传，香火长续，各乡亦无闲杂人等至寺搅扰，僧俗不混，佥谓清净禅林。"其时，因有一些人前往寺庙读书，遂使得香岩院内僧俗混杂，以致发生纠纷，连累了寺庙僧人。当时的住持正棠独力难支，意欲辞歇。为此，程、胡、洪等姓檀越决定为僧人出头，"今各檀樾齐集到山，劝挽正棠仍旧勉力管家，本派僧人仍旧照常职事，毋许分散。亦不得假馆读书，停留闲杂人等，混杂多事。本寺各守清规，不得招惹是非。各檀樾训诫子弟，无事不得至寺搅混。如有外人无端横逆相加，小事则含忍之，果尔非理不堪，僧人通知各檀樾，和同敷费，一齐出面，与之经官理论，不使僧人受屈、受害之无伸也。自今立议之后，务各遵依，始终如一，庶僧人可以常住接派，而万年香火永不息矣"。

除了香岩院之外，还有蛟池莲化庵，也与上溪源一带的关系颇为密切。关于蛟池莲花庵，《上溪源志》记载："王家山出家和尚隐修，募化本村各门，至外蛟池建莲华庵，……将地藏王迎出供奉焉。"此莲花庵供奉地藏王，与九华山一带应有一定的关系。康熙七年（1668年）孟冬，蛟池和尚隐修"接各门檀东至庵，付家徒弟（亦王家山人，名照善）所有山、田、器物，开簿内本，并有交牙人名、花押，僧执一本，檀东执一本"。康熙二十二年十二月初一日（1684年1月17日），"蛟池僧人照善接各门檀东至庵，付家徒弟诚一（系下村仆人，随母带至上村者）所有山田、器物，开簿两本，并有交牙人名、花押，庵僧执一本，檀樾本仁堂执一本"。王家山应即阆山上的一个地名，从上述的两段引文来看，僧人隐修始创的莲华庵，后来的传承颇为有序。显然，上溪源程氏本仁堂是莲花庵的重要檀越。另外，从莲花庵第三任住持由下村仆人诚一充当来看，僧人在徽州的地位比较低下，在某些方面甚至与佃仆的身份颇相仿佛①。

---

① 关于这一点，参见拙文《从"门图"文书看徽州僧（道）俗关系与传统社会之变迁》，2023年5月10日至12日"仪式、宗教与中国社会：劳格文教授荣休研讨会"论文，香港中文大学宗教伦理与中国文化研究中心主办，待刊。

与寺庙特别是阆山香岩院相关的，则是周围村落的"请佛"活动。根据上溪源程氏的讲述："阆山者，吾族香火也。十一、二都诸宅，吾族瓜葛之绵绵也。"对此，《上溪源志》记载："（康熙二年）十月请佛，棚搭存仁堂门首，戏写双胜班。"另外，书中还记录了另一次康熙八年（1669年）"请佛"的详细过程。当年七月初三日，上、下村头首设酒会，议论请佛日期，言定十五日两家一齐上阆山许佛，十月十八日接佛下山，十九日上村行香，二十日下村行香。至于其具体过程，《上溪源志》曰：

> 初七日，下村本年轮该接佛。头首不遵旧规，不备椑盒茶接上村头首。至中途，复定请佛日期，陡着仆余汝光赍帖上来，改约来日上、下两村同上阆山许佛，云天气干旱，许要早，日期仍是十月初八日，众许之。
>
> 初八日，上、下村头首齐上阆山许佛。见下村填疏，忽然变改，十月廿三日接佛下山坐。廿四荒芜日，与本村行香，本村头首不服，嘀之复选，伊家坚执不从，但许廿五日行香。
>
> 初十日上午，下村头首程文甫、社子、应瑞等八人，同道士一人、鼓手六人、小头一人上来，主本境许佛。本村头首因众议上、下村共日行香，不能周遍，备椑盒茶，至水口庙会议。下村出言，听各家分请行香。
>
> 下午，本村头首八人，醮官一人，同道士一人，鼓手十二人，小头二人，齐往莲堂许佛，亦领下村头首椑盒茶。彼老成长吉、元服、宜抑等云：上、下村惟请佛一事相共，

今若分请，则亲亲之义永断，相视为吴越矣！大咤伊八甲头不遵古例，备椁盒茶接上村。至中途，预先言定日期再许佛。今起议分请，是汝八甲头之过也！

下村的中途变卦，令上溪源族众颇为不满。对此，《上溪源志》记录了下溪源村内的不同意见："下村风俗向行欺诈，不事仁义，唯长吉一生知与本族修好。前经下气请认数百年始祖妣朱氏坟墓，指与标挂，深信不疑。今又说出亲亲之义，惜乎附和者少，竟成分请。长吉，真下村之拔出者也。"在《上溪源志》的编者看来，程长吉为下村有见识的老成，后者认为二村若分请阆山古佛，则"亲亲之义永断，相视为吴越"，对于上、下溪头宗族的发展将产生重要的影响。

关于迎神赛会，《上溪源志》还记载：

十一日，长吉等备椁盒茶来，接本族简臣、新一、公茂、士心、寓规、亨伯、茂枝七人，至东山池馆会议。伊云：既得罪宅上，望乞原宥！言定十月廿四日接佛下山，二十五日上村行香，下午下村行香。两家各出禁帖，毋许小户人等放肆生事，违者重罚戏一台。言明决定而别。

十八日，本族头首因前日已议定日期，近日纷纷又闻下村允嘉背议，有分请之说。长吉正言理论，被允嘉推倒，跌碎门牙……

因形势尚不明朗，故上溪源程氏具书询问："请佛之典，世守于今，前东山池馆已有确议，嗣后宅上有二三其说。今特奉渎，烦达各宅暨任事诸公，仍至东山池馆面晤一决，以便从事，拱候！"对此，下村回信云："请佛世守成规，彼此俱有同心，原无异议。但廿五日行香之期，一日恐难周遍。会首舍弟宜抑因事往邑，候其返舍，面晤酌妥，谨覆。国冕、苟禧具。"及至二十三日，上溪源程氏头首得知程宜抑已从县城返回，却未见下溪源来信回复，故而备置棹盒茶，将下溪源程宜抑、程从周接至上帝庙，商议最终方案。程宜抑等说："廿五日共日行香，却难周遍，或一家先一日，一家后一日。"当时，因两家俱不肯让，程宜抑又说："今轮权分各自行香，下轮两家不选日期，定于十月十五日接佛下山，省得论日子好歹。但今轮行香虽是各分，然鼓手、乐棚及送佛，仍要照旧规。"上溪头程氏"见其所言乃退棚之说，分请定矣"。为此，上溪源程氏头首会集族众，立合同分请事例，"将请接二轮田亩，分作二半均出，每亩出谷七斤半，付头首办事，议定佛戏两台，棚格式要冠冕"。可见，双方虽经反复交涉，但最后分别请佛一事仍成事实。接着，《上溪源志》记载：

十月□□日，本族接佛下山。

□□□□日，老海盐班戏到。戏棚阔八丈六尺，棚肚故事轩辕黄帝捉蚩尤，绸绢布帛鲜明，无不雅观……

□□日，本族行香，下村果背议，不着鼓手上来乐棚。众议他家行香，亦不可着鼓手下去。出台阁二座：迈公房一座，麒麟送子；仁愿公房一座，桂子月中落。香亭二座：月池公支一座；迈公支一座。

　　□□日，送佛。众议下村虽背祖规，本族仍当照古例送下，至浆坑源转回殿，或者下轮倘仍有复合之日。不期下村送佛不照古例送上，至高枧段转，先已送至浆坑源转矣。及闻子弟恶少仍出言，候我家送佛下去，要拦路角口，打碎旗伞。本族依然虔忱送下转，下村恶少果然邀集多人，意欲角口，谁知佛爷神灵，立时伊棚倒去丈余。下村有鲁见此异变，大骂恶少多事，以致佛爷如是显灵。因此各人心灰，只顾举棚，本族送佛，安然往来。当时边见下村聚党拦截，忽报上来，文炳等率领四五十人下去护应，只见下村人齐集扶棚，一路无闻角口之事。

　　族众公议，上、下村六年一度共请佛，自今岁分请，永行为例。

　　因为发生了此次纠纷，故而从康熙八年（1669年）开始，上溪源与下溪源遂各自分别请佛。《上溪源志》中另外还概括性地总结了具体的缘由及其做法："原本村溪源上社，下村溪源下社，上、下两村同姓，住居毗连，因是请佛六年一度报赛，上例相共。至轮当之年，将七月半前，先期两社设酒，会议接佛日期。至七月半临上阆山，定例请佛之家备棹盒茶接。接香之家至中途，复定请佛日期。两社允服，一起上阆山填疏，许佛下来。次日，各家至上、下村境神古迹通许遍，十月请佛。如上村该接佛，下村便接香；下村该接佛，上村便接香。至上村行香日，下村设酒中途，待仆鼓吹上来乐棚；下村行香日，上村设酒中途，鼓手下去乐棚。佛戏完，上村必送下，至浆坑源转回殿，下村必送上，至高枧段转回殿，向来规例无异。今下村不但叛背祖规，仍且立议背议，诡谲百端。众云伊家向来恶俗，的于分请永行，不得相共，自今岁为始。"接佛分请，是溪源上、下村程氏宗族发展的一个转捩点。

诚如前揭记载所示，在请佛时需要演戏。康熙十五年（1676年）九月二十六日，"万成班戏到，族众批助申明亭演戏一台"。翌日"接佛下山，演戏。是年因乱后，众议各事从减，惟戏价相因。演三台，每亩只斗谷三斤"。二十九日行香，"兆晟、志祥邀扮平台两座，于上绅绢人物"。三十日，族众送佛至慈溪岭脚。十月初三日，演戏完。根据统计，当年共演佛戏三台、丁戏二台，族内每丁出九色银一分六。另外还有杂姓一台和众乐助戏一台，共七台，每台计花费三两六钱。

迎神赛会的过程前后有诸多环节，每个环节都有可能与周遭村落发生纠纷，演戏亦不例外。康熙二十六年（1687年）八月二十六日，上溪源村"八甲头首原写万成班戏"，日期定于十月初一日。与此同时，下溪源村也订定万成班，日期则定于十月十二日。后来佛期将近，连日听闻下村人纷纷传说，他家佛戏必要先做，如上溪源村不肯相让，"至临期，统人上来抢行头角口，纵然留得行头，亦要来炒棚"。对此，上溪源少壮族众皆不肯相让，只有几位族内老成，"以报赛大典敬佛为主，不欲多事，愿将日期亲往下村面让，与之调换，下村大悦"。不过，族人程兆晖、程士晋等不服，通村出帖，指出："请佛六年一度，乃吾乡报赛大典，匪细故也。祖例八甲头首春间亲往休、歙观戏拣选，的系名班，然后写定是日。向来吾乡之戏，四方亲友观者，莫不啧啧称善。今徽郡名戏不独万成，如五子，如老海，如丰乐，如堂月，如江一，指不胜屈。八甲头首或另选名班，或不误日期，皆可听从。如必欲接他乡之残戏，不但违误佛期，有乖大典，抑且敷斗丁银，多有执拗，勿谓言之不先也。"见此情形，九月初二，上溪源八甲头首即向万成班说明原委，欲退还先前所订戏关，另行聘订其他戏班。对此，万成班表示："因宅上向来盛德，故前日下溪头人至班，必欲改换日期过先。敝班确不允从，无趣而去。但敝班写定日期，从无违误，纵有行强多事，敝班承当。"此次交涉，八甲头首得到了万成班的郑重承诺，回村后转述说明，"通村人人气平"。于是，十月初一日接佛下山，万成班如期前来，首先演出《玉鱼记》，初二日演《铁弓缘》，初三日演《未央天》(即《五更天》)。初四日行香，出香亭三座，演《飞龙凤》。初五日送佛，演《春秋笔》(即《檀道济》)。初六日，最后演《双和戏》。此次搬演"佛戏"数日，算是大功告成。

当时，为了迎神赛会，族内也有意识地培养本族的一些鼓手。例如，康熙二十年（1681年）正月二十二日，"族众会议教鼓，公举任事天榜、绍宏、有功、志明、天与、嘉祃、钦元、登选、天权、志祥、盛时等。二十六日，接五城鼓师孙有余、俞尔常至，立定议单，教仆僮俞秋、姚八等共十二人"。二十七日，开局安老郎教起，议定每丁敷银二分，每亩敷银一分六厘。康熙二十六年（1687年）七月二十三日，族议习鼓，每丁敷银一分，每丁敷银八厘。八月初六日，"兆柽同鼓师带仆人汪五生，出休邑买乐器"。"休邑"亦即休宁，而前述的五城也在休宁县。在上溪源，有上、下桥太平、韵鼓二会，主要就是为演戏酬神的佃仆组织。

关于戏剧演出，前述的记载，反映了徽州一府六县共同的特征及其内部之交流，特别是婺源与歙县、休宁等县的互动。上揭提及的"仆僮"或"仆人"，说明在迎神赛会时的戏剧演出中使用佃仆，是当时各个族姓颇为普遍的现象。而外聘的"徽郡名戏"，则应以歙县最为著名[①]，故婺东北的溪源一带，人们才会不辞辛劳远至歙县反复交涉，迎请万成戏班负责搬演。另外，休宁的乐器应当是质优价廉的，著名的《畏斋日记》就记载，康熙四十二年（1703 年）正月二十六日，庆源"村中接祁门章姓乐师教鼓吹，写定谢金十三两，共学粗乐、细乐、十番、昆腔十五套（每套八钱，外总加一两）。二十七，……支银八两，付朱社同乐师出休宁买乐器"[②]。而上溪源的情况，亦与之颇相类似。

二、非常之变与社会应对

若比照《左传》之"国之大事，在祀与戎"，则村之大事，

---

① 乾隆前期婺源板桥一带塾师詹羽尧所著无题稿本中，收录有《外板桥预演关帝戏》："歙县溪南家乐班做，社屋岭演九台，八两实一台。"（见王曾瑜主编：《中国稀见史料》第 1 辑第 20 册，厦门大学出版社 2007 年版，第 79 页）板桥今属休宁县，可见在清代前期，当地的戏剧演出也是前往歙县聘请戏班。

② 〔清〕詹元相：《畏斋日记》，载中国社会科学院历史研究所清史研究室编《清史资料》第 4 辑，中华书局 1983 年版，第 242 页。

在"祀"与"讼"。"祀"包括前述的迎神赛会，而"讼"则是日常生活中的一个重要方面。不过，不少诉讼也被称为"清世异变"，所以也可归入日常生活中的"非常之变"。

上溪源村与下溪源村民属于同宗的程氏，共同生活在一个有限的空间内，磕磕碰碰在所难免。除了前述因迎神赛会而发生的龃龉之外，由于盗葬问题而产生的纠纷亦颇为常见。顺治十二年（1655年）正月十七日，因下村程符祥盗葬塘坑宣祖妣坟【坟】，上溪源等族众议立合同呈究：

> 立合同人上溪源派程追远，里村派程公立，段田派程应社，兴孝坊派，浯田岭派，油潭派，孝塘派，黄土岭派，深蒲坑派。今因宣祖妣汪氏葬在塘坑，四至载谱详明，历来世守无异。陡被势豪程符祥瞰各派窎远，垂涎吉穴。突于本月十四夜，逼冢盗葬，大惊祖骸。清世异变，支孙命脉攸关。各派众议，鸣公讨逆起罂，务保祖骸，孙子【子孙】得安。其一应讼费，照依丁粮敷斗。务期同心协力，无得规避。如有执拗不遵，定以不孝罪论。今恐各派人心不齐，共立合同十张，各执一张为照。每丁一丁，敷银一钱，每粮一石，敷银一两。
>
> 一、管事人：汝敏、学谕、嘉承、天榜、天时、文炳、登枢、尔颂、德明、宗明、宗太、振庚、燿光、大春、天宇、熙赞、振儒、嘉福、学远、起孙；
>
> 一、出官人：伯任、国志、盛时、有功、宪明、用章、心宇、日照；

一、走路人：汝份、登选、记生、国柱、应善；

一、总理人：国衡、应孙、登凤、煜先。

类似的官司在七年之后再度开打——康熙十一年（1672年），下村程添侵葬白石坑后祖坟，程氏众派再次订立合同：

> 立合同各派：上溪源里村、段田、兴孝坊、浯田岭、油潭、孝塘、黄土岭、深蒲坑程追远等，今因后祖及仁愿公葬在白石坑，四至载谱详明，历来世守无异。陡被势豪程添瞰各派窀远，垂涎吉穴，突于前腊月三十夜，斩脉逼冢盗葬，大惊祖骸。清世异变，支孙命脉攸关。各派众议，鸣公讨逆起釁，务保祖骸，孙子【子孙】得安。其一应讼费，照依丁粮敷斗，务期同心协力，无得规避。如有执拗不遵，定以不孝罪论。今恐各派人心不齐，共立合同八张，各执一张存照。每丁一丁，敷艮【银】一钱；每博开①银，一丁三分；每粮一石，敷艮【银】一两；每亩一博，斗艮【银】一分七厘。照依十一催粮丁甲册敷斗，祀田成亩以上者俱斗。
>
> 一、管事人、敷斗人：大年、宣木、显文、汉臣、仲和、振甫、东明、亨伯、抚辰、子喻、士心、茂之、吉生、希泰、尔大；
>
> 一、出官：公茂、仲介、敏先、幻含、公蔚、俊氏、希乾；

---

① 按："博"不知何谓，照抄于此，有待高明指教。"开"字疑当作"斗"。

一、走路人：（疑缺）；

一、总理人：简臣、宏先、丽如、元宏、显之、寓规、泰民、宗甫、辅之、希正。

特别值得注意的是：上揭两份合同中有不少文字大同小异，而且都提到"清世异变"，显然出自同一蓝本（根据通常的经验，这可能是出自上溪源一带的村落日用类书）。其中也都提及诉讼的组织成员，包括"管事人""敷斗人""出官""走路人"和"总理人"等，这些，都反映了婺源县上溪源一带诉讼的高度组织化。

《上溪源志》还记录了此后的诉讼进展：元月二十二日，程盛时以"为跨脑斩屠事"为由前往婺源县城提告。二十三日，"邑主陈爷准出"。二十五日，程盛时又进禀勘词。二十六日，"准发关都牌进勘"。被告方"程添惧亏，央伊大阪姐夫江舜田，转央汪来章、外庄叶端北，议起罳处息"。二月初八日，双方订立议约，以对方被罚银30两终止诉讼。此一中人调解的结果，也为县令所认可。

康熙二十一年（1682年）九月十六日，两村族众又因打鹿发生纠纷，"至约投词"。二十二日，"道寿往邑交粮，经下村过。程乌狗等拦路角口，道寿随往邑控词"。上溪源程道寿以"为党恶截杀抢粮坑课事"上告，而下溪源程乌狗则诉"狡制截抢叩提追剿事"，经县令审理，下溪源程乌狗涉嫌诬告，拟被重责，"一干人犯星夜逃归"。康熙二十三年（1684年）九月十八夜，下溪源村程如圭、程如陵、程如柏盗葬河祖坟畔。二十三日，上溪源族中公议，由程兆第、程焌先出身，前往婺源县衙呈告。十一月，程如圭等自知情亏，"愿还文约，自行起辇，回官下地"。

上述这些，都是上溪源与毗邻村落之间的纠纷与诉讼，《上溪源志》对于诉讼过程、相关开支及其摊派情况，都有细致的记录。此外，还有在更大地域范围内的活动。根据《上溪源志》的记载："本县粮米，取给江西。本乡贩籴，出自汪口。然汪口有东、北二港相通，东港直通江湾、中平，沿河碚碣开通，河埂平伏，虽重载亦不费力。本河北港，汪口直通港口，数乡人户稠密，上年曾合众开河，船只往来无异。"后来，当地的俞舜、俞进造碣，"船埂高峻，阻塞船路，以商贾搬运多费，万民被害。兹兼汪口米市，移在水口发卖，本河船只不通，比前更难搬运"，结果引发纠纷，六都、七都及十都诸人，于康熙十一年（1672年）五月十五日共立《北港各村与汪口争船埂合同》，其中详细提及诉讼之组织与安排，规定诉讼公私费用由相关船只分摊。"船只派费，毋论粮米、货物轻重，讼在县，每船敷九色银一钱；若讼在府，每船敷艮【银】二钱"。这些，也同样反映了诉讼活动的高度组织化。

除了诉讼之外，外部战争与地方动乱对于村落社会而言，自然更是一种"非常之变"。《新安上溪源程氏乡局记》开首的《乡局记规》，对村落社会的管理有着具体而微的说明，其中就提及："遇外变兵乱，有财力者、有才能者须协心维持调护，使一乡安堵如故，若乘机勾引残害全族者，究治除之。"

总的看来，明代中叶至清代前期大部分时间治安尚属良好，社会也处于较为平静的状态。不过，对于僻处山乡的上溪头而言，明清鼎革以及康熙年间的"三藩之乱"，都是影响极为重大的非常事件。

　　清初，上溪源一带颇为不靖。《上溪源志》清顺治四年（1647年）条记载，外蛟池莲华庵，"因近黄茅，屡被贼劫，僧徒妙文亦起为贼，被叶文一杀之"。塔岭驿道始于婺源县上溪头，通到今黄山市休宁县茜茅村，全长约20里，沿路皆为青石板铺就，在传统时代，此地为休、婺交界过渡地带，治安状况较差。同年三月，"黄茅贼首如祖，率领百人来劫七之典铺。被本村程君敬等邀率族人，捉获其贼五人，如祖在内……外庄贼首叶文一，带兵数百人，驻集义堂。周将亦带兵数百人，驻六顺堂。本村程文炳等一班，敷出米、酒、肉给兵，以保乡局。适叶文一同下村，允章等在培桂馆饮酒。叶兵私打人家狗食，文炳等获出，携至叶营，大言理论。叶兵执枪相持，被文炳接过一枝，枪死二人，齐声追赶，贼兵星散。时文一知地方变起急逃，欲往下村，被文炳、七九、应时、大六、君敬等一班人，追至麻榨坦桥头擒杀之"。顺治五年（1648年）正月二十七日黎明，"贼首王三、如祖、黄乌等，复率千人至村内抢掳，杀死程悦奴、姚兴旺，刀伤程宗太、程照先面颊，程汝赞眼睛，程茂才手。贼亦被本村杀死三十余人，退至前边段。因下村人筛锣上来，贼闻之，恐有追赶，随即转身放火烧屋，约毁六十余家。四月，桃源吴聘带领百余人驻山背。本村文炳、七九、应时、大六、士登等数十人赶进，至山陵，遇吴聘旗下程三十杀之，切其头，携出称重，九斤六两户秤"。这些相互间的残忍杀戮，都反映了清初上溪源及其周遭地区的动荡不安。

至于三藩之乱，乾隆《婺源县志》记载：康熙十二年（1673年）冬，"三藩吴三桂、尚之信、耿精忠反"。康熙十三年（1674年），复设徽宁道驻扎徽州府。其后，清军与三藩叛军在婺源数度交手①。而据《上溪源志》记载：康熙十三年（1674年）四月初三日，浙西"开化各处告警"。五月端阳日，福建耿精忠麾下"反将程副总带兵攻饶州，破之"。七月，"四方告警"。八月初三日，婺源"邑中告警，闭城"。康熙十三年为农历甲寅，故三藩之乱也被称作"甲寅之变"。当时，为了应对地方变局，附近的段莘、小源来信联络：

> 启者，昨奉张镇台谕以川都联络守御，牌由东乡至上宅，传送寒舍二村。事关切肤，语非故套，奉行刻不容缓。但诸乡与寒舍二村旧已联络，近又复盟奉行，固不必言。而上宅虽然附近，未经联络，恐声气不通，首尾难应，故特尚书奉约，望示音订期，至中途会晤，庶无负上人至意，而愚辈亦为身家起见，故不惮汗颜，肙启立候台命举行，以复上命为幸。谨启上上溪源程亲翁诸执事前，眷侍教生汪崇义、詹惇叙同顿首。

根据清代婺源的都图划分，十都之下有"溪头"和"龙尾"，十二都之下则有"段莘"和"小源"。段莘原是婺东北著名的村

---

① 乾隆《婺源县志》卷2《疆域志·沿革》，乾隆二十年（1755年）尊经阁刊、二十二年（1757年）改正定本，"中国方志丛书"，成文出版社1984年版，第256—257页。

山系人文：民间文献与历史地理探研

落，1970年因修建段莘水库而遭淹没，后迁往新江岭；而"小源"亦即《畏斋日记》作者所在的庆源。这些地名，均在婺源县东北乡。末尾署名的"汪崇义""詹惇叙"，从字面上看显然并非人名，而应当是段莘汪氏、小源詹氏的祠堂名称，显然，这是以各该祠堂具名的村族间之彼此交涉。此后，段莘方面又来信曰：

> 承谕，候与詹宅诸公酌妥再复。然上宅联络清石滩等处，幸则先为举行，刻无容缓。寒舍探报，当每日至宅上讨信，勿吝为幸！寒舍与詹宅酌复，仍图面议，以计长久，决不敢草草完事也，暂复。上程亲翁尊前，眷侍教生汪崇义顿首。

信中提及的清石滩应即今青石滩，在下溪头北7.5公里的两溪合口处，明初，婺源官坑洪姓建村于青石累累的滩地旁，因名①。对此，溪源上、下村共同回复段莘和小源之信：

> 承尊谕，联络之举，实为今时要策，且蒙不鄙，得附同舟，更属至幸！但寒舍两族，总以力绵路遥，不敢造次。日迳已会清石滩、石镇源等处，皆如旧约。寒舍与上宅，虽云道阻且长，不能征发期会，而互相侦探，以作表里声援，实属良图。其中委曲，约于十五日同至阆山寺中一晤，商

---

① 婺源县地名委员会办公室编印：《江西省婺源县地名志》，"江西省地名丛书"第18辑，1985年，第55页。

酌合宜，以为长久之计。至期，千希玉临，肃此奉复，上汪、詹二宅贵约诸执事前，眷侍教生程追远、程正义同顿首①。

石镇源，在下溪头北偏西 7 公里的山间小溪旁，邑内清华胡姓建村，村前乱石累累。各方会晤的地点，约在阆山寺中。《上溪源志》和安图本《新安上溪源程氏乡局记》中，都收录《石镇源接佛祈雨议约》，这说明石镇源与上溪头一带在诸多公众事务上历来就存在着协作。值得注意的是，末尾署名的"程追远、程正义"，也是溪源一带的祠堂名称。另外，清石滩也有给上、下溪源的回信：

> 联络之举，原于二宅订有确议，言犹在耳，谁敢不遵？今奉张镇台以川都传谕，谅亦与前议大同小异耳，而段苹、小源二宅既邀二宅相助以应，又兼上人为地方留意，计议奉行，谁敢或后？但敝约僻处山隅，敢迎驾临相晤，以深其罪。乞赐确期，齐至二宅商议举行，余容面晤，不宣。上允裕程老亲翁台下，二宅诸公，均此奉达，眷侍教生洪华生顿首。

由此可见，在婺源，一些邻近的村落平日里就在"某某约"的框架内相互联接，处理公共事务。及至非常时期，这些约定俗

---

① 王振忠主编：《徽州民间珍稀文献集成》第 19 册，第 87 页。

成的自然组合，彼此之间亦互为奥援，共同应对外部的挑战。

此次"甲寅之变"，对于婺源社会产生了较大的影响。康熙十三年（1674年）八月十八日，福建反将罗其雄带兵围攻婺源县城，县令陈六承等因洪于兰之说降，遂献城投降。在此背景下，婺源各村颇为慌乱，据《上溪源志》记载："本村各家，齐带妻子男女，四散避兵。"二十五日，"福兵至龙湾段，遇清兵胡探花，迎战大胜，斩首无算，直出，遂拔府城"。二十八日，"伪将马成龙（乐平县马家阪人）带兵约三百余人，过砚山口"。砚山位于下溪头南5公里的山下小溪旁，由于相距颇近，上溪源村恐其上来掳掠，欲想办法阻止。"时里门茂榜，同歙县姓鲍者二人，乐平领游击劄副。是日到家自荐，据伊领有劄副，与之同列无妨。今村内壮丁各造腰牌，执兵而下，至砚山与马答话，不合，被马扯碎劄副，打鲍，拦捉村中壮丁四五十人，尽行乱打"。当晚，马成龙部驻扎砚山地方，"要本村出银一百二十两，赎内中知事者数人"。二十九日，"本村充约登科化【及？】嘉彦输出银九十五两，茂榜家出银二十两，士里家出银五两，共一百二十两，赎回文炳、道本、嘉赏、士里、茂榜回家，余俱带去"。十月初八日，"福兵大败于绩溪县，日夜逃进婺源。文炳、嘉谟等一班人，夜间至大坑僻处，拦路截喊。溃兵惊吓，尽弃物件奔逃，文炳等安然获来派分"。十一月，"伪将洪国柱带兵三百余人，从燕岭进，逃至本村过。登科充约，素与交善，接手并肩，送至象鼻，犒其兵众酒肉饭，去，资重，尽寄下村正义祠，竟为所得"。十四日，"清将巴、额二员带兵进婺源，是夜驻官亭"。十五日早晨，"巴、额将下兵数百人，至本村打粮，专掠猪、米食用等物，余不取"①。

以上是"三藩之乱"期间上溪源一带对此次动乱的应对。从中可见，虽然上溪源也与附近的一些村落形成联合，但似乎并没有起到多大的作用。在强兵压境时，不得不花费不赀破财消灾。不过，在应对地方变局中，此类联合亦是抵御外部势力的中坚力量。乾隆《婺源县志》就有"乡勇杀贼"条：

> 康熙甲寅，闽贼于八月二十日陷城，乐平贼亦附之，势猖獗，诸乡皆遭蹂躏。段莘、庆源、秋溪诸生汪乾、汪泳、汪秉彝、汪任、詹日焕、詹锦、詹选七人，与乡约汪光烈等团结义勇，捍卫截杀。九月初七日，陇之于庐岭。十七日，陇之于七十二湾，皆斩馘数十。翼日，又以石仓击杀二十余人于回岭，贼气已夺。十一月朔，贼伪总兵马成龙焚掠词坑，初五日由小秋岭来攻。又杀贼百余人。贼复由间道夹攻，诸丁壮力难支，败于官桥头，阵亡者汪浚、汪介眉、汪钺生、汪玮、汪仲吉、汪旭、汪锡、汪格、汪四九、汪养女、吴伯宜、詹细臭、叶成、祝三、詹起鸿、詹连九、程时裕、黄七，凡十八人……②

---

① 关于"三藩之乱"对婺源的影响，光绪《婺源乡土志》第91课《耿精忠之叛》亦有简明的概述。（见董钟琪等著《婺源乡土志》，"中国方志丛书"，成文出版社1985年版，第72页）据该条，"巴"即巴山，"额"为额楚，为当时带兵驻防的两将军。

② 乾隆《婺源县志》卷39《通考·佚事》，乾隆二十年（1755年）尊经阁刊、二十二年（1757年）改正定本，第2488页。

从前引《上溪源志》的记录来看，段莘、庆源诸生也曾与上、下溪源族人联系，但后者以"力绵路遥""道阻且长"为借口，似乎表现得并不十分热衷。也正因为如此，较之段莘、庆源、秋溪等地的军事联盟，上、下溪头一带的抵抗显得更为软弱和不堪一击。

三、余论

徽州是传统时代编纂乡镇志（含村落志）最多的区域之一，除了目前已收入《中国地方志集成·乡镇志专辑》的，还有一些未为学界所知的村落志[①]。这些村落志之编纂，仍然需要进一步的探讨。

本文聚焦的抄本，首页除题作"上溪源志"外，另注明"即《乡局记》"，所谓乡局记，亦即清代前期当地编纂的《新安上溪源程氏乡局记》（现存抄本计有两种）。将该书与两种《新安上溪源程氏乡局记》对勘可见，其中虽有相互雷同的资料，但也有不少资料未见于另外二书。由此看来，《新安上溪源程氏乡局记》之编纂，诚如笔者此前所推断的那样，的确是为了进一步编纂《上溪源志》做准备[②]。除了书中颇多反映 15—17 世纪徽州基层

---

①②　王振忠：《明清以来徽州村落社会史研究——以新发现的民间珍稀文献为中心》，第49页。

社会的丰富史料之外，此一抄本也为从村落文书辑录到村落志编纂的动态过程，提供了极佳的个案。

从内容上看，《上溪源志》在编纂过程中使用了各种类型的资料。例如，"嘉靖二十二年癸卯，邑主冯绶开百丈充新路，改曹溪寺为平政急递铺，官路往来。并开河道通船。牧羊山人项《和邑侯冯公双溪道中即事》(载诗集)：……"，此条明显来自族内文人所著的某"诗集"。又如，"查燧公家记，志诚公原买上溪源路一条，土名吴□□涧四尺，与俊一坐亮、俊二道成、俊三祖生兄弟相共"等，可见这条资料是根据私人记录的"燧公家记"。再如，顺治十四年（1657 年）正月，程天榜等创首邀立甲震会，"收各房输租、输银，详载会簿"，可见此条是来自会簿的记录。此外，书中还多次提及《上溪源程氏乡局记》：

> 万历三十六年戊申七月，通族议立后龙、朝山、水口封禁合同。夫后龙、朝山、水口，乡局所关，向立合同严禁，允宜世世遵守。男妇老幼人等不许入山侵害，违者公罚，抗拒者闻官。今将上年（正德十年）① 合同四至及条约开具于后。原正德十年立议合禁，所以合同罚例，详载《上溪源程氏乡局记》。
>
> 顺治八年辛卯，通族二造石仓碥，注水入上下泥池。原碥因西板石碥头壁立，今岁又被洪水冲洗一空，复相碥基，

---

① 按：原文如此。此处可能是誊录原文却未加注明，故而容易滋生误解。今照引，特此说明。

山系人文：民间文献与历史地理探研

移上数丈，兴工再筑，督造文炳，助理充应各务嘉礽、嘉彦、嘉泽，所助银两、人名，载在《上溪源程氏乡局记》。

（康熙二年正月）造朝山下新亭。原金坑水入大溪，出口上有石板渡桥，石塔上有平墩，盖前人所造观音阁遗迹也。今因壬寅年造塪有余赀四两零，各助银两、工瓦，遂构亭焉。所各联族匾，载在《上溪头程氏乡局志》。

由此看来，《上溪源程氏乡局记》相当于是《上溪源志》的资料长编。不过，后者书名虽作"上溪源志"，但同时也注有"即乡局记"（或"乡局志"）。可见，它仍然脱胎于《乡局记》。虽然编者最后希望将之编纂而为村落的志书，但从现有的体例来看，仍然与《乡局记》没有多少差别，仍是杂抄或史料长编的性质，离完成体例详备的村落志书，还有相当长的距离。当然，也正因为它的原始性，所以也更成为我们研究村落社会史的珍贵文献。

论晚清《绩溪地理图说》的学术价值

　　《绩溪地理图说》一书，原书下编部分影印件由屯溪文史学者许晓骏提供，收入笔者主编的《徽州民间珍稀文献集成》第22册①。丛书出版后，2018年深秋，我在徽州从事田野考察期间，又偶然在某一书商处得见该书的另一抄本全帙（此本下文简称"全帙本"）。兹将两种抄本比照而观，简要论述该书的学术价值。

一、《绩溪地理图说》的两种抄本

　　《绩溪地理图说》抄本计分上、下二编，上编共有五章，分别为概论、山脉、水道、道路和要隘。下编第一章为县治，第二

---

①　复旦大学出版社2018年版，第205—317页。

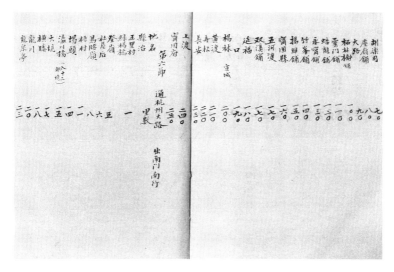

《绩溪地理图说》抄本

章至第十六章分别论述了自一都至十五都的地理状况。

关于该书的作者，许晓骏提供的抄本上有一简要说明：

> 此书是前清光绪二十四年吏部天官胡朝志之妻舅汪子青所撰，汪子青前清府台（四品），出任宁波府知府，因灭倭有功，升三品，兼舟山海道巡抚，光绪三十年病殁于绩溪十四都西川村，享年九十一岁①。

无论是胡朝志还是汪子青，在现有的方志和文集中，都尚未找到相关的传记，所以他们的生平事迹，皆有待于进一步的确

---

① 王振忠主编：《徽州民间珍稀文献集成》第22册，第210页。

证①。该二种抄本字迹相同，内容大同小异，应是同一人抄录的两个本子。至于抄录者，许晓骏提供的抄本之后尚有1995年5月的《补叙》，其末尾有：

　　　笔者许传习，本邑墈头村人，少有文才，爱好书画，思想敏捷，关心时政，谈吐幽默，长期从事企业财会工作，二〇〇二年病故。

这里的"笔者"，应指《补叙》一文的作者。许晓骏提供的抄本最后又有《绩溪县建置沿革》一文，末署"二〇〇六年八月岁在丙戌年七月初九中伏补笔"，这说明此一抄本应抄于2006年或稍后。书中有一些修改的痕迹，相较而言，全帙本较许晓骏提供之抄本在文字上的错讹、缺漏更少一些。

二、《绩溪地理图说》的史料价值

《绩溪地理图说》第一章"概论"中，包括沿革、异域、广袤、区划等，而第二章至第五章则细致入微地概述了山脉、水道、道路和要隘。该书之下篇历数了县治和各都的位置、界域、

---

① 目前仅见清同治九年（1870年）《桐坑源禁碑》开首列名者中，有"附贡生汪子青"。见绩溪县地方志编纂委员会编：《绩溪县志》，黄山书社1998年版，第1074页。

广袤、乡村、交通、山岭、桥梁、圳堨和堤坝。其中，有几个方面值得特别关注：

1. 水道、水利与灾害应对

《绩溪地理图说》涉及绩溪一域地理状况的诸多侧面，颇为具体、细致，如"水道说略"：

> 凡水皆滥觞于山，绩溪大幹山脉横亘东西，故水分南北二流：其南流者，若扬之水（卢水、登水皆会扬之水）、小昌溪水、云树坑水，皆入新安江。若浙溪田水、石门亭水、峤岭水，皆入天目溪。而新安江、天目溪，又皆委竟于钱塘江。其北流者，若卢塘水、古川水、黄石坑水、小坞水、柏坑水，皆入青戈【弋】江。若万富山水、金竹湾岭水、戈溪水、彬坑水、楼下水、丁家店水、巃嵸源水、考溪水皆入水阳江，而青戈【弋】江、水阳江又皆委竟于扬子江……

此处文字条分缕析，概述了绩溪境内的诸多河流，这些河流分属于长江水系和钱塘江水系。其中，属于长江水系的数条河流，或经旌德县注入青弋江，或经宁国县注入水阳江。而隶属于钱塘江水系的登源河、扬之水等，则由歙县注入新安江。从总体上看，绩溪水道流域以扬之水为最大，"约占全境地面十分之七"①。

---

① 胡希圣著、白凤校订：《绩溪一瞥》，"徽州日报丛书"之四，徽州日报馆1934年版，第4页。

除了河流走向和脉络外,《绩溪地理图说》对于该县的水利设施,也有颇为详尽的描述。例如十一都的堤坝,就包括竭头坝、周村坝、梧村坝、桃花坝、辛田坝和胡里坝,"以上各坝均堤防登水,以保护各村田庐者。邑志乾隆十二年大水,冲至县南登源一带,田庐、石坝无存,知县萧昌详请修筑。乾隆十五年奉准动帑,以工代赈,例饬发兴修,共计石坝七十条,自十都至十三都计长四十里,知府何达善、知县较陈锡亲临督修"。其中的竭头坝濒临登源河,后于同治五年(1866年)被大水冲决,及至《绩溪地理图说》编纂的年代,也还尚未修复。登源河古称登水,发源于逍遥乡长尖,为绩溪县境内第一大河,该河时常泛滥,对于沿岸水利设施多所破坏。类似的记录,在书中还有不少。例如,"自十二都以下滨登水,地形洼下,沿河两岸旧筑石坝以捍田庐。同治五年大水,冲决数坝,各村多遭水患,甚至庙头(即登庙)一村被水荡尽,中周亦被荡其半,淹没稻田约计千百亩之多,迄今坝未全修,田多沙拥,居民时以为虑"。又如,大坑以下坝,"从十二都大坑起,至十都梧村石壁山下止,坝约六里,坝上即大路,近为水冲坏数处,凡坝被冲坏之处,所有田千余亩均被沙涨,竭头冲坏最甚"[1]。再如,"十三都蘋林一带皆为砂岩,登水经其下,挟砂而流,自出双溪口,水势宽缓,冲涮无力,且下流亦难卸出,以致沙尽沉淀,河身日高,为田庐患。

---

[1] 王振忠主编:《徽州民间珍稀文献集成》第22册,第286页。此外,十二都圳竭中,连黄竭,"在药施寺前,灌横塍大坑田约数百亩,此处田为沙所涨,荒田甚多";白石竭,"在横塍村对面,灌横塍、大坑、瀛川之田约三百六十亩,今荒其半"。

盖登河非治水之难，而治砂之难也"。从登源河的流向来看，该河流经绩溪的十三都、十二都、十一都和十都，其上游水流湍急，下游谷地内田园广布，村落密集，故此，河流对沿岸村庄环境的影响较大。特别是河流进入下游以后，因其比降减低，河漫滩广泛发育，沙石淤积严重。前揭的一些描述，点出了地方水利之症结所在。

除了对塌坝的描述之外，书中对于与之相关的规约亦有所涉及。在绩溪，濒临河流的农田多在上游筑塌以引水浇灌，比较著名的如扬之水流域的隆塌①，登水流域的岩脚塌，芦水流域的石塌。其他没有建塌之处便凿塘储水，以水灌田。据统计，全境约有塘四十余顷。雄路以下之两岸山麓，因其地势较高而无法筑塌，故而所有田亩皆靠塘水灌溉②。对于这些塌、塘，民间通常都立有相关的规约。如十三都岩脚塌一名黄塌，"在遥遥岩口，灌竹山圩田三千余亩，自明嘉靖间立议，分作六广轮灌，遵行至今，遇旱不灾"。经查，该段文字最早见于嘉庆《绩溪

---

① 关于隆塌，《绩溪地理图说》在一都下记曰："在北门外福善庵面前进（即大宁渠），沿此门外城脚进清河门，为城河，到东作门，分一股出小东门，灌小东门外田。到社屋坦面前，分一股，沿油榨坦出水洞，灌上隆干田。又到城南，出左边水关，入倒地文笔（池名），与右边水关洪源塘水合，又分二股，一股隆干田，一股由横路头合于翚溪。（城河为城内坊市居民食水、用水及防火之用，关系至要）"根据今人的追忆，直到20世纪60—70年代，东街水圳仍保持水质清洌，其水供东街及水圳塝下居民饮用及消防，并灌溉隆干田百亩农田，直到1991年的特大洪灾，情况才完全改观。关于这一点，参见程尚远《绩溪乡情民俗》，团结出版社2018年版，第51页。

② 胡希圣著、白风校订：《绩溪一瞥》，第5页。《绩溪地理图说》第11章："按自雄路以下至临溪一带，皆无田亩，因两岸山麓地形高也，田皆塘灌。"（见王振忠主编《徽州民间珍稀文献集成》第22册，第276页）

县志》①，其具体做法是将竹山圩受灌溉的农田按照方位、地形、田亩数等划分为六个片区，当地称为"六广"（广，读音眼），每到旱季实施轮灌②。此处提及，从16世纪前中期的嘉靖年间迄至19世纪晚期的光绪时期，有关灌溉之协议被执行的时间长达数百年。

类似的做法，在徽州并不罕见。例如，在歙县西溪南水利文书③中，也见有明末崇祯十六年（1643年）六月十六日所立的"放水规次"合同，此一民间规约，一直到1950年代仍有一定的效用。这些，都从一个侧面反映了民间社会运作的基本规则和日常生活之实态。

2. 交通与贸易

《绩溪地理图说》第四章为"道路"，包括出西门西北行的"通省大路"、出南门西南行的"通府大路""通本境各都大路"、出西门"通芜湖大路"、出北门大街的"通宁国府大路"和出南门南街的"通杭州大路"。以其中的"通府大路"为例：

> 县治，（九都）南门外，横路头，徽溪桥，华阳镇，下
> 北山岭，埠头上，十里牌，杨园坦，曹渡桥（以下转南），
> （十都）雄路（过雄路桥而行，通孔灵），黄荆塝，章家村

---

① 嘉庆《绩溪县志》卷2《建置志·水利》，"中国地方志集成"，江苏古籍出版社1998年版，第382页。
② 程尚远著：《绩溪乡情民俗》，第53页。
③ 私人收藏，1册。

口，伏岭，临溪镇，殷翁桥，高塘，界牌岭，新管，牌头，吴山铺，府城。

这是绩溪通往徽州府城的交通要道。其中的临溪镇紧靠扬之河东岸，登源河于南汇入，因其地高于河床十数丈，有居高临下之势，遂取北宋欧阳修《醉翁亭记》中的名句"临溪而渔，溪深而鱼肥"，将之命名为"临溪"。明代曾在此处设置临溪铺，后逐渐形成市镇，为绩溪水陆要冲，是来往货物吞吐的重要码头。根据稍后的《绩溪县乡土地理教科书》第31课《临渔间之航路》记载：

> 自临溪至渔梁水程四十余里，今往来临、渔间之船只凡百数十号，每年运费约三万余金，出口货以米为大宗。因绩北、旌德、宁国皆产米，米贩以临为销场也。绩溪进口商货，皆由船运至临溪，临溪以上，止有牲畜装运而已。

晚清民国时期，"临溪熟米"在皖南和浙西皆颇为著名，这应当指的便是在临溪集散的粮食。其时，由歙县到绩溪的水路，民船通常只能到达临溪镇，只有大水年份方可抵达城南埠头。当地的陆路载货，则多用骡马①。对于传统时代临溪之商况市景，

---

① 根据1998年版《绩溪县志》记载：骡、马、驴驮运，以贩运县内土产和输入宣城、旌德大米为主。此外，还有人力运输，"商品肩挑运输，俗称挑担。素有余杭担、屯溪担、歙县担、宁国担、旌德担及泾县、芜湖担等。清末民初还有广德、宜兴担。县内短途，有县城担、扬溪担、临溪担等。"（第335页）

民国时期的《绩溪一瞥》曾追溯："境内商业，向以临溪、绩城、扬溪、上庄生意最盛。临溪货物，由水道自沪、杭运来，各处商店多以骡马往载，售与居民。"扬之河发源于尚田乡中降山北麓，流经庙山、扬溪、郎家溪、县城东郊、灵山、雄路，至临溪汇登源河。另外，发源于上金山南麓的大源河，流经余川、上庄和孔灵等处，至蒲川汇入扬之河。从登源河、扬之河和大源河的流向来看，临溪一镇的腹地包含了绩溪县境的大部分地区。当时，绩溪四都分为上四都和下四都，"下四都之进货由临溪，上四都之进货，则由临溪、绩溪县"。除了上、下四都外，"六都所需之商货，其杂货由临溪而进，其京货、布匹等则由屯溪、徽州府而进"。这些都是从县境之外输入的商品，至于境内外运的商品，《绩溪地理图说》也指出：

> 按十三都乡村以纹川、胡村、石雄、许村、北村为大，而事多聚石雄，以地居十三都各大村适中，距纹川、胡村、许村、北村皆五里故也。石雄有冶铸锅，用簰运售。大郭产茶笋，大郭之银场坦产银。

石雄是登源河水道运输的终点码头。在传统时代，登源河一带的水客从杭州、金华、兰溪及淳安、歙县等地所购的货物，以小木船或竹排从临溪进入登源河，至石雄杨林潭的终点大码头。当时，位于石雄上游之伏岭、胡家、礤头、大石门、扬溪、逍遥、大障及歙县南乡一带，都前来石雄码头，以肩挑或骡、驴等运输货物①。因此，石𥔉有长达一华里的商业街道，有骡马行十余户，是登源一带的商品集散地之一②。据说，道光年间计有店面 83 家，包括 32 家米店和其他杂货店、布店、药店、当铺、客栈、糖坊、糕点坊、糟坊、酱油坊及马坊等，人口规模多达 3 千余人③。关于石𥔉一带的商业，清末宣统年间绩溪植基学堂的教材《算术问难》中，恰好有一道算术题与之相关：

> 筏夫自石川运锅往临溪，言明每锅运费银二角六分，若破坏一锅，除不给费外，尚须赔银七角。今共运一百二十四锅，只收运费十五元九角二分，问途中破坏几锅？答十七只④。

算术题中的"石川"，应即石𥔉之雅化地名。据说，乾隆十年（1745 年），石𥔉人洪钟泰就前往歙县渔梁镇开办冶炼铸造作坊。其后，湖村人章静明又从渔梁延聘了数名师父前来石𥔉，负责冶炼铸造𥔉锅、𥔉铫和犁尖等产品，运销皖南及江浙、江西等地⑤。这些铸锅，皆通过临溪外运销售。由此可见，临溪为水陆要冲，是绩溪县境内外货物交流之重要节点。正因为这一点，当

---

① 中共石𥔉村党支部委员会、石𥔉村村民委员会编，洪竹胜主编：《石𥔉村志》，"绩溪徽学研究丛书"之七，2000 年版，第 57 页。

②③ 洪竹胜主编：《石𥔉村志》，第 5 页。

④ 《清宣统绩溪植基学堂教材〈算术问难〉》，见王振忠主编：《徽州民间珍稀文献集成》第 22 册，第 354 页。

⑤ 洪竹胜主编：《石𥔉村志》，第 5 页、第 40 页。

年甚至有"小小绩溪县,大大临溪镇"之说①。而临溪所在的十都,《绩溪地理图说》曾这样描述:

> 按十都临溪为绩溪全境商货出入之总汇,扬之水至此通船,临溪以下用船运货,临溪以上皆用牲畜运货。十都上游出草纸,临溪出蜜枣。又各村皆产六月豆。

这里提到了临溪之蜜枣。如所周知,明清以来,徽州和浙西皆以出产蜜枣闻名遐迩,而在徽州,歙县深渡是蜜枣生产的中心之一。临溪因水路联通深渡,受此影响,故亦以出产蜜枣闻名遐迩。上文中的"临溪以下",是指通往渔梁坝一带的航路;而"临溪以上",则多是旱路,所以"皆用牲畜运货"。清末曾在临溪码头抽捐,据庚戌(宣统二年,1910年)年度《绩溪县学务报告》②"劝学所出入决算":

> 收临溪托来旧岁牲口驼货捐洋十元零六分三厘;
> ······
> 收临溪米麦下河捐洋五十元;
> 收县署发来(驼货下河)捐项下洋二百零七元四角五分九厘。

---

① 黄山市社会科学界联合会编印、汪炜主编:《中国徽州古街》,华艺出版社2010年版,第245页。
② 刊本1册,私人收藏。

这里的"驼货"，显然就是指"牲畜运货"。此外，关于十都临溪，《绩溪地理图说》对其"交通"亦有颇为细致的描述：

> 溯扬之水过雄路通县城。
>
> 沿扬之水直下，过界牌岭入歙界，又过新管、牌头、吴山埠到府，过汪坑岭通歙县南乡深渡，为出街口到浙江大路。
>
> 过黄连栲岭通歙县南乡白杨（白杨为歙县大村）。
>
> 溯登水通十一、二都。
>
> 过雄路桥由下山源至孔灵，为通府大路。
>
> 以上均陆路。
>
> 由临溪通船至徽州府下渔梁坝（通钱塘江）。
>
> 以上水路。

从陆路来看，徽宁、新岭驿道与徽杭（登源）古道交会于临溪村西。此处不仅可以通往绩溪县内的几个都，而且与歙县白杨、深渡等地都有着密切的联系①。而从水路来看，临溪码头位于扬之、登源和大源三水的合流处，临溪至歙之练水可通小舟，运往江浙的货物，皆须由渔梁坝为之转运。1935 年之前，从临

---

① 关于临溪与歙县等地的陆路交通，《绩溪地理图说》下编第九章曰："过茗堂庵岭、山桃岭二路，均通歙县五都。八都到临溪办货，其来路多由孔灵，沿上溪过桥，稽公关过歙之茶源、洪坑，过茗堂庵岭。八都到徽州府、屯溪办货，多由歙县东桃岭，八都上庄距桃岭二十五里，桃岭距府六十里，上庄距府八十五里。"

溪至渔梁坝，船只可载重 3 吨，大约需要半天时间 ①。过坝后顺新安江而下，可达浙江杭州、金华、建德和衢州府诸县，溯新安江而上，则可至屯溪、溪口和渔亭等地。

3. 对县以下各都特点之概述

在明清时代，"都"是县以下的重要基层单位。清代前期高孝本《绩溪杂感诗》注曰：

> 邑有十五都，以二、三、四、五、六、七、八都为北乡，气候较南每迟半月；七、八都西接大会山，土沃民勤，稍称繁庶。

在明清地方志中，对于"都"的记载，通常都只列有都图及其下属村落之名，对都以下的基层社会，无论是自然条件还是人文风貌，往往皆语焉不详。而《绩溪地理图说》于每都之下，分别记录了"位置""界域""广袤""乡村""交通""山岭""桥梁""圳堨"和"堤坝"等，涉及各都地理的诸多侧面，尤其值得我们关注。此外，书中还列有"户口"和"店铺"二目，但有目无文（应当是尚未来得及调查）。在前述基础上，作者对各都的特点皆有简明扼要的说明。例如，一都部分曰：

> 按一都境域绵亘三十里之长，而沿扬之水两岸田亩颇

---

① 绩溪县地方志编纂委员会编：《绩溪县志》，黄山书社 1998 年版，第 320 页。

少，故亦无甚大村。惟扬溪为扬之水及东溪水合津处，又兼大路之冲，故于一隅之商务，交通颇称便利。又，丛山关亦有店铺数家，然皆地接宁国及二、三都等处，其运货概用牲畜，贸迁大宗来自旌德、宁国及二、三都，而恃县城、临溪为尾闾之泄者，惟米粮而已。东村以下各村，与城廓为近，柴、笋之利，盖亦足补农田之不给者。近年柴薪渐之，价值顿昂。

一都滨临扬之水之乡村，如高枧、王干等处，皆极凋耗，盖当大路之冲，而受粤寇之蹂躏者特甚故也。

咸丰十年（1860年），太平军经徽岭进攻绩溪县城。此后，太平军多次在当地与清军拉锯。连年的兵燹战乱，对于绩溪乡土社会造成了多方面的破坏。《绩溪地理图说》在对各都的描述中，就时常提及太平天国前后的变化。例如，在五都部分就写道："按西乡之诸都，五都为下，其地当大道要冲，粤寇之难，受害尤烈，迄今多年，元气未复。"另外，十一都刘富村，"遭粤匪难，村绝"。"粤匪难"或"粤寇之难"，皆指太平天国时期的破坏。

清代前期，高孝本在《绩溪杂感诗》中曾吟咏："宣歙多商贾，舟车遍南北。持筹权子母，心计善货殖。从容夸轻肥，岂知耕与织？独怜此间民，所恃惟稼穑。地狭苦粟少，人满堪心恻。去作负担夫，辛勤藉筋力。经岁双足茧，曾无旬日息。"由于"地狭苦粟少"，当地的粮食供应常年紧张不足，为此，《绩溪地理图说》十分注意各都之粮食生产：

二都地邻旌德，山多梯田，弥望皆是，水利饶沃，农人佃种辄数十亩，乃绩溪产米最多之区也，惟田皆一获，产麦甚少。

从总体上看，绩溪山多田少，产稻以二、三都为主要区域。特别是二都一带群山环绕，中为山间盆地河谷，水土肥沃，为绩溪县的主要产粮区。在传统时代，民间素有"二都米"之誉。除了二都之外，关于粮食生产，《绩溪地理图说》还提及：

按八都三田圩即上庄田圩、产瑞川田圩、宅坦田圩是也，地质肥沃，而面积甚小，以故田无荒者。上庄以上粮食不足，田价尤昂。

九都部分这样写道：

田亩以下九都之溪塔、山源及前坦等处为多，前坦一带，各村人烟稀少，近多客民来此种田，尚多荒者。

县治南门外属九都，有隆圩、田圩田数百亩，弥望平畴，即五根岭、西门岭二冈之麓，由隆塌浇灌者也，土质肥沃，每年除种麦、稻外，兼可种菜，秧田价颇昂。

这些，都涉及绩溪的粮食生产状况，也提及太平天国之后外来移民的进入。

除了粮食生产之外，有的都则主要依靠林业为其衣食之源。

"绩溪各都，户口以十三、十四、十五三都为最多，因其间多巉岩峭壁，粤匪之难，居民筑山卡为凭险之守，幸得以保全也。田亩甚少，颇产杉木"。绩溪四都"界域跨数水源，土坑、许家庄等处颇产杉木，盖水源田少，多资林业以为生也，其村居景象，视五都为胜"。除了四都、五都外，十四都部分也记载：

> 里、外十四都凡六十九村。按：里十四都之乡村，以黄甲村、桐坑、西坑头、西坑四村为大；外十四都之乡村，以大石门、楼基二村为大。里十四都出杉木，由戈溪用簰运至孙家埠出卖。又产漆。
>
> 里十四都水渣坑、坞桐坑、源坞最深，黄甲村一带居民，多于此采薪伐木为利数。

绩溪县的木材外运，在传统时代多是扎筏水运至歙县渔梁或宣城县孙家埠出卖。除了杉木外运之外，还有一些柴木主要是供县内人群的日常炊爨所需。例如，九都部分这样写道：

> 羣溪源内产茶及竹笋、鲜果，又产柴木，足供上九都之用；至下九都所用之柴，则采新岭者也。

关于九都的柴木，民国《绩溪洪川程氏宗谱》[①]卷末中有一份合议，提及 1918—1919 年间九都洪上塘、霞间、朗坑和前坦

---

① 1923 年敦睦堂木活字本，安徽省图书馆收藏。

数姓重申：新岭阳边男字号土名胡四坑、黄石源等处山业是他们各村的柴山，"向禁出拼烧炭，自明迄清至于民国，历传数百余年"。后因炭匠程春茂等人于"去岁夏间，因拼歙邑暑字号柴山，混占胡四坑等处之山砍柴烧炭。又复串拼古塘汪茂和、汪文斌等，以土名汪深源新补无根之税，混占黄石源坞内，盖蓬穿窑，砍山烧炭"。由此发生了一场诉讼，后讼案既结，永禁烧炭。此一案例，可以与《绩溪地理图说》的相关记载比照而观。《绩溪地理图说》之所以特别关注柴木供应，与清代前期以来绩溪社会之变迁密切相关。绩溪县内之家炊、烧窑、制茶等皆依赖薪柴，还有不少外来人在当地烧制木炭。特别是乾隆年间以后，因一些地方人口增加，山场渐被垦种，以致柴价陡增①，有的地方柴薪奇缺，甚至只烧茅草②，故而此处特别提及柴木之供应。

在绩溪的一些都，丝业也是粮食和木材之外重要的产业。如六都"近年产丝甚盛，于生计上不为无补"，"西乡产丝之多，七都为最，而七都又以旺川为最，综其成数，亦利益之一大宗也。曹村左右，有田百亩皆植桑，其余所至各处，亦皆桑林密比"。根据当代的研究，绩溪县内的蚕桑业据说可以上溯至南北朝时期，清初以后扬之河、登源河流域的蚕桑业有了进一步的发

---

① 在一些文书中，也出现了《包看柴山》的契约，如："立包管看柴山人△△，今包管到△△名下柴山一段，计山几亩，坐落土名△处，除本山大树几十株不许砍斫，每年秋季，包到松柴枝叶几百几十担，送至本主家下交纳，不致欠少。余存柴草，看山自卖，以为工力之费。今恐无凭，立此存照。"（晚清民国时期绩溪杂抄，1册，私人收藏）

② 参见绩溪县地方志编纂委员会编《绩溪县志》，1998年版，第132页、第220—221页。

山系人文：民间文献与历史地理探研

展。清末徽州知府刘汝骥在《绩溪民情之习惯》曾指出："西北乡蚕桑日有进步，为新辟之利源；东南乡蚕桑亦略有起色。果极力推广，亦土货出口大宗……近年所产之丝，缫工称绩庄者，于湖州能占优胜。"此后，《绩溪县乡土地理教科书》第37课《土产》亦曰："近年岭北出丝，七都旺川尤见兴盛，扬之水、登水两流域亦渐有畜蚕者，吾邑新开利源也。"蚕丝与上游草纸、石雉铸锅、六都陶器以及临溪蜜枣，在晚清民国时期都相当有名。对此，绩溪旺川人曹诚英曾指出："村民无论谁家皆饲春蚕，经济愈富足者，饲养愈多，以多置有桑田故也。总计本村每年蚕丝一项收入，当在三万元以上（本村有集股之茧行，除收本村之茧外，并外村之茧亦收集，运往湖州、上海出售。）"①此文描述的虽然是1920年代之调查，但也基本上反映了晚清以来的绩溪状况。

此外，《绩溪地理图说》还特别注意当地的矿产，如：

（八都）上金山、黄蘗山均有金类矿质。

（十三都）大鄣之银场坦产银。

（十五都）下坞、万富山产银，山阳坑岭一带产硫黄，有黄水流出，闻有琉黄臭。

光绪年间，曾有外商在皖南试采金矿。这些，刺激了徽州人对于矿产的兴趣与关注。而上述的记载，明显带有晚清时代的

---

① 《安徽绩溪旺川农村概况》，载《农学杂志》特刊第三种，1929年第5、6期合刊。

特点 ①。

4．都的界限及其相关组织

除了对自然地理状况的描述之外，《绩溪地理图说》不仅详细记录了各都的界限，而且对于都以下的相关组织也有所涉及。关于前者，以一都为例，书中记载，一都"在县治北扬溪，距县二十里，东村距县十五里"，其具体界域如下：

> 东与十四都以塘塍之外灵官庙为界，又与十三都以金峰为界；
>
> 东南与十二都以泗州岭之一里亭及狗岭、石磨岭为界；
>
> 南与十一都以大屏山脊为界，与九都以石照岭亭为界；
>
> 西南与九都以麻鸭岱降脊为界；
>
> 西北与四都以际坑源之土地台为界，与二都以扬溪源之观音阁为界；
>
> 北与宁国以丛山关为界，关外属宁国；
>
> 西与九都以鸡冠尖山脉为界。

这些描述，详细记录了该都与邻都、邻县之地理界限所在，这在旧徽州一府六县的资料中极为罕见。

---

① 关于这一点，民国时期的《绩溪一瞥》有更为详尽的说明："东北一带，磺〔矿〕产颇饶。如十五都下坞、万富山、水滩下等处之金，十三都大障、银场坦等处之银，荆州角落坞之锑，二都八公塘之煤，十二都龙须山之各色水晶，七都大会山之硫铜，十四都成山之石棉，皆甚著名。"

除了都图的明确界限之外，根据书中的记录，一都、四都、五都、六都、九都、十一都、十二都、十三都皆分为上、下二都，而二都、十都、十四都则各分作里、外二都。其中，二都之里、外二都又称里五保和外五保，里、外十四都又各分六甲。以里、外十四都的记载为例：

<h3 align="center">里、外十四都下的甲与村</h3>

都	甲	村 落	备 注
外十四都	一甲	大石门	
	二甲	岭上、岭下、石金、近坑、黄甲坦	
	三甲	楼基、丈尺山、岩上	
	四甲	七坑、黄上、凹底	
	五甲	宅坦、楼下、茄树坞、桦树岭、王庙后、东山、朋田、八亩丘、二塘坞、潘村、蜈蚣形	
	六甲	酬村、半降岭、蒙山、西降、彬坑降、马槽湾、下彬坑	
里十四都	一甲	黄甲村、树林下	
	二甲	上龙池、下龙池、竹窠下、外庄、横塍头、水渣坑	此甲人最多
	三甲	西坑、西山下、窑灶上	
	四甲	西坑头、朱家坞、里半坑、里彬坑、中彬坑	
	五甲	桐坑、寒荻坞、东圩、鸭子庄、路子里	
	六甲	荆州各村	里十四都各村皆在竹岭之西，而荆州则在竹岭之东，山势阻隔，于地理上交通颇行不便。

此外，十五都则分为里五保、中五保和外五保。

以往，记载绩溪都图的资料也有一些①，但都颇为简单。管见所及，《绩溪地理图说》是记录绩溪都图状况最为详细的一份资料。由此让人联想到，有关外十四都和里十四都究竟是如何形成的？其下分别所属之六甲，与明清时代的都图里甲究竟存在着何种关系？这些，显然是值得进一步探讨的问题。

5. 绩溪城乡的信仰空间

《绩溪地理图说》一书，对该县城乡的信仰空间亦多所描述。如县城的"五隅"，"八都"的"五朋"，以及二都的"十方"等，都有一定的论述。关于这一点，清代前期高孝本的《绩溪杂感诗》记载：

> 邑有十八寺，胜迹今已湮。亦有他祠宇，岁久委荆榛。胡为兴复难，皆云此方贫。独当祈赛时，比户输金银。或持赤白幡，逐疫绕城闉。或禳祝融灾，彩棚召伶人。或云迎太子，仪仗亦缤纷。或当中秋时，沿街转车轮。仁里赛汪公，岁岁举仲春。剪彩作故事，花灯极鲜新。城中每闰月，鼎沸必兼旬。征钱以口计，不敢稍逡巡。巍峨装大将，五隅各一神。村媪杂沓来，肩摩曾不嗔。其余迎猫虎，琐细难具陈……

此段文字，是对绩溪县境内迎神赛会的生动状摹。关于诗中

---

① 例如，根据佚名抄本《绩溪县村都》的记载："（十四都）其村：大石门，楼基，酬村，七坑，西坑头，横塍头，西坑，石金，荆州，宅坦，鸭子庄，树林下，黄甲村，桐坑，凹里，蜈蚣形，汪庙后，朋田，楼下，大尺山，王上，岭下，矮上，潘村，茄树屋，彬坑，东山，膳坑。"

山系人文：民间文献与历史地理探研

提及的"五隅"，根据笔者此前的研究，"五隅"既是一种地理划分，又是一个迎神赛会的组织机构，并由此衍化而为处理超越单个家族公共事务之基层组织。在一些地方，"五隅"实际上起着文会组织的作用。而就迎神赛会而言，由"五隅"之地理划分形成的信仰空间，颇为引人瞩目。在传统时代的徽州，歙县和绩溪等地"五隅"之划分城乡皆有，可大可小，具有相当的灵活性①。依据民间文献的记载，迎神赛会前后，由五隅选出斋官，各隅分设头首。届期斋官预先谨选日期，邀集各隅头首，请到斋官家中款待茶面后，同送日期至和尚寺，而和尚则以茶面招待两斋官并各位头首。

　　除了"五隅"之外，绩溪的"五朋""六朋"也相当有名。关于五朋②，《绩溪地理图说》在八都下曰："按八都保甲办法分五朋，总社在杨林桥，其乡村以宅坦、上庄、余村、产瑞川、择【檡】里（择【檡】树下）为最大。"其后附有八都之五朋：

　　　　宅坦，张家、山脚底、西村、葫芦岭属之；
　　　　上庄，西墓坦、呈华塘、竦岭脚、黄蘗坦属之；
　　　　余村，上金山属之；
　　　　产瑞川，九家属之；

---

① 王振忠：《明清以来徽州的保安善会与"五隅"组织》，载台湾《民俗曲艺》第 174 期"华中、南与台湾的宗教与社会"专辑，财团法人施合郑民俗文化基金会 2011 年版。

② 根据《坦头村志》的记载，"坦头'五朋'又称五隅。'五朋'为汪姓三族、洪姓和唐姓。后汪宗祠位于东南称东隅，前汪宗祠位于村西称西隅，磡汪支祠位于村南称南隅，洪氏宗祠位于村北称北隅，唐氏支祠位于村中称中隅"。（中共坦头村支部委员会、坦头村村民委员会编 2002 年版，非公开出版物，第 321 页）

择【檡】树下，董家、白塔露、曹家、舒家、上店、画楼、壁山下属（之）。

对此，清末徽州知府刘汝骥在《陶甓公牍》中曾指出：太子菩萨，绩溪"西北乡皆崇此神，五都、六都、八都香火最盛，或结数社，或结十数社，而为五朋、六朋（俗以朋为会），挨年轮值。正月则同以元宵日迎神赛会、演剧，七月则六都十八日、五都二十一日、八都二十五日，迎神赛会、演剧进香者以千计，妇女跪拜、焚纸箔者无算。"在绩溪乃至整个徽州，人们奉祀的最重要神明为隋末唐初的越国公汪华及其三位太子。对此，高孝本在《绩溪杂感诗》中亦曾指出：

> 越公英武姿，世乱思拯济，坐镇歙州城，千里受控制。江表纷割据，不敢相睥睨，武德戎衣定，上书愿入卫。岂作井底蛙，以致民疲敝，六州千万户，恬然干戈际。惟公保障功，庙食宜世世，村各立社祈，月必刲羊祭。有子俱燕颔，昂昂九兄弟，衣冠半东南，皆曰云仍裔。所居登源乡，巍然树碑碣，遗基山嵯峨，故垒水溶漪……

汪华为徽州府绩溪县登源人，每逢二月十五，"登源十二社挨年轮祀越国公，张灯演剧，陈设毕备，罗四方珍馐，聚集祭筵，谓之'赛花朝'。其素封之家，宾朋满座，有主人素未谋面者"。[1]上揭诗中的"有子俱燕颔，昂昂九兄弟"，是指汪华相

---

① 　嘉庆《绩溪县志》卷1《舆地志·风俗》，第366页。

传有九子，其中的长、次、三子为太子，四、五、六子为诸侯，七、八、九子为相公。民间传说，八都五朋所供奉的是大太子，红脸有须；六都六朋所供奉的是二太子，黑脸短须；七都所供奉的是三太子，白脸无须。八都五朋、六都六朋于每年正月和七月都要做太子会，正月是祈年，七月是酬报神庥。七都旺川不做太子会，却做善会①。当时，八都七月会亦称"太子会"，"五朋"各村（即宅坦、上庄、余川、瑞川和择【檡】里五村）轮流做东，五年一次。每年农历七月十八开始，至七月二十六结束，会期九天，庙会的主要祭祀仪式是"抬太子"。如遇上庄"当朋"，太子菩萨就先在上庄村"坐朋"一天，以后数日，由他村（余川、瑞川、择里、宅坦）依次"坐朋"。凡轮到"当朋"的村庄，必须于翌日早上派人敲锣打鼓护送菩萨出村，由下一个"坐朋"村派来的大队人马迎接……以此类推，直到最后一个"坐朋"之村，并由该村送回"当朋"村，至此，"坐朋"方告结束。"当朋"之际，村中需要"扮地戏""嬉台阁"，迎神赛会的队伍浩浩荡荡地到"五朋"各村游行。② 在《四十自述》中，绩溪上庄人胡适曾提及，某年上庄村"当朋"筹备太子会，有人提议让他加

---

① 参见王振忠：《从〈应星日记〉看晚明清初的徽州乡土社会》，《社会科学》2006年第12期。

② 胡昭璧主编：《龙井春秋》，非公开出版物2001年版，第175页。《绩溪庙子山王氏谱》卷9《宅里略二·风俗·迎神》："七都原有太子会，太子平时置张家村后三王庙，各村逐年分棚迎赛。洪杨乱后，是会废不能举，寺后各村，仅每年秋收鸣锣燃爆、焚香点烛迎之而已……八都即于是日迎太子出会，出会必演剧。而邻近十余里内各村，若同日出会演剧，必互相冲突而不能遍观，因此五都则提前于二十日出会，六都六棚又提前于十八日出会，而汪村前坦头则逢闰月之年于六月出会，必以闰年六月者，其始必闰月，在六月以前，六月亦七月，后乃不论闰在何月，均出会耳。"

入前村的昆腔队学习吹笙或吹笛，但后来由于族中长辈反对而作罢[1]。

另外，从《绩溪地理图说》来看，里二都的"十方"亦是与"五朋"相似的信仰空间："按二都分里五保、外五保，即里、外二都是也，而里二都近又分为十方，其总社在广化寺，与八都五朋仿佛。"特别是书中详细附录了二都之"十方"的具体所指：

1. 凹头，茅山，东山；

2. 里南坑，外南坑，西村，木窑头；

3. 西坑，大褜山；

4. 上蜀水，下蜀水，后村，西边；

5. 大溪，莲坑，油河坑；

6. 下溪，磨坑，龙门岭下；

7. 里碣石，外碣石，乌门圩，王家岭；

8. 考溪，白石坑，白石降，新屋下；

9. 王树岱，沿坑碓，上东坑；

10. 鼀嵬，下东坑。

里二都位于县境北部，属于中低山区，岗峦起伏，盆谷众多，有龙溪河向北流入旌德县。上述有关"十方"的明确记录，有助于我们了解信仰空间的内部建构，为进一步的田野调查和学术研究提供了重要的线索。

与此类似的问题还有，"十五都乡村以墈头为最大，霞水村、梅间次之。有投苏东社、投苏西社：涧溪里、和尚岱、苦竹圩、

---

① 参见拙文《少年胡适及其早年小说〈真如岛〉》，载《读书》2008年第11期。

贫坑、方郊村等处为投苏东社，霞水村一带为投苏西社"。此一记载提出的问题是——投苏东社、投苏西社又是如何形成的？其内部结构及其相互关系究竟呈现出怎样的状态？这些，显然都值得今后进一步的深入探究。

三、余论

清代前期高孝本在《绩溪杂感诗》中曾吟咏："令甲料丁口，五年更版籍。官吏巧渔猎，意自为损益。不问户大小，谬注丁十百。黠者有捷径，旦暮可移易。愚者懵不知，每岁困力役。大抵钱通神，官册如置奕……"这首诗对于绩溪官修图籍之质量颇多慨叹。在徽州的一府六县中，绩溪有志，始于明弘治十五年（1502 年）。此后，当地官府于正德十六年（1521 年）、万历九年（1581 年）、清康熙七年（1668 年）、乾隆二十一年（1756 年）、嘉庆十五年（1810 年）和同治九年（1870 年）等，皆续编有《绩溪县志》。不过，从总体上看，《绩溪县志》不仅卷数较少，而且质量也并不太高。

在绩溪方志及相关文献中，通常只见有简单的都图村落名称之罗列。例如，抄本《绩溪县城市坊村经理风俗》第 16 课《七都》条曰：

> 七都首村是旺川，石家暮葭曹村连，湖西村与大墈上，

后村上坦杨桃坑，黄会山前庙子山，叶村李家及田干，鲍家寺后并中屯，胡家垱与上田冲，下舍潘家又乾村，仍有地名江塘冲 ①。

除此之外，甚少有关都图其他方面的信息，这使得我们对于县以下的历史地理状况所知甚少。

不过，及至清末当地的新式学堂纷纷创立。与此同时，外出务工经商的人数更是相当不少，也有一些人前往异地求学甚至出洋留学。例如，胡适就于此时前往上海读书，并留洋美国。著名的汪裕泰茶号之汪惕予，于光绪二十三年（1897年）赴日本入筱崎医校，"习泰西医学"②。在这种背景下，绩溪一地的风气渐开，在实地调查、编纂文献以及绘制地图等方面，也出现了一些颇为细致、认真的资料。譬如，目前收入《陶甓公牍》中的一府六县之调查报告中，就以绩溪县的资料最为详尽。该资料由绩溪朱瑞麒编纂，其内容包括"绩溪民情之习惯""绩溪风俗之习惯"和"绩溪绅士办事之习惯"三部分，每一部分都相当细致。对此，徽州知府刘汝骥在《绩溪县职贡生曹作朋禀批》中就曾表扬：徽州各县统计处之成立，以绩溪县为最早，调查报告也以该县乡绅最先提出。刘汝骥在察阅法制三册（附风俗表一册）后发现，绩溪县的调查报告"详明精覈，切实不浮"，统计表也大致不差，只有农田表似乎是根据官册照抄，"稍欠精核"。他认为，

---

① 抄本1册，绩溪县图书馆收藏。
② 《汪惕予年谱》，见中共上庄镇余川村支部委员会、上庄镇余川村村民委员会编《余川村志》2004年版，第141页。

山系人文：民间文献与历史地理探研

由此叮见绩溪乡绅"办事实心，确有见地，迥非率尔操觚、敷衍塞责者所能望其肩背"。①

上述这些都说明，及至清末绩溪县的风气有了极大的改观。关于这一点，也同样体现在《绩溪地理图说》一书的编纂中。该书于目录之后有一段文字说明：

> 无论何学皆有系统者何？条理而已。而分析地之条理，必自天然之界画始，则山脉、水道，其最要矣。山脉必寻其大幹之所自，水道必审其流域之所归，山脉、水道明，而人为之界画，亦于是乎可得。夫区人为界画，而至于乡村，宜若其细已甚者。然国者州县之积，州县者乡村之积，三代经间之规，日本市町村之制，所以为敷政之根底者于是乎在。君子观于乡，而知王道之易易，岂容以渺小置之！此次绘图，以山脉、水道为主，而于各都乡村之位置，及凡与民事相关系者，均不敢忽略。经（始）于光绪三十年正月，三阅月而全图告竣，以期限迫促，难免有误漏舛讹之处，修而正之，愿以俟之君子。

从两种抄本来看，《绩溪地理图说》内里亦作"绩溪全图表说"，从"此次绘图"以及"经始于光绪三十年正月，三阅月而全图告竣"的说明来看，这应是始于光绪三十年（1904年）编绘绩溪县全图之图说部分。因汪子青于是年病殁，故"图说"或

---

① 〔清〕刘汝骥:《陶甓公牍》卷3《批判·户科》，见《官箴书集成》第10册，黄山书社1997年版，第484页。

"表说"亦应作于此前。

由于绘制地图必须将相关地名、地物悉数绘制上图，因此需要有"图说"或"表说"作为绘图之基本依据。从《绩溪地理图说》来看，作者曾在当地做过认真、细致的调研。在此处，他还特别提及"日本市町村之制"，这反映出在编绘绩溪县全图时，作者关注到当时在东亚颇为前沿的相关知识。另外，在一都部分，作者还指出：

> 罗愿《新安志》载绩溪诸水，所谓临溪水，即指乳水而言。当时所谓扬之水，系诸水会于临溪之下，乃始作此称。且绩溪之命名，说者多谓本于浣纱溪居民之纺织，浣纱溪即乳溪也。至乳溪以上扬之水之源，则唐宋以前尚榛莽阻塞，未有遥途。闻扬溪及十里岩之路皆屡经修改，乃如今日路形，此可作证。然天演进化之理，可于绩溪之历史观之矣。

从"天演进化之理"一语，可见作者至少在措词上亦颇为与时俱进。

另外，《绩溪地理图说》成书以后，对于民国时期绩溪当地的地理论述有着重要的影响。1926年油印本《绩溪乡土地理教科书》第 13 课《水利上》：

> 防水之堤坝，绩溪田庐皆在山谷，溪流迫狭，时有涨溢之患，是以堤坝甚多，有护村者，有护田者，有兼护村与护田者。登源一带有石坝七十条，自十都至十三都，计长

四十里。同治五年大小，冲决数坝，淹没稻田数千亩，迄今
未修。

上述画线部分文字，明显抄自《绩溪地理图说》。而关于县
境之内都的分布，《绩溪县乡土地理教科书》也写道：

绩溪县全境略分三部：（一）中段之部为一都、九
都、十都等处；（二）东段之部为十一都、十二
都、十四都、十五都等处，俗称登源；（三）西段之
部为二都、三都、四都、五都、六都、七都、八都等
处，四都以下俗称北岭。绩溪县凡为都者十五，凡
为村者六百九十三，凡为镇者二（临溪、扬溪）。各
都因地势散漫，公事集会不便，又合并各村而分划
之，如里二都之十方，八都之五朋，里外十四都之六甲
是也。[①]

上述这段文字，也同样是抄自《绩溪地理图说》上编第一章
"概论"中的"区划"部分。
特别需要指出的是，由《绩溪地理图说》目录后之说明可
知，光绪三十年（1904年）绩溪县曾编绘过全图，其中显然绘
制出了详尽的都图界线。也正因为有如此细致的描述，我们在当
代方志中仍可见到一幅光绪三十四年（1908年）的《绩溪县都

---

① 《绩溪县乡土地理教科书》不分卷，第6课、第7课，抄民国油印本，1册。
原件收藏于安徽省图书馆。

图》^①。该幅清绘图虽然不清楚其来源所自，但如此明确的年代及都图界限绘制，显然与早数年出现的《绩溪地理图说》存在着一定的关系。

此后，虽然 1942 年 2 月的《绩溪县全图》是以乡为建制单位绘制的全县地图，但直到 1949 年，仍然出现了石恒绘、石川注的《绩溪分都图》，这些，都反映了民间对都图的习惯性认识。

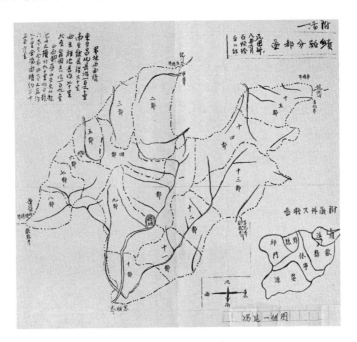

绩溪县分都图，1949 年

---

① 绩溪县地方志编纂委员会编：《绩溪县志》，1998 年版，第 52 页。绩溪县图书馆收藏的《绩溪县村图》中有一张《绩溪县境全图》，也列有各都及其界限。

山系人文：民间文献与历史地理探研

附图二

绩溪县旧五都图

绩溪县旧五都图

2010 年 6 月 4 日，笔者曾至绩溪冯村一带考察，在当地收集到一些村落志编绘的相关文献，其间，曾见有《绩溪县旧五都图》[①]，该图附注曰：

————————————

① 中共长安镇冯村支部委员会、长安镇冯村村民委员会编:《冯村志》，非公开出版物 2007 年版，第 4 页。此书承编纂者冯耀章、冯志坚先生惠赐，特此致谢!

本图系依照民国初年旧十五都分都图之一摹绘，附此以资后日之考证。又，本都位置在县治之西北濠寨，距县治四十里，分界山距县治五十里，东界四都（外下屋之关帝庙），东南界四都（三汊溪下），南界六都（石丰亭口），西南界六都（下梧村桥），西界六都（石磡岭），西北界旌德（高山村外），北界旌德（分界山），东北界旌德（吉非岭），东西相距约十余里，南北相距约十五里，大小凡卅九村……

此处明确指出，民国初年曾编绘《旧十五都分都图》。如果对照《绩溪地理图说》对五都界域的记录，可见除少量里数等表述略有参差外，二者实属大同小异。而这些，皆应与光绪年间绘制的地图密切相关，由此也可看出《绩溪地理图说》之深远影响。

由于《绩溪地理图说》对都界的描述具体而微，该书对于我们未来编绘徽州历史地图，特别是复原传统时代绩溪县以下的都图区划，具有难以取代的学术价值。

山系人文：民间文献与历史地理探研

从《歙县修志私议》到民国《歙县志》：
有关徽州方志史家许承尧的新史料之研究

许承尧（1874—1946），字际唐（亦作霁塘），号疑庵，晚号
婆娑翰林，徽州歙县唐模（今安徽省黄山市徽州区唐模村）人。
清光绪二十年（1894年）中举，光绪三十年（1904年）进士及
第，人称中国"末代翰林"，曾任新安中学堂、紫阳师范学堂两
校监督[①]。辛亥革命之后，一度赋闲在家。后曾在甘肃仕宦，晚
年寓居上海。许承尧一生致力于对乡邦文献的搜集、整理和研
究，著有《疑庵诗》11卷、《诗稿》4卷、《疑庵游黄山诗》1
卷、《歙事闲谭》30卷、《歙故》（抄本）、《新安佚诗辑》4卷和
《明季遗民诗》（抄本）等。20世纪30年代，他在歙县旅沪同乡
会的资助下，自任总编纂，编有集历代歙县方志之大成的《歙县
志》16卷。

---

① 〔清〕刘汝骥：《陶甓公牍》卷10《徽州府禀地方情形文》，《官箴书集成》
　　第10册，黄山书社1997年版，第543页。

本文拟以新发现的许承尧之相关史料，对他的方志编纂实践，作一较为细致的探讨。

一、新发现的《歙县修志私议》

近十数年来，笔者在皖南陆续收集到徽州方志史家许承尧的一些资料，这些资料主要包括许氏的乡试硃卷[①]和他所拟的《歙县修志私议》等，其内容颇为罕见，具有较为重要的学术价值。特别是《歙县修志私议》，其内容未见于其他记载，相当珍贵，故全文抄录于此：

> 闻吾邑人士发起修志，而云塘程氏，慨然捐巨资成之，可谓好义急公益，万幸！万幸！有所见，不敢发于言，作私议：今之修志与昔异，昔但求体例佳、记载实，传诸魁士、

[①] 许承尧以徽州府学附生歙县民籍，于光绪甲午科中式，为第一百四十八名举人。许承尧的乡试硃卷是由徽城黄古香堂殿一写刊的《江南乡试硃卷》，此一硃卷，顾廷龙主编的《清代硃卷集成》（成文出版社 1992 年版）未收。其封面左上角题作"江南乡试硃卷/光绪甲午科"，右半上部有"呈""政"二字。从中可见，许承尧字际唐，号霁塘，又号啸仙，光绪丁丑年十一月十三日吉时生。其始祖推尊许远，即唐睢阳太守，"敕封忠烈王荆州大都督，国朝加封忠烈威显王"。值得注意的是，从许承尧的世系来看，其人"七世祖奇泰，明初输粟佐边赈济，钦赐冠带建坊，旌门尚义，载郡邑志"，"九世祖昂，纳粟义官……"这说明早在明初，就有部分徽商从事开中制度下的粮、盐交易。

伟人、硕节、义行，以讽今传后、敦德善俗已耳；今则修纂宗旨，当与时为更张。盖值立宪预备年限诏下，国是大定，自治基础万端纷纭之日，必不暇斤斤侈文墨、□佚闻以事缋饰，而当求确有效益于今后之设施，故第一首宜著手者为测绘也，地图必用今法，必须精细，此为万政之原始，百端之所凭藉。若囚袭苟简用旧图，或用荦荦之新造图，以之计里索村镇，且不核实，他何论？是绝无所用也！第二宜调查实业，今后谋自治，不先从实业肇基，则地方税无所出，必贫竭，百事不举。实业：（甲）矿产，已开、未开、某质、面积几何，苗盛与否，输运便与否，必详书；（乙）森林，歙东、西、北童山弥望，凡可为森林资者若干区，见有之森林，已伐、未伐、新植、旧植，必详书；（丙）果实、蔬谷、药料，若茶，若漆，若梨、枇杷、桑、橘，若旱稻、水稻、棉、麦、瓜、菜及诸品，宜某地，孰丰稔，孰荒落，荒区可以补植者若干，必详书。第三宜调查户口，某年月某村、某镇，男若干，女若干，学童若干，某土、某客，贾外者若干，某某业，某无业，宗教若何属，必详书。以上皆地图之附属品，随测量时调查，必精确，皆旧志所未详而今必详者，为其可以备筹画，资考核，确有效益于今后之设施，故须以全力注之也。至继罗文献，贵严毋滥，宜据谱乘，宜以耆考之富旧闻者任之。粤匪战事胜负攻守之迹宜书，水道之通塞，水利之浚治、荒废宜书，旧志中迷谬不适用者宜芟削，体命宜更易，如此，庶成伟编非空文。材料既备，泽之为文言，事甚易，数月可毕。吾邑多雅才，似亦不必外索，万不必拘牵故习，姝姝求文章宗宿为之操觚也。管见如是，以质诸父老，冀求择焉。　　　许承尧撰。

《歙县修志私议》反映了许承尧对于编纂《歙县志》的个人设想。这份资料是一份油印稿，应为当时广为派发的资料。文中提及清政府"立宪预备年限诏下"，因此提出的时间应在光绪三十四年（1908年）之后。他认为，歙县有很多"雅才"，似乎不必到外界延聘人物，千万不必"拘牵故习，姝姝求文章宗宿为之操觚"。可见，当时总纂乃至一般的编纂人员都尚未确定。故此，该份资料应作于光绪末年。对此，与许承尧过从甚密的歙县人鲍鸿，作有《龙山楹联汇稿》，书中有《挽汪云浦观察》："公参覆选葳事甫崇朝此去九霄遗迹含悲立传待主笔磋商。"[1] 对联之前的小序曰："选举之弊，什伯于科举，光绪末造创行之。郡守刘，以公为参议。时邑中开局修志，公招予任分修，未数月梗于异议，复中止，亦笑柄！"可见，清末歙县确曾有修志之议，只是为时仅数月便因故中止。这里的"郡守刘"，应指光绪三十三年（1907年）奉旨补授安徽徽州府知府的刘汝骥[2]。而在刘汝骥任内，许承尧[3]和鲍鸿[4]的活动皆颇为活跃。有鉴于此，我推测，

① 〔清〕鲍鸿：《龙山楹联汇稿》卷1，民国六年（1917年）九月拥经读画居锓版，安徽省歙县档案馆藏。

② 关于刘汝骥其人，参见拙著《徽州社会文化史探微——新发现的16—20世纪民间档案文书研究》，上海社会科学院出版社2002年版，第126—128页。

③ 《歙县内阁中书程锦龢、庶吉士许承尧等呈批》，《陶甓公牍》卷2《批判·学科》，第504页。

④ 《歙县举人鲍鸿等禀批》《歙县举人鲍鸿禀批》，《陶甓公牍》卷2《批判·礼科》，第493、495页。

　　　　　山系人文：民间文献与历史地理探研

《歙县修志私议》应当就是刘汝骥任内开局修志时期的一个产物。

由于清末的《歙县志》并未修成，而《歙县修志私议》亦未见于其他记载。以下只能将其中对于编纂方志的建议与现存的民国《歙县志》相互对照，看看该份资料对于后来民国《歙县志》之编纂是否有影响，或者说产生过什么样的影响。

二、《歙县修志私议》与民国《歙县志》

上揭《歙县修志私议》首先提及《歙县志》纂修的经费来源，是由云塘程氏捐资。云塘可能即云雾塘，这里历来就是大族程氏的聚居地①。其次谈及古今方志编纂的差异，《歙县修志私议》认为：传统方志主要是"求体例佳、记载实，传诸魁士、伟人、硕节、义行，以讽今传后、敦德善俗已耳"，现在纂修方志，应当与时俱进。这是因为：当时清政府下诏预备立宪，地方实行自治，传统方志中的那些侈文佚闻显得不再重要，而对未来发展有益的内容则应当予以重视。许承尧提出的这些观点，应当说是难能可贵的。因为对于方志修纂的体例，直到民国以后仍然存在不同的看法，民国二十五年（1936年）石国柱在《歙县志》序文中就曾指出："县之人以为此时会也，益以见督。然鉴于昔之屡作屡辍，劳费而无功，则佥议以为仍旧例，省聚讼、课时日、

---

① 参见戴廷明、程尚宽撰《新安名族志》，黄山书社2004年版，第30页。

求速成。"当时，"仍旧例"的观点仍然占上风。而实际上，民国《歙县志》的确基本上还是依循旧式的体例。

在《歙县修志私议》中，许承尧提出：第一是应当着手测绘，而绘制地图必须运用新的方法，其内容则应当精细，"此为万政之原始，百端之所凭藉"。今查民国《歙县志》前的附图两幅，一幅是歙县全图，另一幅为县城图，尤其是前者便系利用新式测绘法绘制而成，这应当是贯彻了许承尧早年的这一主张。

在《歙县修志私议》中，许承尧提出的第二点建议是应当调查实业，认为此后谋划地方自治，如果不先从实业开始，那么地方上的税收就没有来源，地方经济必然竭蹶不堪，结果是任何事情都办不成。而对实业的调查，主要应包括三个方面，一是矿产，二是森林，三是果实、蔬谷和药料，对于这些实业包含的种类、数量及开发或经营的程度等，都应做出详细的登记。不过，这在民国《歙县志》中并没有得到多少的贯彻，该志的相关部分仍旧是传统的体例——"食货志"①。

许承尧的第三点建议是应当调查户口，将歙县各村镇的户口详细调查，当时的设计是对男女、学童、土客、商人、职业及宗教等，均一一详细记录。这些调查可以在地图测量时同时进行，作为地图的附属品。许承尧认为，精确可靠的此项调查，是旧志所缺乏的部分，但这对于歙县未来的发展却极有助益，所以应当

---

① 当然，"食货志"的内容虽然仍分为物产、赋役、贡品、盐法和茶纲诸项，但也有一些创新。该志鉴于"旧志物产未为详备，兹重为撰次，务求明晰，间详选种、培养、改造之法，冀资实用"。（民国《歙县志》卷3，第387页）就物产部分而言，民国志的内容较前志增加了不少篇幅。

全力以赴。揆诸实际，宣统元年（1909年），为预备立宪，歙县确曾展开调查户口的工作。譬如，现存的一册抄本，即保留了宣统元年歙县漳潭一带68户户主调查的原始记录[1]。不过，此次调查的结果，似乎并没有在民国《歙县志》中得到体现。

许承尧最后指出，必须进一步收集地方文献，对文献的收集则应当"贵严毋滥"，应当根据谱牒资料，参考见多识广的耆老之口述。由于有清一代修有顺治、康熙、乾隆和道光四部《歙县志》，在《歙县修志私议》之前，最后的一部道光《歙县志》刊刻于道光七年（1827年）。而在道光时代，以盐商为主体的歙县徽商逐渐衰落，而且，从此时到清末约有80年的时间，中间隔了一个太平天国时期的兵燹战乱，其间，与方志有关的资料只有同治年间《歙县采访册》8册[2]，因此，许承尧主张，对于太平天国时期战事胜负攻守的事迹、水道之通塞和修浚荒废等方面的内容必须详细记录下来，而旧志中那些迷信荒谬、已不适应时代发展的部分则应当芟削，体例也需要变换。只有这样，才能避免新修县志流于空文，从而编成一部方志佳构。他认为，在材料完备的基础上，修志之事便比较便易，只要几个月就可以完成。

清末的《歙县志》因故未能编成，因此，许承尧的《歙县修志私议》也只能是徒托空言。直到大约30年之后，他编纂《歙县志》的梦想方才得以实现，民国二十六年（1937年）《歙县志》刊行，全志共16卷，除了卷首县长石国柱、楼文钊序以及"修

---

[1] 佚名无题抄本，私人收藏。
[2] 歙人曹光洛编，南京大学图书馆存写本1册。

志职名""例言"及"目录"外，卷一首列歙县全图及府治、县治图 10 幅，其次为"舆地志"，卷 2"营建志""官司志"，卷 3 为"武备志""食货志""恤政志"，卷 4 至卷 5 为"选举志"，卷 6 至卷 14 为"人物志"，卷 15 至卷 16 为"艺文志""杂记"。作为总纂，许承尧对这部《歙县志》的修纂，作了长期的精心准备。他撰有《歙故》《歙事闲谭》，还曾补纂《歙事补》[①]，这些，都为后来编纂《歙县志》打下了良好的基础。因此，他担任《歙县志》主编，可谓实至名归。

倘若将《歙县修志私议》与民国二十六年（1937 年）刊行的《歙县志》两相对照，可以清楚地发现，许承尧在清末提出的不少建议，并没有落实在民国《歙县志》中，这其中有诸多的不得已。对此，石国柱在民国《歙县志》序中指出了该志编纂的过程，他说：自己初到歙县，找不到当地的县志，即使是重金悬赏也没有人响应。当时，距离道光年间修纂方志的年代也已有一百多年了，道光志的原板已缺，书籍的流传也很少。石国柱认为，歙县虽然地处山区，但该处"岩壑雄奇，林溆清异，闳儒硕师，孝子悌弟，义夫贞妇，洎夫抗节犯难之士、殊能绝群之才比肩接踵，其出而体国经野、发名成绩者相辉映，芬响郁茂"，对于这样一个"神州奥区""南服名邑"，随着时间的流逝，文献只会愈来愈无征，后来之人即使有心纂述，也会备感艰辛。有鉴于此，他决定续修歙志。当时，许承尧方治《歙故》，"尽瘁五年，撰述甚博"，另一位徽州人江暐（彤侯），也因参与纂修安

---

① 这是对乾隆志的补纂，安徽省图书馆存写本 1 册。

　　　　　　　　　　山系人文：民间文献与历史地理探研

徽省通志而勤征县事①。在这种背景下，当时的一些歙县人认为这正是续修方志的绝佳时机。不过，他们也"鉴于昔之屡作屡辍，劳费而无功，则佥议以为仍旧例，省聚讼，课时日，求速成"——也就是希望迅速编成《歙县志》，以免夜长梦多。对此，石国柱亦表示同意，他认为："志之有制，本因时而制宜，昔之所是，今或非之，今之所是，或亦转瞬而不适于用。况志者史职也，史以纪陈迹、诒来鉴，责在真实，力有所限，既承前籍，则循例亦无訾；课时日趣功，但期精审无苟率，愈可策勤作而止懈弛。矧时方艰危，公私俱患贫困，百废待举，亦断无资力可以久持，则众议诚是也！"在这里，石氏表达了两层意思：一是说民国《歙县志》遵循旧例，按期速成也不是什么大的问题②。二是说当时歙县的财政状况和民间经济皆不容乐观，因此也没有财力长期维持修志活动，故而歙县人提出的"仍旧例、课时日、求速成"的方案应予支持。于是，从民国二十二年（1933年）夏开始采访，制表分类，分头征集，花了9个月时间完成了这项任务。

---

① 1928年，黄宾虹在《与许承尧》信中亦曾提及："彤老通志事关多波折，未易就绪。"1931年信中指出："江彤老近自皖来申，召集同乡，拟备修志之举，兼有意于搜刊安徽先哲遗书。同人均愿我公重来沪上盘桓，想已早有函达矣。"1934年《与许承尧》信中指出："彤老有待省志藏事甚亟。"见《黄宾虹文集·书信编》，上海书画出版社1999年版，第166、173、169页。

② 后来成书的民国《歙县志·例言》第一条即曰："县志自清道光六年县令劳君续修后，屡次议修，皆因循旷废，未竟其业。今鉴前失，并力趣功，因旧志类例出于桐城刘海峰先生，劳君稍有移易，无关宏旨，佥议因袭，不复更张，以杜聚讼，省口力，免中辍也。"（"中国方志丛书"，成文出版社1975年版，第11页）

三、民国《歙县志》的编纂

关于民国《歙县志》之编纂，笔者恰好收集到民国二十二年（1933年）十月印行的《歙县续志采访概要（附表格）》，从中可见民国《歙县志》资料准备工作之一斑。由于此书现在已难见到，属原始档案，颇为珍贵，故将《采访概要》抄录于下：

一、采访办法：根据全县行政会议议决续志案，从道光八年劳志成书以后起，接续采访，迄清末止，但在道光八年以前有遗漏者，仍应一并采访，以备补遗；

二、采访任务：依本局开成立会时续开第一次会议议决，由局长聘请采访员采访之；

三、采访范围：照劳志所订目录，除有原志可考（如晷度、疆域、沿革、都鄙、风土、城池、公署、秩祀等）及须分别另行调查（如职官、名宦、兵防、武功、赋役、盐法、茶纲、仓储、院局、蠲赋、赈济、优老等）外，悉委托采访员采访之；

四、采访门类：凡有表式附后方者，采访时只须照表填载，其未附表式，应广事采访者，有如左列：

（甲）关于道光八年以后政治、社会之地方重大事项（尤注重咸同间兵事状）采访所得，概用叙事体，分项叙述，务以备具本末，力求翔实为主；

（乙）关于艺文一门之奏疏、杂著，有关本邑之掌故者，应旁搜博采，不以歙人为限；

（丙）其他琐闻杂说，为各门所不能包括而足资考镜者，可随笔录述，作为拾遗；

五、书籍　项，凡属歙人著作，无论已刊、未刊，皆须填入表内，如须借阅者，由本局负责保管，定期寄还；

六、采访员关于有价值之钞录椎拓等事，所必需之费用，可函告本局，以便酌送；

七、采访员对于各类采访，得随时发表意见，以备本局采择；

八、本概要如有未尽事宜，得随时修正之。

在《采访概要》之后，列有"舆地门·山川（山脉）""舆地门·山川（水系）""舆地门·古迹""营建门·学校""营建门·寺观""营建门·水利""营建门·津梁""食货门·物产""选举门·荐辟""选举门·科目""选举门·贡生""选举门·武科目""选举门·仕宦""选举门·殊恩""选举门·封荫""人物门·甲""人物门（乙）列女""艺文门·书目""艺文门·碑志"和"杂记门·祥异"20个表格。以"营建门·水利"为例，表格的最上部分为调查时间和采访员姓名，其下分为八行五栏。八行为空格，待采访员填入相关内容。而五栏的名目则分别为"名称""地点""利益""公有或私有"以及"备考"。表格之末为说明，具体内容如下：

一、按劳志云：凡叠石累土，截流以缓之曰坝；障流而止之者曰堤；决而导之，折而赴之，疏而泄之曰竭；潴而蓄之曰塘；御其冲而分杀之者曰射（如东河水射是也）。本表名称栏系备填坝、堤、竭、塘、射等名目。

二、利益栏注明生利之效率，如灌田畜鱼等，须约举其数量，其他属于防御宣传之利，则略加说明。

三、著名之坝、堤、竭、塘等，须记明其修广面积之数，以及道光八年后曾经修浚者，应将修浚始末一并记入"备考"栏内。

劳记附载井名，如各地有新增著名之井，亦一并填列（或昔颇著名，今成眢井者，宜附记之，以作古迹之参证）。

与"营建门·水利"表格相似，所有表格的说明部分均主要提出注意事项，如山川（山脉）："旧志所载诸山，多不言脉，表中山之脉络栏，最为重要，应就所知详细填载"；"山有森林、矿产或特产，可记入备考栏"。由此可见，民国年间编纂的《歙县志》完全是以道光《歙县志》（即劳志）体例为准，所以说民国《歙县志》之编纂，是在续修道光《歙县志》（上述表格即作《歙县续志采访概要》），这一点的确没有任何疑问。

民国《歙县志》卷 16 有"人物志姓名备查表"，这是传统方志所未有的附录，对于快速查阅方志各类列传中所列的传主，提供了极大的便利——这可算是民国《歙县志》在体例上较前志的一个创新。不过，《歙县修志私议》中提出的着手测绘、调查实业和调查户口等，这些需要花大力气方能蒇事的内容，显然都不是仓促之际所能完成。以测绘地图为例，民国《歙县志》中虽然也有测绘地图，但那是在时人现成的测绘地图基础上修改而成①。石国柱的继任者楼文钊指出："惟口质商业，以勘察未备，咨访难周，付之盖阙。余则搜遗拾坠，至辛勤矣。列女传记载尤繁，几占全书四之。询之歙人，则口其俗尚廉贞，褒孝节，前志已详，敬而闵之，不忍删损也。"徽州十户九商，歙县经济结构的最大特点是商业，但因实业调查无法充分展开，商业状况遂付阙如，这的确是民国《歙县志》的一大缺憾。而"列女"是旧志的体例，但此类列传的分类却几乎占了全书四分之一的篇幅②。这从《歙县续志采访概要》所附的表格中也可看出，人物门（甲）是各类人物，列女则另表（乙），"事实栏记明孝贞节烈之大概，其有如《汉书》分目之贤明仁智等，列女尤须特别提述"。虽然对列女的记载也在一定程度上反映了歙县的民风俗习，但社会毕竟已进入民国时代，这使得该志颇有畸轻畸重的缺点。

撰诸实际，在民国《歙县志》中，许承尧于清末提出的《歙县修志私议》中真正得到落实的，大概只有"继罗文献，贵严毋滥"这一点。《歙县续志采访概要》所附的表格中，提醒采访者：

---

① 民国《歙县志》卷1《图》石国柱注曰："前志舆图颇病简略，往岁适有兵事，苦无善图以供筹运，急须更作。前闻县人程君霖生有志精测，曾捐资数千金，要汪君采白诸人任其事，实地测绘，三年乃成，于山川脉络最为详密，因商之程君，得摄影本一袭，惜图中村落仍无标识，乃更加勘察增益，易原图阴荫式山脉为晕瀹式，以求简显，庶将来政洽、军事皆可取资焉。"（第21页）

② 台北成文出版社出版的民国《歙县志》共9册，其中的第6册和第7册为卷13的《人物志·列女》，占九分之二。前揭楼文钊提及"前志已详"，以同治《歙县采访册》证之，其列女一项占全书二分之一。

"凡未刊之本，以及旧刊之不常见者，均须分别注明，并附记收藏家姓名。"在资料方面，除了采访者的工作外，民国《歙县志》应当主要得益于许承尧个人的长期积累。

许承尧是个收藏家，长期关注乡邦文献的收集、整理和研究。对此，著名画家黄宾虹有极高的评价。他在一封与许氏的通信中提及："乡里兵燹之余，继以政治、学术改革，文献未易征集。我公锲而不舍，竟得鬼神呵护，发见遗著甚多，极大快事！"① 函中的"我公"，就是指许承尧。在收集资料的过程中，许承尧曾与黄宾虹等人详细讨论。1934年春，许承尧寄信给黄宾虹：

> 续志一事，乞公赞助，弟拟以数月成之，因本非修志，不过续补道光以后到清末为止，所以如此者，一因民穷财尽，决不筹款（纂修者自备房饭），二因石君恐难久任，稍迟则事必无成耳。公如有材料，请交恺周誊写较便。道光以前"遗逸"一门，拟可将明季遗老酌量增补，"技术"门亦须增补，公以为何如？②

在这里，许承尧提出了续修《歙县志》的大致构想。从中可

---

① 《与许承尧》，《黄宾虹文集·书信编》，第166页。早在1928年，黄宾虹就曾指出："里中旧迹有特异者，仍乞示闻。"（《与许承尧》，《黄宾虹文集·书信编》，第166页）1937年，黄宾虹曰："我公方闻博洽，注意乡邦文献，祈有以教之。"（《与许承尧》，《黄宾虹文集·书信编》，第153页）1944年，黄宾虹曰："尊藏歙人名迹得抄目更佳。"（《与许承尧》，《黄宾虹文集·书信编》，第143页）另，黄宾虹还提到："我公表敭乡邑文献，尚希就近查访。"（《与许承尧》，《黄宾虹文集·书信编》，第165页）

② 转引自王中秀《黄宾虹年谱》，上海书画出版社2005年版，第314—315页。

见，之所以只能用数月时间续修，是因为歙县的财力以及主持人石国柱之去留。关于前一点，前揭石国柱的序中也曾提及。当时，许承尧为民国《歙县志》主纂，邀请黄宾虹为分纂，希望作为画家的他，能增补"遗逸""技术"两门的相关材料。当年六月，黄宾虹正式受聘为《歙县志》分纂。许承尧在信中指出："修志事，众意望公担任技术、隐逸二门，不久当有公函奉恳。"①

在《黄宾虹文集·书信编》中，收录有黄宾虹《与许承尧》的书信66通，其中有多通都涉及民国《歙县志》的编纂，例如，1934年的《与许承尧》，可能就是对上揭来信的回复：

　　范公先生：昨诵手书，聆悉壹是。前志黜华崇实，略于文艺，近今以文化觇国运之盛衰。公之盛意在博综众籍，兼收并采，先存其人，以俟后之学者得有稽考，诚钦诚佩！日来检理故纸，稍有所获，可略陈之：

　　歙中文艺，萌芽唐代，李白谒黟令，薛稷游兴唐寺，后有僧贯休十六应真，惠化院天王图，万山观洞宾像，宋吴龙翰撰《古梅吟稿》有冯永之工水墨丹青诗，吴元伦《兰皋集》有赠写照陈生审鉴诗，二吴皆朱子门人，家向杲，旧志不载，唐宋书画家似宜补。

　　明代画者颇盛，有吕燮稚，字乐师，诸生。杨不弃评其画有李唐笔意，载《见闻录》。毕锦，字奚中。许立德，字伯上，

①　转引自王中秀《黄宾虹年谱》，第326页。

善书，载戴东旻《歙志》。后如王玄度，字尊素，旧志玄作元，尊作符，补考。许楚，字芳城，有为戴明隐画扇，又为其族菊溪观察画郊行诗意。王楚琰画兰。胡春生，字夏昌，画山水。又一分，未详姓氏，与僧渐江、允凝同画《石淙吟集图》，载《青岩集》。芳城为作《一分歙石砚铭》，或僧或隐，俱不可详，宜存其人俟考。余如凌翔，字紫雯；王惟馨，字荃心；黄镇，号筠庵；洪锟，字金昆。程瑶田《通艺录·五友记》有洪铏，抑其同族兄弟。吴淞，字鹤岩，下长林人。凡此类，邑志或传或不传，皆不详其能画，画迹至今流传。其署款"天都"或署"渐上一翁"，确歙人无疑者。修志限于篇幅，虽不能缕登其轶事，然仅载姓氏，亦虞枯寂。现拟举旧志及拙著《黄山画苑论略》缺者补之。有书易检者，载详某书；书之难见者，略记其事。若必旁搜博采，即书画一门，非数十万言不能罄。此留以私人为撰述，非官书所宜也。

隐逸之士，前代鼎革，奇杰必多。所惜名贤诗文集留存不多，往往集中称新安、称黄山、称徽人者，犹不知其果属何邑为确。此鄙意拟辑诗文征略，如粤张南山《诗征》之例。若《歙志》能补入，尚多可贡献。因确知其为歙人，并有诗文可证者，而其人书画流传，往往无意犹可寓目。

至篆刻家，亦有初稿可缮上。收藏家可附风雅一类，或文艺总领，似亦不可缺。请大雅教正刊用。其稿容陆续缮寄^①。

这一段文字首先对不同时代对歙县方志的不同要求，作了概

---

① 《与许承尧》，《黄宾虹文集·书信编》，第 175 页。

括性的分析，认为：民国《歙县志》以前的方志"黜华崇实，略于文艺"，及至20世纪，人们的思想观念有所变化，当时人认为可以通过文化来看中国国运的盛衰。民国《歙县志》的编纂在于"博综众籍，兼收并采"，先将人物的事迹勾勒出来，以便后来学者对他们加以研究和评价。为此，黄宾虹根据他个人的积累，对歙县画家、隐逸之士以及篆刻家等事迹作了勾勒。从上揭的信函内容来看，他主要是从个人经眼的绘画作品出发提出增补的设想。在此之前，对于歙县画家，黄氏已撰有《黄山画苑论略》，至于隐逸之士以及篆刻家等，黄宾虹也有相关的成稿。

同年，江暐亦给黄宾虹去信，其中提及："……大著艺术志稿，书画、篆刻各以类别，极为允当，清稿何日缮就，即祈寄际，以快先睹。抑更有请者，皖贤遗著现正继续搜集，补编提要，前悉尊藏徽州先贤遗集甚富，且多外间不传之本，拟恳大笔撰编提要寄馆，以便汇印。"① 可见，黄宾虹收藏有大批徽人著述文献，并在书画、篆刻等方面多有著述，这对于民国《歙县志》相关部分的撰述，的确是厥功甚伟。关于这一点，从黄宾虹的书信往来中亦可略窥一斑。1934年6月24日，在《与许承尧》信中，他写道：

> 苍公先生大鉴：日前得诵手书，聆修邑志事，属以"技术"、"隐逸"二门担荷，刍荛之献，皇悚无极！然不贤识小，平时略有抄撮，日久散矣，尤所深思，敢不奋勉。分门类中，于鄙见稍有商榷者："隐逸"原以表扬风节，振励清操，史乘所同，若无著述诗文、艺术以及事功里邮者，往往

① 转引自王中秀《黄宾虹年谱》，第315页。

屑杂无味。前清经学之盛，至咸同中金石之学大明，金石一门，自不可缺，而篆刻学派，歙中为可独树一帜。碑帖书画收藏赏鉴，方今欧日视为文化要素，亦似宜详。尊示吴绮川冀扩大范围，卓见至为可佩！但邑志循例，芜漏者多，高论骇俗，难无方寻，因此稽迟未复……徽诗人见诸载籍者，汇成传略，以人存诗可数千人。间有书"天都"、"新安"、"新都"不能确知其为何邑者，或附于邑人，俟详考各姓族谱。其他论印、论画诸拙作，皆思乘暇董理之。故庋藏古物亦图购出作刊印之资，竣事亦堪差慰。以取去权自操之，毁誉无关也。中有合于邑志选择者，容觅佣书人录奉若干，能不告人，由仆手抄出者尤佳，惟公削正之……①

从上可见，民国《歙县志》的编纂，得到了黄宾虹的大力支持。以"方技"类的"篆刻"为例，民国《歙县志》收入的人物多达35人，而道光《歙县志》仅有5人②，只占前者的七分之一。又如，民国《歙县志》卷10《人物志·遗佚》：

按明清易代之际，吾歙遗民最多，独行幽潜，穷辛极瘁，且每怀绝诣，光气蔚然，昔所阐章，尚嫌未备，兹更广搜群籍，详为记述，高山景行，庶资观感。宋元、元明之

---

① 《与许承尧》，《黄宾虹文集·书信编》，第171页。按：该信原注为1935年，今据王中秀《黄宾虹年谱》第327页末署年月日。
② 该5人中，有3人收入民国《歙县志》的"方技（篆刻）"，另各有1人收入民国《歙县志》的"遗佚"和"方技（书）"。

山系人文：民间文献与历史地理探研

间，亦有增补。乾嘉后此风阒然，不敢轻有标举矣①。

邑人凤矜尚气节，明清易代之际，多忠愤激发，佯狂避世，其岩栖谷遁，并姓名而逃之者，所在多有，惜往籍湮没，畸行不章，约举所闻，用存芳躅②。

倘若作个对比，道光《歙县志》收入"遗佚"的人物仅29人，而民国《歙县志》则多达60人。结合上揭黄宾虹与许承尧的通信来看，民国《歙县志》"方技"类和"遗佚"类中大批增加的人物传记，显然与黄氏的努力分不开。

纵观民国《歙县志》之编纂，许承尧在资料收集的基础上，开始方志的编写，花了一年左右的时间初步完成，在初稿的基础上再加探讨和校勘，补充和修改旧志的遗缺，到民国二十五年（1936年）春天，才最后编定。"以视前志，丰赡有加矣，然义富而文约，洪纤备，名实核，有求一句一数之正确，咨询勘验至十余度者；有补一文一事之阙佚，旁稽群籍至十余种者"③，参与编纂的诸人的确是殚精竭虑，尽心尽职。不过，民国《歙县志》的编纂前后不过花了两年半的时间，这包括资料之征集和编写，从时间上看并不十分充裕，但该志的编成，却被公认为是一部方志名著，这与许承尧对歙县史事的长期关注（如《歙故》等的编纂），以及画家黄宾虹等人的大力支持，显然是息息相关的。

---

① 民国《歙县志》卷10《人物志·遗佚》，第1645页。
② 同上书，第1671页。
③ 民国《歙县志》1936年石国柱序，第2—3页。

20世纪初以来的村落调查及其学术价值：
以社会学家吴景超的《皖歙岔口村风土志略》为例

一、吴景超与《皖歙岔口村风土志略》

社会学家吴景超（1901—1968）系安徽歙县岔口村人，字北海，其家庭经营茶业，颇为富裕。父亲吴瀚云为晚清贡生，热心于公益事业，捐资兴学、筑路修桥等，一向不遗余力。吴景超于1914年就读于南京金陵中学，翌年考入北京清华留美预备学校，1923年夏赴美留学，先后在明尼苏达大学、芝加哥大学攻读社会学，并荣获学士、硕士和博士学位①。1928年回国，任南京金陵大学社会学教授兼系主任。1931年出任清华大学社会学系教授，并开展城市经济调查。1934年，他与清华大学社会学系教

① 俊可：《著名社会学家吴景超》，歙县政协文史资料工作委员会编《歙县文史资料》第 2 辑，1987 年版，第 48 页；参见：歙县地方志编纂委员会《歙县志（ —2005）》下册，黄山书社 2010 年版，第 1247 页。

授陈达一起前往河北定县，参观平民教育工作。1935 年，吴景超在国民政府行政院任职。1947 年返回清华大学社会学系任教，费孝通是他的弟子①。吴景超曾是《独立评论》的作者和编辑，深受胡适等人的推重。1952 年以后，他长期执教于中国人民大学经济系。1957 年被错划为右派，历经磨难后于 1968 年去世，直到 1980 年才获得平反。吴景超是中国二十世纪上半叶研究都市社会学最主要的代表人物，曾与闻一多、罗隆基一同被誉为"清华三才子"②。

---

① 吴景超曾发表书评，推介费孝通的《中国农民生活》（*Peasant Life in China, A field Study Life in the Yangtze Valley*, London: George Routledge & Sons, 1939）、《禄村农田》（国立云南大学社会学系研究室油印本，1941 年）二书。他评价"《禄村农田》是一本很有趣味的书，在我们学社会学的人看来，这本书的价值，在代表着中国的社会学，走上了一条新的途径。"而他评论《中国农民生活》一书时，他指出："费孝通先生所写的中国农民生活，是根据他两个月的实地工作所得到的材料写成的。……据我所知，在英文及中文出版的书籍中，描写一个区域里的农民生活，像本书这样深刻细密的，实在还没有第二本。……本书便是以人类学者所用的方法，研究出来的结果。过去的人类学者，常以初民社会为其对象，最近才有人以同样的方法，来研究文化已经发达的社会。……我们看了这本书之后，觉得中国各地，应当有许多学者，用同样的方法，把各地民众的真正生活，描写出来，让大家读了，对于我们自己的国家，有更深刻，更广泛的认识。中国实在太大了，我们每一个人所知道得清楚的地方，只是中国极小的一部分。其余的部分，我们只能够从地理的著作中，从游记中，或者从旅行中去认识他。但这种认识，是肤浅的，是粗枝大叶的，不一定与真相符合。我们需要像费先生所写的这一类的书，来补救这种缺点。"（《新经济》1939 年第 1 卷第 11 期）

② 关于吴景超的个人阅历及其学术思想，此前的研究主要有：庞绍堂：《吴景超先生的学术思想与学术风格》，《南京大学学报》2004 年第 5 期；吕文浩：《吴景超：被浪费的才情》，《中国青年报》2008 年 5 月 7 日；《吴景超与〈新路〉群体》，载许纪霖等著《近代中国知识分子的公共交往（1895—1949）》，上海人民出版社 2008 年版，第 459—480 页；阎明著：《中国社会学史：一门学科与一个时代》第一节《吴景超的为人与治学》，北（转下页）

关于吴景超其人，1947 年，域槐在《自由文丛》上发表《吴景超教授回到北平以后》的文章，其中指出：

> 吴先生是清华园的名人，从进清华当学生起到一九二二年出国，在七年的学生生活中，他是清华园里一名出众的人物，是当年的活动分子，他曾长期主编《清华周刊》，又是成绩优良的学生，高高的身材，轮廓可分，谈话使人觉得松适，还颇带一些诙谐口吻。留美归来后便开始了教授生涯，这正是传统典型的清华教育出来的人物。他一直是生活在舒适和安乐的环境中，从事着一种所谓的神圣的教育工作，他是一位社会学的专家，热心于社会实际情况的调查和研究，然而由于生活意识的拘束，总不免带着一些传统文人和浓厚的经院习气，始终只是以观察人的身份去观察实际的问题。基于这种态度得来的结论，除了富于一点人类本性的同情和怜悯而外，是不易于对问题得到真切的发解的。
>
> 自然吴先生自己不会这样设想，而相反地正因为有他自己的结论，终于禁压不住自己胸怀的抱负远见，他不能再把自己局限在象牙之塔内，让自己生命之火在里面窒息，他要

（接上页）京：清华大学出版社 2010 年版，第 146—170 页；刘集林：《批判与建设：陈序经与吴景超文化社会思想之比较》，载陆学艺、王处辉主编《中国社会思想及其现代性——中国社会思想史论集》，知识产权出版社 2010 年版，第 257—273 页；马陵合：《经济与社会之间：吴景超学术思想的过渡性特征》，载张宪文主编《民国研究》2012 年春季号（总第 21 辑），社会科学文献出版社 2012 年版，第 55—71 页。最近的成果为邹千江《吴景超及其社会思想新探》，《江淮论坛》2014 年第 6 期。

为他所从事研究的学问，寻求实践的机会，他要为他所研究的对象，找出路谋取改革，救助在穷苦中挣扎着的人民，他力主中国应该工业化以扩大生产的能力，从而吸收农田上剩余的劳力，普遍地提高生活程度，而更基本的他主张限制人口的政策，他觉得三民主义中提倡鼓励人口的增加，实在是一种盲目的见解……

这篇文章明显是站在批评国民政府的立场上去看问题，对于吴景超此前弃儒为官不无微词，不过，对于其人的才情以及学术贡献，亦掩饰不住地称赞有加。据说，梁实秋曾这样刻画他："景超徽州歙县人，永远是一袭灰布长袍，道貌岸然，循规蹈矩，刻苦用功。好读《史记》，故大家戏呼之为太史公。为文有法度，处事公私分明。"[①]

1991年，天津人民出版社出版有《唐人街：共生与同化》一书，这是吴景超博士学位论文的中译本。2008年，商务印书馆重印吴氏的文集《第四种国家的出路》(据该馆1937年版排印)。此外，吴景超现存的文字为学界所知者并不太多。不过，在20世纪三四十年代，吴景超却是一位极为活跃的人物。早在1919年，他就撰有《皖歙岔口村风土志略》[②]，该文对于当前的"徽学"研究，仍然具有重要的学术价值。

《皖歙岔口村风土志略》一文之形成，与吴景超早年的经历

---

① 吴清可：《回忆我们的父亲吴景超》，《第四种国家的道路：吴景超文集》，商务印书馆2008年版，第209页。
② 《癸亥级刊》，1919年6月。

有关。当时，虽然在外求学，但每到假期，他总要抽空回到故乡[①]。吴景超曾对闻一多说过："人生最完满最快乐的生活，只是诚心悦意地加入社会去活动，使我所居的社会，因为有我，可以向真美善的仙乡，再进一步。"从中可见，吴景超对于自己的研究和工作充满了激情。在《暑假期内我们对于家乡的贡献》一文中，吴景超主张回乡组织"少年学会"，其宗旨有三：一是研究学术，二是修养品行，三是改良社会。他主张在假期要外出旅行，"调查社会，为改良张本"。他还拟定了社会调查工作的纲目，内容包括：（一）教育情形；（二）交通情形；（三）慈善机关的情形；（四）生活状况。此外，如农业、工业、商业、物产、人口和风俗等，亦受到较多的关注[②]。对照1919年《皖歙岔口村风土志略》的序言，"……是篇，首位置，次沿革，次物产，次宗法，次生活，次教育，次风俗，次胜景"，可见，吴景超的这篇"风土志"，与他较为长期的积累密切相关。对于岔口，他深情款款地写道：

昔仲尼去鲁，迟迟其行；汉高过沛，留连不舍。人无不爱其故乡，凡有血性者皆然也。岔口，余之生长地也，其地

---

① 1919年6月《癸亥级刊》上有吴景超所撰的《树阴农语》，其中提及："吾家门外有广场一，老树数株立其中，为夏日避凉之佳所。去岁暑假归里，每夕必憩于其下，时则有老农名尚福者，为吾等说故事，其言颇多有味，记其数则于左，以备遗忘云。"此文述及当地捕虎、捕虎、捕猴等方面的数则故事。此外，吴景超还写过一篇小说《死夫生妇》，也刊载于《癸亥级刊》1919年6月上。

② 《清华周刊》1921年增刊7。

山清水秀，风俗淳朴，余自束发以至成童，皆度岁月于是。及长，离乡他适，然每逢佳日，心中辄怀故乡弗能忘。因就记忆所及，著为是篇……

可见，正是因为桑梓情深，再加上对于社会调查重要性的自我意识，吴景超撰著了《皖歙岔口村风土志略》一文。该文作于1919年，当时吴景超不过十八岁。从文字上看，其人的传统学术功底颇深。此处，试以他对"村中八景"的描述为例稍加说明：

（一）梯云夜读：梯云草堂，今已焚毁，然荒烟蔓草间，犹令人想见当日情景，每当风和日暖、鸟语花香之际，携书至其地，据磐石读之，令人抑郁之思，不扫而自去。

（二）虎阜涛声：两水合津，潮流陡急，泉石相搏，无风而涛，砰訇激跃，荡耳震目。

（三）龙门积雪：龙门尖，村前秀峰也，每交冬令，山巅积雪，霁日照临，光眩人目。

（四）长潭观鱼：长潭水碧，清澈见底，其下碎石棋布，罗罗可数，游鱼扬鬐，浮沉往来甚适。

（五）云碓夜舂：晚间万籁俱寂，惟风送舂声，若断若续，令人尘虑俗想，荡涤殆尽。

（六）金滩碎月：滩浅水急，月光照其上，动摇不定，折光辉煌，若金蛇舞。

（七）飞桥卧波：村前有桥一，长数丈，连通南北，每当溪水涨溢，桥下水流澎湃汹涌，自远望之，有如彩虹饮水，至足观也。

（八）前溪柳色：春夏之交，前溪柳绿，千丝万缕，笼雾含烟，登高望之，一碧无际。

所谓八景或十景等，是传统文人赋予地表景观内涵最为常见的一种表述。安徽歙县岔口，大概是在清代出现了"八景"之说。其中，列在首位的是"梯云夜读"，此处的"梯云"，是指梯云草堂，为岔口村著名的私家藏书所之一，咸同年间毁于太平天国兵燹。之所以将"梯云草堂"冠于"八景"之首，显然是意在标榜岔口系"贾而好儒"的一个徽州古村落①。

二、从《皖歙岔口村风土志略》看传统徽州社会

歙县岔口村位于新安江上游，作为新安江支流的大源河与小源河在此汇聚，呈Y字形，岔口因此而得名。其间，大源河自歙县周家村流出，而小源河则自井潭流出，两河在岔口村交汇后称为大洲源。在传统时代，岔口历来就是大洲源日用消费品和土特产品之重要集散地，是大洲源政治、经济和文化中心。

---

① 歙县民间诉讼案卷集成抄本中，有"岔口吴姓人氏，吴姓世代书香"的说法。另外，在《联句集记》抄本中，记录了岔口的两副对联。其一为："飞阁临流楼台近映双溪水，鲜花竞艳梅萼先开十月天。"其二为："霜叶风涛异曲远谐天籁响，山鸣谷应清歌隔断石泉声。"后者为"岔口做会联"。以上两种抄本皆为私人收藏。

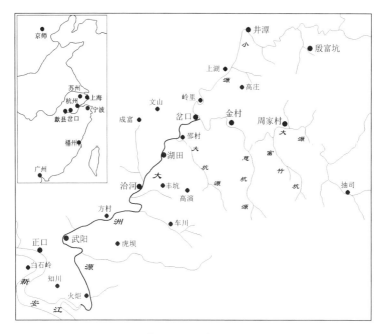

歙县岔口及周遭形势图

1. 以茶叶为主体的乡村经济

大洲源一带是徽州茶业较为兴盛的地区，此前发现的反映大洲源一带社会生活的民间日用类书中，就有《卖方茶寄家信俚言》，其中的首段写道：

> 开船到威坪（正口茶叶下船到威），船破茶叶湿（威坪村头滩上，船只譬如撞破了，茶叶又受潮了），廿七到杭州（廿七上午九点钟到杭，茶叶未起行了），三篓看不的（方茶开篓出样，打样时，连开七篓，开篓茶叶受潮，三篓茶受潮

最重的）^①。

威坪镇属于浙江淳安县，是徽商前往长江三角洲的必经之地。而歙县的正口，则是新安江上游的重要码头，为进出大洲源、虎坝源的必经之地。此一俚言篇幅较长，内容颇为生动，上引的一段描述了晚清时期当地人由新安江外出，经歙县正口到浙江威坪再前往杭州贩卖方茶的过程。

歙县方茶早在唐代就已相当著名，关于这一点，在唐人杨晔的《膳夫经手录》中即有记载。及至晚清民国时期，在歙县南乡从事茶叶产销的村落相当不少。1919年，吴景超曾撰写过一篇徽州洋庄绿茶的调查报告：

> 谈徽州之物产者，必言茶叶，徽茶之名，几于中外皆知矣。业此者共分二种，曰店庄，曰洋庄。销于国内者曰店庄，销于国外者曰洋庄。店庄国人多知，兹无论矣。洋庄绿茶制法，与店庄大异……
>
> 徽州之茶号，约计二百余家，欧战之前，尚不止此，欧战之后，银根吃紧，航路阻碍，洋庄不甚行销，故茶号亦因之而减少。茶号最多之处，在休宁则推屯溪，在歙则推深

---

① 就目前所见，何莲塘的相关文书不止一种，系笔者在皖南从不同渠道收集而来。其中之一封面题作"何莲塘抄"，为民国抄本，书中一份卖契有"自前清移居徽歙大洲 Δ Δ Δ 地方"之句。另一为《类联集句》，封面除书名外，另有"何莲塘录"字样，其中包括"寿联""创造联""春联""道场联""学校联""闲挂联""演戏杂句""挽联杂句""黄鸟开会并做戏对联杂句"和"毕业联"。

山系人文：民间文献与历史地理探研

渡、岔口等处云。……可由新安江运往杭州，茶叶抵杭，可由行家代运往沪，杭州江头有行数十家，皆代客运货者，如洪大房、曹泰来，其最著者也。运沪之途有二：一由沪杭火车，一由城河驳往拱宸桥，再改由轮船运沪。途虽二，而号家多愿由轮船，盖代客售茶之茶栈，皆在上海北市，轮船栈房，亦在北市，其取货也便。沪杭火车栈房，则在南市。(近来沪杭、沪宁已曾联轨，由杭运沪之茶叶，亦可在北市起卸，将来号家或因火车快利，改由火车运茶，亦不可知。)①

吴景超出身于茶商家庭，对于徽州洋庄绿茶的了解相当细致。在上文中，他提及绿茶运销上海的交通路线，这一点，得到了一些契约文书的印证②。歙县茶号最多的地方，除了皖南茶务中心屯溪以及歙县深渡之外，便是他的老家岔口。关于岔口村的茶叶贸易，吴景超指出：

> 茶之出类，颇为不少。村中有洋庄茶号六家，每年收集村中及他乡之茶叶，制为洋庄，运往沪上，销与外人。开设茶号，需资甚钜，而村人有充厚资本者，绝无仅有。曩时皆由沪上茶栈放水脚，或息借庄款，以应需用。年来金融紧迫，茶栈及钱庄，多不愿放款，村中茶号，以此停止或减少

① 吴景超：《徽州之洋庄绿茶》，载《癸亥级刊》1919年6月。
② 笔者手头有一份1925年"茶业公会"与"招商内河轮船公司总局"及"上海戴生昌轮船总局"订立的运茶合同，虽然年代稍晚，但所述与此可以比照而观。

营业者，已非一睹矣。

由此可见，岔口虽然地处偏陬一隅，但它却与长江三角洲乃至整个国际经济联系在一起，这提供了一个独特的视角，藉此我们可以较为细致地观察近代国际贸易冲击背景下皖南山乡的巨大变化。

关于岔口一带的洋庄贸易，晚清民国时期的民间文献中有一些相关的记载。例如，抄本《杂辑》[①]中有《岔口吴锡蕃先生伯仲》条，其中指出：

> 岔口开设吴心记之吴锡蕃，兄弟五人，北岸支，扦岔口数世矣。父蔚文在日，家道康，因做洋行中落，锡蕃经理店事、田园，勤劳周斡，守之二十年，重做洋庄而中兴。二弟咏霓，邑廪生，改生意。三入泮，后即故。四清泉。五瀚卿，廪生。子侄辈右武等二十余人，一一受约束矣。些微习气，太和元气充溢庭宇。自奉甚约，款客适中，早作夜息，家道井然，论南乡家庭教育，当推第一焉。同时，伊之本家有荣寿字俊德者，屡入经司有叔之子也，以坐洋庄，骤发至二十万，在屯溪为徽商领袖云。

文中提及的吴荣寿，生于同治十二年（1873 年），卒于1934年。其人自童年起即随父、兄在屯溪经营茶叶，光绪二十七

---

① 此抄本系歙县南乡磻溪方氏的家族文献，是有关晚清时期徽商与徽州社会的珍贵史料，私人收藏。

年（1901年）子承父业，在屯溪开设了怡春、永原、华胜等茶号，精制"屯绿"。他曾与同好倡导组织屯溪公济局，于宣统二年（1910年）在屯溪阳湖创办了徽州乙种农业学堂（亦名崇正学堂），并先后担任徽州茶务总会会长、休宁商会会长等职，制定《徽州茶务章程》。因席丰履厚，被当时人称为"茶叶大王"（在上海滩，同行称之为"茶大虫"）。正是因为这个原因，前述的传记中称他为屯溪的"徽商领袖"。1914年，著名教育家黄炎培前往屯溪，曾拜访吴荣寿，赴阳湖参观乙种农业学堂，调研茶业状况。当时，与吴荣寿合伙做茶叶生意的，还有岔口人吴汉尘、吴佩行等，他们的旧宅皆在屯溪阳湖一带，直到近年仍清晰可辨①。

　　另外，在晚清民国时期的诉讼案卷中，经常可见与岔口相关的茶叶贸易。例如，歙县民间诉讼案卷集成②中，就有一份档案"为挟截凶抢侄遭殴伤叩验拘究事"，其中提及："身侄荣华、正达、正益，于昨初六日挑细茶六袋，重一百九十五斤往岔口行卖。"另一份诉讼案卷指出：

　　　　具书人庄坑汪金魁，诉为奸贾勾谋，鲸吞血本，财命两陷，恳公赐追事。缘岔口吴长元仝弟祖元，开设吴怡泰洋庄茶号，曾托身代买茶叶，伊号亲自发出来袋皮、图章以为信

---

①　安徽五福文化产业发展有限公司编：《徽商大典》，上海书店出版社2013年版，第166页，"茶大虫"条；第230页，"茶商吴荣寿像"条；第614页，"吴汉尘"条；第615页，"吴佩行"条；第616页，"吴荣寿"条。
②　抄本3册，书名据内容暂拟，私人收藏。

记。身于左近各处代买春茶五十余担，茶银面经号内随时算记。俟后又着身往六街各山坬收买，计春茶廿九担，现今发到念四担，归伊号内收数。讵元之弟兄奸诈百出，顿起狼心，魆向各茶户勾通舞弊，明则谓茶色不佳，不肯收号算账，暗则相帮各茶户私运别号代为脱售。身与理言，反逞凶横，频遭殴辱，且将身应付之茶户并挑茶担力现洋六十三元，元竟瞒身私自收入吞没，似此勾谋渔利，弊窦显然无疑。但应茶户之现洋，实身填出血本，若不恳公追究，势必财命两陷，文明商界，理法何存？为此迫不得已，伏诉贵府茶商绅董老先生台鉴，准情酌理，俯赐品评，俾得血本归原，不至财命两陷，身当顶感靡涯，谨诉。

这是一桩有关洋庄茶号的纠纷。从当代的《安徽省歙县地名录》来看，名叫"庄坑"的地方计有两处，皆位于歙县南乡。由此可见，岔口的确是周遭较大范围内的一个茶叶贸易之集散地。

在《皖歙岔口村风土志略》中，吴景超首先概述了岔口村的位置和沿革，指出：岔口位于歙县南乡，属于当时的南一区，"村之四周多山，西有坝岭，南有繁实凹岭，北有江村岭，前有龙门米，四山拱卫，如围屏然"。接着，吴景超记述了岔口村的"物产"，并对当地的生计做了重点的描摹，他认为："欲知一村人民生活之难易，必先考察其人民之职业，此不易之理也。"对于村人的生计，文中有着相当细致的调查。

如所周知，从总体上看，徽州是商贾之乡，岔口自不例外："村人又有经商于外者，其地多在北京、上海、苏州、杭州及江西之景德镇，浙江之金华、兰溪、衢州、龙游，安徽之寿州、霍山等处，或为人作伙，或自设店业。其最远者则为日本，行业为茶、漆为多云。"关于这一点，也得到其他文献的印证。譬如，《清末民初歙县深渡乾裕号信底录稿》[①]中，收录了1903年至民国初年的信件抄底68封。信底作者为歙县岔口人，1902年曾在歙县深渡开设乾裕号南货店，后在浙江兰溪米店工作，该信底主要收录了他写给苏州吴秋舫、杭州裕德茶行方树棠、苏州乾丰祥南货号吴声之、屯溪豫丰祥茶号吴瑞常、苏州集成酱园方季高等亲戚朋友的信稿，从中可见岔口一带商人外出的情形及徽商之间的相互交流。

此外，留在本地的男子，从事的职业也相当多样，兹据《皖歙岔口村风土志略》的记载列表于下：

岔口村男子的职业

职业	数量或比例	基本情况
茶业	洋庄茶号六家	每年收集村中及他乡之茶叶，制为洋庄，运往沪上，销与外人
农作	村民之从事于此者十居八九	村之附近，可营农事之地，因其高下，可判为三：山地种麦豆及茶，洼地种稻黍及芋，平地则植菜蔬。农人皆勤于耕种，故年收多丰
药店	年来村中药店之增，为他业所不及，现计已有七家	所售皆中国药及药丸，亦有兼售金鸡纳霜丸等西药者，惟售药水者则绝无。店中率住有中医，为人看病及开药方

---

① 此抄本原为安徽黄山学院孙承平收藏，收入笔者主编的《徽州民间珍稀文献集成》第24册，复旦大学出版2018年版。

职业	数量或比例	基本情况
杂货商	村中有杂货店十余家	所售多布匹、纸张及油、盐、糖、米等物，贸易尚佳，然每年获利最多不过数百元，以规模小也
肉店	售肉、酒及面，业此者亦三四家	每年率有赢余，他村之人，亦可在店中打拼伙，惟须给费用
豆腐店	此物为村人日用之食品，需求甚多，故此类店肆，亦有六七家	店中兼售豆腐干、豆腐油等物
染坊	南一区只有染坊二家，其一即在吾村	以附近皆乡民，无衣绸缎者，故所染之物，多为线布及旧衣。近来染料虽昂，然营业兴盛如常，并不因之而减色也
鞋店	业此者，村中有一家	惟店主为外村人，所作之鞋皆极旧式，营业亦不盛
剃头店及铜匠		业此者亦外村人，所入皆足糊口
饭店	村中有饭店一家	他乡之人，皆以此为寄宿地。屋中殊不洁，陈设亦极陋，然取值甚廉，只二十四文一日也
木工		有大木、小木为【两？】种，大木为人造屋及选料度材，小木能作桌椅及各种雕刻，工价甚廉，每日在一百文左右
石工		有开石厂凿工及建筑者数种，然一人多兼两种，或三种俱能者，工价与木匠无有差异
砖匠		为人砌墙盖瓦及修理房屋，工价与木匠亦同
竹匠		南方多竹器，物之以竹编成者甚夥，故有竹匠一业，吾村擅此者颇多，工价与木匠同
成衣匠		此业人数甚多，技术平常，工价极廉，每日只在八十文左只【右】

职业	数量或比例	基本情况
纸扎匠		业此者能制菩萨之各种衣冠，及各种灯彩，以村人多信鬼神，故业此者门庭不致冷落
杀猪匠		即为人宰猪者也，每宰一猪，取值二百文
丝线担		丝线即妇女刺绣所用者，售者挑一担，手持鼓，摇之作声，闻者即出购
馄饨摊		馄饨价甚廉，一文可购其一。每届夏令，他乡之人来我村售茶者甚多，馄饨摊前，遂常有人满之患
面摊		售面及肉包、熟肉等物，外乡之人来村者，率取食于此
担夫		村中农人，多能肩重至远，故无事之时，为人挑担，亦颇获利。盖担夫工价之高，为他种劳工所不及也
打猎		附近山林多禽兽，村人每于暇日，持铳携犬，来往林中搜捕，以除害禾稼之兽
捕鱼		村前小河，有鱼鲜美可食，捕者或网或钓，日居河畔，得鱼则沽于市。惟村人每岁不放鱼秧，只知捉捕，以致鱼类日渐减少云
堪舆家		村人有究堪舆之学者，有习星相之术者，为人看地、批命账等事

　　上述的记录，对民国前期皖南山乡的一个村落，作了几近全景式的描摹。从总体上看，此一山村是传统徽州典型的农村社会。村中的居民绝大多数从事农作，关于这一点，吴景超写道：

　　　　岔口山多田少，务农者大半种山为业。山中所植者，曰小麦，秋末播种，夏初收割；曰黄豆，仲春播种，大暑收拔；曰粟米，曰苞芦，五月播种，孟冬收获。山中又多植茶柯，春茶立夏后收采，夏茶夏至后收采。田则无多，其中不过百亩而已，村人多以栽种蔬菜，如苋菜、青菜、白菜、冬瓜、西瓜、羊角、扁荚、韭菜、萝卜菜、马兰头、茄、芋、姜、葱，其最普通者也。猫能捕鼠，犬能守户，人家畜此者亦多。豕则家家皆有，以为婚嫁丧祭不时之需。家畜之禽，则有鸡、鸭等物，以为食品。绿豆鸟、画眉、八哥、竹鸡，则养为玩物。

此处勾画了当地农村家庭日用食料、经济作物和家禽家畜等的一般状况，从诸多侧面反映了皖南地区普通民众的日常生活，这些日常生活状况具有一定的稳定性。其中提及岔口的六家洋庄茶号，"每年收集村中及他乡之茶叶，制为洋庄"，这一点，与上引晚清民国时期的档案文书可以相互印证。不过，及至二十世纪前期，岔口村也逐渐受到与日俱增的外来影响。如药房所卖者，就有外来的金鸡纳霜丸等西药。此外，馄饨摊和面摊的设立，也反映了与茶叶贸易相关的外来流动人口之增加①。

另外，从上表可见，岔口的算命先生和看风水先生，均为村民所深信。对此，吴景超指出：

吾村儿女婚嫁之权，可谓尽操于算命先生之手。村俗，

---

① 关于这一点，在歙南的一些乡村中均有类似的情形，如新安江沿岸的璜蔚，当年茶市兴盛时期村落中出现的相关设施（如妓院等），其遗迹迄今仍依稀可见（此据 2009 年笔者的实地走访调查）。

凡两宅通婚以换年庚（即问名）为第一步手续，所谓年庚者，即一人之生辰八字也。年庚既换，乃请算命先生来，命其卜之，名曰对年庚。算命先生曰吉，则两家乃为正式之谈判；算命先生曰不吉，则互退年庚，彼此无商量之余地。坐是故，而吾乡女子乃无真正之八字者，盖男子之八字不吉，犹有希望得妻；女子之八字不吉，则终身无人过问也。八字既如此之重要，故村人之善排八字者，乃不一而足。私塾之教师，即最善排八字者也。村人凡遇婚嫁丧葬及建屋出行等事，必拣一好日子而后行。村人之能拣日子者颇多，凡遇小事，村人则就决于彼辈；惟遇大事，则必求教于拣日子先生，所谓拣日子先生者，以拣日子一事为营业者也。吾村无之，惟六十里之外一村，有此辈一人，其营业颇不恶也。此外则看风水一事，村人以为一家盛衰之所关，对之尤为注意，凡祖宗营葬之先，必请看地先生，卜一吉壤。吾村附近，有所谓蛇形、驴形者，皆堪舆家之所谓好地也。村人对于堪舆家，崇拜颇深，虽其言多不验，然村人并不以此而灭其信仰也，亦奇矣哉！

关于算命先生和看风水先生，早在 17 世纪初的万历《歙志》中就有记载，徽州当地有阴阳家（算命）和形家（看风水）两类[1]。该方志特别提及的阴阳家笙桥谢氏，直到晚清民国时期仍

---

① 万历《歙志》"艺能" 7 上—下。关于万历《歙志》，参见拙文《万历〈歙志〉所见明代商人、商业与徽州社会》，《传统中国研究集刊》第 5 辑，上海人民出版社 2008 年版。

极负盛名，这些人对于民众的日常生活影响极大。譬如，万历《歙志》指出："临河程珏妻石冈汪氏，年二十二，珏病瘵，吁天减算以益夫年，日者金云其命不利于夫，乃慨然自诀，曰：不能以算而寿夫，矧反以生而刑夫乎？则有一死，庶可以代夫耳。遂自经死。"[①] 文中的"日者"，即指以占候卜筮为业之人，相当于前揭的"阴阳家"，这在晚清民国时期的歙县亦称为"批命先生"。关于这一点，徽州文书抄本《居乡里》中有："为人命里有穷通，端在时生格局中。限度运程分好歹，财官印绶不相同。四余七政兼诸曜，八卦三才并九宫。莫道世间无考驳，全归星士断精工。"根据当代的调查，在歙县的一些地方，算命所得结果倘若不能满足相关人等的期待，人们通常会想出其他各种补救的办法，这显然反映了民间社会的智慧[②]。因此，吴景超笔下算命先生的角色，不清楚是岔口当地的情况的确如此？还是吴氏只看到了一种表面现象？如果是前者，那显然反映了歙县境内的地域差异。

除了固定居住者之外，村子里还时常出现一些流动的商贩。如其中提及的"丝线担"，迄今还流传着民歌《卖丝线》，其唱词开首为：

---

① 万历《歙志》"杂记"，40 下—41 上。

② 例如，在歙县里东乡，倘若男女八字相克，而女方仍有意联姻者，则多改年庚（如属虎的降岁，属羊的抬高年岁，谓之"羊抬虎落"），当时有俗谚云："十女九不真，改命作夫人。"关于这一点，详见柯灵权著《歙县里东乡传统农村社会》，［法］劳格文（John Lagerwey）、王振忠主编"徽州传统社会丛书"，复旦大学出版社 2014 年版，第 285 页。

担子挑起来，挑一个荡荡园，挑到了大家门，叫一声卖丝线一呀嗨。

担子放下地，恭喜又恭喜，花鼓呀摇起来，大家来卖【买】线一呀嗨。

……①

这首民歌以岔口方言歌唱，讲述小贩与姑娘的爱情故事，双方打情骂俏。不过，在歙县境内的其他地方，也都有以当地方言演唱的《卖丝线》，这当然反映了此类摊贩的流动性。

以上所述各业皆属于男子，此外，有关妇女者计有六业：

1. 择茶。自四月至九月，为制茶之时，村中女子，入茶号择茶，每日可得工价自数十文以至一二百文不等，视择茶之多寡而差；

2. 养蚕。女子之为此者，其数不多，出丝亦甚少，只供自用而已；

3. 制扇。村中小女，能以麦杆编成各式之扇，名麦杆扇，此物为夏日人人所必备，需求甚多，村人既能自制，故外货不至侵入；

4. 做鞋。女子为人做鞋。每日可得工价约百文，作成之鞋，颇坚固耐用，故村人旅外者，多带土做鞋数双而行；

5. 锄草。农事忙碌之时，田多之家，多雇女子为除杂

---

① 金涛主编：《徽州记忆》（五）"歙县"卷，黄山市文化新闻出版局监制，2009年版，第90页。

草，每日工价在六七十文左右；

6. 卖菜。田中所种之蔬菜，如有盈余，多以售之于市，
销场颇佳。

综上所见，在《皖歙岔口村风土志略》一文中，吴景超在记
述各类劳作时，都非常注意记录当时的工价，这是颇有价值的线
索。以择茶为例，他在《徽州之洋庄绿茶》一文中也指出："茶
号收茶百余石，即可开工。工人有三种，多寡视号之大小而异。
大号约有焙工二百人，拣工六百人，作工八十人。小号则焙工不
过数十人，拣工不过百余人，作工不过十余人耳。……拣工皆本
地女人，工价视拣茶之多寡而差，自数十文以至百数十文不等。"
可见，无论是大号还是小号，拣工的数量总是最多的，而这些拣
工，都是由当地的女人所充当。由于上揭的描述记录了各类劳作
相关的明确工价，倘若我们结合文中的其他记载，便可作为比较
的基础，从而对民众的生活水准有一个基本的估计。例如，《皖
歙岔口村风土志略》中提及，当地猪肉价格一百数十文一斤，
面、盐等物约三四十文一斤，豆腐三四文即可购得一大方。相比
之下，一般人只要勤于劳作，大概便可生活无忧。

此外，对于岔口村民众生计和社会关系的总体状况，吴景超
指出："吾村处丛山之中，民风朴野，故于政治、学术两界，露
其头角者实无一人。惟俗重劳而恶逸，民各能一技，且有田可资
耕稼，失业之民实不一觌。加以地当大小源之交，南一区之茶业
及他种贸易，皆以此为中心，故农商及劳动之业，有足述者。"
可见，在上述的各类生计中，茶叶无疑是最为重要的，这一点，

无论男女皆是如此。另外，"村人相见，其称呼皆按班辈之高低，老者虽为劳工，细者遇之，亦敬礼有加，以故，外间屡见之尊富蔑贫、轻视劳工陋习，在吾村实罕见"。可见，迄至民国初年，岔口村仍然保持着相当淳朴的民风。

2. 多族姓杂居村落的风俗

自明代以来，徽州就逐渐形成了宗族社会。岔口一带最早的居民为郑姓，明末，附近的凌姓以及昌溪吴姓相继卜居于此。及至清代，北岸吴姓开始迁入。到了民国时期，全村共有三百余户，约一千余人，其中人口最多的就是吴姓。对于岔口一地的"宗法"，吴景超有专门的描述，他指出：当地有吴姓祠堂四所，即光裕堂、积善堂、彝叙堂和祥和堂。另外，还有属于凌姓的敬本堂。当地其他各姓（如王、郑等姓），皆以人数过少而没有祠堂。各祠堂中，以吴景超所在的光裕堂人数最多，为其他祠堂所不及。由于吴姓的四个祠堂源出一支，关系甚密，而且，他们又与凌姓互通婚姻而为亲戚，所以村中彼此和谐相处，数十百年来都没有打过官司。

关于祠堂的管理，吴景超指出：

> 每祠类皆置有田业，为祭祀之需，每年派二人轮当，并管理祠中一切事宜。一岁之中，如元日、清明以及各节，各房子孙，多携酒菜及香纸，入祠拜祭，诚敬之情，殊足令人生慎终追远之思也！岁首及清明，又当共往祖坟扫祭。吾家祖坟，远者七八十里，近者亦二三里，岁首只至近处，清明

则无论远近各墓，皆当往祭也。岁首展墓所用之祭莱，除暖锅外，复有油果、春饼、茶盒、水酒等物。暖锅之数，有多至二十余者，排列一行，至足观也！祭时必放爆竹，焚纸箔。祭毕，各取暖锅于坟堂中，据地食之。于时则谈笑风生，庄谐杂作，其乐乃无比。清明至远处扫墓，亦多乐趣。吾家祖墓，有在歙之东乡者，有在绩溪县之宁【临？】溪者，非一日所能尽到，平常往返，恒以三日，大类学校之旅行也。清明所用之祭品，多以米果，为数甚多。祭毕，以此散之贫民，意颇善也。

宗族是徽州的一种社会组织，在当地，宗族祠堂发挥着社会控制的重要功能，它通过举行祠堂祭祀仪式，执行祭祀制度，以增强宗族凝聚力，实现尊祖敬宗、合族收族、控制族人的目的①。上述这段记载涉及宗族管理的诸多侧面，对于祠产管理、祭祀及其相关食物，都有颇为细致的记录。此外，对于宗族社会中的佃仆制度，吴景超亦有专门的论述："村中有伴当数家，村人对之，多怀轻蔑之念，此则不平之举也。伴儅者，安徽细民之一种，其来由吾不得知。若辈之在吾村者，皆隶于各祠堂下，为各祠堂之人服役，大约男者多为吹手，女者则为喜娘，无执他业者。……伴当在前清时已获国家同等之待遇。……然徽州各地，此习犹未尽除，吾村之伴当，其托业于吹手、喜娘，服役各祠堂如故，此实吾村之玷，所当革除者也。"1727 年，雍正皇帝发布

① 参见陈瑞著：《明清徽州宗族与乡村社会控制》，安徽大学出版社 2013 年版。

卅黟贱民谕旨，曾在徽州社会产生了极大的反响。此后，渐具实力的一些佃仆，纷纷通过各种手段寻找奥援，奋起反抗，以期尽快摆脱主家的控制，这在徽州的不少诉讼案卷中均有所反映①。不过，主佃关系是个极为复杂的问题，伴当的身份，实际上与区域经济结构下的职业和生计密切相关，故而佃仆、伴当的问题直到民国时期尚未最终解决。

对于家庭生活，吴景超特别推重徽州的分家制度："村中绝少三四世同居，虽兄弟亦多分爨，如一人有二子，则其子长大时，为父母者即为之析产。析产之书，多请族人签押，妨【防】他日之争执也。考家族制度中，惟数世同居一习为最恶，盖人口众多，则逢财相竞，遇事互诿，俭者不复俭，而勤者不复勤，终至人逸家衰，趋于贫困。吾村虽行家族制度，然能择其善而祛其恶，此村人所以多独立之精神，而少依赖之恶习也。"的确，分家制度促使徽州的个体能各自独立，发家致富。在我看来，此一制度与"打会"惯例，是徽商崛起的两个颇为重要的因素。而关于分家制度，唐力行先生曾揭示出徽州的"小家庭—大宗族"结构，根据他的研究：徽州宗族制度下的家庭结构以核心家庭为主、主干家庭为次，与此同时，徽州宗族却呈现出扩大的趋势。商业发展促进了家庭的裂变，家庭规模之缩小正是商品经济发展

---

① 参见王振忠：《历史地名变迁的社会地理背景——以明清以来的皖南低山丘陵为中心》，载郑培凯、陈国成主编：《史迹·文献·历史：中外文化与历史记忆》，广西师范大学出版社 2008 年版；《大小姓纷争与清代前期的徽州社会——以〈钦定三世世仆案卷〉抄本为中心》，载拙著《明清以来徽州村落社会史研究——以新发现的民间珍稀文献为中心》，上海人民出版社 2011 年版，第 109—137 页。

的必然结果。徽商资本一方面瓦解着大家庭结构，另一方面又加固并扩大了宗族血缘群体。家庭—宗族结构使得社会财产分为两个层次：家产和族产。家庭共有财产的无限分化，减缓了家庭成员之间的矛盾；而宗族共有财产的不断扩大，也纾缓了宗族成员贫富分化的矛盾。徽州的家庭—宗族结构使得徽州社会更富于弹性和流动性，有利于徽州社会的稳定以及徽商的商业活动[①]。换言之，在大宗族的格局下，小家庭迸发出竞争的活力。

在论述了宗族和家庭的基本结构之后，吴景超认为："风俗者，所以表现一地习尚之美恶，而政教所因也。"他将岔口一地的风俗分为婚嫁、丧葬、岁时和迷信四项加以论述。

有关婚嫁，他指出：当地男子七八岁时，父母即择门第相当者，为之定婚。无论贫富，皆经过问名、赘定、行聘、请期、冠笄、迎娶等程序。迎娶的时间，大约富者在二十岁以内，而贫者则在二十岁外、三十岁不等。此外，他还具体描述了婚姻嫁娶的基本情况：

> 迎娶之前数日，男宅即派人至女家抬嫁资。嫁资者，妆奁也。嫁资既抬至，即有小儿女多人，取嫁资中重要物件，如枕头、钥匙等物藏之，俟新人至，乃令其出果子赎归，以为笑乐。……新人既出轿，乃与新郎先拜天地，后拜高堂，继交拜，于是婚礼乃成。旁观者，至此乃喧呼送房。所谓送房者，送新郎、新人入洞房也。新人居前，新郎在后，复有

---

① 参见唐力行著：《徽州宗族社会》，安徽人民出版社 2005 年版。

高年者一人，持蜡烛店先引之，由堂前至房中，沿途皆置布袋，令新人、新郎行其上，名曰传袋。传袋与"传代"同音，取延宗续系之意……

此处较为细致地记录了婚礼的整个过程，包括在男方的送房、传袋、吵新人、撒帐、吃交杯酒、拜灶师【司】、拜三朝等，以及女方家中的嫁妆、辞祖、分家饭、哭嫁、接回门等。其中的一些记载，还反映出近代以来婚礼程序上的细微变化以及岔口村婚俗的独特之处。例如，文中提及的"哭嫁"，在歙南极为普遍：

嫁女一事，吾村与外间亦多不同。未嫁之前数日，女子须入祠辞祖。及期，男宅发轿来，待嫁之女子，乃放声哭，其母亦随之而哭。及良辰既届，女乃拜别父母，且食饭数口，名曰分家饭。然后由其兄或亲人抱之入轿，斯时女必大哭。轿既出门，家人乃持灯笼送之，及门外而返。女宅随轿同至男家者，有一喜娘，此喜娘三日后必返，报告男宅一切情形，及新人是否愁家等事。近来村人颇知女子嫁时号哭之无礼，皆相戒弗为。然而积习相沿，不哭似不合乎俗，女子畏羞，无敢破此例者也。

关于这一点，迄今仍留下了不少"哭嫁词"，可以与之比照而观。而所谓的炒新人，俗称"不吵不发"：

是日，村中复有吵新人之俗。吵新人者，请新郎、新人同立堂前，而嘲弄之也。吵之之法不一，有所谓撒帐者，以果盒所盛之果掷新人也，为此必有二人，一唱一和，其词多卑鄙，不堪入耳。又有所谓吃交杯者，以酒置杯中，强新人饮，惟不许咽下，移时复令其吐出，令新郎咽之。此外，复有唱歌者，有说笑话者，有作奇形怪状者，皆以博得新人一笑为目的。以一外村之女子，而无辜受若干生人之戏弄，不敢抵抗，不敢回声，亦大可怜矣！

与上述习俗相关的撒帐歌，有的相当俚俗乃至猥亵，这些，在不少徽州文书抄本中有诸多生动的例证①。此种"吵新人"的做法，甚至在明清的世情小说中也有记录，这对于理解旅外徽人的习俗亦颇有助益。

关于丧葬，《皖歙岔口村风土志略》指出："丧葬诸节，颇为简单，然亦视贫富而别，贫者则丧事一两日即毕，富者有作祭等举，略旷时日。……俗礼，孝子于七七内，须衣麻衣，穿麻鞋，不进晕〔荤〕，不剪发。七七后，易麻衣为白衣，麻鞋为白鞋，三年始除服云。棺厝于野，非长久之计，为子孙者，于数年之内，必为择地安葬，其礼颇隆。"歙县的丧葬习俗颇具特色，这在最近几年的民间调查中都有详细的记录。作为传统时代"徽礼"的重要组成部分，其中的一些甚至被视作"非物质文化遗

---

① 如岔口一带的一首撒帐歌，与全国广为流传的《十八摸》颇为相似。见金涛主编《徽州记忆》(五)"歙县"卷，黄山市文化新闻出版局监制 2009 年版，第 89 页。

产"而得到地方政府部门的保护①。

此外，有关民间信仰，吴景超概视之为"迷信"，他认为："迷信者，不辨事理之是非真假而妄信之也。村人不解科学，怪诞不经之言，自易入耳，故迷信之风，较之通都大邑为尤甚。"根据吴景超的描述，岔口村人"多信菩萨，凡遇菩萨生日，携香烛往祭者，不绝于道"。

当时，岔口村中居民不过数百家，却有三座菩萨庙。其一为上帝庙，供奉玄天上帝。其二为上庙，也叫忠烈古庙，其中供奉着汪公大帝、八老爷、九老爷、东平王、太子、社公和社母等菩萨，这是村中最为重要的庙宇。"庙中有卦牌一，上载卦辞数十首，有上、中、下之分，村民多于岁首入庙求卦，以卜前途之吉凶云"。还有一座叫下庙（也叫水口庙），其中供奉着十余尊菩萨，重要的如关公、东玄坛、北玄坛、观世音、华佗和闻太师。以其中的"玄坛"崇拜为例，抄本《酬世汇编》卷5《财神札付》中即有一祭文：

> 窃以教设为三，自古儒林为首重；民生有四，而今商界居尊。欲应物以无私，回溯高风于端木；觉生财兮有道，可致巨富于陶朱。小往大来，实为人愿；恒丰大有，殊赖神功。今照得大民国江南徽州府歙县孝女乡延宾里岔口新宁社管居住信士弟子凌寿泰暨阖家男妇大小人等，熏沐三鞠躬，谨奉三坛正法，选于 △ 月 △ 日 △ 时，天点神光，迎神附

---

① 胡亮、营娟：《徽州丧葬仪式音乐研究——以歙南岔口丧葬仪式音乐为例》，《黄山学院学报》2011年第2期。

体，谨具醮仪，虔修法事，敢投词于正一龙虎玄坛赵大元帅之尊神而言曰：伏以正直无私，特授财神之职；威仪可敬，感钦元帅之称。秉九府之权衡，恒丰金窟；招四方之宾客，广辟财源。值此口岸开通，方幸经营便利。伏冀神灵永感，俾品物兮咸亨；虔祈圣泽宏施，庶春台兮共乐。行商则风顺鸿毛，快利畅销，喜扬兮满载；坐贾则宾来雁序，轮流不息，欣日进夫千金。货随运而随销，具见新奇日著；财屡生而屡聚，堪为富有家声。克供厥职，大显威灵。依札施行，须至札者。

右札给付财神座下准此并及左右

招财童子、进宝仙官照验施行。

从上述的这份"札付"来看，"玄坛"信仰与商业经营密切相关。可能也正是由于这个原因，经商风气炽盛的岔口，还将玄坛分为"东玄坛"和"北玄坛"。根据徽州的都图文书，岔口村属三十都七图的孝女乡。从上揭的文书来看，岔口新宁社所属的凌寿泰，此次奉祀的是玄坛赵大元帅。而该份《财神札付》中有"口岸开通"的字样，似乎反映的是近代的史实。不过，文中又有"大民国江南徽州府歙县孝女乡延宾里岔口新宁社"字样，从这一行政沿革来看，民国时期已无"江南徽州府"之建置，而"大民国"显然也脱胎于"大清"乃至"大明"，因此，此一"札付"至少从清代中叶开始便长期沿用，可以与《皖歙岔口村风土志略》中的相关记载比照而观。

除此之外，吴景超还提及，在华佗菩萨神座之前，放置着一个签筒，筒内置有百余根竹签，上刻号数，村民一旦生病，其家属就会到华佗菩萨跟前，跪在地上焚香拜祷，然后取签筒簸之，至有签落地为止。"村民得签，验其号数，告之药店中人，即可得药"。根据吴景超的观察，"药店中有签簿，凡某签得何药，上皆载之"。他认为吃这些药没有什么疗效，但也没有害处。不过，村里人都非常相信华佗菩萨，认为那是相当灵验的仙方。除了这三座庙宇外，水口庙外还有一根如来佛柱，凡是离乡前往别处者，多立柱前顶礼膜拜，"谓如是则得佛佑，一路平安，不遭危险也"。如来佛柱目前在徽州乡间尚有一些遗存（特别是在婺源，保存者颇为不少，歙县里东乡一带亦有所见），据说走夜路迷失方向，可以抱住如来佛柱，这样就可以神清气定，看清道路。

与民间信仰相关的是岁时娱乐，具体表现为众多的迎神赛会。《皖歙岔口村风土志略》有专节描述当地的岁时节俗："元旦日，男女老幼皆衣新衣，黎明即起，先拜天地祖宗，次拜灶师菩萨，村人相见，亦各拱手道喜。前清之季，族人犹有拜年之举，今已取销矣。是日所食各物，皆锡【赐】以佳名，如鸡子则曰元宝，面则曰长寿面，诸如此类，不胜枚举。初二后，各携酒菜展墓，名曰拜坟年。元宵前后数夜，有嬉马灯之举，店户各家，皆放花筒爆竹以助兴。"此外，文中还对二月二日接土地，三月三日嬉龙舟，清明祭扫挂纸，立夏食面，五月五日端午，七月十五祭祖宗、焚烧金银纸袋、作斋醮之会、召僧道施食，中秋食月饼、设宴赏月，九月重阳食角黍，十二月初八腊八节，二十四日送灶，除夕前数日送年节，除夕索压岁钱、坐三十夜等，皆有细致的描述。这些岁时节俗，在近年来出版的歙县白杨源、许村、里东乡一带的调查报告^①中也有不少描述，彼此可以相互印证。

关于"拜灶师菩萨"，从民间文献来看应作"拜灶司"。迄今，在岔口一带还留下《送灶司爷经》："灶司老爷吟吟灶司经，灶司老爷一家之主你为尊，冬收白米罢仓仓满，红光落地罢遮灰尘，厌鬼别进来我家门，阿弥陀佛！"^②这是以岔口方言演唱的民歌，反映的便是"拜灶师菩萨"。再以元宵前后的"接菩萨""嬉马灯"为例，吴景超在《皖歙岔口村风土志略》中还有更为具体的描述：

> 旧历新年，村人多闲暇，故娱乐之法亦最多。正月初十以前，村人多从事于拜坟年等事，无暇及此。初十以后，则接菩萨、嬉马灯、打锣鼓、唱曲等事，皆接踵而起。

关于"接菩萨"一事，岔口村多在正月十三清晨实行，所接的菩萨为东北玄坛、八、九老爷及太子菩萨等。通常情况下，每一个祠堂的人都必须接一两个菩萨，放在自己的祠堂里。接菩萨之时，用旌旗仪仗甚多，且放爆竹，有吹鼓手助兴，很是热闹。菩萨既接进祠堂，要宰杀一头猪加以祭祀。届时，村民皆需多备香烛祭菜前来祭拜。正月十三晚上还要"嬉马灯"，马灯是以纸

---

① 参见吴正芳著：《徽州传统村落社会——白杨源》；许骥：《徽州传统村落社会——许村》、柯灵权：《歙县里东乡传统农村社会》，"徽州传统社会丛书"，复旦大学出版社2011年版、2013年版、2014年版。

② 金涛主编：《徽州记忆》（五）"歙县"卷，黄山市文化新闻出版局监制2009年版，第94页。

扎成各种彩灯，让儿童手持着行走。此外，也由青年子弟装扮《三国》《列国》各剧中的人物，混杂在其中游行。又有人装扮盲者、跛者、骑者、乘者、乞食者、卖艺者等种种装束，"尽滑稽之能，极奇诡之态"。在歙县，"嬉"就是玩的意思，嬉马灯一共要嬉六天，到正月十八为止，其中又以元宵一晚为最盛。

此外，上述新年初十以后的"打锣鼓"，也就是集合若干人在一起练习各种乐器。晚间，村人多集中在祠堂里唱曲，所唱的则为徽调。在这几天，外村也有打锣鼓唱曲者到岔口各店家弹唱，店家则设茶及果子款待，临走时还要拿钱酬谢。这些人成群结队而来，数日内络绎不绝，每在一店弹唱，则其店之内外环绕聆听者相当之多，这也是新年的一桩乐事。

三月三日有龙舟之戏，龙舟是为了奉祀唐时张巡、许远和南霁云等人。现存的《姚寿山读（豆腐会用）》等抄本，就是有关歙南龙舟会的文书①。仲冬有报赛之举，大概是因为当时冬收既成，人多愉悦，所以要及时行乐，开场演剧。演剧一事，每年都派数人办理，演剧之前数日，村人即于溪滩中扎一高台，又聘"班次"前来演戏。所谓班次，是指徽州以演剧为营业者，每班约数十人，其人来往无定所，"一日夜演唱，多则七八日，少亦四五日"。这几天时间里，除店家外，手工业者都休业，学校皆放学，大家集中在溪滩上看戏，远近的乡民也都联袂而至，这大概是一年内最热闹的日子。此外还有会场的布置，一般是十年一次。会场分为五隅，东隅以青色为标志，南隅以红色为标志，西

---

① 抄本计3册，是有关歙县九沙新安大社的相关文书，私人收藏，拟另文探讨。

隅以白色为标志，北隅以黑色为标志，中隅以黄色为标志。凡旗幡服色之类，皆以五色分之，相当壮观。会场中除戏台外，有祭场，有道场。其中，以演剧的戏台最为美观。此事从头到尾，要十天才结束。"村人每丁醵资一元，以成斯举，报赛则每人只醵资数十文而已"。在徽州，"五隅"的划分城乡皆有，可大可小，具有相当的灵活性。它既是一种地理划分，又是一个迎神赛会的组织机构，并由此衍化而为处理超越单个家族公共事务之基层组织，"五隅"或"五方"反映了地方基层组织较为原始的形态①。

3. 日常生活的其他方面

大凡风土志，对于一地民众的衣食住行均有细致的描摹。《皖歙岔口村风土志略》一文，就有对当地"衣食住"的概述，其中的饮食部分这样写道："村中居民，无不有田，又皆蓄鸡豚，以供不时之用，故仰事俯畜，无虞不继。市上米价甚廉，一元可得二斗余。肉只有猪肉一种，价一百数十文一斤。牛肉、羊肉，非购自他乡不可得也。油有豆油、菜油、猪油、麻油四种，菜油、猪油多出自本地，豆油、麻油则来自外邑。他如面、盐等物，约三四十文一斤。豆腐价最贱，三四文即可购一大方，质佳、滋养之妙品也。村人每日率食三餐，以饭为主，面及他物佐之。夏日有食四餐者，即下午加食点心一道是也。点心之种类甚多，最普通者，为肉包、馄饨、烧卖、水饺、煎饼、煎菜、芝麻糕、白米糖、风车饼等物。要之，村人食物只求富厚，不求精美，此与

---

① 参见王振忠：《明清以来徽州的保安善会与"五隅"组织》，台湾《民俗曲艺》第174期，2011年12月。

杭、沪间人不同之点也。"这是对一般民众的日常生活所做的描述。从中可见，市面上只有猪肉一种，牛肉难以见到，这可能与民间耕牛有限以及宗教信仰中对牛肉的禁忌有关。猪油可以自给，但在徽州，不少村落的猪油供给多来自外地。至于服饰部分，《皖歙岔口村风土志略》写道：

　　衣服多以布制，绝少用绸缎者，至于西装，则村人多未见之也。小儿夏日多赤足，不穿鞋袜，大人则多穿草鞋，或蒲鞋，以终日劳动，布鞋不适用也。大热之日，或袒其上体，或只穿坎肩，颇不雅观。天雨则戴箬笠，穿钉靴，或撑雨伞，踏木屐。冬日村民多戴瓜皮帽或毡帽，年老者间戴风帽，又有耳套者，以棉为之，旁缘以皮，严寒时儿童及老者多用之。此外复有一种御寒之物，名曰火笼，以竹编成，中盛炭屑，藉以取暖，形与外邑之脚炉大同小异。女子多缠足，戴耳环，男子亦有戴耳环者，惟女子之耳环，多饰以珠翠，累累如璎珞，斯其别也。

　　上揭提及的服饰时尚，有不少已时过境迁。不过，其中的"火笼"之制，迄今在皖南农村冬季时还时常可见。另外，关于住宅，《皖歙岔口村风土志略》指出："村中之房屋，较外间为宏壮，屋多为二层，墙以砖造，外披白垩，甚纯洁。屋中则栋梁柱壁，皆涂以漆。窗及格子门，则雕以山水花草及篆隶各字，甚美丽。而大门上之门檐，尤为他邑所罕睹，门檐为砖制，上雕云物花草鸟兽极工，多出自精巧砖匠之手也。村人于建屋之初，必先打地基甚深，下盛石子，上铺巨石，故能历久不圮，非若外间之以碎砖为墙，弯木作梁，一经风雨，即有倒塌之虞也。"这是对徽派建筑的一种描摹，其中提及徽州老房子的粉墙，室内的梁柱、木雕以及门楣上的石雕等，均颇具特色。

此外，《皖歙岔口村风土志略》对当地的教育状况，亦有相当详细的描述。吴景超的记述上溯清初，下及民国，从中可见，当时由于茶叶之兴盛，岔口教育的发展颇为兴盛："自清初即崇礼教，重经学，雍、乾以降，有解元、举人数人，岁贡、廪生、生员十余人，武秀才亦有数人。科举废，学校兴，又设有师范传习所、国民学校，毕业其中者，多设馆教授，称良师。"据《皇清诰授光禄大夫吏部右侍郎加二级谕赐祭葬显考子怀府君行状》记载：王茂荫"舞勺后，从双溪吴柳山游。先生为乾隆丁酉科江南解首，故名宿也，门下多积学之士"[1]，舞勺之年，也就是十三至十五岁间，换言之，王茂荫是在岔口接受其早期的教育[2]。光绪三十二年（1906 年），歙县岔口举人张云锦等人，依靠茶捐及私人捐助创办了双溪师范，该校存续时间未久，便改为大洲公学，这是清末师范教育早期历史上重要的一页[3]。由于有着颇为悠久的尊师重教传统，岔口人对于教育极为重视，当地的文风一向颇为炽盛。对此，吴景超分别叙述了岔口的私塾教育和小学。

---

① 曹天生点校整理：《王茂荫集》，中国档案出版社 2005 年版，第 237 页。

② 歙县民间流传着《王茂荫与鬼议钞》，说的就是王茂荫小时在岔口梯云书屋念书的故事。见金涛主编《徽州记忆》（四）"歙县"卷，黄山市文化新闻出版局监制 2009 年版，第 259 页。

③ 参见方光禄、许向峰、章慧敏等著：《徽州近代师范教育史（1905—1949）》，安徽师范大学出版社 2013 年版，第 14 页。

关于私塾教育，他指出：

> ……私塾，村人称之曰蒙童馆，塾中之教师，曰蒙童馆
> 先生。吾村有私塾三，其中教师，皆前清秀才，深于八股文
> 者也，学生皆村中十五岁以上之小儿。一蒙童馆中，多者约
> 二十余人，少者亦十数人。

在《皖歙岔口村风土志略》中，吴景超对于私塾教育的师资、私塾的规模、私塾的教材、私塾的行为规范、塾师的体罚措施、私塾的课程及教学安排等，都作了详细的叙述。例如，关于私塾的教材，他指出，蒙童所读之书有深浅之分，浅者为《三字经》《千字文》《百家姓》，深者为《幼学琼林》《龙文鞭影》《论语》和《孟子》等书。塾师要求学生颇为严苛，故为后者所敬畏，"先生在，学生皆正目端坐，不敢作声"。而私塾教师之所以能够约束儿童，令后者就范，主要的法宝就是戒方和烟筒两类工具。凡是"背书不熟，事师不恭，或互相争吵者"，教师就会以戒方或烟筒加以惩罚。"学生每日之课程至简单，早餐之前，入学诵旧书，名曰上早学。粥后，塾师即为学生上新书十数行，名曰上生书。生书须于午饭前背诵，不能者，每不许回家午餐也。饭后，学生皆习字，至三句钟，塾师乃教学生答对，答对毕，复温旧书，名曰念带书，须于晚饭前背诵"，这就是私塾课程的基本安排，对此，吴景超颇为不满，认为私塾教育已远远落后于时代。除了私塾之外，他还指出当地的新式教育：

村中有一小学，名曰大洲两等学校，此为南一区惟一之小学，开办于民国元年，校址在村西忠烈古庙，内有讲堂二，食堂一，厨房一，职教员办事室一。开办之第一年，有学生五六十人，现只二三十人耳。校中有职教员三，教授取启发主义，科目为国文、习字、算术、修身、历史、地理、理科、体操、音乐、图画等。校中经费不足，图画、标本、仪器、理科模形、器械等，皆未购置，以致儿童对于理科、地理等，皆不能十分领解，此其缺点也。授业时间，每日午前八点半起，至下午四点半止。校中无运动场，体操多至村外旷野上行之云。

作为新式教育的一种形式，小学与传统私塾的课程及教学安排完全不同。20世纪90年代，在皖南民间随处可见的旧书中，清末民国时期由商务印书馆印行的各类新式小学课本为数最多，这些课本，显然都是当年旅外徽人寄回家乡的新式教材。关于这些情形，我们在晚清民国时期的徽商书信中也时常可见。当年，除了教材之外，还有不少其他的书籍也随之传入徽州。吴景超指出，岔口村中有藏书所数处，如梯云草堂、双溪草堂、山对旧书斋、霞峰别墅、自得山庄、能静轩和龙门草堂等，都是私家所设的藏书室。其中的梯云草堂，于咸同年间毁于火灾，及至民国初年，则以山对旧书斋、自得山庄藏书最为丰富。上述的诸多藏书室，"其中有用之书，无不具备，近今如名家小说、欧美小说，亦多购有"。揆诸史实，徽州素有藏书的传统，迄今在当地的古玩店中，仍可见到不少昔日庋藏古籍的红木书箱。不过，及至近代，藏书范围已不再局限于传统的儒家经典，而是扩及晚近的小说等。这种情形，自然从一个侧面也反映了徽州社会的变迁。此外，文中提及的名家小说、欧美小说，显然都是由外出经商者购置寄回徽州。正是因为茶业之兴盛以及茶商家庭对教育的重视，当地有不少人外出接受新式教育，成为知名的学者、文化人。在这方面，吴景超便是一个典型的例子。

三、结语

1. 吴景超曾主张模仿英国社会学家 Charles Booth（查尔斯·蒲司）所开创的"社会调查"之研究方法，他认为，中国的社会调查应分为两个方面，一方面是农村调查，另一方面则是城市调查。其中，农村调查可以依靠学生，由于中国当时的学生大半来自农村，他们可以返回家乡调查自己的村庄[①]。事实上，早在1919年，吴景超就在家乡岔口村做过类似的调查，以往学界尚未关注到他所撰写的《皖歙岔口村风土志略》一文，[②] 以至于有人认为"尽管吴景超积极提倡社会调查，他自己却没能亲身参与"[③]。而从以上的分析来看，《皖歙岔口村风土志略》对徽州村

---

① 阎明著：《吴景超的为人与治学》，《中国社会学史：一门学科与一个时代》第一节，第147页。

② 《第四种国家的道路》书末附录有"吴景超先生主要著作"，其中并未列有该书。

③ 阎明著：《中国社会学史：一门学科与一个时代》，第148页。

落的调查颇为全面，涉及传统村落社会的诸多侧面。

　　吴景超后来著有《社会组织》一文，他强调，在做家庭历史调查时，"写时要多叙述事实，少发挥议论"。关于家庭，他提出下列的调查提纲：家庭的背景，与大家庭及宗族的关系，家庭组织，家庭仪式，家庭经济，家庭教育，家庭冲突，将来的家庭等①。1928 年 8 月，吴景超以《唐人街——共生与同化》一文荣获芝加哥大学社会学博士学位，它是吴景超"对本土关怀、实用主义立场以及实证性研究态度的兼顾"。② 在这篇论文中，吴景超使用了包括中国移民问题联合调查特别委员会报告在内的政府报告、国会会议记录、法庭报告、法律文书、报纸杂志和政府统计数据等资料，又做了大量的调查与访问，收集了生活史以及个人传记。学界一般认为，这种偏重实际调查以及经验性材料使用的方法，是吴景超承自芝加哥学派的研究心得③。不过，倘若我们对照《皖歙岔口村风土志略》一文，不难看出，有过先前村落调查的经历，对于从事更复杂社会的研究显然极有裨益。

　　2. 如果我们进一步梳理二十世纪初以来较长时段的社会调查史料，可以更为清晰地看出《歙县岔口村风土志略》的学术价

---

①　吴景超：《社会组织》，见孙本文主编《社会学大纲》第 7 种，《民国丛书》第 4 编第 10 卷。谷迎春、杨建华主编《20 世纪中国社会科学·社会学卷》，广东教育出版社 2006 年版。
②　吴景超著，筑生译：《唐人街——共生与同化》，天津人民出版社 1991 年版。
③　陈新华著：《留学生与中国社会学》第 5 章《主流地位、改良色彩、美国化倾向——留美生社会学研究的个案剖析与比较分析》，南开大学出版社 2009年版，第 209 页。

值。有关徽州经济、风俗的调查，比较系统的资料是清末刘汝骥编纂的《陶甓公牍》——光绪三十三年（1907年），徽州知府刘汝骥委派当地士绅组成"统计学会"，将各类事项分民情、风俗和绅士办事习惯等类撰说，并经刘氏本人汇核编订。由于各县的调查出自众手，彼此的认真程度不同，故而史料之详略及其价值也颇有差异。不过，这是清末以前所有言及徽州一府六县民俗中最为详尽的一种文献，具有重要的史料价值，其成果对于研究徽州的民俗文化和社会变迁，弥足珍贵[①]。民国初年，根据上海东亚同文书院各期日本学生的实地调查报告，汇集而成《支那省别全志》第12卷《安徽省》[②]，书中共分安徽省总说、开市场及贸易、都会、交通及运输机关、邮便及电信、主要物产及商业惯习、工业及矿产、输移入品、商业机关和金融货币及度量衡十编，调查颇为细致，并附有一些相关的地图。该书原为日文，安徽省图书馆另藏有民国传抄本《安徽省志》[③]，应即该书相关部分之中译本。三十年代，铁道部财务司调查科编有《京粤线安徽段经济调查总报告书》（为"铁道部经济丛书"之一），该报告涉及旧徽州一府六县中的绩溪、歙县和休宁。稍后，建设委员会经济调查所曾在皖南各县调查，先后刊印了当涂、芜湖、宣城、广

---

① 关于《陶甓公牍》，20多年前笔者最早作了颇为详尽的研究，发掘出该书的历史民俗研究价值，参见拙文《晚清徽州民众生活及社会变迁——〈陶甓公牍〉之民俗文化解读》，载《徽学》2000年卷，安徽大学出版社2001年版。
② ［日］东亚同文会编纂、发行，大正八年（1919年），南天书局1988年版。
③ 关于该书，承安徽大学徽学研究中心张小坡教授提示，特此致谢！

德、郎溪、歙县和休宁七县的调查报告。其中，对 1934 年歙县、休宁的详细调查，收入《中国经济志》第 2 册^①。这些，都是较大县域范围内的调查报告。至于专门的个别村落之相关调查，也有少量的一些案例。例如，《绩溪庙子山王氏谱》的作者，就以皖南僻远山乡的一个村落为视点，勾勒出晚清民国时期民间社会的风俗画面^②。此外，曹诚英撰有《安徽绩溪旺川农村概况》的调查报告^③。这些，都已为学界所熟知。不过，吴景超的《皖歙岔口村风土志略》一文，则是尚未得到学界关注的重要著作，理应引起我们的重视。

岔口是歙南的一个山僻小村，此一村落，即使是在晚近的民国《歙县志》中，也仅作为地名出现过数次，倘若没有吴景超留下的这一风土志略，我们对于当地情况可能几乎一无所知^④。吴景超对故乡的调查，最终是以"风土志"的形式来展现。有关"风土志"的写法由来已久，"《禹贡》为风土志所自始，至《职方》而加详"^⑤。后来，"风土志"也成为方志中的一个组成部分。及至民国时期，"风土志"的撰写，逐渐由传统方志学的描述转向具有一定近代社会调查意义的资料，其部分撰写者也由传统士

---

① "民国史料丛刊"第 9 种，1935 年版；传记文学社印行，1971 年影印。
② 参见拙文《一部徽州族谱的社会文化解读——〈绩溪庙子山王氏谱〉研究》，载《社会科学战线》2001 年第 3 期。
③ 《农学杂志》特刊第 3 种，1929 年。
④ 关于岔口的情况，只在一些民间文书中稍有反映，如歙县民间诉讼案卷集成（抄本 3 册）曾提及："当今恶俗，惟赌为甚，惟岔口之赌风为太甚，若不禁赌，难免无事也。"
⑤ 光绪《严州府志》卷 3《封域》。

绅转向受过新式教育的学生，这使得"风土志"的内涵更为丰富和细致。在这方面，吴景超的《皖歙岔口村风土志略》提供了一个典型的例证。

3. 20 世纪前期徽州村落调查的资料，迄今仍具有重要的学术价值，对于当代村落文化的保护亦颇具借鉴意义。

1949 年以后，徽州村落调查的资料相对较少。管见所及，最为重要的成果当推 1950—1951 年的土改调查资料，此一成果目前见于华东军政委员会土地改革委员会所编《安徽省农村调查》[①]，其内容主要包括《皖南区农村土地情况》《徽州专区农村情况概述》《屯溪市隆新乡徐村调查》《歙县潜口区西山村牛租调查》《祁门县莲花塘村公堂、祠、会调查》《皖南山区林山概况》《休宁花桥村竹、木、茶山调查》《黟县际村区卢村竹山、柴山调查》《歙县长陔区南源村树木情况调查》和《徽州专区黄山风景区情况调查》等。此外，数年前由法国学者劳格文（John Lagerwey）教授主持的"徽州的宗教、社会与经济"["Religion, Society, and the Economy in Huizhou（Anhui）"，2008—2011] 项目，通过与徽州当地人的合作，以田野调查所获的口碑和地方文献，希望客观描述 1949 年以前徽州的传统经济、民俗与宗教，此一成果具体体现在由他与笔者合作主编的"徽州传统社会丛书"，该丛书目前已出版《徽州传统村落社会——白杨源》《徽州传统村落社会——许村》《婺源的宗族、经济与民俗》（上、下册）《歙县

---

① "华东农村经济资料"第 4 分册，1952 年版。

里东乡传统农村社会》《歙县的宗族、经济与民俗》计 5 卷 6 册。这些成果，不仅具有较为重要的学术价值，而且对于当前村落文化遗产的保护也有着一定的现实意义 ①。

---

① 有的作者在对村落社会做客观描述的同时，积累了丰富的文献史料和口碑素材，这为进一步的村志编纂奠定了重要基础。例如，目前歙县北乡的许村，即以《徽州传统村落社会——许村》为基础，编纂了《许村志》。而吴景超的《皖歙岔口村风土志略》一文，也成为歙县南乡的岔口重修村志的重要参考资料。

后　记

　　1998 年，我在皖南意外发现大批徽州文书，从此，收集、整理和研究徽州文书便成了个人学术生活中最为重要的组成部分。在利用来自田野的民间历史文献从事"徽学"研究的过程中，我也努力思考这批新资料之于历史地理学研究的学术意义。为此，将近 20 年前，我曾在《江汉论坛》上撰文，阐明我对民间文献与历史地理研究的基本看法[①]。

　　2020 年，生活·读书·新知三联书店出版了拙著《山里山外》一书。在这部随笔中，我首度将"徽州"二字细致拆解为"山系人文水满川"。揆诸实际，"山系人文"亦即"徽"，而"水满川"则代指"州"字。本次出版的这部学术专著，即以"山系人文"为书名，这包括两层含义：一是"徽"字，指的是本书主要利用的是徽州民间文献，探讨与之相关的明清史上较为重要的历史事件；二是"山系人文"，从字面上看，这显然也蕴含着历

---

① 　王振忠：《民间文献与历史地理研究》，《江汉论坛》2005 年第 1 期。

史地理学最为重要的两大分支——自然地理与人文地理，而这两层含义，也正是本书副标题所欲表达的。因为我一直认为，近数十年来民间历史文献的大批发现，为历史地理研究打开了一扇新的窗户。

本书汇集了本人20多年的研究成果，其中最早成文的《清代一个徽州村落的文化与社会变迁——以〈重订潭滨杂志〉为中心》，发表于2001年春，收入复旦大学出版社出版的《中国社会变迁：反观与前瞻》一书。当年，我对徽州民间文献的收集正渐入佳境，对不少新见的一手资料颇感兴奋。在此文中，我利用了歙西重要文献《重订潭滨杂志》，探讨商业发展与村落社会的嬗变。在明清时代，歙县西乡是徽州最为富庶的地区之一，江南各地盐、典巨商的桑梓故里多集中于此，这一带也是民间历史文献保存较为丰富的地区，这吸引了我长年流连此地，连续展开了许多次的村落人文地理考察。某次，我在这一带收集到有关许承尧的一份新史料，遂撰写了《从〈歙县修志私议〉到民国〈歙县志〉——有关徽州方志史家许承尧的新史料之研究》一文，于2008年6月刊载于《徽学》第5卷。此一新见文献，对于研究近代徽州文化集大成者的修志思想与编纂实践，具有颇为重要的学术价值。稍晚于此，我的《万历〈歙志〉所见明代商人、商业与徽州社会》，发表于上海社会科学院历史研究所主办的《传统中国研究集刊》第5辑[①]。在我撰写此文时，万历《歙志》尚未收入国内出版的任何一种方志丛刊，中国大陆学者多是辗转传看

---

① 上海人民出版社2008年版。

源自日本的原书复印件，但该书不仅是"徽学"研究的重要资料，而且其中对明代社会变迁的生动描述，从顾炎武以来就一向备受史家关注，对该志的细致探讨，有助于我们更好地理解15—17世纪社会发展的历史进程。

除了以上三篇较早发表的学术论文之外，本书中的其他部分皆刊发于最近十年。其中，《20世纪初以来的村落调查及其学术价值——以社会学家吴景超的〈皖歙岔口村风土志略〉为例》一文，发表于《安徽大学学报》2015年第3期。文中聚焦的《皖歙岔口村风土志》，是长期为社会学界、历史学界遗忘的一份重要文献。迄至今日，除了"徽学"研究方面的学术意义之外，该文对于研究社会学家吴景超的生平遭际亦有一定的参考价值。而我对《皖歙岔口村风土志略》的重新发掘以及标点、整理与研究，也受到相关学界的关注。近年由吕文浩等主编的《把中国问题放在心中——吴景超诞辰一百二十周年纪念文集》，于2023年由学苑出版社出版，该书就将拙文冠诸论文集的第一篇。

如同本书目录所见，全书第一部分涉及生态、村落与城镇、商业，第二部分则探讨方志及相关史志的研究。在诸篇论文的写作中，绝大多数都利用了来自田野的民间历史文献。例如，2007年，江西景德镇陶瓷学院从当地旧货市场上收集到《景德镇新安书院契录》抄本4册。2012年12月，江西人民出版社将之影印出版。在我看来，此一全新资料集是有关徽商在景德镇活动方面最具系统性的一批文献史料，也是研究前近代产业分布与城市空间的绝佳史料。稍后于此，我在徽州某处冷摊上巧遇来自黟县杏墩里"履吉庭"的一批文书，其中的一些书信，涉及景德镇"大有恒"钱庄之商业活动。根据这些公私披露的一手史料,我撰写了一篇长文,作为本人主持的 2014 年度国家社科基金重大项目"明清以来徽州会馆文献的整理与研究"(项目批准号:14ZDB034)之阶段性成果,并于 2015 年夏提交香港城市大学中文及历史学系主办的"传统中国的沿岸城市及其近代转型国际研讨会"发表,此文后刊《历史地理》第 33 辑[1],并被收入李孝悌教授主编的《海客瀛洲:传统中国沿海城市与近代东亚海上世界》[2]。

除了时刻关注新资料之外,本书还探讨了不少新的学术问题。譬如,十数年前,劳格文(John Lagerwey)教授与笔者合作主编"徽州传统社会丛书",其间,我们曾一起在黄山白岳之间做过多年的考察、访谈。一如他在客家地区的调查一样,劳教授在徽州的村落考察中,十分关注与水口相关的问题。在他的潜移默化下,我也开始注意收集相关资料,从民间历史文献的角度较为系统地考察徽州的水口问题。本书的第一节"里至源头,外至水口,明清以来徽州村落空间的建构"[3],对水口问题做了较为细致的探讨,分析了徽州在风水观念影响下"源头""水口"的意义以及与之相关的禁忌、礼仪等等。在此过程中,大量利用了我们此前合作考察的成果——"徽州传统社会丛书"中的实地调查资料。由于水口直接关涉聚落地理的空间建构,的确是个相当重要的问题。我在文中首次提出——大约在明代隆庆前后出现的

---

[1] 上海人民出版社 2016 年版。
[2] 上海古籍出版社 2017 年版。
[3] 《徽学》第 14 辑,社会科学文献出版社 2020 年版。

"里至源头，外至水口"的村落空间范围之规范性表述，与正德以后"粉墙黛瓦"单体民居外观的形成，共同构成徽派建筑最为重要的两个特征。

本书中的一些问题意识，是在田野调查与文献收集的过程中逐渐萌生的。论文利用民间历史文献，结合长期的田野考察，研究了一些与历史地理、生态环境史相关的问题。例如，"生态与生计：清代深山开发与水土流失引发的纷争"①一节，利用新发现的徽州文书，结合实地的田野调查，对深山开发作了新的探讨，指出：在棚民开发山区的问题上，不能像以往那样太过强调生态的一面，而应当更多地看到各类人群诸多纠纷背后生计方面的利益纠葛。而"明清黄河三角洲环境变迁与苏北新安镇之盛衰递嬗"一节②，则利用《新安镇志》《复初集》等重要史料，探讨了明清时代环境变迁、移民与市镇发展的一些问题。

本书中成文最晚的一节是"日常与非常——康熙《上溪源志》抄本所见 15 至 17 世纪的徽州社会"，该节曾在 2023 年第七届"徽州文书与中国史研究"学术研讨会上发表，后刊载于《安徽史学》杂志③。上溪源村地处婺东北，当地留存至今的民间历史文献颇为丰富。我对此处的关注由来已久，迄今于公私收藏中先后发现与之相关的三份珍稀文献。其中，《上溪源志》和两种《新安上溪源程氏乡局记》都是明代至清代前期的珍稀抄本。此节所述证实了我多年前的一个推断——两种《新安上溪源程氏乡

---

① 《徽学》第 11 辑，社会科学文献出版社 2018 年版。
② 《复旦学报》2023 年第 2 期。
③ 《安徽史学》2024 年第 2 期。

局记》应是为编纂村落志做准备的资料长编。而《上溪源志》之发现，则不仅可以细致考察从村落文献资料汇编到村落志编纂的动态过程。而且，书中提供的一些线索，对于我们深入探讨徽州佃仆的组织方式与生存状态极有助益。

此前，《上溪源志》抄本已收入我所主编的《徽州民间珍稀文献集成》。与之相类似，《绩溪地理图说》一书，也同样收入该大型资料集。本书中的"论晚清《绩溪地理图说》的学术价值"①一节，探讨了《绩溪地理图说》独特的史料价值，特别是对绩溪城乡信仰空间的举隅，有助于我们了解信仰空间内部建构的轨迹，为将来进一步的田野调查和学术研究提供重要线索。

必须说明的是，书稿中的各个部分成文于不同时期，在收入时做了一些必要的修改。不过，也应当指出，各文的学术回顾基本上截止各该论文撰写的年份。另外，有的文章成文之后，仍有新史料陆续发现，暂时还不能对原文加以补充、修改。例如，关于景德镇的城市空间，虽然我已做了比较系统的研究，但近期披露的一些新史料，仍有助于进一步的深入探讨。这些反映景德镇早期历史的一些契约文书，因涉及问题较为复杂，且为了不破坏原先论文的文气，暂时并未加以补充及整合，今后拟当另文探讨。此外，在收入本书时，为保持整体上的统一，个别标题较原论文稍有改动。

最后，当然应当感谢曾给我以帮助的所有朋友。特别是江西

---

① 《徽学》第 15 辑，社会科学文献出版社 2021 年版。关于此书，与拙文发表相同时，绩溪文史学者方静亦出版《清代汪子青〈绩溪地理图说〉整理与研究》一书（安徽师范大学出版社 2021 年版）。

师范大学廖华生教授曾慷慨提供他在婺源县图书馆收集到的部分资料；书中的地图，皆由安徽大学徽学研究中心李甜副教授协助绘制，今值此书付梓前夕，特此一并谨申谢忱！

2024 年 3 月 20 日于浦东张江

图书在版编目(CIP)数据

　　山系人文 ：民间文献与历史地理探研 / 王振忠著.
上海 ：上海人民出版社，2024. -- (王振忠著作集).
ISBN 978-7-208-19144-0

　　Ⅰ. K928.6

　　中国国家版本馆 CIP 数据核字第 20248HT389 号

责任编辑　马瑞瑞
封扉设计　人马艺术设计·储平

王振忠著作集

山系人文：民间文献与历史地理探研

王振忠　著

出　　版	上海人民出版社
	(201101　上海市闵行区号景路 159 弄 C 座)
发　　行	上海人民出版社发行中心
印　　刷	上海中华印刷有限公司
开　　本	890×1240　1/32
印　　张	15.5
插　　页	12
字　　数	329,000
版　　次	2024 年 11 月第 1 版
印　　次	2024 年 11 月第 1 次印刷

ISBN 978　7　208　19144　0/K·3421

定　　价	108.00 元